图 1　鸟瞰丙盖村

图 2　雨后干净整洁的村子

图 3　调查团成员与乡领导座谈

图 4　调查团成员与丙盖村委会成员在村委会前的合影

图 5　调研团成员与当地干部群众座谈

图 6　阿昌山寨采茶忙

图7　阿昌刀（户撒刀）

图8　正在织锦的阿昌族妇女

图 9　周五集市上的阿昌族妇女

图 10　村中的画师正在给“阿昌文化墙”壁画上色

图 11　阿露窝罗节文化活动中心

图 12　阿昌族图腾（阿露窝罗节标志）

图 13　阿昌族人民欢庆阿露窝罗节

图 14　大祭师“活袍”曹明宽正在作法事祈求神灵保佑

图 15　丙盖村完全小学的教学楼

图 16　梁河县职业高级中学

图 17　完小内的篮球场

图 18　丙盖村卫生室

图 19　村医龚荣元

图 20　在家里接受输液治疗的老人

图 21　整乡推进扶贫开发试点工作宣传栏

图 22　张立科副乡长在布置工作

图 23　村民们在乡政府领取旱灾救济粮

图 24　“民房改造”工程实施后的砖瓦房

图 25　现代化办公场所及阿昌族中年男子装扮

图 26　丙盖村沼气服务站兼中国联通服务站

图 27　农家饭

图 28　集市上做打糕的大叔

图 29　可爱的阿昌族小朋友

图 30　劳动归来的阿昌族妇女

图 31　调研团成员在村民赵家海家访问

图 32　调查团成员与当地干部群众联欢

中国民族经济村庄调查丛书

丙盖村调查

（阿昌族）

田　宁　车　峰　主编

中国经济出版社
CHINA ECONOMIC PUBLISHING HOUSE

北京

图书在版编目(CIP)数据

丙盖村调查:阿昌族/田宁,车峰主编.
北京:中国经济出版社,2014.11
ISBN 978-7-5136-3573-8

Ⅰ.①丙… Ⅱ.①田… ②车… Ⅲ.①阿昌族—乡村—民族
经济—调查报告—梁河县 Ⅳ.①F327.745

中国版本图书馆 CIP 数据核字(2014)第 278161 号

责任编辑 佘静宜
责任审读 贺 静
责任印制 马小宾

出版发行 中国经济出版社
印 刷 者 北京市媛明印刷厂
经 销 者 各地新华书店
开 本 710mm×1000mm 1/16
印 张 21 彩插 1
字 数 317 千字
版 次 2014 年 11 月第 1 版
印 次 2014 年 11 月第 1 次
定 价 52.00 元
广告经营许可证 京西工商广字第 8179 号

中国经济出版社 **网址** www.economyph.com **社址** 北京市西城区百万庄北街 3 号 **邮编** 100037
本版图书如存在印装质量问题,请与本社发行中心联系调换(联系电话:010-68330607)

中央民族大学

“211 工程”中国少数民族经济发展研究项目

“985 工程”中国民族地区经济社会发展哲学社会科学创新基地

本书写作分工

第一部分　张　姝　胡阿佳　尚　衡　曲纵翔

　　　　　陈　帅　谭倩秋　覃丽敏

第二部分　曲纵翔　胡阿佳　谭倩秋　覃丽敏

　　　　　尚　衡　陈　帅

第三部分　尚　衡　覃丽敏　陈　帅　张　姝

　　　　　曲纵翔　谭倩秋　胡阿佳

总 序

村庄，是农民的聚居地，也是农民生产和生活的社会形式。村庄形成于农业文明时代，在中国最为典型和普遍，迄今依然是中国基本的社会单位。所有中国人，或是生于长于村庄，或是父祖辈来自村庄。村庄是中华民族的根基，是我们走向现代化的立脚点和必须改变其内容和形式的地方。认知中国的现实和历史，一个重要环节，就是了解村庄。

中国的民族经济，包括以下层次：一是以中华民族为主体的经济，二是中华民族五十六个支民族的经济，三是少数民族地区的经济。不论从哪个层次研究，都必须涉及村庄这个基本单位。以往的民族经济研究和行政管理研究，对于村庄的关注，主要是在总体性的统计及对策方面，鲜有对某一村庄的专注的系统调查。这种情况使我们所从事的理论探讨总显得有些飘浮，言不及意，大而不当。反思许久，不能不下决心从小处做起，将村庄调查作为根基，扎实去做。恰“985”项目实施，经费有所保障，故组织本创新基地近百名教师带二百余博士、硕士研究生和高年级本科生，结十五个调查组，计划用六七年的暑、寒假，从五十六个支民族中各选一二典型村庄，深入调查，总百余村，每村一书，为中国民族经济三个层次研究，为政府行政决策，提供基础资料。

百村，不及中国村庄万分之一。我们的村庄调查虽只是抽样性质，但却是探根摸底，力求深入、真实、详细。二〇〇八年夏各组分赴河北、内蒙古、宁夏、云南、广西调查点，历经一月左右，获初步资料。因为首次，困难颇多，思路和方法也要不断调整，秋、冬写作时又各自补充调查。时间虽短，但师生与村官、村民情谊颇深，既为调查提供条件，又为后续补充予以协助。各地党、政机构，对调查全力配合。无此，则调查难以进行。这套丛书，实为共同努力之成果，并赖中国经济出版社黄允成社长、孙岩主任鼎力支持，得以出版。本调查还要持续数年，望读者批评，我们再努力。

劉永佶

二〇〇九年三月十八日

前言

2010年，“985工程”中国民族地区经济社会发展哲学社会科学创新基地村庄调查项目把阿昌族列入计划，委托中央民族大学管理学院田宁老师、车峰老师主持阿昌族村庄的调研工作，借此了解阿昌族的社会、经济、文化状况。课题组经过多方面的研究分析，在德宏州委州政府的指导下，选择了云南省德宏傣族景颇族自治州梁河县九保阿昌族乡丙盖村作为调研对象。

阿昌族是我国云南省特有的少数民族之一，主要居住在云南省德宏州的陇川县和梁河县。全国仅有的3个阿昌族乡，分布在梁河的就有2个（囊宋阿昌族乡、九保阿昌族乡，另一个是陇川县的户撒乡），在潞西县江东乡高埂田和盈江、腾冲、瑞丽等地也有少量分布。据2010年11月第六次全国人口普查数据显示，德宏州的阿昌族人口为30389人，梁河县总人口154175人，其中阿昌族人口12639人，占全县总人口的8.20%，人们都把梁河称为“阿昌族的故乡”。

丙盖村隶属德宏州梁河县九保阿昌族乡，地处乡政府以东，距政府所在地3.2公里，到乡政府道路为土路，交通方便，距梁河县城4.2公里。东邻横路村，南邻勐科村，西邻遮岛，北邻九保村，辖8个村民小组。现有农户531户，有乡村人口2213人，其中农业人口2179人，劳动力1668人，阿昌族1681人。全村国土面积11.24平方公里，海拔1180米，年平均气温17.9℃，年降水量1275.9毫米，适合种植甘蔗、茶叶、水稻等农作物。2009年全村耕地面积3421亩，人均耕地1.55亩，林地8957.5亩。村民收入主要以种植业为主。2009年全村经济总收入871万元，人均纯收入2147元。

新中国成立60多年来，在村党支部与村委会的带领下，丙盖村的农业、商业、手工业等各方面都得到了长足发展，村民的生活状况发生了翻天覆地的变化。本书课题组通过对丙盖村的详细调查，较为客观地反映了阿昌族近几十年来的变迁，并对调研过程中发现的问题提出了针对性建议，以此为阿昌族今后的发展贡献一份绵薄之力。

2010年6月，团队成员搜集、整理了丰富的调研相关资料，设计了调查问卷，并对每个人进行了细致的分工，为此次行程做好了充分的准备。7月20日，我们一行9人从昆明乘大巴到达德宏州府潞西市，第二天一早便在州政府的帮助下前往梁河县，开始了为期半个月的阿昌族村庄调查。调研组到达梁河县后，得到了县委书记杨向宏、县长方文信的热情接待。县里委派民宗局领导与我们一同商定调研计划，通过综合分析，我们确定重点对九保阿昌族乡丙盖行政村进行调查。县里根据我们的目标和意图，帮助制定了详细的日程安排计划，并委托民宗局副局长赵兴良同志陪同我们进村开展工作。

调研过程中，课题组的老师和同学们走进阿昌族群众家里，倾听他们的致富故事，记录他们的生活变迁。我们走进草果地、步入甘蔗林、参观蔬菜大棚、造访村庄茶厂，深深感受到了阿昌族群众脱贫致富奔小康的迫切心情和不懈努力的精神；我们观摩阿昌族人民对歌，学习阿昌族妇女织布，听他们讲述阿昌族的民间传说，感受到了他们宽容豁达、能歌善舞的情怀与修养，与他们结下了深厚的情谊。调研接触到的阿昌族群众政治觉悟普遍较高，即使到贫困户、特困户家里访问，也没有听到多少怨言，相反他们无论老少都非常乐观，感谢党的政策，对当地各级政府的工作持积极肯定的态度，对自家的未来也充满了信心。

于丙盖村访问的日子里，梁河县民宗局赵兴良副局长、九保乡副乡长张立科、县委办公室副主任董诗晓等放下手头繁忙的工作，亲自陪同我们走村串户，随时为我们介绍情况，担当翻译，帮助我们解决遇到的困难，为调研工作提供了很大的帮助。朝夕相处中，团队成员与他们结下了深厚的情谊。至今回忆起阿昌族村民结队唱着山歌跟随我们几里路，依依送我们下山的情景，眼里仍溢满感动的泪水。调研小组的师生都有一个共同的心愿，就是能够有机会回访阿昌族村寨，再去亲眼见证阿昌族人民富裕起来的生活，再与阿昌族朋友喝酒对歌，听他们讲述自己的故事。

在各方的帮助下，调研任务顺利完成。在此，真诚感谢为本次调研工作提供支持和帮助的德宏州以及梁河县有关部门，特别感谢州委书记赵金同志和州委常委、秘书长番跃平同志，感谢德宏州委原副书记李兴顺同志（现任云南省楚雄彝族自治州政协党组书记、主席）以及梁河县领导杨向宏、方文信、石道竜、陈留英、侯永晓、赵兴光、赵兴良等对调研工作给予的切实指导和帮助。九保乡领导陈绍攀、李仲臣、张立科多次与我们一起研究工作，在此一并表示感谢。由于此书出版过程较为曲折，比预期时间晚了两年，为此，我们还要向曾给予支持和帮助的领导和朋友们说声抱歉。

本课题由田宁老师、车峰老师负责制订调研和写作计划，组织实施调研工作，负责全书的统稿。课题参与成员包括中央民族大学行政管理专业和民族政治学专业研究生张姝、曲纵翔、覃丽敏、胡阿佳、谭倩秋、尚衡、陈帅。调查小组的师生9人在工作中全心投入，团结协作，相互学习，付出了时间、心血和感情，得以顺利将调研成果呈现出来。由于受调研时间与自身水平的限制，书中难免存在疏漏和错误，敬请业界同人和读者批评指正。

编　者

2011年9月

目　录

第二部分　农户

第三部分　农民

第一部分　村庄

一、村庄概况及变迁史

（一）村庄概况

1. 区域位置与自然环境

丙盖村位于云南省德宏傣族景颇族自治州梁河县九保阿昌族乡，是全乡的三个阿昌族村委会之一，位于乡人民政府以东，地处南甸坝子中部东侧二台坪子，距乡政府驻地 3.2 公里，距县城 4.2 公里，东邻横路村，南邻勐科村，西邻遮岛，北邻九保村。丙盖村平均海拔 1180 米，属南亚热带季风气候，年均温度 17.9℃，年降雨量 1275.9 毫米；林木以杂木、西南桦为主，种植水稻、甘蔗等。全村现有耕地面积 3421 亩，人均 1.55 亩，其中：水田 1947 亩，人均 0.87 亩，旱地 1294 亩，人均 0.58 亩。

丙盖村所在的九保阿昌族乡位于梁河县中部，地理位置处于北纬 24°~25°，乡政府驻地距县城 2.5 公里，是全国仅有的 3 个阿昌族乡之一，是历史名人、辛亥革命名将李根源的出生地。全乡辖 1 个社区 5 个村委会，39 个自然村，67 个村民小组，居住着汉族、阿昌族、傣族、傈僳族、德昂族等民族。2008 年末，全乡共有 3765 户 14898 人，其中少数民族人口 6489 人，占全乡总人口的 43.6%，阿昌族 3642 人，占全乡总人口的 25%。全乡辖国土面积 146 平方公里，地形分平坝、二台坪子、山地三级台阶，境内最低海拔 1060 米，最高海拔 2305 米，森林覆盖率 64%，属亚热带季风性立体气候，年均温度 18.4℃，年均降雨量 1390 毫米，年均日照 2314.9 小时，资源丰富，气候条件有利于多种农作物的生长。全乡有耕地面积 21311 亩，人均耕地面积 1.5 亩，主要作物有甘蔗、茶叶、水稻等。2008 年农民人均纯收入 1755 元，人均粮食占有量212公斤。

丙盖村所属的梁河县历史悠久，古名南宋，又名南甸，傣语称为勐底，意即大盈江下游的地方。早在两千多年前这里就是著名的“南方陆上丝绸之路”上一颗闪亮的明珠，是古代通向东南亚的必经之地。梁河从元置南甸路军民总管府起，开始成为一个独立政区。明设南甸宣抚司，清袭明制。民国时期先后设置八撮县佐和梁河设治局。从地理位置上看，梁河县位于云南省西部横断山脉西南端、高黎贡山西麓坡阶地中的峡谷地带，位于德宏州东北部，介于东经98°06′~98°31′、北纬24°31′~24°58′之间，东北部与腾冲县接壤，东南部与龙陵县交界，南部与潞西市、陇川县相接，西部与盈江县毗邻，是德宏傣族景颇族自治州唯一的国家扶贫工作重点县和没有边境线的边疆县。县城遮岛距省会昆明690公里，距州府芒市114公里。梁河县境南北纵距49公里，东西最大横距45公里，国土面积1159平方公里，全境有中山、低山、火山堆、台阶地、河谷平坝五种地貌类型，入境的大盈江、龙江、罗卜坝河将全境分割为两山夹一坝的地貌。其中，坝区面积144平方公里，占总面积的12.42%，较大的坝子是遮岛坝、芒东坝、勐养坝；山区、半山区面积1015平方公里，占87.58%。全县最高峰癞痢山巅海拔为2672.8米，最低海拔为勐养老芒东860米。全县耕地面积368889亩，其中水田191004亩，旱地177885亩。全县辖6乡3镇，62个村委会，4个社区，390个自然村，674个村民小组。梁河县境内居住着汉族、傣族、景颇族、阿昌族、德昂族、傈僳族、佤族等13个民族。2009年末，全县总人口163814人，有少数民族人口55040人，占全县总人口的34.2%；城镇居民人均可支配收入11303元，农民人均纯收入2016元。该县2002年被列入云南省73个国家级扶贫开发工作重点县，目前全县尚有低于1196元以下的贫困人口9万余人，占全县总人口的55.3%。滑坡泥石流、水土流失面积507.8平方公里，占总面积的44%，是一个集山区、民族、边疆、贫困为一体的农业县。

2. 经济社会发展概况

(1) 经济发展水平

丙盖村主要的产业是种植业和养殖业，种植业以水稻、甘蔗、茶叶等传统种植为主，其他经济作物为辅。

表 1－1　**2008 年丙盖村经济发展情况表**①

村委会	自然村	总人口（人）	年末贫困人口（人）	农民人均纯收入（元）	人均粮食产量（公斤）	人均耕地（亩）	其中：水田（亩）	人均经济林地（亩）	（是 1，否 0）					
									是否通电	是否通电话	是否通公路	是否有安全饮用水	是否丧失生存条件需要搬迁	是否能有效接收广播电视
丙盖		2246	336	1682	204	1.44	0.9	0.03						
	丙盖 *	511	77	1732	215	1.3	0.9	0.02	1	1	1	0	0	1
	丙岗	312	46	2143	135	2.3	0.7	0.01	1	1	1	0	0	1
	那峦傣社	212	32	1659	207	1.2	1	0.24	1	1	1	0	0	1
	那峦昌社	349	52	1556	202	1.1	0.9	0.24	1	1	1	0	0	1
	马脖子	182	27	1382	198	1.3	0.7	0.17	1	1	0	0	1	1
	永联	117	18	1494	186	0.9	0.6		1	1	1	0	0	1
	永和	372	56	1516	179	1.3	0.8	0.03	1	0	1	0	0	1
	联和	191	28	1540	227	1.6	0.8		1	0	1	0	0	1

注：村委会所在地自然村加 *。

2008 年，我国农民人均纯收入为 4761 元，而丙盖村的农民人均纯收入为 1682 元，仅为全国平均水平的三分之一强。根据国务院扶贫办发布的全国贫困线标准，2008 年全国农村绝对贫困人口（又叫赤贫人口或不得温饱贫困人口）认定标准为农民人均纯收入 785 元以下，低收入贫困人口为农民人均纯收入 786～1067 元，丙盖村的农民人均纯收入仅在低收入贫困人口之上，可以说是一个不折不扣的贫困村。

① 数据来自《德宏州村委会、自然村基础信息采集表》，资料由丙盖村村委会提供。

我国1949年人均粮食产量即为209公斤，2008年全国人均粮食产量为404公斤，超过了世界平均水平。而丙盖村人均粮食产量2008年仅为204公斤，只达到全国水平的一半，甚至还达不到全国1949年人均粮食产量，其中的差距确实惊人。客观来说，造成这种状况并不是我们的农业、农村政策有问题，而主要是丙盖村的现实情况制约着当地农业经济的发展。丙盖村地处山区，山地多，平地少，土地又较为贫瘠，全村目前还有1个自然村未通公路，1个自然村甚至丧失生存条件需要搬迁。因此，对于丙盖村这样偏远的民族乡村，经济发展和脱贫致富任务还任重道远。

（2）人口状况

根据2000年第五次全国人口普查统计，我国阿昌族人口数为33936，阿昌族在全国的31个省、自治区、直辖市中均有分布，主要集中聚居在云南省，共有3.35万人，占阿昌族总人口的98.77%，其他地区均不足百人。云南的阿昌族人口又主要聚居在德宏州的梁河县和陇川县，在潞西、盈江、腾冲、云龙等县也有少量分布。

2008年末，梁河县总户数40646户，总人口160886人（常住人口），其中城镇人口36199人。人口出生率12.63‰，死亡率6.89‰，自然增长率5.74‰。人口密度每平方公里138.8人。少数民族人口55040人，占全县总人口的34.21%，其中傣族35517人，占22.08%；阿昌族13294人，占8.26%；景颇族1928人，占1.2%；德昂族799人，占0.5%；傈僳族1502人，占0.93%；其他少数民族2000人，占1.24%。

我们所调查的丙盖村新中国成立初期仅有28户人家，132人，随着社会经济的持续发展，阿昌族人口持续增长，到2008年末，已有559户，总人口为2246人，总人口增长17倍多。表1－2为2008年丙盖村人口的具体情况。

表 1-2　　2008 年丙盖村委会及自然村人口情况表[①]

村委会	自然村	总人口（人）	其中：少数民族人口（人）	总户数	主要少数民族成分和人口						年末贫困人口（人）
					Ⅰ		Ⅱ		Ⅲ		
					民族	人口	民族	人口	民族	人口	
丙盖		2246	1987	559		1713		251			336
	丙盖 *	511	491	138	阿昌	481	傣	10			77
	丙岗	312	265	77	阿昌	200	傣	65			46
	那峦傣社	212	188	56	阿昌	39	傣	138	白族	2	32
	那峦昌社	349	313	85	阿昌	306	傣	7	佤族	4	52
	马脖子	182	140	42	阿昌	136	傣	3	佤族	1	27
	永联	117	92	27	阿昌	90	佤族	2			18
	永和	372	339	91	阿昌	310	傣	25	景颇	2	56
	联和	191	159	43	阿昌	151	傣	3			28

注：村委会所在地自然村加 *。

从表 1-2 我们不难发现，丙盖村的阿昌族人口占梁河阿昌族人口的 16.9%，是名副其实的阿昌族聚集村落。根据 2002 年《云南省人口与计划生育条例（修订）》的精神：丙盖村的阿昌族村民经过批准可生育 3 个孩子，但是现实情况是丙盖村户均人口数仅为 4 人，不少阿昌族家里只有一个孩子，而且有些还是女孩。这突出反映了丙盖阿昌族朴素的男女平等观念，同时也是丙盖村所在的梁河县重视人口和计划生育工作的结果。梁河县 2003 年被列为云南省 41 个农业人口独生子女奖励优待政策试点县，2008 年被列为国家、云南省、德宏州“婚育新风进万家”试点县。

在这种良好的环境下，丙盖村的人口和计划生育工作成绩斐然也就不足为奇了。我们调研了解到，丙盖村在 20 世纪 80 年代初，就开始配备计划生育助理宣传员，他们认真宣传国策，执行《中华人民共和国人口与计划生育法》和《云南省人口与计划生育条例》，把这一法律法规深入宣传到千家万户

① 数据由《德宏州村委会、自然村基础信息采集表》整理而得，资料由丙盖村村委会提供。

中去，利用田间劳作、农村各种节日、红白喜事走村串户，家访座谈，宣传计划生育政策，调查了解统计各村育龄妇女婚姻状况，发放宣传品，定期出板报、出动态管理板，随时掌握本村育龄夫妇的生育情况，发放避孕节育药具，每月按规定时间到乡计生办汇报本村计划生育情况和填报各种数据，接受工作任务。

比如他们积极开展“婚育新风进万家”宣传活动。村子里的妇女之家自发成立了“婚育新风进万家”文艺宣传队，把婚育新观念用通俗易懂的语言编成阿昌族山歌传唱，把身边的事例编成节目表演，引导育龄人群弘扬文明新风尚，树立健康、文明、向上的婚育观念，并号召大家转变旧观念，学先进、争先进。同时，他们还将人口计生、党建、卫生、禁防相关法律法规知识等融为一体，对群众进行面对面的宣传、咨询和服务。

经过30多年持久深入的人口与计划生育基础知识的宣传教育，加之经济体制改革，社会福利及社会保障事业的发展，丙盖村人民群众中存在的早婚、早育、多子多福的陈旧婚育观念，逐步向晚婚、晚育、少生、优生优育的新观念转变。妇女平均初婚年龄有所提高；避孕节育人数不断增加；综合避孕率不断增长；育龄妇女生育率不断下降；一孩比上升，多孩比下降，计划生育率上升，办理“独生子女光荣证”逐年增加。

(3) 社会习俗

包括丙盖村在内的阿昌族，家族观念都比较强，同姓族人都认作本家，一般能道出先祖姓名，推论出字派辈分，同姓不能通婚。同姓人相逢，总以辈分相称，不受年龄的制约，五六十岁的老人称一二十岁的年轻人为公、为叔的屡见不鲜。同族人中，推举能说会道有办事能力且辈分年龄较大者为族长。新中国成立前，在同一姓氏占村民绝大多数的村寨，族长就是寨子里的头人（也称“乡佬”或“岳尊”）。

人口较多的姓氏（如赵姓、曹姓、孙姓、们姓等）有家会组织，这种家会是跨村寨的，有的还跨民族。这些本家有共同的字派辈分，据说还有共同的先祖，隔一段时间，本家人就聚在一起过家会、祭祖茔、续家谱。如赵姓组成小家会，有用汉字写成的会章，其宗旨是“以团结振家声”，对违反会章、会规的族人要进行处罚。

阿昌族男女对婚姻都比较慎重，择偶时以本民族为首选对象，夫妻关系一般比较稳固，少有离婚现象。家庭的构成一般包括父子两代或祖孙三代，父母有两个或两个以上儿子的，大的儿子成婚后就分家别立门户，父母和幼子（最小的儿子）同住，幼子继承大部分家产。父母的养老送终由幼子负主要责任，分家另过的其他儿子负次要责任。无儿子的招赘上门，上门的女婿享有继承权。

在阿昌族家庭里，夫妻共同承担农业劳动，共同决定家庭事务，地位是平等的，但在祭祀祖宗神灵时，妇女不能参加，村寨的神树、土主庙，妇女不能接近。阿昌族注重家庭道德，具有尊老爱幼的优良传统，不尊敬老人被视为不道德的行为。亲戚邻里之间能和睦相处，遇到盖房子、儿女结婚、老人去世等红白喜事，大家都会主动帮忙；农业生产大忙季节，也会相互协助；若哪家遭受火灾，大家会主动捐赠衣物家具，帮助其重建家园。

(4) 民族团结进步的好风尚

在丙盖村，阿昌族与汉族以及其他各少数民族之间关系十分融洽，这得益于政府和群众对民族团结进步的珍视。如九保阿昌族乡专门制定了《民族团结进步公约》，而丙盖村也制定了乡规民约。除日常工作外，还通过举办民族节日、民族团结进步月、民族团结进步表彰会等形式加强民族团结，促进社会主义精神文明和物质文明的建设。

阿昌族与周邻民族间的通婚，已成为寻常事，根本改变了“唯求其同类”和所谓“婚娶不杂”的习俗。长期以来，有阿昌族男子入赘汉族、傣族人家的，也有傣族、汉族、景颇族男子入赘阿昌族人家的，有阿昌族女子嫁给傣族、汉族、佤族、德昂族的，也有汉族、傣族、景颇族女子嫁进阿昌族家门的。调研中，我们听村子里的老人说甚至还有昆明女知青和阿昌族小伙子喜结良缘的。民间的相互通婚，对促进民族团结，加强文化交流都有好处。不管是阿昌族女子嫁给异族男子，或者是阿昌族男子娶进了异族女子，都是民族团结的好气象。

在日常的社会生活中，丙盖村阿昌族的“民兵之家”、“青年之家”、“妇女之家”等群众组织也得到巩固和加强。如其中的“妇女之家”，妇女们劳动之余在一起学政治、学文化、学科学技术，排练文艺节目，还帮助调处家庭纠纷，推广计划生育、禁毒戒毒、组织公益劳动。这些活动展示了阿昌族妇女日益提高的社会地位和思想文化素质。曾经有段时间，境外毒品渗入梁河，一些村寨青壮年吸毒成瘾，严重危害了个人、家庭、社会，但丙盖村阿昌族同胞中基本没有吸毒者，是远近闻名的“无毒村”。

此外，特别值得一提的是，坐落于丙盖村的阿露窝罗文化活动中心的建造，是民族团结进步的集中体现。古代阿昌族是一个善歌好舞的民族，阿昌族人民的歌声清亮高亢，阿昌族的舞蹈庄重质朴。阿昌族最隆重、最有民族特点的传统节日是“窝乐节”。1983 年，德宏州人民代表大会常务委员会根据阿昌族人民的要求和《民族区域自治法》的有关规定，正式决定阿昌族的传统节日为“窝乐节”。1995 年改为“阿露窝罗节”，节庆时间定于每年的 3 月 20 日，节日标志为弓箭和青龙白象。

综上所述，新中国成立以来，尤其是改革开放 30 多年来，在党的民族政策的指引下，丙盖村的经济建设和文化、教育事业都取得了显著的成效，阿昌族人民的生产生活发生了翻天覆地的变化，彻底摆脱了“刀耕火种、人背马驮、松明油灯”的落后状况。阿昌族地区正朝着民族团结、共同繁荣的方向前进。

（二）村庄的起源

1. “喇盖洼”与丙盖村①

在清乾隆年间，丙盖坪子有两个小自然村，一是现在称为“烂寨田”的地方，乾隆三十六年（公元 1771 年）建村，被南甸土司命名“丙盖”，阿昌语称之为“喇盖洼”。该村原先住有龙、胡、李姓汉族，是清代南甸左营都司龙玉珠的出生地。二是离丙盖 1 公里的外坪子，居住有阿昌族的赵、王二姓人家。咸丰六年（公元 1856 年）滇西回民起义，同治十四年（公元 1875 年）回民起义平息，但丙盖村被清军千总张价焚毁。

同治十六年（公元 1877 年），曹家寨阿昌族曹兆林路经丙盖坪子，发现该处地方空旷无人，于是便搬迁到离原丙盖遗址 400 米的山脚下修建房屋，居住下来。后来从沙坡村又搬迁来赵成文、赵成云和赵成应三家共同居住。因避战乱迁居到油松岭石山的赵金儒也带着赵明朝、赵明纲两个儿子移居过来，接着又从小蒲窝迁来了曹先魁两家。这样，丙盖原地又重新形成了自然的小村寨形，而且依旧袭称为“丙盖”，其他村寨的阿昌人依然称之为“喇盖洼”。

---

① 中国人民政治协商会议梁河县委员会．梁河阿昌族今昔[M]．昆明：云南民族出版社，2003.

由于迁来的住户逐渐增多，矛盾纠纷也渐渐出现，需要有人出面调理，而当时大多青壮年男人需出外营生养家，只有赵成文和他的四个儿子在村中耕作，大家便都推办事公道的赵成文为寨长，负责调理村中诸等事务。辛亥革命前后，又有杨、赵、王等姓人家分别从弄别、勐来、油松岭石山、那峦、曹家寨等地迁来。等到梁河解放的时候，丙盖已有28户人家，132人。

2. **阿昌族族源及民族形成**①

阿昌族是云南境内最早的世居民族之一，古代汉文史籍中，阿昌族有“峨昌”、“蛾昌”、“萼昌”等读音相近的名称。不同居住地区的阿昌族，又有不同的自称，陇川地区自称为“蒙撒”、“傣撒”、“衬撒”等，梁河地区则自称为“汉撒”、“阿昌”等。中华人民共和国成立后，根据该民族的意愿，通称为“阿昌族”。

阿昌族作为云南西部一个古老的民族，在族源上与彝语支各民族有着共同的渊源关系，即他们均出自古代的氐羌族群。秦汉时期，由于部落间的征战，羌人逐渐从西北青海、甘肃等地陆续迁入西南地区，在较长的历史时期里与当地土著相互融合，并不断分化，形成了西南地区的氐羌系各民族。其中有一支阿昌族的先民南迁到滇西北的金沙江、澜沧江和怒江流域一带。后来，一部分迁至怒江西岸，即古代称作“寻传”地区，史籍称为“寻传蛮”。

有关阿昌族先民的记载，始见于唐代的汉文献。唐朝时期，以洱海为中心建立了南诏王国。唐人樊绰所著《蛮书》卷三说：阁罗凤“西开寻传，南通骠国”，寻传即今澜沧江上游以西至缅甸克钦邦境内祁鲜山以东地区，骠国即今缅甸曼德勒境。寻传之地因“寻传蛮”得名，而“寻传蛮”就是阿昌族的先民。又卷四说：“寻传蛮，阁罗凤所讨定也。俗无丝绵布帛，披波罗皮（虎皮）。跣足，可以践履榛棘。持弓挟矢。射豪猪，生食其肉，取其两牙，双插髻傍为饰，又条皮以系腰。每战斗即以笼子笼腰，如兜鍪状。”此时，阿昌族先民还处于较原始的状态，生产力低下，以渔猎和采集为生。

作为汉语最切近的译音，“阿昌”这个族称，最早在13世纪初的元代（元成宗大德年间）才正式载于汉文史籍。据《招捕总录》记载：“至元十四年（公元1284年）……时大理路蒙古千户忽都奉命伐永昌之西腾越蒲骠（今

---

① 赵家培．阿昌之魂［M］．潞西：德宏民族出版社，2006.

保山市西南部）阿昌、金齿之未降部族，驻南甸（今梁河县）……”从这条史料来看，当时金齿宣抚司所辖区域内，阿昌族先民主要居住在今保山、腾冲、梁河、盈江和陇川一带。忽都奉命驻营南甸征伐“阿昌、金齿之未降部族”，表明这一带地区的阿昌、金齿当不少，有一定的实力，从而引起元代统治者的重视。又据《元朝征缅录》及《元史·缅传》记载：“至元十四年三月，忽都与大理总管信苴日共同伐永昌西部的阿昌、金齿中的未降部族，时值缅人犯边，因引兵至干额（即干崖，今盈江县）。缅人逃遁，为干额总管阿禾及当地阿昌人邀杀，归者无几。”此条记录说明南甸、干崖一带的阿昌不得已而归附元朝，甚至为之效命，同时也暗示着阿昌族退居坝区而迁往“低山和海拔高的河谷”居住的原因。

明朝中期，由于今天的阿昌族与汉族接近，农业和手工业等各方面都受到汉族较多的影响，而有了相当程度的发展。明景泰年间的（公元1450—1457年）《云南图经志书》卷六腾冲司说：“境内蛾昌蛮，即寻传蛮也。似蒲而别种，居山野间，形状颇类汉人。……善孳畜佃种，又善商贾。妇人以五彩帛裹其髻为饰……种秫为酒，歌舞而饮，以糟粕为饼，晒之以待乏。比之诸夷之强悍，则此类为易治也。”这部分“蛾昌”显然是散居在腾冲司（驻今腾冲县）防守的区域范围之内，即今腾冲、龙陵和德宏一带。这一带的“蛾昌”中的一部分便开始形成近代的阿昌族。

明人钱古训、李思聪在《百夷传》说：“阿昌，《云南志》作蛾昌蛮者，男子衣帽类百夷（傣族），但不髠首黥足，及语言为异。”这里所记录的阿昌族显然是居住在德宏州一带。《西南夷风土记》（明·佚名）的作者，记录了于明万历十二年（公元1584年）跟随刘挺途经南甸（今梁河）的见闻：有“曰阿昌、曰百夷、曰老缅、曰蒲人……”“蒲人、僰人、阿昌，乃在邦域之中，杂华而居”，“唯阿昌枕山栖谷，以便刀耕火种也”。说明从腾冲以下沿途的许多地方包括现今的丙盖村都居住着阿昌族。

阿昌族在历史发展的长河中，与诸多民族自然融合。明清时期，由于长期与白族、汉族、傣族交错杂处，交往密切，不断融合于其中。明正统年间，朝廷发兵三征麓川，15万大军进入云南，屯守军伍。接战之后，流散兵丁脱离军籍，长期与各族人民相处，后代多转化为土著。沐英镇滇时，户腊撒变为“沐氏勋庄”，设“赖”氏和“况”氏土司掌管，汉族屯丁大量进入该地区与阿昌族人民共同对庄园经营垦殖。在与阿昌族长期密切的交往中，这些汉族屯丁的后代大部分逐渐融合为阿昌族。

3. 丙盖村阿昌族源流

根据丙盖村的族谱、家谱记载，丙盖村阿昌族的族源应为当地的土著居民，但也受了外来民族尤其是汉族的很大影响。从1398年南甸土酋刀贡勐被委充百夫长，阿昌族逐受南甸土司的统治。明代驻军屯边，梁河阿昌族受其影响，民族成分开始发生演变。现在梁河地区的阿昌族有些氏族就是由汉族演变来的。

从梁河阿昌族的姓氏看，有闷、朗、哄、俸、马、杨、孙、曹、张、李、赵、侯、王十三姓氏。一般来说，丙盖阿昌族姓氏中，闷、们、郎（曩）、俸（哄）、马、杨、王被称为是守土氏族，也就是本来的阿昌族，其余姓氏则被认为是外来民族到这里后融合在阿昌族之中的。其中包括汉族到这里后，“娶夷婆，变夷人”的，如赵、曹、张、李、孙则自认为是汉族“讨夷婆”演变来的，说到他们的祖先来源地时，绝大部分人则声称原籍为南京应天府柳树湾。梁河阿昌族的姓氏都能用阿昌语表达。明代以前多用双音节的姓，后才逐步用汉字单音节姓氏。如：赵姓称“喇依”，孙姓称“喇耷”，李姓称“喇诗”（喇尚），王姓称“喇纳”，曹姓称“喇翁”，杨姓称“喇碑”，郎（曩）姓称“喇扎”，俸（哄）姓称“喇荷”，梁姓称“喇擦”或“喇乍”，张姓称“喇准”、“喇贺”，马姓称“喇缀”、“喇米扬”，闷、们、龙姓称“喇降”，石姓称“喇令”。

丙盖村的守土氏族以闷姓为例，传说其开山始祖叫闷有林，据说从闷有林到现在已传了三十代人，以每代25年计，他们在这里定居至少已有750多年，所以闷姓主要聚居地孟柯寨被视为阿昌族最古老的寨子。又如俸姓也是阿昌族典型的古老姓氏，南诏时期浪穹诏，登赕诏主丰时、丰咩兄弟就是俸姓，南诏一度自称“封人”，“大封民国”也与此姓氏有关。杨姓也是原来的阿昌族，最早称“喇啤”，即崇拜太阳神的氏族，后演变为杨姓，他们自称是从云龙漕涧搬来的。还有，曹姓“喇翁”为葫芦氏族，张姓“喇准”为鹰氏族，闷、们、龙姓“喇降”为篮子氏族，似乎说明每个氏族都有它自己的图腾崇拜标志。以无生物为氏族标志，是古代氏族部落所保留下来的遗风。这种遗风正好能透过“讨夷婆，变夷人”的纷纭传说而显露出本民族血脉的传承。

丙盖村的外来民族以赵姓为例，据《赵氏家谱》记载：赵氏为南京应天府柳树湾人氏，始祖赵德洪为朝廷中议大夫，随沐英征南，乱平，钦授镇武将军职，奉命驻保山板桥，后定居腾冲吴邑，传至第十三代赵尔荣祖到南甸木瓜寨教学，娶小蒲窝石家寨马氏二妹阿昌族女为妻，变为阿昌族。

（三）村庄的变迁

1. 新中国成立前的丙盖村

谈到丙盖村的管辖历史，就不能不提到南甸宣抚司。远在宋代阿昌族就已到达德宏州梁河县境定居，他们分散居住在河谷和半山地带，各据一方，有自己的酋长和山官，在阿昌族尚未形成大部落联盟政权之前，傣族势力又进入到这个地区，把阿昌族从囊宋、九保、萝卜坝、小陇川等坝区排挤出去。由于经济上的优势，傣族迅速发展成为坝区的统治民族。这就为南甸宣抚司的产生奠定了基础。

明洪武十四年（公元1381年）明兵征滇。当地傣族首领刀贡勐首先归附朝廷，被授百夫长，后又升任千夫长。因此，刀贡勐被其后人奉为一世土司。永乐六年（公元1408年），朝廷批准设南甸土知州，刀贡蛮（刀贡勐之弟）任知州。正统九年（公元1444年）明军征讨麓川，南甸州因战功升为宣抚司，任刀乐硬为宣抚通判。这就是南甸土司制度的起源。定居南甸地区的阿昌族，由于“式微”，仅能“杂处山谷夷、罗之间，听土司役属”。土司制度是中央王朝统治下的地方民族区域自治政权。土司对朝廷的主要责任就是守土戍边，保境安民。土司职位是世袭的，但其又是朝廷命官，“袭替皆奉朝命”。至清代，南甸宣抚司辖境行政区划逐步成熟完善，丙盖村则属于南甸土司管辖的直隶散寨。“民国”年间归属梁河设治局第二区复兴镇。

在南甸土司的统治下，丙盖村的阿昌族人民过着暗无天日的生活，除了缴纳官租、官烟和地租银子外，在土司举行赶摆、做寿或丧祭嫁娶时，各家各户都要出劳力，做挑水煮饭挑伙食担等杂役。平时只要衙署有事，必须随叫随到。村中的佃农大多数都耕种土司的河坝田和胡、李两姓的坪子田及村寨周围的跨山田。在这种情况下，佃农的生活全凭“老天”的恩赐：天旱的时候，到了“火把节”坪子田还无法栽秧；雨量过多的年时，河坝田又遭洪水冲毁。秋收后交了繁重的田租，再变卖稻谷缴纳官租和苛捐杂税后，佃农所剩无几。如果因天灾人祸借了高利贷，生活则更是苦不堪言。以1949年为例，全村28户人家中仅13户能吃得到五六月的粮食。而没有租种土司田地的农家，男人则靠长年累月卖工度日，女人则靠割山草换取零星盐米苦度岁月。多数人家终年过着半饥半饱的日子。1950年，仅有5户人家住土木结构的瓦房，其余便住在低矮的茅草屋里。

新中国成立前，丙盖是有名的瘴疫肆虐之地，有人形容丙盖“连狗都会打摆子”。村南的秧田洼，坳深草芀，芦苇密杂，到处是烂泥塘，村人常遭疟疾之苦。有的人从栽秧发疟疾，一直挨到谷子黄。由于缺医少药，很多人被病魔夺去了生命。

2. 新中国成立后丙盖村的发展

新中国成立前，丙盖村民全靠佃耕和卖工糊口度日。1950年5月，梁河解放。这标志着梁河县各民族进入平等、团结、共同繁荣的新时代。在这里，尤其值得一提的是云南省民族工作队进驻丙盖村的情况。1953年5月，云南省民族工作队第三大队到达梁河，于6月初进驻丙盖村，工作队以“团结上层，发动群众，做好事交朋友”为行动口号，恪守“三大纪律、八项注意”，不拿群众一针一线。工作队早上学习和分析研究情况，中午分头下田地帮助群众劳动，铲埂、栽秧、薅秧、中耕除草样样都干。晚上，工作队挨家逐户串门子，谈心交朋友。工作队还帮助群众修水井，打扫环境卫生，修路搭桥，把200多米长的巷道铺成3米宽的石面路，改变了雨天粪水淤积、脏乱不堪的状况。工作队还给缺牛户发放贷款，给缺衣少被的人家发救济，把困难人家的子女送往芒东省立小学免费读书。民族工作队进驻丙盖村时间虽然不长，但全村群众从他们的一言一行中受到了启发，从戒备到放心，从疏远到亲近，从冷淡到热情，渐渐建立了鱼水情。这一切都为后来和平协商土地改革和丙盖阿昌族自治乡的建立奠定了群众基础。从此，丙盖村的阿昌族人民在中国共产党的领导下，在党的民族政策的指引下，坚持走社会主义道路，发扬自力更生、艰苦奋斗的精神，使丙盖村发生了翻天覆地的变化。

1955年梁河县土改后，丙盖村的农民成了土地的主人，他们以一种前所未有的满足感，把全部的热情都倾注到分得的田地上。此后，丙盖村也和全国其他地区一样，经历了农村社会主义改造、“大跃进”和人民公社化。三年自然灾害期间，丙盖村同样遭受了惨痛的损失。直至1962年党的“七千人大会”召开，中央对近乎崩溃的国民经济采取“调整、巩固、充实、提高”方针之后，全国的经济形势才出现了转机。

这时的丙盖村集体办起了养猪场、蔬菜园，发展了牛群。1964 年建了烧瓦窑，仅马帮运输这一项，集体就有 2000 多元的年收入。20 世纪 60 年代末，当时担任九保人民公社秘书的谷沛将九保种植双季稻的成功经验致力于在丙盖村推广，改水稻年收一熟为两熟，他在河坝田和坪子田试种 12 亩双季稻。结果第一季单产在 300～400 公斤/亩，第二季单产在 150～200 公斤/亩。次年丙盖的坪子田和坝子田全都栽上双季稻。第一季收获的稻谷交售公余粮，第二季分给社员，解决了社员度荒问题。

1972 年，丙盖村民开始在山地种甘蔗。甘蔗砍运到九保印刷发电厂榨红糖，出售红糖的资金作为集体收入。1974 年开始大面积扩种，以适应已开建的沙坝糖厂的需求。这时丙盖村被梁河县划为经济作物区，于是由单一的粮食生产，改为粮蔗并举，双向发展，一直保持至今。

目前，全村农户的经济支柱仍然是甘蔗，经过淘劣更新品种，2001 年种植面积 265 亩，蔗田亩产达 7～12 吨，旱地亩产达 4.5～7 吨，年总产 1185 吨。油菜种植达 205 亩，总产达 174 吨。村中仔猪饲养户年纯收入 8000～11000 元。有 11 户养鸡户，户养 500～1500 只。稻田池塘养鱼效益好的有 12 户，年总产为 160 吨。种藕面积为 50 亩，总产达 125 吨。

斗转星移，沧桑巨变，梁河解放 60 多年来，丙盖村由破败不堪的“喇盖洼”逐渐发展成为欣欣向荣的社会主义新农村。20 世纪 50 年代初曾任联合军政代表团成员的冯祖尧，目睹丙盖村人民生活巨变后由衷感叹道：“昔日糠菜半年粮，今日粮食堆满仓。高房瓦屋现新村，河清海晏兆升平。”①

3. 丙盖村行政管辖的变化

20 世纪 50 年代中期，丙盖村是阿昌族自治乡人民政府驻地，直到 1959 年撤县并腾冲；1962 年恢复了丙盖乡建制；“文革”中归入遮岛公社，后又下属于九保公社丙盖大队；1988 年成立九保阿昌族乡时，改为丙盖村公所，直至 2000 年 10 月改现名为丙盖村民委员会。经历了几十年的风风雨雨，丙盖村始终是农村基层办事机构的驻地，是处于阿昌族中心地带的村落。丙盖村所属行政区划具体情况如表 1－3 所示。

① 中国人民政治协商会议梁河县委员会．梁河阿昌族今昔[M]．昆明：云南民族出版社，2003.

表 1-3 丙盖村历年所属行政区划表①

时间	区名	所辖乡(镇)名
1956 年	第一区	勐科
	第二区	丙盖
	河西区	勐宋、九保镇
1958 年 9 月	卫星公社	九保
1961 年至 1969 年 3 月	大厂公社	勐科
	遮岛公社	九保、丙盖、安乐
	河西公社	勐宋
1969 年 4 月至 1984 年 4 月	大厂区	勐科
	遮岛区	九保、丙盖、安乐、勐宋、横路
1984—1987 年	九保区	九保镇、丙盖阿昌族乡、勐科阿昌族乡、勐宋乡、安乐乡
1987—1988 年	九保区	九保村公所、丙盖村公所、安乐村公所、勐科村公所、勐宋村公所
1988 年 1 月至 2000 年 10 月	九保阿昌族乡	九保村公所、丙盖村公所、横路村公所、勐科村公所、安乐村公所、勐宋村公所
2000 年 10 月至今	九保阿昌族乡	九保村委会、丙盖村委会、横路村委会、勐科村委会、安乐村委会、勐宋村委会

从表 1-3 可以看出，改革开放以来，丙盖村还经历了多次行政变迁，从丙盖大队到丙盖阿昌族乡再到丙盖村公所，最后于 2000 年和云南省的其他农村一样经历了村改委（撤销村公所，选举产生村委会，实行村民自治），从形式上向村民自治迈进了一大步。2000 年 10 月，丙盖村村改委结束，在原村公所管辖的行政区域内通过村民民主选举，成立丙盖村村民委员会，下辖 8 个自然村，自然村下设 1 至若干村民小组。截至目前，丙盖村辖有 8 个自然村，2 所小学，文化室、卫生室各 1 个，驻有县职业中学。

① 数据来自《梁河县九保阿昌族乡乡志》，资料由九保阿昌族乡政府提供。

表 1－4　2000 年 10 月至今丙盖村村寨一览表①

村民委员会	所辖自然村	
	阿昌族占 50% 以上	阿昌族占 10% ~49%
丙盖	丙盖、丙岗、永和、联和、马脖子、永联、那峦阿昌族寨	那峦傣族寨

丙盖自然村是特有民族阿昌族的聚居村，2008 年总人口为 138 户，496 人，其中阿昌族人口 481 人，占总人口的 96%；有耕地 702.45 亩，其中水田 499.05 亩，旱地 203.4 亩；人均收入 1682 元，人均口粮 215 公斤。

丙岗自然村位于九保阿昌族乡的东南方向，距乡政府 2.5 公里，距县城 5.5 公里，海拔 1154.2 米，森林覆盖率 64.5%。丙岗村是阿昌族的聚居村，2008 年总人口为 77 户，312 人，其中阿昌族人口 200 人，占总人口的 64%；有耕地 719.92 亩，其中水田 232.82 亩，旱地 487.1 亩；人均收入 2143 元，人均口粮 135 公斤。

永和自然村位于九保阿昌族乡的东南方向，距乡政府 4 公里，距县城 2 公里，海拔 1154.2 米，森林覆盖率 64.5%。永和村是阿昌族的聚居村，2008 年总人口为 91 户，364 人，其中阿昌族人口 310 人，占总人口的 85%；有耕地 509 亩，其中水田 315 亩，旱地 194 亩；人均收入 1516 元，人均口粮 309 公斤。

联和自然村位于九保阿昌族乡的东南方向，距乡政府 5 公里，距县城 3 公里，海拔 1284.2 米，森林覆盖率 64.5%。联和自然村是阿昌族的聚居村，2008 年总人口为 43 户，191 人，其中阿昌族人口 151 人，占总人口的 79%；有耕地 323.2 亩，其中水田 164 亩，旱地 159.2 亩；人均收入 1540 元，人均口粮 198 公斤。

马脖子自然村位于九保阿昌族乡的东南方向，距乡政府 7 公里，距县城 5 公里，海拔 1284.2 米，森林覆盖率 64.5%。马脖子村是阿昌族的聚居村，2008 年总人口为 42 户，182 人，其中阿昌族人口 136 人，占总人口的 75%；有耕地 241.4 亩，其中水田 143 亩，旱地 98.4 亩；人均收入 1382 元，人均口粮 198 公斤。

永联自然村位于九保阿昌族乡的东南方向，2008 年总人口为 27 户，117

① 《梁河县九保阿昌族乡乡志》，资料由九保阿昌族乡政府提供。

人，其中阿昌族人口90人，占总人口的77%；有耕地113.4亩，其中有水田75.7亩，旱地37.7亩；人均收入1494元，人均口粮223公斤。

那峦阿昌族寨位于九保阿昌族乡的东南方向，距乡政府5公里，距县城3公里，海拔1184.2米，森林覆盖率64.5%。该村是阿昌族的聚居村，2008年总人口为85户，349人，其中阿昌族人口306人，占总人口的95%；有耕地384.8亩，其中水田298亩，旱地86.8亩；人均收入1556元，人均口粮202公斤。

那峦傣族寨位于九保阿昌族乡的东南方向，距乡政府5公里，距县城3公里，海拔1184.2米，森林覆盖率64.5%。该村是傣族和阿昌族的聚居村，2008年总人口为56户，212人，其中阿昌族人口39人，占总人口的18%；有耕地247.1亩，其中水田219.4亩，旱地27.1亩；人均收入1659元，人均口粮207公斤。

二、农业与传统手工艺

（一）农业

农业是丙盖村的主要经济产业。狭义农业仅是指种植业，利用土地资源进行种植生产的部门，包括粮食作物、经济作物、饲料作物和绿肥等的生产活动。广义农业除了种植业以外，还包括林业、牧业、副业和渔业，它们都是农业的有机组成部分。其中，利用土地资源培育采伐林木的部门是林业；利用土地资源培育或者直接利用草地发展畜牧的是牧业；利用土地空间进行水产养殖的是水产业又叫渔业；对这些产品进行小规模加工或者制作的是副业。

九保阿昌族乡是梁河县的农业生产乡，以粮食生产为主，丙盖村又是九保乡的粮食主产区。但在改革开放以前，由于受计划经济的影响，以及封闭政策的束缚，再加上体制上人民公社化，分配上实行“平均主义”，生产上经营项目单一，很多农户变成吃粮靠国家、用钱靠贷款、生产靠救济的“三靠户”，尽管有大片的土地，却不能自给自足，解决温饱问题。

党的十一届三中全会以后，按照党的方针政策，丙盖村把农村工作的重点转移到经济建设上来，抓农村经济政策的落实和农业产业结构的调整，在不放松粮食生产的前提下，坝区以发展甘蔗、蔬菜为主的多种经营，山区以发展茶叶为主的多种经营的方针，大力发展粮、蔗、蔬菜、茶、猪五大商品生产。1982 年丙盖村实行了家庭联产承包责任制，进一步加快了农业生产发展，机耕面积、水利化程度、农业科技含量大幅度提高，农村经济发生了翻天覆地的变化。

1. 土地资源

丙盖村所在的九保阿昌族乡的地理自然条件为立体型，分三种地区：低热平坝区、温暖半山区和山区。而丙盖村所在地区的土地主要是山区半山区土壤和坝区土壤。

(1) 山区半山区土壤

山区半山区土壤包括黄壤、红壤、砖红壤性红壤、石灰土和沼泽土 5 个土类。

黄壤：是北亚热带生物气候条件下形成的地带性土壤。成土母质为黄砂岩、砾石砂岩、砂页岩、花岗岩、片麻岩、风化物、泥质页岩片岩。成土过程以富铝化为主，附加黄化过程。土壤中氧化铁受水化作用而呈黄色。土壤底土质地较为黏重，多分布在水源头，自然肥力高，保水保肥性较好，但磷素含量低，作物能一年两熟。

红壤：为中亚热带或北亚热带生物气候条件下形成的地带性土壤，也是梁河县分布最广、面积最大的山地土壤类型。成土母质以花岗岩、片麻岩、玄武岩、安山岩、砂页岩为主。成土时间长，具有明显的脱硅富铝化过程，质地黏重，粒状或小块状结构，土层深厚，表土红色而灰暗，土心和底土为红色、棕红色，呈酸性反应，有机质、氮素含量中等，生产上耕性较差，但适种性广，是以茶为主的经济林木基地。

砖红壤性红壤（赤红壤）：为南亚带生物气候条件下形成的地带性红壤，是红壤向砖红壤过渡的类型，是分布最广、面积占第二位的土壤类型，分布在二半山区和坝子边缘的山坡林地。成土母质以花岗岩、片麻岩、玄武岩风化物和冲洪积为主，土层深厚。表土栗红或棕黄色，土心红色，黄红色底土鲜红，质地较黏重，呈酸性反应，有机质、氮素含量低，钾素中等，缺乏磷素。水热条件好，作物适种性广，一年两熟或三熟，是发展亚热带经济作物和水果的重要基地。

石灰土：分布于勐来灰窖山、石窝铺、芒东石房河两侧谷坡中低山一带。成土母质为石灰岩风化物残积。因风化淋溶，石灰土大量脱钙而成为微酸性土壤，并形成红壤之类的地带土壤，表土棕黄色、质地重壤，有机质、氮、磷素都缺乏。

沼泽土：分布于山区、半山区的山箐、沟谷和坝区低洼水塘地。土壤基本长期处于积水状态，质地黏重，呈微酸性或酸性反应，潜在养分高，有机质分解慢，草煤土层厚。植被类型为喜湿沼泽植物，极少开垦种植。

（2）坝区土壤主要是水稻土，另有少量潮土

水稻土分布在坝子及二台坪子，少量分布于山间河谷地带，成土母质以河流冲击、洪积物为主，还有岩风化残物或坡积物。土壤含砂量大，淋溶大于积淀作用，漏水漏肥，呈酸性微酸性反应，有机质、氮素养分含量低，全钾中等，速效钾低，磷素缺乏。生产上耕性差，易淀浆板结，保水保肥性差。但水热条件好，宜种性广，有利于发展一年三熟制。丙盖村的水稻土可以划分为淹育型、潴育型、潜育型三个亚类。淹育型水稻土分布于坝子边缘，山区、半山区的梯田、雷响田、新冲积的河漫滩田，都属此类。潴育型水稻土是主体，占水稻面积的大部分。土壤呈酸性反应，有机质、氮素含量低，全钾中等，速效钾偏低，磷素缺乏，自然肥力低。但地势平坦，水热条件好，宜耕性好，宜种性广，能一年两熟或三熟，为高产稳产类型。潜育型水稻土中，青砂泥土面积较大，主要分布在大坝子，宜种性不广，主要是种水稻。

2. 农作物

丙盖村作为一个典型的山区农业村，农业生产是村民的主要收入来源，当地农民的收入一直主要以种植业为主。据史料记载，早在宋元时期，当地阿昌族就已经把农业生产作为主要的经济来源。清初，居住在半坝地区的阿昌族以种植水稻为主，旱谷次之。勤劳的阿昌族农民能熟练地使用各种农具，水田耕作技术高。历史上梁河地区的“红米枣”等水稻良种，就是阿昌人选育出来的。除粮食作物外，经济作物主要有甘蔗、茶叶、香果、花生、烟草；水果有梨、桃子、李子、梅子、板栗、木瓜、芭蕉、缅桃等；质量较好的林木有楠木、椿木、木莲桦、西楠桦、松木等；优质竹材有大竹、编萝竹、黄竹、黑竹、荆竹等。

（1）大春作物

大春作物（指秋粮），主要有水稻、玉米、豆类（分大豆、杂豆）、薯类（杂粮，分红薯、山药、洋芋）。丙盖村的大春作物以水稻和玉米为主。

① 水稻

水稻栽培在丙盖村历史悠久。1957 年前以种植毫母累、毫母细、巴启、大白谷、板所、红银丹、毛香糯、玉白谷、老来红、牛屎谷等农家良种为主。1958 年后开始不断引进外地早、中、熟高产、优质品种。据丙盖村的种植户介绍，丙盖村的水稻种植经历了“高秆变中矮秆”、“软米变硬米”、“迟熟变中熟”、“常规稻变杂交稻”的交替变更过程。

大体来说，水稻种植品种分为三个时期：20 世纪 50 年代初至 20 世纪 60 年代末，以种植上述当地老品种为主。其特点是高秆穗大、适应性强、米质较好，适应当时低肥力栽培条件和群众喜吃软米的习惯，但生育期长、不耐肥、易倒伏、产量低，一般亩产 400 斤左右，最高也只 700 斤左右。1970—1984 年，以种植外引中早熟、中晚熟常规良种为主，特别是在实行家庭联产承包责任制后，外地良种的引进成为主导。先后推广种植了台中 31、西南 175、科情 3 号、南京 1 号、植生 8 号、台北 B、矮中籼、珍白 134、台中 65、海南糯、赤块 2 号、滇瑞（409、300、306、408）、陇川 201、梅山白、复晚 2 号等籼、粳稻良种。这些良种一般都具有中早熟、中矮秆、抗倒伏、耐密耐肥等特点，亩产可达千斤左右，缺点是不够稳定，退化较快。1985 年后逐步示范推广杂交稻。特别是九保乡农科站科技户林秀水自行引进外地品种种植成功后，推广到全乡、全县及外县部分村寨。由于林秀水学科学、用科学成绩突出，1992 年荣获《云南科技报》的“科技进步奖”，1996 年荣获“云南省工人农民学科学、用科学积极分子”称号，其中引种品种“408”广为种植，成为远近闻名的勐宋贡米。

② 玉米

九保阿昌族乡种植玉米历史悠久，包括丙盖村在内九保乡各村的山区半山区大多都可种植玉米。以前以种植本地的黄马牙、白马牙、大白糯、大黄糯、花糯，九子玉麦等几个品种为主。黄马牙、白马牙多用于干玉米储藏，糯玉米多作玉麦粑粑或吃青，九子玉麦只作炸谷炮吃。本地良种种植株高大、易倒伏、产量低，一般一株一包（亩产 100 ~ 150 公斤左右，且生长期长，往往错过小春播种的最好节令）。1972 年以后，坝区、山区、半山区开始种植冬玉米，特别适合小春田间栽种，在丙盖普遍栽种，最多的年份全乡种植面积可达到1600多亩，单产在150～200公斤以上，产量200～250吨。近年来，丙盖农户栽种的玉米又以丹玉等类型为主，多为县种子公司、乡农科站及个人调进的先进、高产抗病强品种，其特点是早熟，杆短、抗倒伏、抗病能力强、产量高、适应性好，多数都在亩产200公斤以上。

（2）经济作物

① 甘蔗

甘蔗在梁河县种植历史悠久，约在明末清初就开始种植罗汉蔗和芦蔗（草甘蔗），芒东、勐养、勐宋、丙盖、那峦等地区还种植“歪鹅”（泡茎蔗）、“歪楞”（黄茎蔗）、“歪烂”（花茎蔗）、“歪杆旦”（硬茎蔗）等水果蔗。“民国”年间，在遮岛、热水塘、天宝等地有“印度419”、寸金蔗和花甘蔗种植。但长期以来，甘蔗只不过是作为阿昌族种植的补充，在家园、田地边零星种植着。

丙盖村真正大规模种植甘蔗是在新中国成立之后。1959年九保电厂建造了一座日榨20吨的红糖厂，1965年又安装了日榨50吨的设备，九保、河西、囊宋一带就开始大面积地种植甘蔗，但当时的品种单一，多数是种植“印度419”、罗汉蔗，加之科技含量不高，亩产量极低。1974年梁河县开始筹建梁河沙坝糖厂，这给包括丙盖在内的九保乡全乡人民带来了经济上的转机，从过去单一抓粮食生产转变为粮蔗生产并举，使全乡人民得到受益和实惠。1975年，由盈江、陇川引进“71/388”、“桂糖5号”等甘蔗良种。1976年，又从省、州甘科所引进18个早熟品种进行品比试验。1977年，开始种植秋甘蔗。1978年，囊宋、河西、遮岛三个区的33个生产队被划为甘蔗经作队。同年，梁河农科所先后引进100多个品种，进行引种观察试验。1979年，梁河甘蔗技术推广站成立，引种试验点在新沙坝、管家寨、九保石花凹田块，并在九保一队、八队、九队进行引种丰产观察试验并成功，平均增单产8.1吨。到1985年，甘蔗品种共种植了46个，其中地方品种7个、外引品种39个。1986年，九保八队何元灿在自家的承包田里，种植了“梁蔗78/337”品种，连续五年平均亩产8.397吨，而且品种宿根性好、糖分多。这样，从1991年开始，九保乡的甘蔗产量逐年上升，最高年产量1999年达到了45580吨，最高单产6.3吨。

鉴于甘蔗种植的重要性，2002年，梁河县专门成立了蔗糖生产办公室，并建立了202亩的甘蔗良种繁殖试验基地，引育试验成功并选出了“新台糖20、22号”，“奥蔗66/368”、“93/159”等新品种。截至2005年，良种基地累计为种蔗区提供7000吨左右良种。基地所承担的甘蔗吨糖田试验示范，平均亩产8吨以上，达云南省级标准。甘蔗基地试验成功，成为“十五”国家基地和县级、省外甘蔗良种系列的示范中心。同时，梁河县政府在九保乡内的勐宋、安乐、丙盖、九保下达水田甘蔗高产任务，取缔广种薄收的山地、徒坡地和淘汰品种。近年来，逐渐形成了“甘蔗生长步步高，倒吃甘蔗节节甜，工厂效益好，财政腰杆壮，农民实惠多”的格局。

丙盖作为九保乡甘蔗主产区之一，无论是甘蔗的种植面积还是产量都居于重要的地位，同时也是当地村民的重要收入来源。(见表2-1)

表2-1　**丙盖村甘蔗生产择年统计表**①

村委会名称	榨季	种植面积（亩）	单位（吨/亩）	总产（吨）	总收入（万元）
丙盖	1985~1986年	791	3.9	3122	17.48
	1999~2000年	1266	5.89	7457	100.67

② 茶叶

梁河县一些地区种茶历史比较悠久，曾经在黑脑子、荷花村和蕨叶坝三地发现三棵荒野古茶树，直径分别为100厘米、93厘米和100厘米；在白马头、小河头两地也发现两棵大山茶树，直径分别为50厘米和90厘米；在茨竹园也发现一棵约有700年历史的古野茶树。

茶叶在九保乡和丙盖村种植的年代还不是那么的久远，过去山区的群众是靠采摘野生茶叶为主，开始种植的时间是在20世纪60年代。九保乡的勐科、横路等地的村民是受大厂、小厂山区群众的影响，看到了种茶给群众带来的好处，也开始实行零星种植，从1965年后才开始大面积地种植。九保乡成规模的茶园最早还是在勐科、横路、安乐等村寨，但是由于得不到重视，管理不当，几经周折，收获很少，也没有效益。1965年，梁河县委制定了

① 中国人民政治协商会议梁河县委员会．梁河阿昌族今昔[M]．昆明：云南民族出版社，2003.

“以粮为纲，以茶为主，多种经营，全面发展”的方针，九保乡的茶园开始形成一定规模，比如横路村的茶园开始在小厂中学旁边进行有规模的栽种，安乐三家村、勐科等地也进行了种植，出现了一批标准茶园。1974 年全国茶叶工作会议以后，茶叶生产又得到了全面发展。党的十一届三中全以后，梁河县委将茶叶列为本县的“四大商品”（粮、猪、糖、茶）之一，九保乡的勐科、横路、安乐等村寨开始建起自己的茶厂，有了成规模的茶园。1996 年更是新建了沙坡茶厂，有茶叶面积 80 亩。2005 年，九保乡共有茶园面积 1418 亩，茶厂 3 个。

九保乡境内凡是海拔 1400~1600 米的山区均十分适宜茶叶生长，一般三年即可采摘，每年采摘时间可达 6~8 个月，分春、夏、秋三茶，在丙盖村的丙盖后山、丙岗山大面积栽种。目前丙盖村种植的茶叶品种绝大部分是优良茶种大叶茶，也有少量的中叶茶、小从茶和大春茶等品种。

大叶茶不但叶片大、叶质柔软、发芽早、发芽力强、芽头整齐肥壮、茸毛多、持嫩性强、对自然条件的适应性广，而且制出的茶叶质地纯正、汤色明亮、清香耐泡、饮后回甜、内含物质丰富，适合制绿茶，更适合制红茶。大叶茶最早是 1941 年引进梁河县，1953 年后又多次大量引进。经过 30 多年的试种推广，种植面积已占全县茶叶面积的 98% 以上。用大叶茶制成的绿茶或红茶，除自给自足外，不仅供应梁河县内，还大量远销到大理、昆明及省外，甚至出口国外。其中用大叶茶制成的大厂回龙茶（绿茶），驰名省内外。

除了茶叶的种植之外，绿茶的制作也是发展茶叶生产必须高度重视的一环。首先，在采叶（采摘）上就有讲究，随之等级也就可分出，特制茶只有茶尖，制作出的茶特细，也叫精制茶，冲泡后具有色泽墨绿，汤色清亮，香气浓郁，回味耐泡的特点。再就是一芽一叶，一芽二叶的等级茶叶。其次，在丙盖村茶叶的制作方法也是有要求的：先是高温杀青，杀青后出锅揉搓，杀青的锅灶需特制，锅要放歪，以便操作，揉搓的台桌也是特制，台面要凹形面条纹，揉搓出的茶条索紧。最后是炒干，炒时最重要的是火色（火色过猛易糊易起泡），制作出的茶叶称之炒青（抹锅茶），烘青和晒青。在制作过程中特别要注意环境和个人卫生，因为茶最易吸收其他异味，搞好卫生是培养茶叶香气的关键条件。以前丙盖村大都是手工制茶，随着村民开始大面积种茶，茶园规模不断扩大，村里自成立茶厂后就开始购进制作一些制茶机械，从杀青到烘干都由机械制作完成，效率较高，质量也好，制出的茶叶较好销售。

目前，茶叶已成为丙盖村山区一项支柱产业，大力发展茶叶生产将给山区群众带来富裕的生活，利用科学种植、科学制作，则能给山区群众更高的经济效益。

3. **畜牧养殖业**

饲养和养殖是丙盖村阿昌族的另一项重要经济来源。饲养的家畜主要有水牛、黄牛、骡马、猪、狗等；家禽主要有鸡、鸭、鹅等。水牛和骡马是主要的畜力，水牛主要供犁田，骡马供驮运；黄牛除部分作驮运外，主要是食肉。在无汽车拖拉机的时代，骡马、黄牛是主要的运输动力，有的还组成马帮、牛帮，每逢旱季就出外搞运输。现在，黄牛、骡马用于运输的功能已逐渐被车辆取代，但水牛依然是耕田的主要动力。阿昌族早在清代就已经学会在稻田养鱼。在丙盖村边山洼里几乎家家有繁殖鱼苗的小鱼塘，插秧后，就把鱼苗放到水田里。稻田养鱼属各户零星放养，未形成商品规模。

在改革开放以前的农业合作化时期，丙盖村禁止农户饲养大牲畜，只许农户饲养生猪和家禽，到宰杀后还需交售国家一半，才能自食自销。大牲畜饲养是以合作社集体饲养的劳役牛为主，但牲畜很多采取天然放养方式。直到梁河县大力开发山地种蔗后，丙盖村大面积的草山草场被当作作物耕地占用，迫使农民将天然放养改为圈养。丙盖村大牲畜饲养的品种有引进欧盟水牛、荷兰牛改良乳牛、本地牛等品种，羊以本地山羊为主，生猪有本地的大耳朵猪、小耳朵猪，20世纪70年代后又引进了巴克夏、内江、荣川、陆川、新维、长白等良种猪，与本地猪进行杂交改良，现多数养殖的品种为引进的良种猪和改良杂交猪。

改革开放以后，在党的富民政策指引下，九保乡和丙盖村的畜牧养殖业发展迅速，除了传统的饲养以外，村民张立旺甚至还建起了“立旺奶牛场”，促进了经济发展，增加了农民收入。据《九保乡志》统计，到2005年大牲畜存栏数为3036头，与1980年相比增加1416头，占46.64%。其中：水牛存栏2715头，在水牛中良种及改良乳牛1122头，能繁母牛199头；黄牛存栏1555头，在黄牛中良种及改良乳牛38头，能繁母牛16头；马存栏66匹；驴存栏11匹；骡存栏244匹。生猪出栏数4240头，其中出仔猪1450头；存栏数5864头，其中能繁母猪225头，肉产量402800公斤，比1980年增加943头。羊出栏215只，存栏568只，其中能繁母羊239只，肉产量4300公斤，与1980年相比减少466只。家禽出栏137192只，存栏15972只，禽蛋产量

4100公斤，肉产量205700公斤，与1980年相比增长100%。牛奶产量56000公斤，肉类总产量625700公斤，与1980年相比增长100%。

表2－2　**丙盖村大牲畜分布统计表**①

指标 单位	大牲畜						猪（头）		羊（只）	
	合计	黄牛（头）	水牛（头）	马（匹）	驴（头）	骡（头）	年末存栏	出栏数	年末存栏	出栏数
丙盖	424	149	211	25	1	88	864	515	52	15
九保乡合计	3036	1555	1122	66	3	244	5864	4240	568	215

从表2－2不难发现，丙盖村的大牲畜饲养已经成为九保乡养殖产业的重要组成部分，猪、水牛、马匹、骡子等大牲畜饲养均占九保乡的很大比例。我们有理由相信，随着政策的不断落实，畜牧养殖业一定可以成为丙盖村农民致富的又一大产业。

4. 农业生产生活设施

（1）开渠引水

伟人毛泽东曾说过："水利是农业的命脉，我们也应予以极大的注意"。水利对于农业的重要性不言而喻。新中国成立前，土司、梁河县设置局对水利建设极少投资，仅民间投工修建过少量小沟渠。由于缺乏水利设施，加之丙盖村的许多土地都属于"雷响田"（指不在水库灌溉范围内，须待降雨后才能耕种的田地，因降雨时常伴有打雷声，故名"雷响田"），故频繁发生的水旱灾害，给梁河的阿昌族人民造成重大生命财产损失。新中国成立后，为改变这种状况，党和政府十分重视农田水利建设，引导农民开展互助合作运动，大规模地兴修水利，发展农业生产。

1956年梁河县阿昌族村寨开展互助合作以后，各合作社立即把开沟挖渠、大兴水利作为农业增产的首要措施。20世纪60年代至70年代，人民公社和梁河县还加派工作队组织丙盖村群众修建水利，引水灌溉，提高水稻产量。丙盖村在县乡各级部门的帮助下先后修建了几条大沟，用于农田灌溉。以下是丙盖村开挖的几条主要农田灌溉沟渠，全部沟渠的情况见表2－3。

① 《梁河县九保阿昌族乡乡志》，资料由九保阿昌族乡政府提供2005年数据。

丙盖沟：1967年开挖，次年通水，起于邦杏河大叠水电站脚，止于丙盖村，全长2.7公里，将磊杏山脚的邦杏河水引至丙盖坪子，流量0.2立方米/秒，灌溉农田250亩，通水正常。使作物一年一熟变一年两熟，增产粮食7.5万公斤。

"70大沟"：丙盖村民委员会那峦阿昌族寨、那峦傣族寨、永联、联和村、永和等合作社于1969年开挖，1970年通水，故以"70"命名，取水于勐科河，全长5.6公里，国家投资3.2万元，不仅灌溉农田836亩，还解决了这几个村的生活用水，1995—2000年又兴修配套工程，合计投资19.25万元。

九保电站沟：取曩滚河水，沟长3公里，流量0.43立方米/秒，灌溉面积500亩。

那峦沟：取水勐科河，沟长3.5公里，流量0.3立方米/秒，灌溉面积630亩，在全沟渠中管理比较完善。

勐宋大田坝沟：取永勐宋小河沟长2.2公里，流量0.3立方米/秒，灌溉面积1000亩。

丙盖电站沟：取曩滚河水，沟长1.2公里，流量0.2立方米/秒，灌溉面积150亩。

表2-3　**丙盖村灌溉沟渠情况统计表**[①]

村名	沟名	取水点	沟长（公里）	灌溉面积（亩）	受益社（个）
丙盖村	70大沟	勐科河	7	536	6
	那峦沟	勐科河	5	500	8
	丙盖沟	邦杏河	4	250	1
	丙岗大沟	邦杏河	2	50	1
	那峦中沟	勐科河	1.5	100	2
	那峦横沟	勐科河	1.5	100	2
	新田沟	新城小河	2	100	3
	黑泥田沟	烂山凹	2	6	1
	外头田沟	麻栗山河	2	45	1
	狗骨头沟	麻栗山河	2	10	1
	小平田沟	新城水头凹	2	400	5
	联合村沟	水头凹	3.5	200	2

① 数据来自《梁河县九保阿昌族乡乡志》，资料由九保阿昌族乡政府提供。

正是由于丙盖村十分重视农田水利建设，开渠引水，修建农业灌溉工程，才保障了丙盖村农业生产得以顺利进行，为农业增产、农民增收打下了坚实的基础。

（2）水土保持

水土流失、山体滑坡、泥石流一直是困扰丙盖村发展的一个大的自然生态问题，直接影响到农业生产的发展。为此，丙盖村的村民前后数十年在水土保持方面花费了大量的精力，作为农村基础设施中的一项重要投入，也取得了明显的实效，比较典型的就是垒杏山水土流失的治理。

垒杏山位于九保阿昌族乡丙盖、横路两个行政村范围内，水土流失的径流面积约2平方公里，右岸有垒杏山、红岩、鸭塘3个滑坡，左岸有干龙塘、旧东坡两个滑坡，滑坡面积0.32平方公里。每年滑坡的固体物质近6.8万立方米。近百年来，该滑坡群威胁3900亩农田和横路行政村、九保镇的居民安全。长期以来，当地的汉族、傣族、阿昌族等群众寄希望于神灵，在大迭水右侧山顶建盖山神庙，雕刻石犸一尊，庙中题有“管辖水族顺天星，镇守山川莫崩裂”的楹联。1956年云南省水土保持委员会派工作组查勘调研，1957年建立梁河县水土保持工作站，把该滑坡群作为县域水土流失治理试点，先后采取了迁移农民，水田改旱地，开挖排水沟，修反坡台阶、鱼鳞坑、蓄水池，筑砌石门坎、谷坊、石笼，种树植草等措施，治管结合。经过全村人民的不懈努力，垒杏山长期治理终于取得成效。1995年开始逐步停止滑动，垒杏山下段山坡满目翠绿，人称“花果山”。《云南滑坡泥石流灾害防治》一书称该项治理工程“开创了云南滑坡泥石流防治研究的先河”。

（3）农村道路建设

常言说，要致富先修路。丙盖村中的山区、半山区村寨住户，几户相邻为一串，户与户之间相距较远，巷道宽窄不一，经人畜践踏，道路坑洼不平，泥滑路烂，旱季道路粪土飞扬，雨季粪泥掩膝难行，极大影响了人们的日常生活，也不利于村容村貌的改善。农业合作化时期乡间道路整治是以节日出义务工修建，实行包产到户后，修建乡村道路是以集资的形式开展，有国家、集体、部门投资，个人集资，有名人士投资等形式。进入21世纪，党和政府大力推进社会主义新农村建设，借此机会，九保乡大力推动阿昌村寨农村道路基础设施建设，取得明显成效。全乡43个自然村修筑水泥路面19197.5米，石块路面3424.5米。其中：丙盖村水泥路面12187.5米。以下是2000—2005

年丙盖各自然村道路硬化统计情况。

表 2－4　　**2000—2005 年丙盖各自然村道路硬化统计表**[①]

村委会	自然村	水泥路面（平方米）	国家投资（万元）	社会群众筹资（万元）	总投资（万元）
丙盖村	丙岗	249.5	3	0.71	3.71
	丙盖	11300	8	1.54	9.54
	那峦傣社	125	2	0.44	2.44
	那峦昌社	162	3	1.29	4.29
	永联				
	永和	351	3	0.78	3.78
	联合				
	马脖子				

（4）农村沼气能源

在丙盖村调研，我们有一个很深的感触就是村里很重视利用和发展农村沼气资源。发展农村沼气，建设生态家园既可为农民提供优质清洁能源，又能变废为宝，提高农业资源的综合利用效益，改善农村的环境卫生条件。沼渣、沼液是优质高效的肥料，施用沼肥可培肥地力，减少化肥与农药的污染，促进有机农业的发展，提高农畜产品的质量，对提高农民生活水平与质量具有重要作用。

丙盖村以前做饭、取暖、煮猪食、烧水等，全靠用木柴，对生态环境破坏很大，村里从 1999 年就开始推行农村沼气化建设：猪圈、厕所建于沼气池上，利用人畜粪便，加青料综合利用产生沼气或供照明，做饭、烧水、煮猪食、废料可提供农家肥，节能、卫生、方便、适用。节约能源，绿化山川河流，把能源消耗降在最低程度。具体来说，表现在以下几个方面：

第一，农村使用沼气是解决农村燃料问题的重要途径之一。

一户 3～5 人的家庭，使用一口容积 8 立方米左右的沼气池，只要发酵原料充足，并管理得好，就能解决点灯、煮饭的燃料问题。而且沼气使用得好，

① 数据来自《梁河县九保阿昌族乡乡志》，资料由九保阿昌族乡政府提供。

农户的卫生状况及居住环境大有改观，尤其是广大农妇通过使用沼气，可以从烟熏火燎的传统炊事方式中解脱出来。

第二，农村使用沼气可以改变农业生产条件，促进农业生产发展，增加农民收入。

①增加肥料。使用沼气后，过去被烧掉的大量农作物秸秆和人畜粪便加入沼气池密闭发酵，既能产气，又沤制成了优质的有机肥料，扩大了有机肥料的来源。同时，人畜粪便、秸秆等经过沼气池密闭发酵，提高了肥效，消灭了虫卵等危害人们健康病原菌。沼气用得好，有机肥料能成倍增加，粮食、蔬菜、瓜果连年增产，同时产品的质量也大大提高，生产成本下降。

② 有利于发展畜禽养殖。使用沼气后，有利解决“三料”（燃料、饲料和肥料）的矛盾，促进畜牧业的发展。

③ 节省劳动力和资金。使用沼气后，过去农民捡柴、运煤花费的大量劳动力就能节约下来，投入到农业生产第一线，同时节省了买柴、买煤、买农药、化肥的资金，使办沼气的农户减少了日常的经济开支，得到实惠。据生产实际调查，建一个 8 立方米的滚塑沼气池，可减少化肥、农药量，节支 450 ~ 600 元；节能节电 200 ~ 300 元；与大棚结合，增产 30% 以上，增收 1800 元；与果窖结合，增效 800 ~ 1000 元，年直接经济效益 2200 ~ 3500 元。

2005 年以来，九保乡全乡共建有沼气 303 口，分布为：九保村 36 口，丙盖村 190 口，勐宋村 4 口，安乐村 11 口，勐科村 47 口，横路村 15 口。每口节约燃料 1.5 吨，全年共节约燃料 547.5 吨，每口每年提供肥料 10 吨，全年共提供 3030 吨肥料，是丙盖村沼气国债项目建设情况见表 2 – 5。

表 2 – 5　　**丙盖村沼气国债项目建设表**[①]

项目 单位	建设 （户）	建造 （口）	节约能源 （吨）	提货肥料 （吨）
丙盖村	190	190	285	1900
全乡合计	303	303	547.5	3030

① 数据来自《梁河县九保阿昌族乡乡志》，资料由九保阿昌族乡政府提供 2005 年数据。

5. **农业科技推广**

改革开放的总设计师邓小平同志创造性地指出科学技术是第一生产力，他在 1982 年谈到农业生产时曾经说过："农业的发展一靠政策，二靠科学。"他曾经对家庭承包制下，农民对农业技术的渴求表示欣慰，说："现在连山沟里的农民都知道科学技术是生产力。"由此可见农业科技的重要性。

我国现阶段的农业对科学技术产生了更大需求。调整农业和农村经济结构、增加农民收入必须加速农业科技进步。要通过培育专用、优质新品种发展畜牧业、水产业和农产品加工业，提高农业整体质量和效益；通过提高资源利用率降低农业生产成本；通过科技提高乡镇企业技术水平和竞争力，转移农村剩余劳动力。可以说，当前农业的发展，最终要依靠农业科技的进步与创新。

丙盖村虽然地处偏僻，但一直以来都十分重视农业科技的发展和推广，主要从以下两个方面做好工作。

（1）大力开展农业科技培训

按照"高产、优质、高效、生态、安全"的要求，九保乡农科部门不断加大农村实用技术培训力度，结合农村实际，科技人员经常来到丙盖村，采取多形式对农村人员的技术培训。先后开展了以会代训，召开种植现场会，一事一问答，田间出诊现场指导，写广播稿、出黑板报进行技术指导，利用民族节日进行辅导，利用节日活动组织科技知识问答，对每届招收的农函大学员进行系统培训等。培训的内容包括杂交水稻、杂交玉米栽培技术、水稻旱育稀植技术、水稻多样性混栽技术、冬玉米栽培技术、莲藕栽培技术、稻田养鱼技术、姬松茸栽培技术以及秋冬甘蔗的种植管理；猪、牛、羊、禽饲养管理；水稻、蔬菜、玉米等农作物病虫害防治等。

（2）搞好各项农业科技服务工作

优质的服务是各项工作顺利进行的保障。为确保农业生产的顺利进行，九保乡农科站派专人负责乡农科门市的经营管理，做好农资销售和技术咨询服务，及时调进适宜本乡农业生产的籽种、农药，做到服务到位，进货渠道正确，严禁调入销售假种子、假农药，杜绝假种子、假农药坑农的事件发生。在大小春生产期间，抽调技术人员深入到丙盖村各村寨和田间地头，督促检查指导大小春的种植、管理，及时帮助群众解决在生产中遇到的技术问题。特别在病虫害大面积发生时期加强检查，发现危害及时督促，防止病虫害蔓延扩散，把病虫危害控制在最低程度，同时抓好新兴产业的技术服务，派出专人技术骨干负责新产业的技术指导宣传，促进了新产业的开发，提高了群众对新产业开发的积极性。

在人口逐年增加、人均占有地面积逐年减少的情况下，丙盖村正是依靠科学技术调整产业结构，努力探索立体农业的综合开发，探索"两高一低"经营模式，总结创造推广八种不同类型的高效、高产栽培模式，为农村农民增收致富奔小康闯出新路。这八种模式为：①稻—鱼式：在早、晚稻田中养鱼，稻鱼双丰收，亩产值 1400 ~ 1500 元，亩产增值 500 ~ 600 元；②藕—稻式：先种一季莲藕，再种一季水稻，亩产值 1750 元，亩产增值 800 元；③藕—鱼式：在藕田里既种莲藕又养鱼，亩产值 1800 元，亩产增值 900 元；④菜—稻式：在水田里种一季蔬菜后种一季稻谷，亩产值 1700 元以上，亩产增值 700 元；⑤菜—稻—稻式：在水田里种一季蔬菜，种两季稻谷，亩产值 1900 元，亩产增值 1000 元；⑥油菜—稻式：在水田种一季油菜一季稻谷，亩产增值 400 ~ 600 元；⑦麦—稻式：在水田种一季小麦一季稻谷或一季小麦两季稻谷，亩产增值 230 ~ 500 元；⑧蔗—菜式：头年甘蔗间作蔬菜，亩产甘蔗 10 吨，产蔬菜 250 公斤。

6. 丙盖村的农业产业化

农业产业化是引导分散的农户及生产转变为社会化大生产的有效组织形式，其核心内涵是使多元参与者结成利益共同体，以市场需求为导向来调整优化农村产业结构，从而建立农业生产的有效运转机制。它的特点是实现了分散的小规模生产与国内外大市场的衔接，并借助于市场及其功能，对农户的生产经营方式实施影响。目前，农业产业化经营是世界农业发展的方向，也是我国农业经济体制改革与发展的基本方向，农业产业化对于促进农业生产资源的合理配备和农民收入的稳定提高有重要作用。它是转变农业增长方式的有效途径，可以优化农业资源配置，调动产业内部的积极性，提高农业的综合效益。综合来看，丙盖村的农业产业化还处于发展的初期阶段，产业化规模小、层次低，导致水平不高，对农民缺乏吸引力，这里可以用甘蔗产业的发展来说明。

（1）丙盖村甘蔗产业化的基本情况

甘蔗种植是丙盖村的支柱产业之一。农民生产出来的甘蔗主要供应给梁河糖厂和勐养糖厂。梁河糖厂属国有中二型企业，现下设沙坝分厂、芒东分厂，生产总规模为日处理原料甘蔗 2500 吨，日产酒精 20000 公升，主要产品有“双效”牌白砂糖和食用酒精。勐养糖厂作为梁河县最大的工业企业之一，曾对梁河当地经济的发展起到了积极的作用，2002 年，糖厂实施公司制改革未能成功，2003 年，勐养糖厂被德宏力量生物制品有限公司租赁经营。根据我们的调查，丙盖村甘蔗产业化的发展主要面临以下几个问题：

① 甘蔗产业还未真正形成规模

调查发现，甘蔗产业在丙盖村内种植分散，区域间不连片，集约化水平不高，甚至有些种植还处于自然原始状态，产量低。由于大多数农民仍沿袭一家一户、零散生产经营的传统种养习惯，农民之间协作少、联合少，难以整合优势资源，造成生产规模有限，资金投入不足，经营管理粗放，参与市场竞争能力较弱。

② 大中型龙头企业少，产品质量档次不高，产业链条短

仅有的两家龙头企业梁河糖厂和勐养糖厂，企业规模还不够大，制糖科技相对滞后，生产、经营、管理水平不高，综合利用能力差，并且只是简单地对甘蔗进行初级加工制成食糖后销售，食糖产品质量档次不高，产品品种少、产业链短附加值低，产业竞争力不强，不利于蔗糖产业的持续稳定发展。

③ 甘蔗产业化资金支持不足

发展农业产业化，往往需要大量的资金支持。甚至许多措施要取得成效，前提是投入能够达到临界规模。但是，目前丙盖村甘蔗产业化的资金供给却难以满足需要。一方面，梁河县、九保乡资金缺口大，对农业产业化的财政支持难有根本改善；另一方面，农户、龙头企业面临着比较突出的贷款难问题。银行信用社的“惜贷”问题明显。

④ 土地流转机制与规模经营矛盾没有得到有效的解决

土地经营规模狭小，地块零散，调整频繁，土地使用权流转机制没有形成，阻滞了生产要素的合理配置。同时，个体农民无力改善甘蔗种植的基础设施和进行技术改造，甘蔗生产基地基础设施建设资金投入不足，蔗区道路、水利设施、排灌系统不健全，抵御自然灾害能力弱，科学种管水平不高。集体组织的弱化无法满足“大农业”所要求规模化生产的条件。

⑤ 政府在服务甘蔗产业化的作用上有待加强

一是对推动甘蔗产业化工作仍采用宣传发动、下发文件，重发动，轻管理，主要依靠指标考核，缺乏过硬的措施；二是用市场经济的办法推进农业

产业化，是发展农业产业化的题中应有之意。但是，由于我国行政体制改革滞后，政府职能转变慢，在农业产业化实践中，政府市场经济意识并不是很强，所以很容易利用行政手段而忽视经济纽带作用。这样建立起来的糖厂与农户一体化、一条龙必然是形式主义的成分更多一些。

（2）丙盖村甘蔗产业化的发展建议

总的来说，丙盖村甘蔗生产基本上还是处于比较典型的小农经济生产状态，这种经济特征决定了农户难以直接承担农产品面向市场的风险。另外，由于农户的市场意识在长期以来的国家农产品收购政策的影响下非常薄弱，在信息不对称的现实市场机制下，多数农民缺乏适应和开拓市场的能力。要推进丙盖村的农业产业化，“农户 + 企业 + 市场”的发展模式应成为首要的选择，由企业来作为农户的代言人和代理人，分担农户面对市场的风险，向农户发布各类生产信息，代表农户参与市场竞争。

① 促进制糖龙头企业做强做优，促进龙头企业升级增效。农业产业化龙头企业在开拓农产品市场，促进农业结构调整，带动农民增收，提高农民组织化程度，安置农村富余劳动力以及增加财政收入等方面具有重要作用。制糖龙头企业充分利用规模、成本、效益等优势增强企业竞争实力和生存能力。以科技为先导，实施以提高产品质量为中心的技术改造，走新型工业化道路，发展循环经济，提高综合利用水平。按照“拉长产业链、拓宽产业带”的结构调整思路，加快推进“甘蔗—制糖—糖蜜—酒精—酒精废液—制复合肥—还田种蔗”的循环产业链建设，发展与蔗糖产业相互促进的新型循环畜牧产业，形成绿色农业经济循环产业链，走良性发展的道路。

② 正确处理好农业龙头企业与农民的利益联结关系。要引导龙头企业与农民建立公平、合理的利益联结机制，在自愿、平等、互利的前提下，形成比较稳定的产品购销关系和利益共同体，使农民不仅获得生产环节的收益，而且还分享加工和销售环节的利润，逐步建立企业与农户、中介组织与农户的“利益共享，风险共担，优势互补，相互促进”的良性机制。一是实行合同种植，实行最低保底价收购；二是企业要有长期发展的眼光，放眼未来，制定配套优惠扶持政策，扶持农民发展生产，在市场行情好时收购价适当上浮，让农民在发展中得到实惠；三是在市场疲软、市场价低于合同价的时候，农民对企业也要谅解支持，必要时应作适当的让步。在生产过程中，龙头企业要适时组织安排调运种子、化肥、农药、地膜等农用物资供应，把技术、

生产物资送到蔗农手中，搞好生产、技术指导服务，充分发挥龙头企业在产业发展中的带动作用。

③ 推进土地流转承包经营，发展规模化农业生产。土地流转承包经营是建立在家庭联产承包责任制基础上的一种适合于中国国情的农业生产经营模式，是具有中国特色的农业规模化经营方式，应大力加快推行。梁河县各级政府和农业部门应出台相关优惠政策，鼓励龙头企业、农民专业合作组织、农民种植大户和农科人员勇于参与土地流转经营，努力推进订单农业和农业产业化发展进程。

④ 加强银企合作关系，积极争取银行的支持，拓宽融资渠道，确保企业保持足够的运行资金。

⑤ 发挥政府作用，为农业产业化铺路架桥。政府对农业产业的指导服务要从以前包打包唱的行政命令转移到宏观指导、制定规划、政策扶持、培育市场、调节利益上来，走“企业面向市场—政府扶持企业—企业组织生产”的路子，由企业自行规划产业基地规模、开展技术指导，回收产品、开拓市场，政府只研究扶持、投入等政策，培植社会化服务体系，调解公司与农户在生产发展过程中以及利益分配方面的矛盾，督促企业提高履约率。

（二）传统手工艺

历史上，梁河阿昌族是没有完全靠手工业来谋生的，手工业者仍主要从事农业生产，因此手工业在阿昌族并没有发展成为一个完整独立的产业形态，更多是以手工艺的形式存在的，这在我们调研中感受得十分明显。虽然家家户户都会酿酒、织布，但是都是自给自足供自家食用、使用，几乎不拿到市场去销售、交易。

在我们所调研的丙盖村，据了解，当地的阿昌族铁匠曾拥有比较齐全的工具，原料多由顾客提供。在新中国成立以前的漫长岁月里，由于山川的阻隔和历代封建统治者人为的限制，要想获得先进的生产工具，是比较困难的。在这种历史条件下，阿昌族所生产的铁器，在农业生产中，曾起到巨大的作用。对于尚未完全脱离“刀耕火种”的阿昌族来说，长刀不仅是生产工具，也是生活用具和自卫武器，所以，过去丙盖村阿昌族男人长刀不离身。铁器制作业的发展，标志着当时阿昌族社会生产力已经达到较高的水平。后来，由于陇川县户撒刀更为精致、美观、实用，梁河阿昌族制铁业逐渐衰落，至今几乎失传。我们所去的丙盖村，也几乎见不到从事制铁做刀的农户。

此外，在丙盖村比较普遍的手工艺还有酿酒、纺织、染色、木匠、篾匠、泥水匠等。阿昌族农户几乎家家都会酿酒。这些家庭手工艺产品，主要供自家使用，作为商品出卖的并不多。所需原料都是自己生产的。纺织最初是用麻或棉花纺线织布，后来买现成的棉纱织布。纺织工具简单，效率低，系自制。当时，纺织、染色、养蚕，是姑娘成人的一门必修课。她们自织筒裙、包头、花带子、绑腿、衣服等。姑娘出嫁前要织好足够自己下半辈子穿的服装。“一天要织三机布，一夜要蹬布三机，织到鸡叫放下刳，打个哈欠做饭去”的民谣反映了丙盖村阿昌族妇女织布的辛劳。

染色，阿昌语叫“缸潮”，有大缸、小缸之分。这里的“缸”不是指缸瓮，而是指颜料。在丙盖村，大缸指汉族的染色，小缸指本民族的染色。阿昌族的小缸，主要是将纺织品染成蓝色或黑色。主题颜料“大靛”是一种草本植物，采其茎和叶在瓮里用水浸泡20天左右，使其汁溶于水，再用纱布过滤。清一点的做“缸”水，沉淀部分为靛精。把靛精放在瓮里，放一点“缸”酿子和一个橙子（香橼），酢养9天左右。待观察到“缸”水微泛黄色，说明“缸”水已“活”，像“漆”一样，即可染色。染的对象为棉纱或白布，深者则为黑色、淡者为蓝色，一般染3~5次才能成色。为使染好的线或布不褪色，用小黑果（一种草本植物的果子）水浸泡，然后把线和布在稀泥里混埋3小时，拿出来洗漂后稍晒，再埋下，反复3次即可。把染好的线洗净与煮烂的粟子（小米）放在盆里，用力搓、揉、抖，晒干后，就可在打线的“车子”（阿昌语叫“拱”）上，绕成筒线。再把线拉成“压赶”（阿昌语，布的雏形）即可织布、织筒裙、包头等。彩染则使用购买来的“洋药”（颜料），有白色、鹦哥绿、大鹅黄、桃红、小黄、石榴红、翠蓝、祁花色等。在使用以上颜料时，还需要“大哄”。“大哄”是把苏木敲打成粉末，在土罐里煮熬而成。在醋或酒里放入以上颜料，可把蚕丝搓成的线染成彩色，用于织筒裙、花带子抠花。染色过程富有神秘色彩，因为大量的白线是男方家送来的聘礼，如果制作的“缸”色“活”得好，认为就是吉祥之兆，预示着姑娘嫁到男方家后会有幸福的日子；反之，则不吉利。所以，丙盖村的阿昌族在染色过程中很讲究每一道工序。

此外，扎笤帚也是当地阿昌族历史久远的手工艺。农闲到山上采来穗絮细密而有韧性的笤帚苗，扎成的笤帚做工精细、式样美观、经久耐用，深受本村老百姓的青睐。这项手工艺延续至今，经久不衰。

调研中，有一点我们感触很深，也是必须引起我们足够重视的一件事情。在经济全球化的浪潮下，丙盖村的传统手工艺也与其他少数民族一样，受到现代文化浪潮的冲击，传统手工艺正在不断衰退和变异，比如现在的阿昌族女孩就很少愿意学习织布，阿昌族独有的布艺正面临失传的危险。综而观之，丙盖村乃至整个阿昌族的传统手工艺面临的挑战主要如下：

①商品经济时代所带来的日益激烈的市场竞争。阿昌族的传统手工艺产品一般为民族特需品，因而较少具有商品的广泛需求性。正是民族手工艺产品的这一特征，决定了销售市场的相对狭小性。随着商品经济的发展，广大民族地区在物质生活方面的生产、运输、商贸、消费等形式发生了巨大的改变，村民们原先自给自足的生产方式也已经被工业化商品经济所打破。随着对外开放的逐步深入和开放政策的贯彻落实，外部有关行业的企业将越来越多地参与到少数民族地区市场的竞争中，包括参与到相对狭小的民族特需品市场的竞争中。这样，阿昌族地区传统手工艺就面临着日趋激烈的市场竞争的挑战。

②人们生活方式、消费观念的变化。任何一种工艺的保护都需要一代又一代人的艰苦努力，而现在许多民族地区的年轻人都已不再穿戴民族服饰，对本民族的节日和传统文化所知甚少，他们有的在外读书、有的外出打工挣钱，而不愿意学习既花费时间收入又欠丰的手工艺。懂得手工艺的工人大部分都是上了年纪的老人。由于传统手工艺的需求量大幅度减少，年轻人认为学习传统手工艺的制作没有前途，传统手工艺所赖以生存的文化土壤受到了极大的破坏。

③民族传统手工艺自身发展缓慢。在社会化大生产时代，许多行业都得到了较快的发展，而民族传统手工艺却发展异常缓慢。除了政府资金的投入不足、人才紧缺的原因外，还因为自身缺乏创新而“一成不变”。以民族文化为背景和依托的阿昌族传统手工艺仍一直强调体现其传统色彩，忽视对文化发展的体现，也就不能及时反映出新时期的文化特征。而能否创新、能否引导消费时尚，决定着一个行业的生命力，只有顺应时代先进潮流才能经久不衰、发展壮大。所以，阿昌族传统手工艺面临着如何适应当代社会文化发展和变迁的挑战。比如阿昌族的织布工艺其实可以在保持本民族传统特色的基

础上吸收其他民族织布的长处，再融入现在的因素设计出新的图案。

鉴于阿昌族传统手艺面临的诸多严重挑战，让我们不得不认真思考，严肃对待这一问题：如何在新世纪里求生存和发展，保护和开发梁河阿昌族地区的传统手工艺。

1. 立法保护是根本

立法性保护指的是国家或地方政府通过立法方式对民族手工艺文化资源进行保护的方式。在经济全球化浪潮的冲击下，民族传统手工艺受到冲击和挤压是一种普遍现象，世界上许多国家不约而同地加大了保护民族传统手工艺的力度，这些国家的经验是值得我们借鉴的。只有将一般保护上升到立法保护的高度，才能真正有效地保护已经不多的民族传统手工艺。在这方面，云南省已经开始了有益的探索。云南省于1999年颁布实施的《云南省民族民间传统文化保护条例》，是我国民族传统文化立法性保护的一个开端。立法保护能起到纲举目张的作用，不仅系统全面，而且能规范政府、社会、民间的行为，使其有法可依，避免各种随意的做法。由于法律具有权威性和稳定性，因而使保护成为必需的和长期的，而不是随意的和短期的行为，对教育广大群众自觉保护民族传统手工艺起到了积极的作用。

2. 采取多种形式进行保护和开发

（1）静态的保护和开发模式

这是一种相对被动的模式，主要针对那些反映民族手工艺传统的各种现存但已失去应用价值的有形实物和无形知识，可以采用两种方法：博物馆式的收藏保护和采用录音、摄像、拍照或文字记录等手段进行保护。

（2）动态的保护和开发模式

动态的保护和开发模式主要利用民族手工艺的传承性，通过人的继承、发扬和利用，始终保持手工艺的新鲜活力。它是一种主动的、积极的保护模式。这种模式主要有：

① 命名式保护。命名式保护是传统手工艺文化保护中常用的一种方式。对那些具有代表阿昌族民族文化特色的传统手工艺，国家和各级地方政府应通过命名传承人并给予传承人政府津贴的方式，确保其手工艺得到保护和传承。

② 选定场所，定期举办培训班，增强阿昌族手工艺的教育。目前，掌握民族手工艺的一般是中老年人群，一部分年轻人对之却很陌生。如何在适合

的人群中培养阿昌族手工艺的接班人显得十分重要。对民族传统手工艺的传习，可采取传统教育与现代教育相结合的方式。一方面，年轻一代可从家庭耳濡目染的传承方式中学习传统手工艺及相关的文化知识；另一方面，现代教育亦可在其中发挥作用，比如举办阿昌族手工艺培训班，与企业培训、社会培训相结合，对于具有特种手工艺的工匠、技师，由各级政府倡导扶持，配备专人跟师学艺，保证阿昌族手工艺后继有人。另外，在传统手工艺的创新、发展及存在问题的处理和解决等方面，现代教育所提供的技术和背景知识将是一种强有力的支撑。

③ 建立切合当地群众意愿和需要的手工艺行业协会。建立这类协会的目的在于对传统手工艺的分散个体进行统一整合，增强内部的协调气氛，加大对外的竞争力度。协会的参与人员应当包括民间艺人、政府代表、专家学者等。在协会中，应选取德艺兼备的艺人担任会长，组成协商、服务体系，通过分工协作，定期举办一系列讲座、竞赛活动和工艺节，以营造良好的氛围，实现阿昌族传统工艺的进一步发展。

3. 积极开拓传统手工艺品的需求市场

丙盖村阿昌族的传统手工艺主要沿袭传统的生产经营方式，一类是为了生产自用品，或制作礼品馈赠他人，是一种非商业化生产，如纺织、服装制作，生产的目的是供家人所需或馈赠亲友；另一类虽然是为了赚钱，但主要赚的是工钱，商业化程度很低，如民间的工匠、石匠等，或在家里生产，等人上门购买，或作为流动的匠人，到买主家里干活，赚取工钱。阿昌族手工艺品由于主要以家庭或个人为单位进行生产，生产规模小，市场需求窄，但是并非没有价值，没有需要，如果扩大销售范围，从全国甚至国际的大范围看，即使只有很少的、特殊的人群购买，也足以维持少量手工艺人的生活，使这种手工艺得以保护和延续。因此，建议当地政府可以考虑让丙盖村阿昌族的传统手工艺产品为更广泛消费群体的消费需求提供服务，改变手工艺产品市场相对狭小的状况，拓展市场的空间。同时，要在手工艺产品营销方面积极引进先进的方式、手段，尤其要重视运用现代信息技术来开拓外部需求市场。

其中大力发展旅游纪念品的生产便是一种有效的开拓市场形式。在市场经济的背景下，以旅游业和文化产业的发展为导向的对民族文化资源的开发，对民族传统手工艺的保护产生了不可忽视的作用。丙盖村可以借助云南经济特别是旅游业的大发展，注重开发旅游纪念品、陈设手工艺品、礼品、奖品，并尽可能使产品系列化，甚至可以考虑将旅游纪念品销售到外地，从而扩大阿昌族民族文化的影响力，以有利于民族传统手工艺的开发。

4. 转变观念、灵活经营、创新发展

丙盖村阿昌族传统手工艺需求量的减少和市场的萎缩，很大一部分原因是自身缺乏创新能力，跟不上时代的脚步。在民族手工艺目前面临各种挑战的情况下，最关键的是转变观念，增强民族手工艺自身的生产发展能力，在保持原有手工艺产品的民族风格、地方特色和传统技艺的基础上，根据市场信息和时代需求，加强革新和创新。这包括采用新材料、推广新技术、创作新题材、开发新品种、推出新款式等。同时还要不断研究市场需求的发展趋势，开发具有新功能的手工艺品，扩大手工艺的服务领域，使阿昌族传统手工艺品的生产具有时代性，能反映市场需求。

只有不断地把蕴藏在民族传统手工艺里的文化资源挖掘出来，发展创新具有时代特色的产品，不断地打造民族工艺品牌，才能使丙盖村阿昌族传统手工业得到更好的发展与保护。

三、服务业

（一）旅游业

旅游业是极具发展潜力的朝阳产业，也是可持续发展的产业，综合性强，涵盖面广，有很好的辐射带动作用。随着经济和社会的发展，旅游业在地方经济发展中所占比重不断提高，有的地方旅游业已成为经济发展的主要支柱。在云南省旅游发展战略的实施中，德宏州是滇西旅游的重点规划区域，梁河县以其独特的民族特色优势重点发展少数民族旅游，而丙盖村是典型的阿昌族聚居村寨，旅游业的发展则倚重阿昌族的民族特色。在政府的引导和扶持下，丙盖村的旅游业定位相对明确，但由于旅游业起步晚、起点低、规模小、内容单一，其发展相对滞后。然而，丙盖村作为梁河县少有的阿昌族聚居村，生态环境良好，民风淳朴，旅游开发还处于起步阶段，旅游资源挖掘的潜力很大。

1. **旅游优势**

（1）气候条件和区位优势

由于历史原因，阿昌族居住地相对特别，多在半山地带。丙盖村地处二台坪子，是典型的阿昌族半山村寨，远离工业区，加上当地植被覆盖率高，空气质量优良，年平均气温17.9℃，年平均降水量1275.9毫米，年日照时数2385小时，冬无严寒，夏无酷暑，非常适宜旅游的发展。[①] 丙盖村位于九保阿昌族乡东北方向，距乡政府所在地3.2公里，距梁河县城4.2公里，有弹石公路穿村而过，可直接到达九保阿昌族乡政府和梁河县城。距州府所在地芒市有2个多小时的车程，而到腾冲仅1个多小时，在芒市—梁河国家二级公路和腾冲—陇川国家二级公路（途经梁河）建成后，丙盖村到芒市和腾冲的车程就缩短到1小时内和30分钟以内。附近还有芒市机场和腾冲机场，可直通省会昆明，交通较为便利。良好的气候条件和区位优势，使得丙盖村成为少数民族文化旅游和生态旅游的重点打造村落。

（2）政策优势

中共中央、国务院《关于加大统筹城乡发展力度进一步夯实农业农村发展基础的若干意见》指出，要加快改善民生，缩小城乡公共事业发展差距，努力促进农民就业创业。明确提出要积极发展休闲农业、乡村旅游、森林旅游和农村服务业，拓展农村非农就业空间。这为进一步发展我国乡村旅游指明了方向。乡村旅游与社会主义新农村建设关系密切，建设中国特色社会主义新农村是我国现代化进程中的重大历史任务，也是解决"三农"问题的战略方向，而旅游业是被国家列为国民经济的重要产业来培育和发展的，发展旅游业符合构建以人为本的资源节约型、环境友好型和谐社会的国策取向。国家旅游局对此积极倡导，并认为旅游产业能够促进社会主义新农村建设，出台了关于促进农村旅游发展的指导意见。当前，我国进入了大众化旅游阶段，广大乡村成了旅游新热点。中央坚持把乡村旅游作为推进农村改革和建设社会主义新农村的重要措施，构建了"政府主导、部门支持、市场运作、合力推动"的乡村旅游发展新格局，形成了各具特色的地域品牌和发展模式，推动乡村旅游的规范发展。在各种促进乡村旅游发展政策的背景下，丙盖村

① 数据来自《九保阿昌族乡丙盖村委会丙盖自然村2009年新农村试点建设五年发展规划》，资料由丙盖村村委会提供。

的旅游业有着美好的发展前景。

云南是一个旅游大省，省委、省政府高度重视旅游规划工作，整合各方面力量编制了《云南省“十一五”旅游产业发展规划》和《云南省旅游产业发展和改革规划纲要》。两个规划分别通过国家旅游局和国家发改委的审批，使云南成为国家旅游改革发展的试点省份。针对云南旅游业发展已经经历了一个基础性的发展阶段，旅游体系基本形成，旅游产品结构基本齐全，并且旅游的发展已经具备了一定的规模，形成了一个旅游大省的态势，云南提出旅游的“二次创业”，进一步全面推进“优化结构、转型升级、提质增效”的旅游发展战略。其中明确提出进一步根据市场的需求和旅游市场新的发展动向来培育新的旅游产品，打造新的旅游业态。特别针对云南的多民族现状和特点，提出对丰富的多民族文化进行发掘，借以打造“二次创业”的一些新产品和精品。要把云南多姿多彩的民族文化中最精彩的、最独特的、最吸引人的地方向游人展示，比如打造民族文化主题公园、发展民族特色村庄等。

梁河县委、县政府同样高度重视旅游业的发展，特别是新的领导班子决定采取一系列措施积极发展旅游业，把旅游业的发展提升到一个更高的层面。在云南省旅游“二次创业”的大好机遇下，丙盖村积极响应州委、州政府确立的“旅游活州”的战略目标和新一届县委、县政府确立的“商旅活县”的工作目标，在政府的扶持下，积极进行阿昌族民族文化村建设，努力建成集文化娱乐、节日庆典、旅游观光、民族商品交易于一体的综合文化村。[①] 其实早在1999年，根据云南省委、省人民政府关于把云南建设成民族文化大省的指示，德宏州委、州人民政府确定在梁河县九保阿昌族乡建设一个阿昌族文化村。2005年1月在县第十五届人民代表大会上，代表们再次提出了在梁河县九保阿昌族乡建设阿昌族文化村的议案。最后多方根据全县阿昌族干部和群众的要求，结合梁河土地资源有限的实际，通过广泛调查研究、分析论证，会同城建等相关部门规划设计，梁河县的阿昌族主要聚居在南甸坝的半山区，丙盖村正好具备各方面的条件，于是成为阿昌族民族文化村的建设基地。

（3）民族特色及非物质文化遗产优势

阿昌族是一个能歌善舞的民族，民族风情独特，阿昌歌、阿昌舞蹈、阿

---

① 《德宏州旅游业发展“十二五”规划》，资料由德宏州旅游局提供。

昌服饰、阿昌建筑都具有其明显的民族特色，其中最著名的就是阿昌族的节日盛会“阿露窝罗节”，丙盖村的旅游业主要是依托这一民族节日盛会发展起来的。早在1983年德宏州人民代表大会常务委员会根据阿昌族人民的要求和《民族区域自治法》的有关规定，正式决定阿昌族的传统节日为“窝罗节”。[①]1995年改为“阿露窝罗节”，盛大的节日聚会每年吸引了大批的游客。另外，阿昌族的《遮帕麻和遮米麻》口头传承文化遗产于2006年被列为国务院公布的第一批非物质文化遗产，这些都成为阿昌族聚居的丙盖村民族文化建设的宝贵资源。

2. 旅游资源

（1）阿露窝罗节

丙盖村有着极具特色的民族文化，这是吸引游客的重要亮点。以阿昌民族文化为基础打造民族文化旅游村，不仅关系到旅游业的发展，同时也承担着弘扬和传承阿昌民族文化的艰巨任务。阿昌族的传统节日“阿露窝罗节”，历史悠久，源远流长。依据《民族区域自治法》的有关规定正式确定的“窝罗节”，在改名“阿露窝罗节”后，节庆时间为每年3月20日，节日标志为弓箭和青龙白象。“阿露窝罗节”每年都会举行，关于它的来历，较普遍的说法是为了纪念和歌颂阿昌族祖先“遮帕麻”和“遮米麻”战胜危害人类的妖魔“腊訇”的壮举。“阿露窝罗节”的前身叫“蹬窝罗”，是一种古老的原始宗教祭祀舞蹈。“蹬”便是跳，“蹬窝罗”最早是在主人家的堂屋里举行，后来发展到在庭院或更宽敞的地方举行，其规模也随之扩大。这种舞蹈的显著特点是动作多模仿原始的劳动，同时带有人类早期狩猎和农耕生活的痕迹，如栽秧、割谷时的俯仰、前进等动作，并固定为“双凤朝阳”、“月亮戴帽”、“弩弓射日”等舞蹈动作。节日期间，主要进行祭祀、跳舞、对歌、舞狮等一系列活动。阿昌族人在舞场中央竖起壮丽的窝罗标志，人们身着节日盛装，抬着扎制的挂着红彩的白象和青龙，在象脚鼓声中围着窝罗标志耍龙舞象，蹬起窝罗，欢度佳节。祭祀活动中，要搭建祭祖神台，如今称为节日牌坊，牌坊顶端架有弓箭，牌坊上绘有青龙、白象和太阳，牌坊的每个组成部件及图案都有象征意义并熔铸着神奇的传说。神灵附体的大活袍（巫师）将五谷

① 数据来自《梁河县阿昌族阿露窝罗文化中心工程情况简介》，资料由九保阿昌族乡政府提供。

茶酒和鲜花水果摆上祭坛后，便挥舞起鹰尾大扇高声诵经，传唱《遮帕麻和遮米麻》的创世史诗，赞颂人类始祖的大恩大德，神秘而独特。演出的文艺节目都是群众自编自演的，主要有民歌、舞蹈、乐器演奏等，来自四面八方的群众跳起阿昌舞蹈进行大联欢，把节日气氛推向高潮。舞狮队也在锣鼓和鞭炮声中，表达着节日的欢乐喜庆，阿昌人还说起“四句”，祝福国泰民安。晚上的主要活动是年轻人的对歌，对歌的内容涉及赞颂美德、谈情说爱、历史传说、天文地理和猜花名等，阿昌歌千回百转，动人心弦。整个节日充满着古老的气息和神秘感，同时也赋予了民族团结、欢庆丰收、祝福美好生活等新的含义。每年的“阿露窝罗节”都会吸引游客到村里参观，阿昌人民的热情接待，让游客感受到一个古老民族的神秘魅力。

（2）阿露窝罗活动中心

几年前，阿昌族的节日盛会“阿露窝罗节”的举办地点都不确定，每年都要投入大量的资金筹建，浪费较大。各级阿昌族代表和政协委员多次提出意见和建议，要求建设一个固定的活动中心。县委、县人民政府十分重视阿昌族人民的这一要求，县政府专门下发了文件，明确阿露窝罗活动中心的建设，最终决定在丙盖行政村下属的永和自然村修建活动中心。工程于2005年12月20日开工建设，于2008年6月主体工程基本完工。工程主要包括广场、标志、看台、峨昌楼、遮帕麻和遮米麻纪念馆、孔雀宫、永安司古庙、大门、场内场外道路、围栏和商业服务区，一次规划，分期实施。在阿露窝罗活动中心，无论是节日标志，还是其他的建筑，都表现出了阿昌族的特色。尤其是峨昌楼，“峨昌”来源于明代时期对阿昌族的称谓，整个峨昌楼据说是完全按照以前阿昌族的建筑样式修建的，令人可以想象古老的阿昌人民过去的生活图景。遮帕麻和遮米麻纪念馆则把阿昌族创世史诗《遮帕麻和遮米麻》刻于墙上，直接展现了非物质文化遗产的魅力。

（3）阿昌民居

丙盖村阿昌族的民居建筑很有特点，基本上都是三合或四合院样式，正房为砖木结构，非常具有地域和民族特色。与南方普遍的农村民居一样，屋顶盖瓦呈“人”字形，这与当地降水充沛有关。中间部分的堂屋是敞开的，没有前壁，光线充足，二楼的部分都是完全通风的，这样的房屋住起来凉爽舒适。因为多雨潮湿，房屋一般建在筑高的地基上，以便于减少湿度。房屋的内壁上多镂刻有各种各样的图案，从图案中可以窥见阿昌族的生活和生产信息。房屋布局很有讲究，厨房是单独设立的，堆放杂物的则是厢房，可见阿昌人民生活的规律性。阿昌族村寨一般依山而建，房屋密集但自然形成有规律的行列，行列间是纵横交错的石铺路和泥路巷道，现在已经全部改造成水泥路面。村寨错落有致，与四周的山光水色互相映衬，浑然一体，好似一幅恬静悠然的山水画。阿昌族建房也有讲究，建房一般分为“看风水择房基”、“动土奠基”、“立柱成屋”三大程序。其确定建房地点和方位，要做到前有“眼界”后有“靠山”，并根据主人生辰八字和“天干地支”、“阴阳五行”推算出破土动工的吉日。忌讳在逢水日和火日动工建房，据说水日、火日建的房子要遭水淹和火烧。[①] 阿昌民居建筑的艺术性，集中体现了阿昌人民顺应自然的生活观和丰富的创造性，是阿昌人民生活和生产的缩影，是阿昌人民智慧的结晶。

丙盖村得益于政策的扶持，全村进行了白墙粉刷工程，白色的墙壁与山水连为一体，放眼望去给人眼前明亮的感觉。在白墙上通过彩绘壁画的方式，由专门的艺术人员创作，壁画内容涉及《遮帕麻和遮米麻》创世史诗和阿昌人民的民族文化、生活习俗等。“民族文化墙”的建设，使民族文化生态村更具吸引力，令游人可以在欣赏阿昌村寨的美丽景色的同时，通过丰富多彩的壁画领略阿昌文化的深厚历史和神韵。

(4) 特产和农业观光

草果是丙盖村的主要特产之一，可作为香料，并兼具很高的药用价值。医学证明，草果可以起到温中散寒、理气消食的作用，可治主胃寒脘腹疼痛、食积腹胀、寒疝腹痛等疾病。丙盖村盛产草果，并且草果质量好，产量高，把丙盖村建成草果种植基地，打造自己的品牌，将是发展旅游特色产品的不错选择。另外，由于独特的气候、土壤等因素，丙盖村非常适宜种茶，而且茶质好，产量高。梁河县是一个产茶大县，已经开发出了自己的品牌，即回龙茶。回龙茶在云南茶叶中小有名气，具有条索壮实紧密、色泽墨绿、汤色清亮、香气浓郁、回味耐泡等特点，是名副其实的“竹叶青”。近年来，在政策扶持和鼓励下，为让回龙茶更好地为振兴梁河经济服务，大厂茶厂和县茶厂都到丙盖村收购原料，将其精加工成商标为“梁河回龙茶”和“回龙绿玉”两种精致盒装的产品，深受消费者欢迎。丙盖村有村民自办的茶叶加工厂两家，

① 赵家培．阿昌族简介[M]．潞西：德宏民族出版社，2008.

效益不错，加之政府和茶厂的扶持和鼓励，村民种茶的积极性高。村里有专门的茶叶种植园，面积广阔，每到春秋两季的产茶出茶季节，漫山遍野绿油油一片，与青山绿水浑然一体，美不胜收，是生态旅游观光的好去处。

(5) 阿昌民风民俗

丙盖村阿昌族具有其独特的民风民俗，是吸引游客的重要亮点之一。除了在节日里的各种民族活动，日常生活中的阿昌人民也有其独到的魅力。无论是恋爱方式、婚俗、丧俗还是礼仪禁忌，都具备其独特性。阿昌族热情好客，给人印象最深的是他们的待客之道。每逢有客人到来，村里的少女和妇女代表会在席间唱阿昌歌，并敬上阿昌人自酿的“小米酒”或“小锅酒”。阿昌歌都是依据情境和人物现编现唱的，内容蕴含的是阿昌人民的好客热情和对客人的祝福赞美，一般每唱完一段就要敬客人一杯酒，一共需要敬满三杯，也会反复敬酒，以表示对客人的尊敬。阿昌人还会跳起阿昌舞“蹬窝罗”，与客人一起联欢，充满无限的欢乐。

(6)“活袍”文化

“活袍”是阿昌族的精神领袖，不但能够主持各种祭祀活动，而且还熟悉本民族的历史文化和风俗习惯，史诗《遮帕麻和遮米麻》就是在活袍世代传唱下得以流传至今的。阿昌族的活袍是得到国家承认的非物质文化遗产《遮帕麻和遮米麻》创世史诗的传承人，相当于祭师，受到阿昌人民的尊敬和拥戴。在进行祭祀活动时，活袍用古老的阿昌语唱着阿昌族创世史诗，头带纶巾，手拿羽扇，并不时走动和跳跃，非常独特和神秘。

(7) 精美的阿昌族服饰

丙盖村阿昌族的服饰有年龄和婚否之别，所以阿昌族穿着的服饰不尽相同，但极具特色，非常精美。服饰都是家庭制作，材料是色泽鲜丽的丝线，运用古老的阿昌织布机，通过阿昌人民灵巧的双手，一针一线手工制成。服饰的制作是个漫长的过程，连续不断的织布大概需要两个多月的时间，才能完整地制作出一套阿昌服饰。正因为纯手工的精细工序，阿昌服饰非常精美，是绝佳的旅游纪念品。

(8) 阿昌风情园

为了很好地保留和宣传阿昌族的民风民情，政府计划投资 8.5 万元，在丙盖村的阿露窝罗中心旁边修建阿昌风情园，目前仍在建设过程中，建成后将成为继阿露窝罗活动中心后展现阿昌族民族魅力的又一处景观。

3. 丙盖村旅游发展中存在的问题

（1）优势资源开发不足，旅游模式单一

丙盖村拥有一些不错的旅游资源，但是目前并没有完整地得到开发，纳入当地旅游资源项目的仅有阿昌族的盛大节日“阿露窝罗节”、阿露窝罗活动中心以及阿昌民族文化墙，众多的旅游资源诸如阿昌族日常的民风民情体验、生态茶园观光、阿昌民族服饰、土特产品、“活袍”文化等没有得到很好地开发和充分的利用。丙盖村是阿昌族聚居村落，阿昌族的民族文化是旅游发展的方向，而大批具有民族特色的资源没有得到开发利用，这是其旅游发展存在的遗憾。当地对农业资源和阿昌族民俗文化内涵的挖掘不够，旅游活动主要停留在观光上，提供的产品层次较低，服务项目较少，缺乏吸引游客的其他旅游活动，难以形成旅游业的集聚效应和规模效应，旅游模式单一。尤其是在时间上，吸引游客的仅仅是在每年“阿露窝罗节”的时段，其他时间还没有形成吸引游客的特色旅游产品。

（2）投融资渠道较窄，缺乏市场化运作

丙盖村旅游投资融资渠道不畅，表现在一些旅游项目的开发和建设上，开发和建设资金主要靠政府财政拨付，基本上是政府为了宣扬和传承阿昌族民族文化而投入资金进行开发和建设，并没有形成招商引资、吸引企业和民间资本进行投资的局面。另外，从建成的旅游项目的融资情况看，捐助资金占很大一部分，都是出于保护和宣扬阿昌族民族文化而捐助的。在梁河县经济发展相对落后的情况下，对乡村旅游的投资、融资比较困难，投资、融资渠道比较狭窄，并没有纳入市场机制。现有的旅游项目是村里的公有资产，在运作上都是村庄自行经营和管理，没有引入市场机制，由私人或企业经营和管理，旅游收入拮据，这对旅游项目的维护和进一步发展造成困难。乡村旅游的目标市场主要是城市，研究城市市场需求，是乡村旅游发展的关键。然而，目前丙盖村缺乏全面调查和分析城市游客来源、客源类型、市场规模、客流规律、游客消费能力和消费需求等情况，影响了旅游业的进一步发展。

（3）配套设施落后，服务水平不高

丙盖村位于县城远郊，经济发展水平相对较低，对基础设施建设投资有限，基础设施适应不了游客的需要。村内厕所、小卖部等公共设施简陋，像电话亭之类的设备甚至没有。卫生设施缺乏，最显著的是厕所卫生条件差，生活污水和垃圾处理也存在不足，令游客望而却步。卫生观念较为落后，村里道路上经常有牲畜粪便，影响村容村貌。在住宿方面，没有专门经营的旅店和宾馆，游客大多是选择返回县城住宿。在芒市通往梁河的公路上，有部分地段通讯信号不好，这对于乘车或自驾车到村里旅游的游客也是一个问题。村里缺乏类似“农家乐”的吃住和娱乐设施，难以留住游客，以致难以形成旅游的规模效应。由于旅游开发和起步较晚，以及资金的问题，丙盖村的旅游服务配套设施和服务水平明显落后，制约着旅游业的进一步发展。

（4）对外影响力不强，市场竞争压力加大

虽然丙盖村得到政府的大力扶持，但是由于阿昌族村寨多处于偏远的半山山区，信息相对闭塞，外界并不熟知甚至没有听说，旅游对外形象不够鲜明。由于缺乏经费，在宣传造势上形式单一，方法滞后，未能形成强劲的舆论攻势。阿露窝罗中心和民族文化生态村建设起步较晚，旅游名片还没有打出去，所以在景区知名度上远远落后于周边景区。相比于类似性质的旅游地诸如大理、丽江、西双版纳等旅游成熟品牌，游客更容易被其知名度吸引，因此丙盖村的客源受到很大挑战。加上丙盖村虽然与县城邻近，但旅游的发展与整个梁河县甚至德宏州一样，远离昆明这一省内最大客源地，尽管交通较为便利，但是由于距离较远，使省内外游客来此观光的时间和经济成本较高，这就成为制约丙盖村旅游发展的一大因素。

4. 丙盖村旅游发展的对策

（1）政策扶持，加大引导力度

在旅游业发展的初级阶段，加强政府主导和扶持起着非常重要的作用，特别是政府把旅游业作为重要的产业来培育，在协调管理、政策支持和基础设施建设等方面必须发挥应有的积极作用。当地政府机构应该成立相关旅游管理机构，对丙盖村一切可以利用的旅游资源进行统筹管理、统一调配，坚持当前利益服从长远利益的原则，对涉及的相关利益进行合理调整。加大政府对丙盖村的配套设施建设投入和旅游市场营销的投入，要制定出台扶持政策，吸引社会资金、外来资金的投入，建立健全旅游的多元投入机制。政府进一步确立旅游业产业地位，将旅游业作为丙盖村经济发展的支柱产业之一，并把旅游业的发展与社会主义新农村建设结合起来。政府应营造良好的旅游环境，把丙盖村建设成为布局合理、生态环境优异、自然山水优美、民族文化特色浓郁、休闲度假功能完善、人与自然和谐的绿色生态观光和民族文化体验村。当地政府要发挥引导作用，运用行政、经济、法律等管理手段，建立长效管理体制和机制，制定相关管理办法或条例，对丙盖村旅游业的规划审批、经营管理、安全管理、环境卫生等方面的问题进行规范和监督，引导其逐步走向健康发展的轨道。

（2）重在宣传，扩大营销

旅游营销是开拓市场、挖掘客源最直接有效的途径。丙盖村在旅游市场上面临的一大困难是知名度不高，旅游产品被接受的程度低，游客接待人数少，其中一个重要原因就是旅游的对外营销工作力度不深，面度不广。因此，强化营销是丙盖村实现旅游发展的重要工作。政府应主动牵头，联合众多旅游企业对丙盖村进行整体的包装，树立丙盖村民族生态文化村形象，从而在较短时间内打开市场。在开发过程中，应注重加强促销力度，通过多种渠道，利用多种媒介有针对性地进行宣传，才能达到理想的效果。网络营销对旅游的发展影响很大，借助现代网络科技平台，加强丙盖村旅游资源的宣传力度，无疑是一条可取的营销渠道。通过旅游网站，为大众提供翔实的丙盖旅游情况介绍，为潜在的游客提供便捷的旅游资讯服务，挖掘潜在的客源市场。同时要发掘其他营销和宣传方式，尤其在每年举办“阿露窝罗节”的时候，可以通过广播、电视、报纸、刊物、杂志以及路牌等媒介和方式，灵活、及时地宣传丙盖村旅游产品以及旅游最新动态和特色，详细介绍阿昌族及其盛大的民族节日盛会，引起目标市场的关注，激发其旅游兴趣与动机。

（3）拓宽投资融资渠道

加大旅游资金投入是实现旅游业可持续发展的重要保障，而目前丙盖村在旅游资金方面的投入极为有限，景区开发建设进程明显偏慢。因此，必须把拓宽投融资渠道，加大旅游资金投入作为当前和今后的一项重要的工作来抓。一是要以阿昌族民族特色文化为吸引力，加大招商引资力度，并用好投资资金。用具备特色的阿昌族民族文化项目，提供优质的服务，实行优惠的政策，吸引外地客商投资景区景点开发。二是要根据政策的变化，适时采取相应措施，积极向上级旅游主管部门申报各类项目，争取项目配套资金，以支持丙盖村旅游业的发展。三是要制定切实可行的措施，激活民间资本，引导部分资金投资旅游配套服务业，调动社会投资兴办旅游的热情。

（4）完善配套设施和公共服务

完善的配套设施，良好的服务功能，是吸引游客，树立良好旅游形象的重要因素。丙盖村留不住游客的原因之一就是旅游配套设施不完善，服务不到位。因此，完善旅游配套建设，强化服务功能，是树立丙盖村对外良好旅游形象的根本所在，对此，丙盖村在吃、住、行、购方面都需要进一步改善。要充分利用好阿昌族的民族特色，让游客在观光和体验时，不但可以“听阿昌歌”、“跳阿昌舞”、“织阿昌布”，还可以“吃阿昌饭”，令其在视觉、听觉、触觉和味觉方面全方位感受阿昌族的民族魅力。要依托阿昌族民族特色，转变思想观念，开发阿昌农家乐，就地解决游客的住宿问题，并努力提高农家乐服务水平。要依照“舒适、便捷、顺畅”的要求，进一步完善道路建设，在道路上设立旅游交通标识标牌，令游客一目了然，实现无障碍旅游。要重点开发阿昌族服饰、阿昌族民族音乐舞蹈音像制品及土特产草果、茶叶等，让游客可以购买以作旅游纪念，令其获得愉快购物的体验。另外，尤其要注意旅游环境的改善，提高接待设施的卫生标准，兴建卫生厕所，完善水电设施和通信设施。

丙盖村的旅游业尚处于开发和培育阶段，众多有待挖掘的民族特色旅游资源是其发展旅游业的优势所在，在社会主义新农村建设、促进乡村旅游发展以及保护和传承阿昌族民族文化的政策下，丙盖村旅游的发展将有着更加美好的前景。

（二）商业

九保是古西南丝绸之路的必经之地，且九保还是个驿站，清代腾越至缅甸八莫的商道疏通，使得腾冲来的马帮络绎不绝。[①] 马帮在九保驿站歇脚，逐渐使九保繁荣起来。九保的大批商人通过马帮，从腾冲、缅甸进货，将货物运往内地，于清末民初出现了初级市场。丙盖与九保仅一河之隔，属于九保的邻近辖地，在商业上自然受到九保驿站的影响，丙盖人很早就参与了各种商业活动。过去在丙盖附近没有形成固定的街期，没有繁多的集市，丙盖人的商业活动主要与以九保为中心的货物集散相关。当时九保虽无街期，但每天上午都有柴米、肉食、蔬菜等上市，日中即散，人称“过路街”。街内有数十家店铺，日杂百货，大都可买到，以供过路乡下农村的需求。丙盖村民多

① 数据来自《九保阿昌族乡志》，资料由九保阿昌族乡政府提供。

是出售一些土特产，与九保商人进行交易，然后购进一些生活必需品。自古以来九保街商业很活跃，20世纪50年代前期，私营商业在人民经济生活中占有相当比重。后来逐渐有了供销合作社、合作商店、商号等集体商业模式，经营机构不断变化。

随着经济和社会的发展，为适应和满足群众日益增长的贸易需求，丙盖附近逐渐形成了有规律的集市贸易。2000年，政府投资30万元新建了九保农贸市场，改变了过去以路为市的面貌，年交易额达到360万元。早在九保农贸市场建成以前，在丙盖周边地区就已逐渐形成了小厂、大厂、遮岛、囊宋、勐养等集市，实行间隔5天的“转转场”，集市商贸发展迅速，充满活力。丙盖村民最常去的是位于县城的遮岛集市，主要因为丙盖村距离遮岛近，再者遮岛集市是梁河县集市贸易的中心，来自梁河县四面八方的商贩云集，商品名目繁多，相对齐全。村民主要在市集上出售农副产品和一些经济价值较高的药材，涉及水稻、甘蔗、板栗、猪肉、家禽、茶叶、野生油料（香果、桐油籽）、草果、石榴等，从集市购进主要的日常生活必需品、农业用具以及交通工具。每逢赶集天，市集繁闹，商品众多，各种现代的商品和传统的农副产品以及各种民族服饰充斥着市场。赶集这一古老的商品流通形式虽然已适应不了市场经济发展的需求，但是在广大的农村，集贸市场与农民的生产生活息息相关，仍是农村市场的主要形式。丙盖村的主要产业是农业种植，主产水稻和甘蔗，主要销往本县，2009年主产业全村销售总收入54万元，占农村经济总收入的28%。该村目前正在发展特色产业，计划大力发展水稻、甘蔗和养殖，将更进一步促进商业贸易的发展。

丙盖村有一些专门从事商品交易的小商贩，一般都是在县城批发，然后运往各乡镇集市进行交易。小厂、大厂、遮岛、囊宋、勐养等集市是他们经常光顾的商品交易地，有的拥有自己的交通运输工具，省去了商品运送的费用。五天轮一次的“转转场”，使得小商贩们几乎每天都来回轮转于各个集市。除此之外，村里还有专门零售的小卖部，为村里提供基本的生活用品。全村有4家小卖部，在村里的商品零售方面基本处于饱和状态，彼此之间竞争也不甚激烈，为村民提供了很大的便利。各小卖部销售的商品大体一致，都是些日常生活用品，价格也基本一致。小卖部的经营都是经过县工商局和县卫生局许可和批准的合法经营店，办理营业执照和上缴税款等也是开办小卖部的一大门槛。据介绍，限于市场的狭小，目前村里再出现第5家小卖部的可能性很小。小卖部的商品都是在县城批发市场进货，没有固定的进货时限，随进随卖。一般畅销的都是香烟和酒类，平均每个小卖部每月有400～1000元的收入不等，农忙时节收入更多。综合村里的小卖部，部分商品的购销情况如表3－1所示。

表3－1　**丙盖村小卖部部分商品购销价格表**

品名	购入价格	销售价格
鸡蛋	0.5元/个	0.6元/个
酱油	0.3元/斤	0.5元/斤
大理啤酒	32元/件	35元/件
洗衣粉	4.7元/包	5.0元/包
米酒	4.5元/斤	5.0元/斤
面条	2.7元/斤	3.0元/斤
方便面	0.8元/包	1.0元/包
云烟	8.3元/包	10元/包
山茶烟	2.25元/包	3.0元/包
矿泉水	0.83元/瓶	1.0元/瓶

另外，村里的小卖部还引进农用化肥的销售，但是化肥的销售需要得到相关部门的批准，小卖部要符合一定的场地空间要求，有足够的空间储放化肥才能给予化肥出售的权限。因此，村里的小卖部并没有都卖化肥，村民大多是到县城购买化肥，化肥的销售在村里还没有形成成熟网点。丙盖村的小卖部主要以零售为主，购销价格符合当地的实际消费情况，小卖部的买卖是村里主要的商业活动。

综观丙盖村的商业发展情况，不难看出还处于不成熟状态，存在一些问题，影响商业的进一步发展：

一是市场发育不够健全，流通渠道不畅。周边专业的市场、批发市场相对缺乏，商贸市场比较单一，多为百货交易市场，而信息市场、中介市场、技术市场、人才市场等不够成熟。村内个体小卖部实力不强，在运输、经营、仓储设施等方面局限性较大，造成大宗生产资料和耐用消费品供需断层，许多农民只能到县城购买衣物、电器、交通工具等。与村民息息相关的农产品市场发育不健全，农产品销售体系不够完善，农户进入市场的商品率不高。

二是基础设施薄弱，消费环境不好。丙盖村本身并没有集市，附近的集市市场硬件水平较差，有的以棚为市，但多为露天型，受自然因素影响较大。如遇上雨雪天气，不论是销售者还是消费者，都会受到一定程度的影响。市场设施不完善，多为小摊点式，有的甚至没有任何设施，在道路两旁蹲点叫卖，以路为市。

三是村民消费水平低，购买力不强，这与丙盖村农民收入有很大的关系。全村以农业种植为主，种植收入主要靠甘蔗，遇上收成不好的年份，农民收入就大打折扣。农民的消费大多仅限于日常生活和生产用品，较为狭窄。

四是农民消费观念有待改善。多数人缺乏消费理念和商品经济意识，“宁存勿买”的消费观在农民中大量存在。

针对丙盖村商业上存在的问题，可以从以下几个方面进行思考：

一是加大政府扶持力度。政府要加大对商业发展的政策和资金扶持力度，积极推进商贸流通现代化，把丙盖村纳入到整个市场体系中。在市场尚处于培育的阶段，政府的扶持作用很关键，对于构建成熟的市场体系意义重大。

二是加快商业基础设施建设，整顿市场摊点，改善市场环境，使得农民能够方便地进入市场，参与市场。

三是增进农民商品经济意识，大力发展特色交易市场。丙盖村拥有甘蔗、茶叶、草果、石榴等大批经济特色产品，应该鼓励农民种植，并形成有市场保证的农产品特色交易市场，提高农民种植特色农产品的积极性，拓宽农民的收入来源。

（三）建筑业

丙盖村的住房和祭祀房屋的修建基本上都是出自本村村民之手，没有专业的建筑施工队伍。后来随着村民外出务工，以及部分村民凭借自身的技术手艺，逐渐组建了一些小型施工队伍。施工队包含木工和泥水工，可以包揽工程中大部分的工作。木工大概 40 元/天，泥水工 50/天，主要在本村和附近的村子承包民用房的修建。有时候村里有一些大工程时，小施工队也会承包一些建筑项目，但这种情况很少。村里的小型施工队实际上并不成熟，成员比较零散，技术水平也参差不齐。主要是靠成员之间的熟悉程度、关系远近组队，比较随意，稳定性较差。施工队的集体出工依赖于工程量的大小，多数情况是单个成员自行出工。小型施工队由技术水平较高、有威望或善于沟通交流的人发起，实际上牵头人就是一个小包工头，可从工程报酬中获取一定的额外回扣。丙盖村基本上没有常年专门从事建筑的人，多是种地与做工相结合，农忙时种地，闲时外出从事建筑。这样一年下来，每人平均能挣3000～6000元，是部分村民除种植和打工外的又一重要收入。近些年村民有不少人在外务工，一部分是从事建筑行业，有一些学到技术后，回乡搞起了建筑，从一定程度上带动了丙盖村的建筑业发展。

村里主要的建筑工程大体有以下几类：

住房建筑工程。丙盖村是阿昌族聚居的村寨，住房都极具阿昌族的特色。住房多为砖瓦、木石结构的三合或四合院样式，三合一照壁的形式居多。木头皆是阿昌族人家砌屋建房的主要材料，过去的木框架虽然已经改变为今天的钢筋水泥框架，但房屋的内壁仍然是木料，内壁上镂刻各种各样的图案。除正房外，两侧建厢房，厢房一般为两层式楼房，铺木板，楼上住人或者堆放粮食和其他生活资料，楼下为猪圈和牛栏。现在阿昌族的住房建筑逐渐趋于现代，但是样式和结构依然很好地保持了原来的传统。在政府扶持下，近年对村里的部分住房进行加固和拆除重建，过去总共有14户村民的住房被列入危旧房改造名单，平均每户给予资金补助5000元。

活动场所建筑工程。近年来，在民族文化村的政策指引下，丙盖村加强了村里各项基础设施建设，完成了阿露窝罗中心、村委会活动中心等一系列场地建设。阿露窝罗中心规划用地16亩，中心占地8800.4平方米，投资946.38万元。村活动中心占地1048平方米，建筑面积309平方米，整体为砖木结构，总投资12.36万元，财政补助7.36万元。公共场所硬化644立方米，投资4.5万元，为财政补助。公厕建设44立方米，总投资3万元。部分建筑单价为地坪45元/立方米、空心砖3.8元/块、钢架彩瓦120元/平方米、围墙石方200元/立方米、粉围墙20元/平方米、挖土300元/车、填土30元/立方米、石脚200元/立方米。[①]

道路及沟渠工程。近年来丙盖村进行了大量的道路及沟渠建设，其中村内道路建设情况如表3-2所示。

① 赵家培．阿昌族简介[M]．潞西：德宏民族出版社，2008.

表 3－2 2009 年丙盖村村内道路建设

内容	长度（米）	宽度（米）	厚度（米）	面积（平方米）	单位造价（元/平方米）	投资概算（元）	其中	
							财政补助	自筹
主干道	150	6	0.16	900	32	28800	28800	—
次干道	100	4	0.25	700	70	28000	28000	—
入户道	402	2	0.15	804	60	48000	40000	8000

2009 年村里的沟渠建设长度达到 2259.75 米，其中主沟渠一条，全长 2000 米，根据“云南省水利水电建设工程预算定额”及“云南省水利水电基本建筑工程编制规定”等，结合当地周围现行价格编制，沟渠建设工程规划总投资 1 万元，沟渠、挡墙浆砌石方 51.61 立方米，单价 180 元/立方米，投入资金 9289 元；水泥管 8 节，79 元/节，投入资金 711 元。根据丙盖村沟渠扩充设计，主要完成瓦窑田沟渠 1 条，长 69.75 米，边沟挡墙 1 道。排水沟两面补砌 190 米，宽 0.5 米，高 0.9 米，建筑体积 230 立方米，投资预算 4.14 万元。①

综合来看，丙盖村建筑业发展受政策影响较大，建筑业发展水平普遍较低，除了住房建筑多为村民自行修建外，其他各项工程多为外部施工队甚至是大型建筑公司来完成。村里仅有的几个小型施工队伍尚不成熟，只能从大部分建筑工程中承包一些零星的小项目，例如铺筑水泥地平、粉刷墙壁等。在丙盖民族文化村打造中，对于从事建筑行业的小型施工队来说，无疑是一次难得的机遇。村里的建筑业有一定的行业基础，如果不断提高技术，完善施工队伍建设，还是能够不断成熟壮大的。

（四）运输业

九保为古蜀道（又称南方陆上古丝绸之路）必经之地，元明清以来，大盈江河谷为行军道和商道，经南甸、萝卜坝、陇川。除此之外，又有贡道从八莫入陇川，途经萝卜坝，南甸而入腾越。明朝时期对边疆的征讨，曾沿杨柳河修有行军大道，清代，腾（冲）八（莫）商道大开，囊宋、管家寨、九

① 数据来自《丙盖联合村扩初设计》，资料由丙盖村委会提供。

保、遮岛都是热闹的马站。而丙盖的交通运输，正是在这样的背景下发展起来的。以前在县内有多条通往各乡镇的驿道，九保至三锅腔，经沙沟、大芒法、别董、勐来、芦场，行程 20 公里；九保至芒东，经遮岛，过分水岭，后沿杨柳河走，行程 22 公里，九保至杞木寨，经那们寨、常寨、遮岛、回高、厥叶坝行程 18 公里；九保至腾冲经囊宋、热水塘、荷花池、甘蔗寨、和顺，行程 43 公里；九保至小厂，行程 36 公里。① 丙盖与多条古驿道距离较近，因此丙盖在过去很早就有商旅的往来，同时处于县城物资集散的重要线路附近，丙盖的地理位置较好，商旅活动较为频繁活跃。

丙盖村通公路要追溯到 1972 年，九保—丙盖公路，全长 3 公里，浇混凝土预制板过电厂沟，路面宽 4 ~ 5 米，属等外公路。九保至那峦于 1980 年修通，至此，大小厂公路连接了丙盖村附近的勐科、永和、那峦等几个村，九保至那峦全长 10.4 公里，总投资 12.5 万元。由于公路没有很好的养护，从九保到丙盖的道路路面和路基脆弱，在多年的风吹雨淋中变得行车艰难，崎岖不堪。2005 年，在丙盖村领导和群众的共同努力，以及政府的政策资金支持下，村里动用财力物力，最终把九保大桥—丙盖村的公路便道进行扩宽和加固，形成 7 米的路宽，路面基本平整，能顺利通行大小车辆。2005 年在县政协会议上，由丙盖村领导兼政协委员提出修建丙盖—小厂公路的议案，最终经过多方的考查审核，议案获得通过并实施建设，由政府出资修通了丙盖—小厂的乡村公路，全长 18 公里，泥土路面，方便了丙盖与小厂乡的人流物流往来。不但促进了丙盖村的发展，更重要的是缩短了县城和九保与小厂乡的公路运输距离，减少了运输成本。公路没修之前，从县城或九保必须经过大厂乡才能到达小厂乡，全长 36 公里。丙盖—小厂公路的修通，使得从县城或九保到小厂乡的距离缩短了近一半，促进了两个乡之间的沟通交流、物资贸易和人员往来，也加快了沿线村落的发展。2009 年，丙盖村的交通迎来了一次飞跃，县城—丙盖—小厂的公路进行了大改造，依据政策实行道路硬化，根据当地实际铺上了弹石，路面防滑，路基坚固，运输得到了很好的提速。完成的弹石路可与经过县城的腾陇公路相连，在腾陇公路、芒市—梁河公路完成升级改造后，丙盖到腾冲县城的路程将缩短到 30 分钟以内，到腾冲机场缩短到 40 分钟以内，到州府芒市缩短在 1 小时以内。另外，村里还进行

---

① 数据来自《九保阿昌族乡志》，资料由九保阿昌族乡政府提供。

了村内道路的硬化，全村道路改造成水泥路面，方便了村民的出行。

货物运输方面，未通公路以前，丙盖村靠人挑人背、牛马骡驮运，公路修通后，逐步被手推车、马车和汽车取代。丙盖处于半山山区，直至现在部分农民还继续保留马驮、骡驮的习惯，到 2005 年村里还有马、驴、骡劳役。丙盖最早使用马车是在 1972 年，主要是小型一马拉车，小马车方便，适用于家庭。随着公路的完善，后来逐渐有了拖拉机。人们搞运输致富的意识不断增强，部分人购买汽车专门跑运输。目前丙盖村（包括下属的自然村）有摩托车 92 辆，拖拉机 22 辆，小型卡车 7 辆，客运微型车 2 辆。摩托车在农户家庭很常见，是村民自己出行的主要交通工具。也有部分人跑“摩的”，往来于丙盖与县城及周围村庄，收取一定的费用。拖拉机和小型卡车是村里主要的货物运输工具，小部分拖拉机是农用耕作机，用于相对平坦的农田地的耕作。大部分拖拉机及卡车在农忙时节运送农作物，主要是运甘蔗到县城力量公司的糖厂。平时主要是运建筑材料，哪里有货源就去哪，一般不固定。村里的小型卡车车主有时与一些建筑施工队一起，承包村里村外的工程，运输收入较为可观。

除了货运，村里还有客运，村里的两辆微型车都是跑客运的，主要线路有丙盖—遮岛（县城）、丙盖—囊宋、丙盖—小厂，客运价格分别是 3 元/人、6 元/人和 15 元/人。这是在农村客运“村村通”工程背景下发展起来的，目前的客运车辆大多纳入到农村客运网络中，基本能满足农村群众便捷出行的要求。有时村里的客运车辆如遇到包车出行的情况，也跑芒市、腾冲等地，收入相对较高。目前丙盖村的农村客运仍处于培育发展阶段，还存在很多问题。一是客运安全设施不完善，特别是公路上缺少必要的安全标志和提示。二是客运市场不成熟，虽然丙盖村客运纳入农村客运网络，但是客运市场秩序仍较为混乱。大量无证无牌非法营运车辆充斥市场，尤其是现在机动车辆激增，很多三轮摩托、二轮摩托车非法载客。三是黑车较多，超范围经营、超限载客等现象屡禁不止，而且这些车辆长期以偷逃国家税费来降低经营成本，大部分未办理法定保险手续，肇事后无能力承担赔偿责任，安全隐患严重。但是打击非法营运取证难，涉面较广，监管难度大。四是经营者素质较低，安全意识和法制意识不强。部分车主为了多赚钱，超载运输，开“英雄车”，事故发生的频率高，严重威胁着农民群众的生命财产安全。

针对丙盖村客运的发展现状，可以从以下几方面寻求相关对策：

一是针对当前农村道路交通安全的现状，要进一步不断地完善道路交通安全的硬件设施，进一步改善入村道路交通条件。特别是对车流量较大、事故高发路段、路口，要完善安全措施，增加安全提示和标志，以适应农村道路日常交通安全通行的需要。

二是建立健全交通安全宣传教育长效机制，不断提高交通参与者的交通安全意识。突出加强驾驶员教育管理，强化驾驶员法制教育和交通安全责任意识教育。村委部门要配合交管部门开展交通宣传教育，确保驾驶员的交通安全培训教育工作经常化，并扩大宣传覆盖面，尤其是对位于公路主干道斜坡上的丙盖村小学，要重点进行交通安全教育。

三是不断加强管理，促进丙盖村客运市场的健康发展。一方面对客运市场存在的非法经营行为要严厉打击，特别要坚持不懈打击“黑车”非法客运经营活动，净化客运市场。要严厉查处各种无证、无牌从事营运的摩托车、拖拉机和农用运输车及其他机动车车辆违章载客行为。另一方面要对那些经过实践证明对群众确实有需要，且基本符合营运条件、有守法经营意向的非法车辆实施必要的规范和引导，纳入行业管理的范畴。公路建设是基础，而发展运输则是目的，交管相关部门要加强丙盖村的客运管理和引导，促进其健康发展。

四是鉴于丙盖村道路的局限性和客流量不是很大的情况，应着重考虑发展以微型客车为主要运力、定线不定班次的经营模式，积极发展客运。目前客运线路主要为通县线，要大力鼓励通乡线、通村线的客运发展方向。

交通安全责任重大，是发展和管理交通运输的头等大事。为切实加强交通安全管理工作，有效预防和减少交通安全事故，确保道路交通有序安全畅通，促进全村社会经济健康发展，丙盖村按照“九保阿昌族乡交通安全责任书”要求，认真组织开展交通安全工作，近年来丙盖村辖区内无重大交通事故案件发生。在公路的后续管理方面，各级政府十分重视乡村公路的养护，拨付专用资金，补助标准乡道 40 元/公里，村道 20 元/公里。丙盖村制定村内道路管理办法，保证道路的清洁卫生，安排专人管护沟渠，清理边沟，保证沟渠排水畅通，使其更好地为全村群众服务。综观丙盖村的交通运输，在道路方面能够满足村民的客货运输需求，近几年道路有了很大的改善，使得村民出行和货物运输更加安全快捷，使得村里与外界的物资往来更加频繁；在交通运输工具方面，随着经济的发展，汽车、摩托逐渐进入了农家，村民的出行和货物运输有了更多的选择。随着新农村建设的不断推进，丙盖村交通运输将不断完善，比如在道路的维护和路面卫生方面，将得到一定程度上的提高。

四、经济制度

（一）土地权利及其变化

《中华人民共和国宪法》第10条第2款规定："农村和城市郊区的土地，除由法律规定属于国家所有的以外，属于集体所有；宅基地和自留地、自留山，也属于集体所有。"我国集体土地所有权的建立经历了一个不断完善的过程。1949—1952年的土地改革，使农民拥有了完整而统一的土地产权，形成了明确的土地产权制度；1952—1978年的合作化和人民公社化运动，将土地农民所有制变成了集体所有制。家庭联产承包责任制的实行，农村土地的所有权归村组内全体村民共同所有。2002年通过的《中华人民共和国农村土地承包法》，为农村家庭土地承包制度提供了法律保障，农民的土地使用权主体地位得到了巩固。综观新中国成立60多年以来土地权利的变化，其维系了数亿农民的基本温饱，实现了乡村社会的长期稳定，为其他产业提供了支持，也为中国城市化建设提供了资本积累。很显然，丙盖村作为我国农村的组成部分，其土地权利转变与我国整体土地制度的变迁是一致的。

1. 土地权利主体由个体农民到合作社的转变

新中国成立初期，在党和政府的领导下，阿昌人民虽然废除了民族压迫制度，实现了民族平等，各种特权剥削部分或全部废除了，但土司的官租、杂派和地主的田租、高利贷剥削依然存在，农民辛苦一年所得粮食的大部分仍然落到封建领主和地主之手。1950年6月30日，新中国颁布的《中华人民共和国土地改革法》规定："废除地主阶级封建剥削的土地所有制，实行农民的土地所有制，借以解放农村生产力，发展农业生产，为新中国的工业化开辟道路"。这一年，丙盖村迎来了亲人解放军，村民们获得了新生。党组织和人民政权实行"慎重稳进"的总方针，坚持民族团结原则，建立广泛的爱国统一战线，团结民族上层，剿匪肃特，疏通民族关系，培养民族干部，进行反帝爱国教育。在丙盖村中，村干部带领村民积极配合政府，通过推行“反官租”、“反苛捐杂税”等活动，减轻了村民们的负担，根据丙盖村中的实际情况实行民主改革。

1953年7月，在庆祝德宏傣族景颇族自治区成立的代表大会上，来自丙盖村等地的阿昌族代表提出了废除官租、消灭剥削、实行土地改革的要求。土地改革是一场废除封建领主、官租、杂派、劳役、地主地租、高利贷、政治特权及解除典当抵押、买卖土地关系的一次革命。按照梁河县委的指示，丙盖村的土地改革分两种类型进行，即：对村中的汉族农户实行土地调整政策；对于阿昌族农户实行和平土地改革。丙盖村中的阿昌族农户占了绝大部分，因此，全村均采取了和平协商的方式进行改革。在党的正确领导和土地改革工作队的帮助指导下，村委坚持团结、依靠全村人民，团结教育村中的带头人，自上而下，有步骤、有区别地废除封建领主、封建地主的剥削，逐步把全丙盖村民众组织起来共同发展生产。改革过程中，丙盖村坚持贯彻“依靠贫农雇农，团结中农，中立富农，有步骤有区别地废除封建土地所有制度”的阶级路线。同时，对村中与土司及主要族官有正当关联的人家，采取长期团结的政策，不算旧账，一律保护，政治上分配一定的工作；对寨头的薪俸田一般不动，只将多余的抽出来参与分配；对地主本着宽大政策，可不剥夺政治权利，地主的土地可以先划后分；不侵犯富农自耕和雇人耕种的土地和财产，只征收其出租的土地；村中的族田、学田一律征收分配；大块荒地除酌量分给一部分少田的农民外，一律收归共有；保护中农，含上中农的自耕地及其他财产不得侵犯；外出和外逃人员一般分给与农民同等的一份土地，回来之前由其家属或乡里代为管理。值得一提的是，丙盖村的土改对领主、地主不进行“暴风骤雨”式的当面批斗，而是通过“背靠背”的揭发和控诉、“面对面”的说理，唤醒农民的阶级觉悟，让领主、地主认识剥削的罪恶。[①] 随后查田定产，抽补调整土地，各农户都分到了相应的田地，得到了人民政府颁发的“土地证”。丙盖村没收和征收了地主、富农的土地221亩，占全村耕地面积的68%。这次土地改革于1956年初完成，无田或少田的村民分到了自己应得的一份田地。从此，村里彻底废除了封建领主土地所有制。封建领主、地主的特权、杂派、高利贷等也一并废除。经过土改，土地的占有

---

① 德宏州人民政府．德宏年鉴[M]．潞西：德宏民族出版社，2009.

制度由封建领主土地所有制和地主所有制转变为广大劳动者个体所有制，由此彻底废除了在丙盖延续了千百年来的土司制度（封建领主制度），成为丙盖村历史转折的一座里程碑。可以说，丙盖村的土地改革，满足了村民的土地要求，实现了土地农民所有，使他们真正成为土地的主人，解放了农民生产力，大大地激发了农民的生产积极性。

土改过程中，党中央深刻认识到农业生产互助和合作对提高农业生产力的重要作用，以及对中国工业化的重要影响，进行了农业社会主义改造，支持和引导农业生产互助和农业合作化。1953 年 12 月 16 日，中共中央通过《中共中央关于发展农业生产合作社的决议》，提出“农民这种在生产上逐步联合起来的具体道路，就是经过简单的共同劳动的临时互助组和在共同劳动的基础上实行某些分工分业而有某些少量公共财产的常年互助组，到实行土地入股、统一经营而有较多公共财产的农业生产合作社，到实行完全的社会主义的集体农民公有制的更高级的农业生产合作社（也就是集体农庄）。这种由具有社会主义萌芽、到具有更多社会主义因素、到完全的社会主义的合作化的发展道路，就是我们党所指出的对农业逐步实现社会主义改造的道路”。1955 年 10 月 4 日至 11 日，中共中央在北京召开七届六中全会，通过了《关于农业合作化问题的决议》，会后，农业合作化运动迅速发展起来，仅 3 个月左右的时间就在全国基本实现了农业合作化。在合作化的大潮之下，丙盖村也不甘落后，获得土地所有权的丙盖村民为了克服个体农业的极端分散性和经济力量薄弱的状况，改善生产条件，增强抗灾能力，也都纷纷自发地组织起来，在农业生产中实行生产互助。1956 年，丙盖村发展了多家农村合作社，这些互助合作的发展，促进了丙盖村农业生产的发展。这一年全村的粮食不仅能够自给自足，而且还有了一定的盈余。基本上实现了完全的社会主义改造，完成了由农民个体所有制到社会主义集体所有制的转变。

2. 土地权利主体由合作社到人民公社、生产大队的转变

1958 年，丙盖村开始了小社并大社的“人民公社化”运动。原来初级社、高级社的土地、生产工具、牲畜等生产资料都归人民公社所有，原来模糊的土地所有权或农民个体土地所有权都变归人民公社所有，完全确立了土地由个体农民所有制转变成了社会主义劳动群众集体所有制，土地权利主体不再是村民个体，是人民公社、集体。丙盖村民怀着对美好未来的憧憬把土地、山林、大牲畜入了社，自己也入了社，连吃饭也进集体食堂。

集体经济时期，凭借集体组织生产的便利条件，丙盖村开始了小春粮食作物和茶叶、甘蔗等经济作物的生产，推广了农药、化肥，试种并推广了双季稻，还兴修了一批水利工程。但是，由于先后实行吃大锅饭、以户平均分配、按劳动力人口的成数分配等分配制度，再加上“大跃进”、“农业学大寨”、“文化大革命”等一系列政治运动的影响，使生产力受到束缚。一方面，干与不干一个样的不良风气在丙盖村盛行，生产徘徊不前；另一方面，又追求不切实际的生产标准、生产进度。虚报浮夸“放卫星”、“割资本主义尾巴”、“一夜进入共产主义”等在其他地区出现的不良行为与观念也在丙盖村逐渐蔓延。在“以阶级斗争为纲”的错误思想指导下，各种各样的错误做法使村子的农业生产受到严重挫折。之后，党为纠正以人民公社为土地权利主体所造成的“瞎指挥”、“共产风”、农业生产经营管理僵化等弊病，将人民公社的土地权力下放。1962 年 1 月，《农村人民公社工作条例（修正草案）》确定“三级所有，队为基础”和政社合一的人民公社体制，规定了生产队的土地权利主体地位，生产队是人民公社中的基本核算单位，实行独立核算，自负盈亏，直接组织生产，组织收益的分配。生产队范围内的土地，都归生产队所有。随着政策的落实，丙盖村的村生产队获得了一些土地权利，并成为土地权利主体。

然而，随着农业生产的发展，应当看到，土地权利主体由个体向较大共同体的转变，这种以人民公社、生产大队、生产队为主体的经营管理体制过于集中僵化，剥夺了丙盖村民的农业生产自主权，又在分配上实行平均主义，使农业生产缺乏内在的激励机制，打击和束缚了村民的生产积极性，一定程度上束缚了丙盖村生产力的发展。

3. 土地权利主体由人民公社、生产大队到生产小组、农民家庭的转变

国家农业生产力长期低下，农民生活长期困苦的现实使党中央决定进行农村土地制度改革，政府根据农业发展实际情况和农民利益需求，改变了农村土地权利主体，并确定农民家庭、农民在农村土地权利中的主体地位。1982 年 1 月 1 日，中共中央《全国农村工作会议纪要》指出：目前实行的各种责任制，都是社会主义集体经济的生产责任制。包干到户建立在土地公有制基础上，由集体统一管理和使用。同年春天，梁河县委根据中央《全国农村工作纪要》，结合当地实际，做出了《关于坚决完善农业生产责任制的决定》，强调“一定要建立合同制”，要纠正“包产到户，不消干部”的认识。

1983 年 1 月 2 日，党中央的《关于当前农村经济政策的若干问题》要求全面推行家庭联产承包责任制。文件下发后，在很短的时间内，丙盖村实行包干到户的农户就达到全村农户总数的 95% 以上。一年后，国家又提出延长土地承包期到 15 年以上，帮助农民在家庭经营的基础上扩大经济规模，提高经济效益。丙盖村积极响应国家政策，在生产队统一核算和分配的前提下，包工到作业组，并将村民的劳动量与产量结合起来计算报酬，在全村实行超产奖励，极大地调动了丙盖村民的生产积极性。

从权利主体角度看，丙盖村的土地权利主体演变随着国家土地改革政策和制度变化而演变，其演绎逻辑是：土地由少数私人所有到多数个体私有，由个体所有到集体所有，随着所有权主体成员规模不断上升，公有化程度越来越高，这是私有制向公有制的转变过程，是对土地私有制度的否定；再由较高公有化程度的土地集体所有到家庭联产承包责任制的转变，是在不改变土地集体所有制的前提下的产权制度的变革，是一系列土地财产权利的分离，是对传统产权制度的“否定”。需要指出的是，这一“否定”并非改变土地集体所有制的性质，而是在土地共有产权框架下的责、权、利重构，进一步明确农民个体土地产权，允许产权有条件流动是对改革开放前三十年土地产权制度中那些曾经是积极因素但正在成为或已经成为阻碍因素的“否定”，也是作为农民个体在经济上实现其土地权利的法律保证，是对土地权利主体的螺旋式认识和进步、是对农民正当权利确认的螺旋式认识和进步，从而逐步形成“尊重和保护农民正当权利和利益”的新思维及实践。

（二）林地权利及其变化

1. 土地改革前的林权

土地改革以前，丙盖村的山林土地，均属土司、山官占有，土地制度和山林权属一直保持着封建领主制度。所以，土地上长的一草一木、动物都属于土司、山官所有，耕种的土地要向土司交官租。清代，内地汉族大量迁入，土司允许汉族在司地开荒，后汉族或一户、或一姓、或一村出钱向土司买村子附近的山林管理权，有的山林演变成户有、族有或村有。丙盖村中还有家族承领了村子附近无人管理的山林，并领有土司发给的“山照”。村中至今还存放着乾隆年间土司发给的“山照”。被承领的山林，后来也沿袭成村有或族有。到了“民国”时期，丙盖村的土地权属是土司的，山林使用权为村寨管理。离村子较近的山林，除村有、族有外，有的为地主所有，少部分为农民所有，大面积的荒山荒地和天然林为土司所有，主要是村寨附近的水源林、风景林、古树林（大青树、菩堤树）。土司所需要用的木材柴火（除大青树外）红椿、黑心楠、红木、桦桃树，不论树木是归村、私人还是山官所有，土司派人去砍伐，加工成木材（柴禾）都无偿送到土司衙门。

2. 土地改革后的林权

中华人民共和国成立后，德宏州根据边疆民族地区和各民族社会发展不同的特点，于1954年在梁河、潞西江东（原属南甸土司管）的部分汉族地区实行“缓冲”土改。丙盖村中，涉及土司、地主村寨公山的山林，都分给了没地没林的农民，并填发了土地、山林使用证，将山林划分为国有林、集体林和私有林。离丙盖村较远的500亩以上的成片山林都划归国有，定为牧场和水裸区的山林划归村或乡管理使用，未划到集体和私人的天然林和荒山荒地均属国有。划分到户的山林面积将四至界线填入土地证。

1956—1958年，丙盖村成立农业互助组，农业生产合作社，除土地、牲畜入社外，私人的小片山林，房前屋后的竹篷、果木树仍归社员私人保管使用。有13个社的私有山林折价入了社。1958年，全国一盘棋实现“三面红旗”（“总路线”、“大跃进”、“人民公社”），丙盖村也不例外，私人的土地、牲畜、山林（包括房前屋后的竹篷果木）无偿地全部入社。

1958年丙盖村全村实行公社化后，大部分合作社的山林无偿地划归公社所有。1962年7月，县委组织工作队到丙盖村进行山林定权，明确了国有、集体和私有山林的四至界线。并分别填写了州政府发给的山林所有证。1963年上半年，德宏州抽调大批州、县、区、乡干部到农村进行山林定权的宣传、划界、发证工作，丙盖村也在受助范围内。按照德宏地委（27条）规定：首先退还社员原有的，房前屋后的竹篷、果木、小片私有林及土改时发过证的自留山。村寨所有林和村与村、寨与寨之间的水源林，荒坡、荒地则召开区、乡、村、社代表会，共同学习政策，增强团结，协商划界，由德宏州人民政府统一印发集体山林证。丙盖村集体山林发证后，大片原始森林、交通不便离城较远的森林、荒山水源林划归国家管理。此次山林定权，丙盖村的山林均得到了妥善处理，大大规范了村子林地管理与开发工作。

“文化大革命”中，丙盖村社队忽并忽分，山林权属再度出现混乱，山林证丢失问题突出，山林纠纷频繁，乱砍滥伐，毁林开荒，森林火灾严重，村属宝贵的森林资源遭到极大的破坏。

1982 年，丙盖村委在乡、县政府的带领下，全面贯彻执行了中共中央国务院颁布的《关于保护森林，发展林业若干政策的决议》及中共云南省委、省人民政府颁布的《关于开展林业“三定”和划分“两山”的方针政策》（“三定”指稳定山林权属，划定社员自留山，确定林业生产责任制；“两山”指自留山和责任山）。1983 年，全村在林业“三定”的基础上，又进行了“两山”工作。按照省委、省人民政府做出“关于自留山、责任山若问题的规定”，原则上是把集体的宜林荒山、荒地和灌木林地，凡是便于村民经营管理的都划作自留山，数量不限，山林权属归集体所有，山上的成材树木，折价归村里的农户，农户在自留山上种植林木，永远归个人所有，允许继承。同时规定如村民二年内没有在自留山造林，则集体有权收回，重新划给有能力的村民经营。制定村规民约，按双方权、责、利的管理办法，承包给个人管理。承包管理区，不得对承包的山林进行买卖、转让、租赁和任意砍伐。现有的成材林，需要采伐出售，收益大头归集体。承包后原有的幼林、更新林、新造的林木，出售时，收益大头归承包者。在省委“三定两山”会议的指导下，丙盖村对村属的国有林、集体林进行了确权，合理、科学地划定自留山，并分别填写了县政府发给的山林证。基本做到了“确定山林权，确定林业生产责任制，划定社员自留山”，进一步稳定了山林权属，使丙盖村民对山林的权、责、利问题得到了很好的落实，调动了全村民众发展林业的积极性，同时促进了边疆的安定团结，为发展德宏州林业事业打下了良好的基础。

综上所述，丙盖村的林权制度变化始终是与整个德宏州的林权制度改革紧密联系，步调一致的。德宏自 1953 年 7 月建州以来，丙盖村民经历了从没有林地到有林地，从有林地到带林地入社，从低级社到高级社的发展。村子集体林权制度的建立始于 1954 至 1958 年的农业合作化时期，原属各家各户的山林折价或带林入社，归集体所有，社员房前屋后的零星果树、竹林（自留山）归农户所有。之后，经历了四个较大的改革阶段。

第一阶段：1962 年的“四固定”工作：集体山林由集体管护、支配，自用部分免缴山价税，国有林由国家和集体共同管理。

第二阶段：1979—1989 年的林业“三定”工作：丙盖村在以“稳定山林权、落实林业生产责任制和划定自留山”为内容的林业“三定”工作中，森林资源所有权的归属得到进一步确认。1983年底，全村开展了“两山一地”到户，落实了责任山，划定了自留山和轮耕地。同时，划定使用权归集体的公共放牧场和机动山，把产权制度改革的重点放在“五山五证”上：一是落实国有代管山，签订代管合同证书；二是落实责任山，签发责任山使用证；三是划定自留山，颁发自留山使用证；四是划定轮耕地，颁发轮耕地使用证；五是划定放牧地，颁发牧场使用证。

第三阶段：1994—1997年的“三山换一证”工作。丙盖村将荒山、荒地的使用权有偿出让给农户和个人，将林业“三定”和“两山一地”划定给村民的自留山、轮耕地以及村民自行开垦的小片荒地，本着“变无偿为有偿，变无期为有期”的原则，统一换发了新的“自留山使用证”。

第四阶段：2006年至今。德宏州全面推进以明晰林地使用权和林木所有权、放活经营权、落实处置权、保障收益权为主要内容的集体林权制度改革。这次林权制度改革中，整个流程分为试点和全面推开两个阶段进行。丙盖村即为试点区之一，于2006年9月正式启动集体林权制度改革，到2007年12月底，基本完成了勘界确权工作，也保质保量地完成了发证工作。

截至2008年12月31日，德宏全州50个乡（镇）全面启动了林改工作，已确权面积703.27万亩，确权率92.6%，确权宗地253242宗，已发证185264宗，发证率73.16%，确权到户面积590.79万亩，确权到户率91.31%。累计排查林权纠纷7822起。已调解7430起，调处率95.0%。丙盖村在此次林权制度改革中积极配合上级指挥，结合村子的实际情况，切实落实本村的林地划分、确权等工作，在推动本村林权改革顺利进行的同时，对全州的林地开发与管理工作也起到了较大的促进作用。

3. 丙盖村林权流转中存在的主要问题

（1）流转管理不规范，无序流转现象较普遍

按《中华人民共和国森林法》的要求，林权流转必须经林业主管部门同意且经过专门的森林资源资产评估机构评估后才可实施，流转后要及时依法办理林权变更登记手续。但林改前德宏各县、市林权流转基本没有经过法定程序和依法登记，无序流转现象较为普遍，丙盖村也有类似现象发生。虽签订了流转合同，但未在林业部门办理流转过户手续，绝大多数是由业主与林地所有者私下达成的协议，流转的成果在法律上得不到保障。林改前集体林地经营权和林木所有权流转的主要方式是林农或村组干部代表村组在集体私

下进行流转，流转双方没有办理流转手续，甚至有的仅为口头协定，没有签订合同，林农缺乏林权法律保护意识，因而流转不规范现象普遍存在。很多集体林地在流转过程中操作随意性大，不但合同不规范，而且存在村社干部“吃回扣，拿好处”的现象。调查中丙盖村村组干部向我们反映，大多数农户的林地流转都是双方当事人私下交易，纠纷隐患较大，普遍认为将自己承包或转让的林木或林地在公证处公证后就行了，不必在林业主管部门办理林地流转手续和进行林权变更登记。个别群众将自己的山林以简单的形式或简单的协议与受让方签订后，就算进行了林地流转，留下很多悬而未决的问题。

（2）缺乏流转中介组织，森林资源资产评估制度不健全

调查发现，丙盖村的林权流转中缺乏中介组织的介入，林权交易信息不畅通，林业资源价值评估随意性较大，缺乏交易登记，诚信度不高，林农在交易中利益受损。流转市场信息不畅通，导致有转出意向的经济主体找不到合适的受让方，而需要转入的经营主体也找不到合适的出让方。据梁河县林业局反映，有的林地经营权的流转过程，经中间人三四次周转后才成交，中间介绍人从中获取了很大一部分费用。村里修建文化活动室的启动资金就曾经因为预留的林地准备流转，但找不到受让方而耽误了数月。调查过程中，村组干部和林农都反映，不少林农拿到林权证后，有流转和抵押贷款的强烈愿望，要求尽快建立林权流转和抵押贷款的中介组织。目前全县没有一家诸如进行林权登记管理、森林资源资产评估、木材交易、林权流转拍卖、提供科技与法律服务等服务的中介机构，而这些中介组织是林权流转的前提和基础。

目前规范的森林资源资产评估、活立木转让、林权交易机制未建立，对流转的森林资源缺乏科学评估，高值低估、高值低卖的现象不同程度地存在、使流转标的与实际价值背离太远。不仅造成集体和林农的资产严重流失，而且也暗藏许多纠纷，制约了林权流转方进行商品化、资产化经营的积极性。

森林资源资产评估制度不健全集中表现为：一是没有科学可行统一的评估标准、方法，二是没有法定的评估机构，同时，国家关于评估机构、人员资质的现行规定也与实际工作需要脱节。在已经开展的林权流转中实施的资产评估，多为有各方代表参加的合议性的评估，虽具有一定的公开性和合理性，但缺乏法定性、准确性和科学性。还有相当一部分流转没有进行资产评估，不可避免地造成集体资产的流失和林农的经济损失。

（3）存在短期行为，林农林权意识不强，缺乏发展意识

丙盖村的林权流转过程中，有着重眼前利益、轻长远发展的现象。调查中村干部反映，有的林农流转林地缺乏理性思考，急于转让。有的林农甚至将自家的所有林地全部流转掉，有的村民小组的林地在2006年云南省集体林权改革时已几乎全部流转完。例如，杨某一家7口人，2006年以总价2万元将全家的共300亩林地转让70年，变为失林地农民。据了解，林改前丙盖村委会90%以上的林地已流转（均为私人流转），流转后受让方已改造林地的占50%左右，流转过程都没有按程序操作。

（4）没有高效、专业的林权流转市场

目前，梁河县尚未建立科学化的林业要素市场（或交易中心），为林农和金融机构提供确权、评估、登记、监管等服务，丙盖村的林农对此更是知之甚少。这既影响林权的有序流转和交易，也制约金融部门对林业的贷款支持。

从丙盖村的集体林权流转实际情况来看，林地合法流转渠道不够畅通。林权到户只解决了林地流转的“一级市场”，即通过分林分山到户使林农依法获得林地的承包经营权和林木所有权。但是，由于林地流转“二级市场”尚不健全，将使林地再次流转受到一定的限制。

4. 健全和完善丙盖村集体林权流转机制的建议

（1）加强林权管理，规范流转行为，形成有序流转

林权的有效管理和规范的流转行为是林权流转必不可少的，是形成有序流转的必要条件。第一，丙盖村林权流转中应严格执行“两个审查”。一是审查林地的经营权证，无证者不允许流转；二是审查林地价值评估的合理性，不合理的林地价值评估，应责令其重新评估。第二，在流转过程中，规范流转行为。应按照流转的程序执行，审查流转合同的签订，没有签订合同的视为无效的流转行为，在流转后应监督其林地使用权变更的手续是否办理，新的林权登记和林权证的发放是否到位，此外还应加强对流转后的林地用途的管理，禁止将林地改作非林地。第三，林地流转必须按市场经济规律办事，让市场这只无形的“手”充分发挥调节作用。应使受让者与出让者充分协商，在平等合法的基础上，依照《森林法》及林地流转的有关法律法规依法按程序签订林地流转合同，为了保证林地流转合同的有效、合法性，丙盖村委会作为林地所有者代表应该作为流转合同的第三方出现在合同上，以监督林地经营权流转的时效性。对于集体统一经营的林地林木流转，必须通过三分之

二以上的村民成员签字，方能准予流转。第四，防止在林地林木流转过程中出现坑农、骗农、集体资产流失等问题。为此，应做好两项工作：一是州县两级应组织林业经济、营林专家研究论证一套适合丙盖村林地生产力与社会经济发展相适应的价格评价体系，并定期公布林地林木流转价格指数，以指导监督林地流转价格；二是林地林木流转宜采用公开拍卖、招标方式（私有林地、林木流转也可采用协议方式）。第五，强化受让林地林业经营方案的审批。为防止林地撂荒和业主因经营亏损、损害林农利益，建议在林地林木流转时，除涉及流转的各方要依法签订流转合同外，受让方必须要向梁河县林业局提交编制受让地的林业经营方案并经请示批准。经批准的林业经营方案作为林地流转合同的附件，由梁河县林业局管理。

（2）建立完善的森林资源资产评估制度

各种形式的林权流转，都应当建立在科学规范的评估基础上，合理确定底价，才能保证流转依法有序进行，实现盘活森林资源资产，促进林业经济可持续发展。对丙盖村而言，要建立完善的森林资源资产评估制度，一是要在充分调研的基础上编制科学合理的参数表和各主要林种的评估细则，规范和完善评估技术、评估方法；二是要根据《行政许可法》等法律、法规的要求制定科学、可行的森林资源资产评估机构和人员资质认证办法，解决目前有关资质规定与实际工作要求相脱节问题；三是梁河县要加强森林资源资产评估机构和队伍建设，满足在农村工作需要。

《中共中央国务院关于全面推进集体林权制度改革的意见》指出：要“加强森林资源资产评估管理，加快建立森林资源资产评估师制度和评估制度，规范评估行为，维护交易各方合法权益。”目前，云南省的森林资源资产评估机构数量不多，梁河县下至丙盖村相关机构更是少之又少，且这些机构都是由具有森林资源调查规划设计资质的机构来承担的，让其过渡成为完全的社会中介机构尚需一定的时间。考虑到森林资源资产评估业务的特殊性、林业发展以及林权制度改革工作的重要性和紧迫性，梁河县委可对具有森林资源调查规划设计资质、独立承担民事责任能力、可以承担森林资源资产评估业务的单位，要求其在林业部门指导下备齐相关材料后，向云南省申报确认其森林资源资产评估的资格条件。这一过程中，可从丙盖村选派有经验者加入，由此更利于结合丙盖村的林地实际进行评估。丙盖村委也应积极做好这方面的工作，加强森林资源资产评估队伍建设，有计划地选派一些专业人员参加相关业务培训和资格考试，以适应当前林权流转对森林资源资产评估需要，进而将相关制度落实至村民个人。

(3) 加大林权流转的宣传力度，积极做好引导工作

提高林农的林权意识是林权流转的前提。丙盖村委应加强引导，向本村的林农宣传林权的界定、关系、结构等知识，以及林权流转的关系、必要性、益处、应注意的问题、流转的相关政策法规、流转的方式和程序等知识，让林农真正认识林业产权关系及流转关系，才能更好地行使林权和参与林权流转。梁河县林业部门可以通过开大会的方式向林农宣传，也可以将林权及其流转知识编印成小册子，林农人手一本。通过宣传林权流转知识，既可以加强林农的产权意识又可以减少流转中的违规行为。

在引导工作方面，丙盖村委应积极鼓励林农保留部分林权，参股合作生产，确保林农发展生产有稳定的生产资料。同时，鼓励村民通过如承包、租赁、转让、拍卖、入股等多种形式参与林地经营权和林木所有权流转。还应探索限定受让方资格的办法，限制没有林业生产经营能力的企业和个人受让森林，以遏制不以森林培育为目的的过度炒买炒卖现象，保护本村林农的利益。此外，丙盖村委应加强产权流转前、中、后的林权管理。可探索按照期限、限量、现货流转的管理办法，正确引导流转。所有的林地林木流转行为，原则上都应在县乡公共平台上发布信息进行公开流转交易。总之，既要盘活森林资源，又要注意防止低价贱卖，避免村民失山失地，确保其有山可耕。

(4) 搭建林权流转平台，培育和完善林权流转要素市场

林业要素市场是指集信息发布、交易实施、中介服务和市场服务为一体的林业综合性管理与服务机构，具有较强的市场化功能。科斯第三定理指出，“当存在交易成本时，通过明确分配已界定权利所实现的福利改善可能优于通过交易实现的福利改善”。因此，建立要素市场，较为准确地界定初始权利，明晰林木所有权和林地使用权，将优于林农间通过交易来纠正权利的初始配置。

鉴于村的范围较小，丙盖村委可向梁河县政府反映，在县一级范围内尝试培育林业生产要素市场。首先，应依法促进林权自愿、有偿的流转。村委、县政府要充分尊重林农的自由权利，同时也应做好政策引导和必要的市场信息供给，帮助林农合理选择流转方式，以减少盲目流转带来的经济损失。其次，应建立林权登记、林木资产评估、林权流转交易、林权抵押贷款等综合

服务中心，丙盖村中可设立类似的机构作为联系平台，为本村林农和林业经营者提供一站式服务，努力拓宽丙盖村的林业资源进入市场的途径。林地流转合同规范是提高合同履约率的保障，服务中心应对依法流转的林地、林木等生产要素实行挂牌交易，进一步规范流转合同制度，防止或者减少违约以及由此产生的各种成本，进而促进村森林资源合法、有序流转。从林权交易过程所需的环节分析，村委县委可借鉴省内外林改试点地区林业要素市场建设的先进成功经验，完善县、乡、村各级森林资源产权交易网络，以解决交易过程中信息不畅通、交易成本过高、资源配置效率不高等问题，进一步增强林业自身的内在活力。

（三）劳动力权利及其变化

1. 生产权的变化

（1）农户种植行为选择变化

在农户土地利用过程中，其种植行为一般通过“种植什么”、“怎样种植”等方面的安排表现出来。

调查发现，在家庭生活没有一定的保障时，从生活的基本需要出发，丙盖村的农户不会冒险去将所有的土地用来实现直接经济收入的最大化即进行经济作物的生产，粮食生产始终是农户土地利用的最主要的利用目的。在粮食生产有保障的条件下，才会将一部分土地用于直接的经济收入产出。这就是目前丙盖村农户的基本的土地利用行为。被调查农户家庭中，存在一个典型的共同特点：即便家里的壮劳动力全部外出工作或做生意，他们也会保留土地的最终经营使用权，即便是在明知要素使用率非常低的情况下，也经营着土地或交给别人代耕。这也表现了“处于这种状态的农民，其理性仅仅是生存理性，还没有上升到经济理性”。土地仅仅是丙盖村农户的最后保险方式。但也是由于这样的种植方式，使得农业的效益更为低下，年轻的人们更不愿意从事农业生产。

随着商品市场的开放和要素市场的形成，市场对农户行为产生越来越大的影响。但当农户发现在进入非农行业的时候有很多的障碍性因素，没有找到比较合适的工作而仍然从事着农业生产。由于经济作物的生产相对于粮食作物的生产是一个劳动密集型的行业，丙盖村相对不缺劳动力，而土地相对缺乏（多为山林），不断增加经济作物的播种面积减少粮食作物的种植对于滞留于农村的劳动力来讲还是具有很强的诱惑力的。这样由于土地收益增加，农户发现种植经济作物也较为有利，开始从其他农户那里转包过来土地，慢慢地从一个以维持生计为主要目的的农作方式转变为以营利为目的的农作方式。

（2）劳动力要素投向变化

随着家庭经营承包责任制的实施，丙盖村农民有了生产自主权，农民的生产积极性提高了，加上农业科学技术的不断发展，劳动生产率得到了显著提高，从而使大量的劳动力从种植业中解放出来，丙盖村劳动力配置开始发生着巨大的变化。

由于农业收入相对较低，特别是粮食种植业，而非农收入对农户具有很大的诱惑，丙盖村农民具有倾向从事非农职业，外出打工挣得更多收入的意愿。我们的调查还表明，即使留在村里的劳动力也由于农业生产的艰辛，各种投入成本和开销的不断增加的同时农产品价格特别是粮食作物的价格一直处于低迷状态，而不愿意种植对劳动力有特殊要求的农作物，也不愿意扩大种植规模和大规模的使用农业新技术，他们的兴趣仅仅是提供自己家庭消费的粮食和蔬菜，将农业作为“副业”来补贴家用。我们分析产生这样一种变化趋势是因为：农民有了生产的决策权后，随着市场机制越来越灵活，在经济利益的驱动下，农户将根据市场的需求来决定自己的生产要素投入情况。

调研组将被调查者按年龄分为三个年龄段，18～29岁、30～45岁和46岁以上，分别研究他们对待在家务农和外出打工的不同态度。调查发现，45岁以下的青壮年劳动力多在外打工。年龄越小的人员越有动力脱离农村、农业外出就业。而年龄越大的人员由于教育程度、技术、能力等方面的原因，外出打工获取工资性收入和其他非经营收入的概率太小，因而多停留在村里从事农业活动。

大量劳动力不断涌出农村，一方面，这是农业发展的必然趋势，劳务输出也成为农民经济收入的很大一部分，给第二、第三产业的发展做出了很大的贡献；另一方面，就是农业人才的流失。从丙盖村的现状来看，目前转移出去的劳动力往往是农业中的主要生产者，特别是有一定技术与文化的青壮年劳动力，这样，农村绝大部分的青壮年劳动力都脱离了农业生产，显然这将成为在我们面前一个不容回避的问题。

（3）农业生产技术选择的变化

① 肥料施用的变化

中国的传统农业中，农家肥一直是肥料的主要来源，绿肥的种植也被认为是改善土壤肥力、增加土壤有机质的有效办法。丙盖村历史上一直保留这样的传统，延续着使用牲畜粪便和种植绿肥来增加土壤肥力的办法。但是随着我国传统农业经济的不断瓦解和市场经济的不断深入，20 世纪 80 年代以后农户在土地上种植绿肥和施用传统农家肥的量不断减少，随之而来的是化肥施用量不断增加，到目前，丙盖村里的农户提高土壤肥力的办法主要是依靠化肥的施用，而不再是农家肥和绿肥。

调查显示，丙盖村平均的化肥施用量由 1983 年的 10 千克/亩上升到 26 千克/亩，增加了 2.5 倍多，而每亩绿肥的平均种植面积由 1983 年的 0.07 亩下降到了 2005 年的 0.03 亩。据农户讲，这是由于施用绿肥的过程与化肥相比，工作量较大并且过程繁杂、辛苦，不如化肥使用时简洁、方便、效果明显。一方面，在化肥可得的前提下，当花费在化肥上的成本较其取得的收益小时，使用化肥是合算的，是理性的选择；另一方面，化肥使用过程的快捷、方便、有效可以为农户节省出一定的时间，他们可以在务农的同时参加其他兼业活动，降低机会成本，同时提高家庭经济的总体收入。这样的结果必然导致丙盖村化肥的使用量呈上升趋势而绿肥等农家肥的使用量却不断下降。

② 农药施用的变化

化学农药的施用对保护农作物生长和保障农业持续稳定的增长起到了积极的作用，但也会对农业环境和农副产品造成不同程度的污染，如污染农田周围的水源及水生生物，破坏农田的生态环境平衡，造成农业生产对农药的依赖性。一旦减少农药的施用，病虫害就会增加，使得农业生产产量下降，造成恶性循环，即为了高产施大量的农药，大量农药对环境造成破坏，环境抵御病虫害的能力进一步降低，又增加农药的使用。丙盖村农户在施用农药的过程中也具有这样一些现象，在农业生产的过程中对农药的使用量不断升高。在丙盖村农户中，农药的施用户比例较高，而生物农药的施用户比例偏低。选用生物农药的农户仅为 5.1%，选用剧毒农药的农户占 8.8%，其余 86.7% 的农户选用常规化学农药。调查发现，丙盖村从事农业的农户文化程度普遍较低，由于 40 岁以下的年轻劳动力基本外出工作或上学，而 40 岁以上留在农村从事农业生产的人员大多也是文化程度较低，他们对于农药的安全性意识不强。可见，一些农户由于缺乏一定的知识和在一定的利益的驱动下，盲目增加农药用量的现象较为严重，不利于农业生产的可持续和土地利用的可持续化。

（4）制度回应

根据调研分析并结合丙盖村目前社会经济发展的实际状况，为了让农户充分发挥其生产权，使土地利用行为可持续化，就势必要提高农户进行农业生产的报酬率，即提高农业生产的收益。笔者尝试提出一些建议，以期通过农村经济生产各方面的调整和改革进一步改善和巩固农户生产权的发挥，为最终实现丙盖村农业生产的可持续发展提供有益的参考。

① 增加农业生产补贴降低成本，优化农户种植权。农业是根据有生命的动植物、微生物为对象，根据其生长发育规律配置资源，生产加工人类所需要的农副产品的过程，由于其自身的特点：环境资源的约束性、生产对象的独特性、生产劳动的季节性、劳动成果的最终性。使其与第二产业和第三产业相比，其经济效益较差。但是正是农业的特殊性，它不仅给人类提供食物，保障人类生存，农业还继承传统文化和为人类提供农业景观的功能，所以农业生产具有重大的正的外部性，对于农业生产的从事者农户，各级政府应该给予相应的一定补贴，来降低农户的农业生产成本。特别是对采用资源可持续利用技术的农户，他们按照这样的生产方式必定增加他们的生产成本，如果没有补贴来减少这一部分的成本，逐利的农户必定不愿采用这样的技术行为。据此，丙盖村所在的云南省德宏州政府已有相关行动。据调查，2008 年全州对种粮农民补贴面积 131.44 万亩，直补资金 1750.10 万元，受益农户 185764 户，受益农民 843208 人；农业生产资料增支综合补贴面积 135.08 万亩，补贴资金 5701.28 万元，受益农户 188397 户，受益农民 854007 人；油菜良种补贴面积 16.91 万亩，补贴资金 169.1 万元，受益农户 66985 户，受益农民 298818 人。三项补贴资金达 7620.48 万元，人均 87.6 元。[①] 相信这一好的势头能够促进丙盖村经济的迅速发展。

② 加强土地流转，培养种田能手，提高农业比较效益。农业家庭经营的组织方式具有广泛的适应性和诸多的优越性，它既适应农业的生产特点，又

① 德宏州人民政府．德宏年鉴[M]．潞西：德宏民族出版社，2009.

适应农民的组织习惯和文化心理，但是它由于分散性和小规模，限制了农业效益的进一步提高。所以我们应该在坚持农业家庭经营的基础上加强农地流转。先前家庭联产承包责任制的“统分”中的“统”是指村集体经济组织的经营管理行为，“分”是指家家包地，户户种地；现在讲“统”应该是更多地表现为社会化服务，农民自愿基础上的合作，使龙头企业和合作社在新的“统”中发挥更加积极的作用，现在讲“分”更多的应该表现为促进土地合理流转和培育经营规模扩大的专业农户，现在是家家继续包地，却不再户户种田。即完善土地产权制度，由所有权与经营权两权相分离向所有权、承包权和经营权的三权分离演变。以利于土地向种田能手的转移，逐步提高土地经营的规模，提高农业的经营效益，才能吸引生产要素流向农业。

可以预见，随着城镇化进程的不断发展，将有越来越多的农户家庭选择迁徙到城镇或者脱离农业到城市务工。这无疑将造成农地流转市场上供给的增加和需求的减少。而这意味着农地流转价格的下降亦即流转收益的减少。总的来讲，这将使土地利用方式发生较大的变化，如果仍然是“户户有地，户户种地”，那必将影响到农业生产效益的提高，面对这样的情况就要在丙盖村适时扶植种田大户。因为种田大户往往在生产规模、技术、科技、信息，获得农业贷款等方面具有很大的优势，并且这样还可以促使农户使用有利于土地可持续的生产技术，不至于农户采用竭泽而渔的土地利用方式。从而可以增强其农地种植的获利能力，相应地增强了其转入土地的能力，促进了土地流转，而其对土地需求的增加也将使农地流转价格上升。根据前文的分析，首先，这将使进城家庭更倾向于保留承包权并流转土地，对他们具有一定的保障机制，可以解决其后顾之忧；再者，通过土地流转倒种田大户，也可以有效地吸收这部分耕地，而不致造成撂荒，保障土地的有效利用，提高农户的经营效益，也利于丙盖村农业的发展，利于生产要素的流入。

③ 以市场为导向充分发挥价格机制的作用，使得种植行为可持续化。在农户的土地利用过程中，梁河县、丙盖村要以市场为导向，运用正确的价格机制，消除价格扭曲现象，正确反映一项技术给当地社会带来的经济效益、生态效益等综合效益。例如化肥、农药的使用一方面能给农业生产的产量带来较大的提高，带来一定的经济收益，同时在使用的过程中，较有机肥料和生物防治病虫害省时、省工，见效快，所以它很快取代了有机肥料的使用，

因为农户使用化肥不仅农业收入不会降低，他们还会剩余时间去从事其他的兼业活动，赚取一定的非农收入。但是化肥、农药的过量使用却会带来较大的环境负效应，巨大的成本由社会的其他成员承担，这样当然不利于可持续的土地利用生产技术的运用，不利于环境的保护。所以对各种利于环境保护具有正的外部效应的有机肥料、杀虫剂和一些先进的科学技术，使其价格符合它们的价值，而对于另一些具有较大负的外部效应的技术，例如化肥、农药等，要把它们带给环境的损失体现在相应的价格上，这样运用有效的价格机制来对丙盖村农户的农业生产行为进行一定的调节。从而那些好的技术自然也就值得农户们采用。当在价格的驱动下，农户使用可持续的土地利用技术时，也随之促进土地的可持续利用。

对于丙盖村而言，通过以上制度方式最终的目的都是提高农业经营的比较效益，提高农业的竞争力，让农业更具有吸引力，让劳动力和资金要素更多地流向农业，只有农业的比较利益凸显后农业才具有竞争力，在经济利益的驱动下农户才会将更多的精力投入到农业，农户的种植权利也才会得到充分发挥。

2. 就业权的变化

（1）新中国成立前的农民就业权

假如我们说西方近代社会为个人本位的社会、阶级对立的，那么中国旧社会可说为伦理本位、职业分立。这里的职业分立就是我们通常所说的“士、农、工、商”间的分立，这种等级划分在本质上又是儒家思想在社会秩序中的体现：人的社会地位取决于其道德水平的高低。在理想状态下，一个人的道德水平越高，其社会地位就越高；应该由道德水平高的人领导或管教道德水平低的人。虽然封建统治者历来奉行“重农抑商”的政策，但处于社会最底层的还是农民。新中国成立前，丙盖村的农民大多终身从事耕种，以农为生，村子人口的绝大部分是由专业农夫及兼业农夫所组成，其从事其他职业者很少。进入“民国”以后，村民传统的思想观念开始受到前所未有的冲击，甚至还举办过轰轰烈烈的乡村建设运动。但从整体上看，两千多年以来，丙盖村农民的就业权并未发生根本性的变化。

（2）人民公社时期的农民就业权

新中国成立以后，丙盖村里的农民享受了短暂的土地私有权，随后开始的社会主义改造以及合作化运动，使农民逐步附属于农村集体。政府对合作化的态度起初是谨慎的和渐进式的，农民被鼓励和被积极地引导加入各种以自愿为基础的合作社。然而，20 世纪 50 年代后期在“共产风”和“急于过渡”的影响下，村集体是一个边界相当不确定的、“带有浓厚的平均主义色彩、军事共产主义色彩和超社会发展阶段的空想色彩的联合体”，村集体实际上降低为维持农民基本生存，组织农民按上级指令进行生产活动的基本组织单位。在农民入社之后，土地产权关系随之发生根本变化，即土地由农民私人所有变为人民公社集体所有，农民仅能拥有极少量的生活资料。从表面上看，人民公社时期的农村基本上是全民就业，没有失业现象，而实际上由于实行严格的管制政策，农村人口极少流动或者根本就不能流动。在这一时期，丙盖村里的个人、家庭很少有自由活动的社会空间。此背景下，农民的身份被固定，其就业结构极为单一即在集体的统一安排与组织下，进行农业生产、兴修水利，为国家的工业化奉献力量。

（3）改革开放以来的农民就业权

1978 年以来，土地承包制确立了农村土地制度新格局：区域性合作经济组织拥有土地的所有权，农民家庭拥有土地的经营使用权，国家拥有土地宏观管理支配权，在此“三权分离”产权制度基础上，通过多样化的土地承包责任制，形成了土地三权分离、农民家庭自主经营的运行模式。随着农业生产的快速发展，农民收入持续增加，农村市场日益扩大，丙盖村开始出现剩余劳动力，他们自发地寻找传统农业以外的出路。20 世纪 80 年代中期，乡镇企业应运而生并获得迅猛发展，梁河县建起了规模较大的糖厂、茶厂等，吸纳了村子里大部分剩余劳动力，出现了“离土不离乡”的农民。到了 20 世纪 80 年代后期，城市改革进入实质性阶段，第二、第三产业的发展需要大量廉价而又具有较高素质的劳动力，于是有了离土又离乡、进厂又进城的“农民工”。丙盖村的青壮年劳动力也加入到我国历史上出现的第一次蔚为壮观的“民工潮”。1992 年以后，随着改革的进一步开放，党和政府明确指出，要从计划经济体制向社会主义市场经济体制转轨。在这之后，云南省经济发展态势更良好，城市就业机会越来越多，外出打工在丙盖村逐渐成了一种趋势。与此同时，随着农村经济的发展和传统农业比较收益的下降，农村非农产业获得越来越多的认同，如农村商业、农村小作坊等。由于贴近农民生产生活，更方便地吸纳了村里大量劳动力，而且这些农民往往还兼营土地，成为兼业农民。总体而言，改革开放以来，丙盖村农民的就业权发生了显著的变化，由单一就业结构向多元化方向发展，农民在生活技能、社会经验、价值观念、个性心理等方面都将发生前所未有的质的飞跃和变迁，其传统性在减少，现代性在增加。

（4）制度回应

中共十七届三中全会做出的《中共中央关于推进农村改革发展若干重大问题的决定》，已经明确提出“建立促进城乡经济社会发展一体化制度”的奋斗目标，这就为农民就业权的变化与社会主义新农村建设的协调发展指出了方向。从宏观角度而言，农民就业权的变化与社会主义新农村建设相协调，必须特别注重如下两个方面：一是多数农民能够在农村就业；二是农民乐意在农村就业。

① 为农村非农产业的发展提供制度支持，建立健全农民“离土不离乡”的就业模式

20 世纪 80 年代后，农民的就业空间拓宽了，产业结构由单一的农业向农业和非农业同时并存的格局转化，农业之外的职业开始对农民发生越来越深刻的影响。随着乡村非农产业的发展以及市场经济的逐步推进，农民开始走出家庭，离开土地，在新的职业空间里（主要是非农产业领域）实现自己的价值。乡村非农产业主要包括加工工业、采掘工业、建筑业、运输业以及商业和服务业等，乡村非农产业的发展，可以就地吸收、转化大量农业劳动力。在某种程度上说，农民可以就地成为完全脱离土地的工人，或成为亦工亦农的兼业型工人，但不离开乡村。人口在地域上的迁移是和他们在职业上的迁移并行或化合一起。很显然的，一个以农为业的人，由乡村迁到都市，不会再以农为业，一定要改换职业。事实上，他是有了改变职业的愿望或机会，才实行迁移。一旦迁移，其职业也就随之变更。但也有不少人，职业变了，而地点未变。丙盖村进行新农村建设应对此加以重视，即农民进城务工或经商是一种选择，而继续留在农村，从事非农产业也将会是一种较好的选择。

中国社会由传统社会向现代化社会转型的过程中，必然要经历工业化、城市化，消除城乡二元结构，实现城乡一体化的过程。在这个过程中，随着农业劳动生产率的不断提高，农村产业结构的变化，梁河县的工业和第三产业必将随之大大发展，丙盖村中的大量剩余劳动力必然要分化出来，农民的角色地位和职业身份必然要发生深刻的变化。但是，农村非农产业不会自动

发展，而是需要制度（政策）的支持和保障，如产业政策、税收政策、信贷政策等，均是必要的。可以预见，随着制度建设的推进和乡村非农产业的发展，农民可以就地获得更多更好的发展机会，而不用成为奔忙于城乡之间的"候鸟"。如果能够在梁河县、丙盖村自身实现多元就业，并实现自己的价值，过上一种"体面而有尊严"的生活，他们就不会像目前这样蜂拥进入城市。由于农村非农产业的发展，农民在城乡之间就业没有太多的差距，城乡之间的良性互动关系即可形成。

② 深化农村公共产品供给制度改革，让农民乐意在农村就业

自实行家庭承包责任制以来，进城经商务工已经几乎成为丙盖村青壮年剩余劳动力唯一的选择。究其原因，绝不仅仅是农民为了赚取在城市人看来微不足道的收入而已。在二元经济社会结构之下，城市的公共产品几乎全由公共财政包揽，而农村的公共产品几乎总是由农民通过投工投劳等形式"自给自足"。在这一背景下，我们不难理解为什么城市总是和交通发达、通信便捷、环境整洁、入学方便联系在一起，而农村总是和破败不堪、愚昧落后联系在一起。从本质上说，城市人和农民并没有多大区别，如果要说区别，在很大程度上是由二元化的经济社会结构所造成的。在新的历史时期，我们已经意识到农村建设的重要性，遂提出建设"社会主义新农村"的规划。但对于如何建设新农村，则人们有不同的主张，如种粮直补、家电下乡等。遗憾的是，很多人并没有真正理解社会主义新农村建设的宗旨。新农村建设绝不是权宜之计，不是要利用家电下乡（或类似的"惠农政策"）来拉动内需，掏空农民可怜的钱袋子，更不是要快速城镇化并将多数农民转移进入城市而成为市民。社会主义新农村建设的基本前提，就是中国9亿农民不可能在短期内进入城市成为市民，他们进城经商务工的收入不足以使他们在城市安居并乐业，只是迫于无耐的选择。在此，德宏州也出台了相关政策，较有成效。2008年，德宏州各级劳动保障部门认真开展"再就业优惠证"的发证工作。全年全州累计发放"失业证"17718本，发放"再就业优惠证"14981本。全州劳动、工商、税务部门为持有"再就业优惠证"的2340人减免税费390.78万元。其次，继续落实小额担保扶持政策。全州共为292人发放小额贷款492.25万元，小额担保扶持政策的落实，促进了一批失业人员自谋职业和自

主创业。[1]

在当前的新农村建设中，公共产品城乡一体化的模式还不可能实现，但我们可以从最为迫切的领域入手，逐步扩大其覆盖范围，最终让公共财政的阳光普照城乡居民。从丙盖村农民的需要以及新农村建设的实现来看，社会保障、教育以及公共卫生医疗制度的改革最为迫切，所以需要首先解决。同时，应通过公共财政投入，解决农民生产生活中基本公共产品（如水、电、路以及大中型生产设备等）的有效供给，减少村民的支出，增加村民的福利。要让像丙盖村这样的农村稳定繁荣，并成为社会主义现代事业的“稳定器”和“蓄水池”，就必须以农村公共产品供给制度的创新为基础，大力改善农民的生产生活条件，缩小城乡居民在享受公共产品方面的差距，让农民乐意并自豪地做农民。在他们有能力进入城市就业，并在城市安居乐业，完成劳动力的再生产时，他们可以自由地进入城市；在他们并无能力也不乐意进入城市就业时，可以在农村就业，实现自己的人生价值。

（四）主要经济管理制度

1. 改革开放前的农村互助合作制

和平协商土地改革的胜利，使丙盖村阿昌族农民摆脱了封建统治的桎梏，成了独立自主的劳动者，生产积极性空前高涨。党和政府为了领导农民在政治上彻底铲除封建社会的经济基础和剥削土壤，防止两极分化、高利贷、雇工剥削的再度产生，把农工纳入国民经济和计划轨道，有计划按比例地发展，使农民逐步解决温饱，过上幸福的生活。因此，从经济体制上进行转变，通过组织起来，使分散的、脆弱的、一家一户的小农经济走上集体化的道路。这在当时的条件下是十分必要的，也是行之有效的方法。

1956—1958 年，国家开始对分散的个体农业和个体手工业进行有序的社会主义改造，组织集体生产，使个体生产者逐步走向社会主义集体化道路。中共云南省委也制定了“全力全面发展生产、逐步实现农业合作化”的方针，德宏地委研究制定了一系列具体政策措施：“大量发展互助组，重点试办初级农业生产合作社，大力发展农业生产，要求每一个都要办好，做到稳步前进，

① 德宏州人民政府．德宏年鉴[M]．潞西：德宏民族出版社，2009.

不急于求成；有了本民族的骨干积极性，才能试办合作社；合作社首先贫下中农入社，然后逐渐扩大到其他阶层，坚决不侵犯中农的利益；办社坚持自愿互利的原则，办民族联合社的，必须经过充分协商，并由各族的代表参加领导机构，尊重各民族的风俗习惯；初级社时入社的土地实行土地分红，耕牛等大的牲畜不入社，实行租用、付给合理租金；合作社的分配，除扣留必要的积累和生产费用、支付土地分红和生产资料租金外，其余按劳动工时分配；合作社必须大力发展生产，力争90%以上的社和农户增加收入；对试办的农业社都必须指派专人驻社，帮助进行经营管理和财务会计工作；在需要改革妨碍生产的不合理的旧习惯和规章制度时，必须经过群众充分讨论，并与本民族有联系的上层人士协商，取得基本一致意见后才进行改革。”在上述方针的指导下，阿昌族地区的农业互助合作运动蓬勃地发展起来了。

1956年，仅梁河县九保乡就按照自愿互利和民主原则组织起了12个互助组。据了解，在这些互助组中，不乏丙盖村的村民参加。通过换工互助进行集体劳动，按照等价原则使用大牲畜和大农具。互助组有条件合理调剂耕牛和劳动力，能适时栽秧，不误农时，相互间生产经验也能及时交流。秋收时，九保乡的12个互助组都增产增收，增产幅度大多在30%以上。随后，丙盖村民进一步认识到互助组是促进农业生产的好形式。在此基础上，各级党委和政府准备在工作基础较好的地区试办农业生产合作社。经过宣传教育，一开始就得到广大农民的热烈拥护，许多丙盖村农户与邻村的村民成群结队到区上、乡上要求批准建社。九保乡原拟试办一个20户的社，在宣传教育及组织了一批骨干积极分子赴内地参观访问办社情况之后，农民自愿申请入社的竟达到280多户。由于干部力量有限，只好在丙盖、那峦、永和、芒展选择了120户农民办了4个合作社，占全乡总农户的32.4%。那峦社当年收入稻谷34200多公斤，比1955年增长23%；那峦入社前有18户社员中14户靠救济，到1957年有15户变成了余粮户，当年出售余粮13万公斤。

民主改革前，丙盖村手工业除传统的纺织和染布手工业外，还有零星的各种匠艺手工业者（包括银匠、铁匠、木匠、瓦匠等），其他还有一些酿酒、酱园等手工业。土司属官龚月波留学日本回来后，曾在遮岛后面建窑生产过高级的花瓶、茶壶、笔架等瓷器。丙盖村有不少村民到那里做活，也有从中学了手艺回来自己从业的。但从总体上看，手工业还没有完全从农业中分离出来，且生产的目的多是为了自用。还有少数内地流动工匠季节性地前来加工作业，如祥云的炉匠、大理的石匠、保山的瓦匠等，有些在丙盖村安家落户。

1953年后，国营商业部门组织山区各族妇女手工纺纱织布，丙盖村也在受助范围之内。国家建造房屋，也请内地的匠艺人来帮助，其中一部分由政府统一安排落户定居，帮助培养当地手工业技术人才。1957年开始，把分散的工匠组织起来，首先组建了丙盖建筑社和丙盖缝纫社。到1962年底，梁河全县相继组建起农具社、砖瓦社、木器社、皮革社、土陶瓷厂等9个手工业社组，从业人员158人，产值13.47万元，丙盖村为该建设贡献了大量的人力、物力及财力。当时，村子里的犁头、锄头、镰刀等农具已由依靠外村调入转变为自给自足。

1958年，由于"大跃进"、"人民公社化"，在急于求成、急于过渡的"左"倾思想指导下，丙盖村农业生产遭到了很大的破坏。到1959年5月，停办人民公社，恢复小社，政策上也有了一些调整，丙盖村经济又开始恢复。到1960年，德宏傣族景颇族自治州结合中央、省委的指示精神，制定了办社的7条政策，对"大跃进"中一些"左"的错误做法进行了纠正。1962年初，贯彻"入社自愿、退社自由"的政策，区委派出工作组到丙盖村，把办社政策交给群众，办不办社，如何办，由社员群众自己讨论决定。社员不愿意办的就停办，不愿意加入的也可以退社，规模大的也可以视情况划小。由于政策贯彻得透明、方针明确、方法对路，调整后的农业合作社更加稳固，合作社的数量、入社农户均比1961年有一定程度的增加。

经过近10年的社会主义改造，丙盖村基本实现农业合作化，一种适合阿昌族地区社会经济发展的合作社制度建立了起来。完成了对个体农业的社会主义改造，把个体分散经营的小生产者转变成了集体经济和集体经营，这在丙盖村发展历史上具有十分重要的意义。

2. 改革开放后的家庭联产承包责任制

十一届三中全会以后，丙盖村的广大干部群众开始冲破思想领域的禁区，寻找发展农村经济的新途径。改变统一指挥、统一分配的"大锅饭"，成了改革的首要目标。

1978年，农村开始恢复"定额管理、小段包工"，改变了"大寨式"评工记分办法。1979年2月，梁河县委做出《县委关于认真贯彻执行中央农业政策的意见》，恢复了"四定一奖"的生产责任制或插牌（工分牌）到田到地，生产队的小项农活，允许直接实行责任到人；放宽了自留地、自开地、饲料地、自留山和私养大牲畜的政策，有的地方还主动要求把生产队规模划小。瑞泉大队中平山二队等34个生产队，根据外地的一些经验，首创“三包一奖五统一”生产责任制。三包即包产、包工、包成本；一奖即超产奖、减产赔；五统一即统一领导、统一制订计划，土地、劳力、畜力统一安排，工分定额统一制定，产品收入（扣除奖励部分）统一分配。当年全县在遭自然灾害、不少生产队减产的情况下，“三包一奖”的生产队都获得了较大幅度增产。同年9月，梁河县委召开各公社党委书记会议，决定可划“三地”（自留地、饲料地、山林地）和适当放宽“小自由”。

1980年1月8日至13日，梁河县委召开了有43个生产队队干部参加的农业经营管理工作座谈会，全面总结了14个队搞“三包一奖”责任制的经验，做出了推广“三包一奖”责任制的决定。3月底，全县就有515个生产队建立了“三包一奖”责任制，占全县总队数的83%。平山、大厂、芒木寨等地的一些社队认为“三包一奖”到组还不够“过瘾”，“包”得还不够彻底，于是山区有274个生产队主动搞了旱地“包产到户”。丙盖的永和等阿昌族生产队还把甘蔗地包产到户。在此期间，邻近县曾在交通要道刷出“坚决堵住单干风”的标语。然而，中共梁河县委的主要领导深入调查，解放思想，冲破禁区，提出《关于1981年加强和完善农业责任制的意见》。1981年5月，云南省委办公厅主办的《调查研究》第二期刊登了梁河县委书记张国龙的谈话，文中说：“包产到户问题，我县经历了一个从堵到导的过程……实践说明，堵是堵不住的，只要加强领导，包产到户出现的问题也是不难解决的。”同年6月底，县委制定《梁河县农业生产责任制实行办法（草案）》，进一步指导农村建立生产责任制。8月，县委根据中央关于解放思想、放宽政策、搞活经济的方针，编印了《关于包产到户问题的解答》，发到农村，指导搞好旱地包产到户。至年底，包括丙盖村在内的阿昌族村寨都建立了生产责任制，全县669个生产队中，分四种情况：①全部大包干提留到户的642个队，占96%[①]；②包干到户，统一分配的19个队（包括一个专业承包队），占2.8%；③综合承包到组的6个队，占0.9%；④坚持小段包工，定额管理的两个队，占0.3%。四种情况中，“两包到户”共661个队，占生产队总数的98.8%。全县110个社队联营企业（主要是联营茶场），也相应建立了生产责

① 《中国共产党梁河县历史大事记》，资料由梁河县史志办公室提供。

任制。由于进一步落实了党的农村经济政策，这一年的农业生产获得全面增产，粮食、甘蔗、茶叶、油料的产量创造了历史最高水平。

1984 年梁河县委采取措施完善责任制，贯彻中央提出的“土地承包 15 年不变”的指示，鼓励进行改善农业生产条件的基本建设投资，提倡发展专业户、重点户、科技户和新的联营企业。1985 年贯彻了中央和省委提出的“延长土地承包期 15 到 20 年不变”的指示，同年完成林业“三定”（稳定山权林权、划定自留地、确定林业生产责任制）、“两山”（进一步划分自留地、落实责任山）工作。1993 年、1997 年贯彻中央《关于稳定农村土地承包关系的通知》。1998 年贯彻党的十五届三中全会《关于农业和农村若干重要问题的决定》，第三轮土地承包期再延长 30 年。

在此过程中，丙盖村委积极推进农村改革发展，坚持稳定和完善农村基本经营制度，坚持农村土地承包关系长期不变，引导和鼓励农民按照依法、自愿、有偿的原则，通过转包、出租、转让等多种方式流转土地承包经营权，发展多种形式的适度规模经营，积极稳妥地推进本村的土地承包经营流转和征地制度改革，稳定承包权、搞活经营权、保护收益权，同时做好农村土地调查工作。1980 年，全村人均收入只有 158 元，1999 年，村人均纯收入 680 元，至 2007 年，全村有耕地面积 3271 亩，人均 1.5 亩，林地面积 8957.5 亩，人均 4.09 亩。同年末，全村 2188 人，经济总收入 570.74 万元，人均纯收入 1362 元，粮食总产 652 吨，人均占有粮食 298 公斤。从表 4－1 也可看出，2008—2010 年，全村除了玉米以外，其余生产指标均呈递增趋势。可见，家庭联产承包责任制对丙盖村的经济发展起到了巨大的推动作用。

表 4－1　　**丙盖村 2008—2010 年冬季农业生产指标对比**

类型＼项目＼年份	2008			2009			2010		
	面积	单产	总产	面积	单产	总产	面积	单产	总产
粮食作物	1100	253	294	1230	202	257.18	1250	247	308.75
冬马铃薯（5∶1 折粮）	150	150	22	200	150	30	200	220	44

续表

类型 \ 项目 \ 年份	2008			2009			2010		
	面积	单产	总产	面积	单产	总产	面积	单产	总产
冬玉米	700	350	245	800	350	280	700	243	170.1
冬小麦	200	120	24	220	130	28.6	300	135	40.5
油料（油菜）	500	100	50	600	95	57	600	100	60
冬早蔬菜、瓜果	400	700	280	600	1000	600	600	1000	600
其他农作物	200	600	120	300	600	180	400	800	320
合　计	3450	2573	1355	3950	2527	1432.78	3850	2445	1223.35

五、经济政策

云南共有7个人口较少民族，梁河县和丙盖村则是人口较少民族阿昌族的聚居地区。由于社会历史和地理的原因，云南的人口较少民族地区经济社会发展总体水平还比较低，经济社会发展仍面临诸多困难，集中表现在以下四个方面：①贫困问题突出，具体体现为人口较少民族聚居村农民人均纯收入远低于全国平均水平，部分自然村仍然存在住房困难、缺乏基本生存条件、无法温饱等问题。②基础设施脆弱，具体体现为部分自然村不通公路、不通电，有效灌溉面积低，人畜安全饮用水问题尚未解决。③社会事业发展滞后，具体体现为部分自然村不通电话、不能接收广播电视节目，没有卫生室（所），没有文化室，没有中心完小，文化体育基础设施薄弱，农民群众精神文化生活匮乏，医疗卫生条件差，缺医少药问题突出，因病致贫、因贫致病现象交织发生，有的还是毒品和艾滋病危害重灾区。④自我发展能力差，具体体现为适龄儿童入学率不高，劳动力素质普遍较低，农村实用技术人才缺乏。①

针对人口较少民族贫困落后的局面，云南省委、省政府采取了一系列的

① 云南省民族事务委员会政府信息公开网：http：//lj. xxgk. yn. gov. cn/canton_ model59/newsview. aspx？ id =38390.

特殊政策措施予以帮扶。近年来，德宏州和梁河县两级各部门也坚持分类指导、因地制宜、因族举措的原则，在实施“三免费”教育、综合扶贫开发、安居工程、基础设施建设、干部培养等方面加大了扶持力度，有力地促进了阿昌族聚居地区的经济社会发展。在丙盖村的调研中，我们发现整村推进和建设社会主义新农村政策对推动阿昌族的发展起到了重要作用。

（一）“整乡推进”和“整村推进”

1. 政策概况

在党和国家扶持人口较少民族发展政策指导下，为了探索扶贫开发新路子，适应新形势下扶贫工作的新要求，梁河县以九保乡为“整乡推进”试点乡，着力打造丙盖村为“整村推进”示范村，到目前为止，各项工作取得了初步成效，受到了农民群众的普遍欢迎。

“整乡推进”全称为德宏州梁河县整乡推进扶贫开发项目，是由梁河县扶贫办主管，县财政局、审计局承担资金监管职责，由九保乡人民政府贯彻实行的一项扶贫开发项目。简而言之，该项目集中各方面的扶持资金和人力资源到一个平台，整体推进，综合开发，逐步解决全乡整体脱贫问题，力图真正使全乡农村和农民群众实现“生活富、精神乐、生态好、村容美、班子强”的目标。

九保乡实施整乡推进项目的总体目标是夯实村基础产业、改善村基础设施、提高村民基本素质、建立村民基本保障体系。在项目执行之初，九保乡就制定了行政村“7有”、自然村“8有”、户均“8有”的可量化指标，为全乡各村提供可参考的数据：① 行政村“7有”：有1条路面硬化的通村公路，长期有客运车辆通行；有1个党员活动室；有1项特色的增收产业；有1个合格的卫生室和村医；有1所设施完善、功能齐全的完全小学；有群众信任、团结干事的村“两委”班子和维护群众利益的好制度；有10名以上农村带头致富能手。② 自然村“8有”：有1条晴雨畅通的通村道路和一条硬化的村内道路；有能满足群众基本需求的教育、医疗条件；有1个党小组；有1个综合活动室；有1支务实为民的社干部队伍；有1套完整的村规民约；有1个卫生的公共厕所；有1个整洁卫生、绿化美化的村容村貌。③ 户均“8有”：每户有1幢不少于80平方米整洁实用的安居房；有1头能繁殖的母猪或2头肥猪；有1口沼气池或1个节柴灶；有1个固定增收项目；有1台电视；有安全卫生的人畜饮水；户均有1人达到有文化、懂技术、会经营的新型农民要求；户均有1亩经济林果地。

资金是开展“整乡推进”和“整村推进”的关键条件。九保阿昌族乡是云南省第一批扶贫“整乡推进”试点乡，根据我们调研了解，该项目2009—2010年规划总投资7256万元（其中，2009年计划投资3365.6万元，2010年计划投资3890.4万元），资金筹措来源和投资去向如表5－1所示。

表5－1　　九保乡2009—2010年“整乡推进”资金流向表

筹措来源	投资去向
省级资金：600万元 州级资金：210万元 县级资金：120万元 部门整合：4752万元 社会帮扶资金：50万元 其他扶贫资金：120万元 信贷资金：150万元 群众自筹（含投工投劳折价）：1264万元	产业开发：1690万元 基础设施建设： （1）通路工程：671万元 （2）人畜饮水工程：410万元 （3）农田水利：1100万元 （4）安居房建设：1000万元 社会事业：989万元 生态能源建设：976万元 科技培训与推广：90万元 民生保障：200万元 农村基层组织建设：140万元

有效的资金支持为九保乡实现“农业立乡、产业富乡、项目支撑、科教优先、和谐发展”的目标提供了保证，丙盖村“整村推进”作为九保乡“整乡推进”的项目试点之一，仅2009年就获得1089万元专项建设资金（省级财政资金91万元、部门整合795万元，群众自筹203万元），实实在在地改善了丙盖村村民的生产生活条件。

2. 具体措施

（1）产业发展：扩大传统种植业、畜牧业，努力开拓特色产业领域

同大多数农村一样，丙盖村的传统产业集中在种植和养殖两方面，其中能够带来经济效益的当属种植甘蔗和饲养家猪及大牲畜。丙盖村为了巩固农民的传统经济来源，通过补助等措施鼓励农民多养猪多种植甘蔗，如2008年

丙盖的联合自然村就以500元/头的标准直接向20户农民补助26000元帮助他们养殖家猪。据材料显示，九保乡2009年向丙盖村种植业和养殖业共投资138.82万元（其中省级投资51.07万元，部门整合8.3万元，群众自筹74.57万元），鼓励农民种植甘蔗415亩，养殖大牲畜183头，生猪1819头，鸡603只。

但丙盖村的阿昌族人民并不局限于传统农业的发展，他们也开始努力探索新的产业项目，寻找新的经济收入点。以丙盖村推进集体林权制度改革时配套种植特色林业作物为例，当地政府敏感地意识到当地一些未开发的林业作物极具市场前景，如油茶、竹子、西南桦、核桃四种作物的国内、国际的需求量都比较大，据乡干部介绍，九保乡种植的油茶以加工食用油为主，竹子以生产竹筷为主，同时加工部分竹片运往外地进行深加工，西南桦以加工地板条为主，同时加工部分集成材销往全国各大中城市，核桃则直接出售干果。这四种作物都表现出产量低、规模小，缺乏深加工的特点，因此全乡正着手大力推广种植这四种作物，并引导发展作物粗加工和深加工行业。

从九保乡人民政府2009年7月编制的《九保乡特色产业发展规划》中可以看到，到2020年，九保乡将新增油茶2.85万亩、竹子0.8万亩、核桃0.77万亩、西南桦2.0万亩，乡政府考虑到辖内6个行政村的林地面积、海拔高度、技术条件不同，规划了丙盖村四种农作物产业未来十年的发展布局，如表5-2所示。

表5-2　**丙盖村新增油茶、竹子、核桃、西南桦基地建设进度规划**　单位：万亩

作物品种	新增面积	年度			
		2009—2010	2011—2012	2013—2015	2016—2020
油　茶	0.42	0.1	0.15	0.1	0.07
竹　子	0.16	0.05	0.05	0.02	0.04
核　桃	0.04	0.01	0.01	0.01	0.01
西南桦	0.24	0.01	0.03	0.1	0.1

丙盖村不仅有种植业的中长期规划，而且在养殖方面也迈出了规模化养

殖的步伐。丙盖的永和自然村利用坝区地理优势，重点养殖草食动物奶水牛，2010年3月开始新建占地四亩的养牛场，投资109.8万元，由县畜牧兽医局、九保乡人民政府共同规划，计划到2012年发展成养殖奶水牛150头以上的奶源基地。

（2）基础设施建设：着重改善群众生产生活条件，夯实发展基础

① 通路工程

农村公路是农村、农业和农民关系最为直接的基础设施之一，它对繁荣农村经济、促进农村社会进步、实现农业现代化、加快乡村地区城镇化、方便农民劳作以及开拓农民视野都有着重要的意义。丙盖村在实现整村推进项目时，将“先修路后致富”的观念落实到了具体政策中，2009年中，该村不仅新修丙岗砂石路面3公里，而且完成了主要公路的道路硬化，包括丙盖村水泥路面0.4公里、丙岗村水泥路面0.2公里、永和村水泥路面0.6公里、永联村水泥路面0.2公里、联合村水泥路面0.2公里、那峦傣寨水泥路面0.2公里、那峦昌寨水泥路面0.2公里、马脖子村水泥路面0.1公里。

我们发现，丙盖村十分注重工程建设的监督和验收工作。在具体道路施工时，一般会成立由乡长、乡主要干部、丙盖村支书（主任）、副支书等组成的扶贫开发项目实施领导小组，该小组仔细计算工程规模、工程量和工程预算，与相关方签订施工合同、廉政合同、安全生产合同，监管道路从设计到施工的每一个环节，当工程验收合格之后，再通过书面形式转交各村后续管理。那峦傣社、联合自然村两村是“整乡推进”项目的重点自然村，在“整乡推进”扶贫开发道路建设项目中具有代表性，表5－3为两村2009年中的工程进度。

表5－3 **那峦傣社、联合自然村2009年扶贫开发道路建设工程进度表**

村名	施工时间	改造项目	资　金	验收合格时间
那峦傣社	2009年12月19日至2010年1月5日	完成水泥15厘米厚658.8平方米，12厘米厚路面硬化51.2平方米，钢筋混凝土1.376立方米	50013元	2010年1月29日乡级验收

续表

村名	施工时间	改造项目	资 金	验收合格时间
联合自然村	2009 年 12 月 2 日至 2009 年 12 月 17 日	完成路面硬化 519.9 平方米，挡墙石方衬砌 27.04 立方米，开挖土方及平整 133 立方米，电杆迁移 1 根	50000 元	2010 年 1 月 29 日通过县、乡两级验收

阿昌族农户一般采用村寨的聚居形式生活，“户户相连、门前巷道、巷巷相连”是村寨的典型特点，因此，公共道路的新建和硬化对方便丙盖村百姓生产生活的意义尤其重大。现在，丙盖村的公路基本上都是弹石和水泥硬底路面，百姓出行条件得到很大改善。

② 人畜饮水工程与农田水利建设

丙盖村地处半山区，造成当地人畜饮水困难的原因来自多方面，如降水量时空分布不均，形成季节性缺水严重、连续干旱、人多水少、地形“人高水低”、水污染等。饮用水缺乏和饮水安全曾是长期困扰阿昌族聚居村群众的一大难题，在过去五六年中，借助“整村推进”项目，丙盖村通过改造饮水管道、架设新管道、建造取水池和蓄水池等措施已经基本解决了人畜饮水问题，现在几乎家家都把管道接入了院子，轻松用上自来水，而且水费不贵，一年大约 20 元，十分实惠。

九保乡的农田引水主沟包括东大沟、70 沟、沙坡沟、丙盖沟等，其中惠及丙盖村的沟渠主要是 70 沟和丙盖沟。70 沟因 1969 年开挖，1970 年通水而得名，全长 6.5 公里，灌溉农田 536 亩；丙盖沟是 1967 年开挖，全长 2.7 公里，灌溉农田 250 亩。2009 年，丙盖村投资 10 万元改造了 70 沟，投资 14.5 万元改造丙盖村沟渠，使两条主沟在洪涝季节通水更顺畅，直接受益农田超过了 2000 亩，保证了百姓正常生产生活。

③ 扶贫安居工程与村容村貌改善

扶贫安居工程是改善贫困地区人民群众的生产、生活条件，解决特困农户的安居温饱问题，推进全面建设小康社会一项重要惠民工程。为保证扶贫安居工程顺利完成，九保乡成立了由乡长担任组长的扶贫安居工程领导小组，负责组织全乡大力宣传安居工程政策，实地拍摄旧房屋现状图片，建立完整档案，推动扶贫安居工程贯彻落实。在实施扶贫安居工程的过程中，九保乡还对丙盖村农户配套完成了农田水利、饮水、沼气等建设项目，帮助贫困及特困农户改善生产生活条件，使得村容村貌发生了巨大改变。

表 5－4　　2003—2005 年丙盖村扶贫安居工程实施统计表

单位 年度	丙盖村	合　计	总投资 （万元）	国家补助 （万元）	农户投资 （万元）
2003	18	103	128	12	116
2004	11	58			
2005	11	60			
全乡	40	221	707.2	66.3	640.9

令人欣慰的是，随着当地经济的发展，百姓的生活水平得到了很大程度的提高，扶贫安居工程所涉及的贫困农户正在逐年减少。下表通过比较 2006 年、2008 年、2009 年、2010 年的安居工程建设户的数目，从侧面说明这一情况：

表 5－5　　2006—2010 年的安居工程建设户数统计表

年度	丙盖村户数	全乡户数	补助资金（元）
2006	13	70	2000～4800
2008	4	25	3000
2009	3	10	6000
2010	2	10	20000

2008 年及 2009 年列入扶贫安居工程建设农户的 7 户家庭分布在丙盖村的 7 个自然村内，他们的现住房以杈杈房和危房为主，每户人口为 4～7 人，人均有粮不足 250 公斤，人均纯收入不足 800 元，扶贫安居工程为他们提供了基本的生活保障。

永和村的村容村貌建设是丙盖村的一大亮点，2009 年底政府对永和村投资 56.1257 万元，重点完成村容村貌建设和村内排水沟改造，具体包括完善村内排水沟 400 米、建造文化长廊 87 米、加固粉刷 70 户外墙 25000 平方米、重建砖木结构3户。当我们于2010年7月到达永和自然村时，这些工作正在如火如荼地进行，良好的村容村貌给我们留下了深刻印象。

在这里有必要提一下丙盖村在2008年德宏州盈江县地震后的灾后重建工作。我们在采访过程中，看到地震后的重建和修复工作已经进入等待验收的阶段，它客观地检验了丙盖村扶贫安居和民生保障的整体水平。这一次震后救助可以追溯到2008年8月20日、21日，盈江县发生里氏5.0、5.1级地震波及丙盖村，使村中农户的老房子受到了程度不同的损害，地震发生后，村两委一方面及时组织人员进村入社，核实灾情，排查潜在隐患，宣传抗震、防震、避震知识，积极引导群众消除恐慌情绪，一方面动员全村发扬“一方有难、八方支援”的精神，为“三无”人员发放大米和资金，帮助灾民完成灾后民房重点修复11户，一般加固修复71户，使得受灾百姓平稳地度过了苦难期。

（3）发展社会事业与改善农村基层政权办公条件

客观地讲，地处祖国边境的丙盖村受制于经济总体水平落后，其公共教育、卫生、娱乐设施等社会事业建设水平并不高。尽管阿昌族群众有重视教育的传统，也注重男女平等，并把读书看作是改变命运的最主要途径，然而现实情况是师资、办学条件、家庭条件等因素常常限制了当地教育的发展，成为阻碍地区发展的重要原因。从我们了解的情况来看，2005年前村内几乎没有任何娱乐设施，村民看病也普遍比较困难。

在这种背景下，丙盖村借助整村推进扶贫项目，2008—2010年三年中投入专项资金重点解决了长期困扰百姓生活的学校、卫生室、文化活动室、公厕等问题，提升了丙盖村公共设施和公共服务水平。在短暂的三年里，丙盖村先后新建7个自然村活动室（涉及那峦昌族社、永和村、那峦傣族社、马脖子、联合村、丙岗村、丙盖村）、永和阿露窝罗活动中心及配套设施、丙盖村卫生室，并完成小学危房改造、职中教学条件改善，公厕改建项目覆盖每一个自然村。丙盖村7个自然村活动室，现已成为村民举办农业技术培训、民族节目排演的主要场所。挂职乡干部、村两委、村协会共同将原本分散的村民们组织起来，利用村民农闲时间开展丰富多彩的文化娱乐活动，不仅营造了文明的村风，活跃了村里的气氛，而且从侧面激励了本民族文化的保护和传承。

此外，在县委组织部的整合下，梁河县基层农村政权的进步也十分明显，丙盖村2009年多方筹资22万元建起了全新的党员活动楼，该楼与村卫生室属于同期工程，同在一个大院。党员活动楼共两层，一层为组织村民活动和召开会议的活动室，二层为村支部和村委会的共同办公地点，为村两委就重大议题组织村民共同商讨、倾听村民意愿提供了场所，使决策更加民主，决策更得民心。

（4）推广生态能源建设与农村实用科技

丙盖村是典型的农业村，传统落后的生活方式造成了农村树木的长期砍伐，然而丙盖村土地面积有限，过度的砍伐开垦已经造成植被破坏，加重水土流失，扩大了望天田面积，农民收入变得不稳定。更为严重的是，村民越贫穷，越没钱购煤、电、气，反过来又加重了农民对柴草的需求，久而久之，丙盖村的生存环境不断恶化，使得可持续发展受到威胁。面对经济状况无法迅速改变的现实，九保乡党委乡政府在丙盖村“整村推进”项目中大力推广新型能源，如沼气、太阳能，并改厕改灶，带给农民新的能源消费方式的同时，改变了人们传统的能源观念，极大减轻了人们对生态环境的破坏。在已完成多批沼气的基础上，仅2009年一年内，省级财政向丙盖村村民补助5.25万元，由村民自筹5.25万元，共新建沼气35口，并在村里设有技术支持点和技术员，帮助维护设备，群众反映良好。

农民知识水平和致富观念也是长期困扰丙盖村经济发展的一个问题。农民是农业与农村建设的主体，是推动农业进步和农村经济发展最直接和最主要的力量，因此，提高农民素质，掌握先进农业技能，将会直接为农民自身收入和农村经济发展水平带来高效的收益。2009年和2010年，丙盖村共组织聘请当地小学教师、农业科技人员、乡司法所、兽医站相关人员为村民普及农业实用技术、职业技能和经营管理技能的活动61期，6307人次参加。与此同时，各自然村利用新建的活动室组织各类丰富多彩、健康有益的科普活动，为村民补充法律知识、思想道德、家教知识、社会知识、人文知识、科技知识，并发放科技培训手册，使群众真正得到了实惠。

技能培训还是丙盖村劳动力转移工作的基础。仅2010年1月至5月丙盖村就有100人参加了乡政府组织的“贫困地区劳动力转移培训”，占全乡所有参加人数的1/5，成为全乡劳务输出的主力军。当地输出的劳动力以16～40岁的初中文化水平人群为主，男女参半，他们主要从事乡镇、省内外的第三产业，是村中部分农户家庭的固定收入来源之一。

目前，丙盖村的发展状况在全乡处于中上游水平，从我们观察的情况看，九保乡制定的行政村“7有”、自然村“8有”、户均“8有”目标中绝大多数已经基本实现。

（二）社会主义新农村建设

2005年10月，党的十六届五中全会通过的《中共中央关于制定国民经济和社会发展第十一个五年规划的建议》指出，“建设社会主义新农村是我国现代化进程中的重大历史任务”。要按照“生产发展，生活宽裕，乡风文明，村容整洁，管理民主”的要求，坚持从各地实际出发，尊重农民意愿，扎实稳步推进新农村建设。

建设社会主义新农村，是在全面建设小康社会的关键时期、我国总体上经济发展已进入以工促农以城带乡的新阶段、以人为本与构建和谐社会理念深入人心的新形势下，中央做出的又一个重大决策，是统筹城乡发展，实行“工业反哺农业、城市支持农村”方针的具体化。胡锦涛同志就曾指出：“三农”问题始终是关系党和人民事业发展的全局性和根本性问题，农业丰则基础强，农民富则国家盛，农村稳则社会安。①

全面推进社会主义新农村建设就是党中央为根本解决“三农”问题所做的新努力，是全面建设小康社会、实现农村农业现代化而采取的重要举措。自从党提出建设“生产发展，生活宽裕，乡风文明，村容整洁，管理民主”的社会主义新农村的目标以后，丙盖村的阿昌族人民就积极进取，努力开展社会主义新农村建设。2008—2010年，丙盖自然村、永和自然村、那峦傣社先后成功申请为州县两级社会主义新农村建设试点村，对全乡乃至全县的新农村建设都发挥了很好的示范作用。

村级集体经济薄弱、农民增收乏力、村庄建设规划滞后和尚未建立长期投入机制，是我国当前新农村建设面临的四大难题，丙盖村在新农村建设中有意识地克服了这些难点。从九保乡政府的许多文件可以看出，丙盖村为了集中力量做好全村的扶贫工作，常常将整村推进项目和新农村建设项目捆绑

---

① 新华网社会主义新农村建设专题：http：//news. xinhuanet. com/ziliao/2006 - 02/07/content_ 4146460. htm.

实施，既发挥了项目经费的合力作用，又使群众能团结在一起，心往一处想，力往一处使。此处不再细述三个自然村在过去三年里新农村建设的成果，而重点介绍三个自然村的新农村建设的发展经验。

1. 着力建设基础设施和公共事业，精心规划本村未来五年发展

从关于丙盖自然村、永和自然村、那峦傣社自然村的文件中可以看出（见本书附件），三个村先后制定了本村新农村建设的五年推进方案，方案不仅兼顾本地少数民族厚重的文化底蕴和民俗风格，而且全面涉及基础设施、产业开发、卫生生态、文化娱乐设施、科技培训项目、民房改造、教育发展等方面，具体指明了每个项目完成的时间和数量，绘制出一幅阿昌族人民幸福生活的美好画面，也使项目资金和人员便于管理，以规划为龙头，保证新农村建设保质保量完成。

2. 以项目为载体，发动群众建家园，整合资源大投入

为了让新农村建设的执行既遵循民心民意，又高效有序，九保乡采用了乡级主要干部挂钩村、村委会统筹规划、村各种协会积极组织宣传的三级体系，有效地解决了集中力量办大事和关爱弱势个体两者之间的矛盾。从九保乡信息公开门户网站中可以看到，所有副书记、副乡长、人大副主席、武装部长、派出所所长都挂钩了一个行政村进行工作，并由乡党委书记、乡长统筹，这样的结构既落实了工作责任，又缩短了行政联系链，保证了每一项工作能及时开展和反馈。丙盖村现有68名党员、43名预备党员，包括村支书兼村委会主任赵兴达、副支书李茂兴、村委会副主任曹明海，他们一起协调全村的各项具体事务。此外，1985年成立的“青年民兵之家”协会，1990年成立的老年协会，2000年成立的“妇女之家”协会，三个协会在过去的发展中，积极帮助村民化解各种矛盾，耐心细致做协调工作，在调节邻里矛盾、组织节庆活动、帮助弱势会员、宣传公共政策等方面发挥了不可替代的作用，充分调动了群众的积极性和主动性。正如前文所述，丙盖村很多时候把新农村建设和“整村推进”项目捆绑进行，通过宣传发动和引导，群众成了扶贫开发的决策主体、建设主体和受益主体，全村掀起了“自己的家园自己建，自己的家业自己创”的热潮，村容村貌发生了重大改变。

3. 县乡积极支持村部发展，层层落实责任机制

梁河县社会主义新农村建设采取优先完成试点村建设的办法，注重建立健全扶贫开发领导机构，县、乡、村均成立了扶贫开发领导小组和办事机构，并按照德宏州委组织部的有关规定设置了新农村建设指导员驻村管理制度，乡委乡政府向每个试点村派出一名指导员，负责监督、指导、协调新农村建设的各项事宜。此外，丙盖村为确保工程按期完成，保证工程质量，成立了丙盖村新农村建设实施领导小组，由村支书担任组长，指导员和副支书担任副组长，村两委其他委员和三个自然村村民小组组长共同参与负责项目工程的联系、规划和组织实施，从而形成了党组织和村委会的主要负责人是第一责任人、领导小组统筹协调、办事机构具体落实的工作机制，共同扎实稳步地推进了三个自然村的社会主义新农村建设步伐。

4. 面对市场经济带来的各种文化冲击，民风依旧淳朴，干群关系保持紧密

在调查中我们感受到梁河县境内的阿昌族人民保留了许多本民族风俗传统，阿昌族百姓不仅能歌善舞，观念开明，而且具有良好的社会风气，阿昌族喜爱饮酒，但醉酒打架、斗殴、偷盗、吸毒贩毒等败坏社会治安的事件极少发生。从定期发布的《九保阿昌族乡禁毒防艾工作简报》中我们得知，在2005年经梁河县委县政府认定的九保乡6个“无毒村”中，丙盖村名列前茅。梁河县民宗局局长赵新光认为，这不仅与该乡创建“无毒乡”工作领导小组的各项措施得当有关，而且与阿昌族人民之间的互相帮助、互相监督分不开，如果发现有人吸毒，全村的百姓就会一起将其严惩为戒。在调研的半个月中，陪同我们的县乡两级干部来到农民家中，都受到村民们的热情招待，我们能够感受到村里的干群关系十分密切和融洽。可以说，质朴的民风和良好的干群关系都为社会主义新农村建设的各项政策在丙盖有效地执行提供了良好的外部环境。

（三）问题和建议

“整村推进”和建设社会主义新农村的目的都在于帮助丙盖村加速摆脱贫困落后局面，这不仅关系到缓解当地城乡、工农差距，更关系到社会和谐和政治稳定。从调查了解的情况看，丙盖村的阿昌族人民借助改革开放的大好机遇和上级的政策扶持，自力更生，使该村的农业、林业、畜牧业、农田水利、道路交通、卫生科技、沼气新能源等各方面都取得了长足的进步。

尽管成果丰硕，阿昌族人民也清醒地认识到本村可持续发展的瓶颈。通过与村民们近距离交流和对乡村统计信息的分析，我们认为丙盖村在落实

“整村推进”和新农村建设方面面临的突出困难和问题主要集中在以下三点：

1. 产业单一，农民致富乏术，贫困人口基数大，县财政增收困难

种植业和畜牧业是阿昌族的主导产业，农田和家畜是阿昌族生活的命根子，过分依赖可替代性高、单一的经济产业使得丙盖村经济发展缓慢，前景风险较大。尤其是阿昌族家庭实行弟兄分家制，总量有限的土地经过几代传沿后，人均土地进一步减少，丙盖村人均水田面积0.87亩，人均旱地面积0.58亩，农民为早日摆脱贫困，不得不开垦林地荒山，加速了土地破坏。丙盖村农民家庭收入主要来源之一是甘蔗，甘蔗直接销往梁河县糖厂，甘蔗几乎成为每户农家必种的作物，由于农业现代化水平低，甘蔗的种植加剧了生态环境恶化，水土流失严重。就我们采访的对象而言，丙盖村居民的受教育程度主要集中在小学和初中水平，劳动力素质普遍偏低，接受的新式农业技术主要依靠上级组织农业讲座下乡或者集体观看农业技术视频讲座来获得，因此农民普遍致富能力较弱。丙盖行政村包括7个自然村，2008年总人口2224人，农村经济总收729万元，农民人均纯收入1682元，仅略高于全县农村居民人均纯收入1586元。7个自然村中，人均收入最低的自然村是马脖子社（1382元），人均收入最高的自然村是丙岗社（2143元）。截至2008年，全村贫困人口336人，享受低保325人，住房困难户28户。怎样丰富农民的致富之道，一直是县乡政府苦于解答的难题。财政吃紧直接导致了各种建设资金过度依赖上级投入，筹措的资金也无法满足扶持人口较少民族地区项目的需要。

2. 农业现代化水平低，农业基础设施薄弱，抵御自然灾害的能力弱

丙盖村农民主要种植水稻、甘蔗，饲养母猪、生猪，缺乏对农产品精深加工，2008年，丙盖村共产粮579吨，人均占有粮食262公斤，猪存栏数1582头，大牲畜存栏476头。以种植和养殖为经济来源的阿昌族农民必然与土地相依为命，然而丙盖村地处海拔1500米的山区，位于山体的腰部，山高坡陡，大型现代农业机械无法深入到这种田地里作业，该村土壤类型以沙壤、红壤为主，大部分偏酸缺磷氮不足，耕地有机质含量低，土层薄弱，水利条件差，复种指数低，农作物单产低，原始耕作方式和粗放的经营方式仍然是生产生活的主流，而且阿昌族传统种植的水稻品种为贡米，只适应于半山中特殊的气候和土壤条件，所以长期以来许多农户仍然生活在靠天吃饭的状态中。此外，丙盖村农田水利化程度较低，普通单个家庭对自然灾害带来的风险缺乏抵御措施。据梁河县民族宗教事务局2010年7月20日的统计，梁河县的傣族主要居住坝区，景颇族、傈僳族、德昂族则以山区为主，只有阿昌族居住在滑坡泥石流严重的半山区，全县境内滑坡泥石流面积433.86平方公里，占国土面积的38.3%。

3. 劳动力转移距离较近，外出务工人员收入较低，政府扶贫任务重、成本高，扶贫效果巩固难度大

农村人口向城市地区和非农业产业部门的流动是我国现代化进程中的重要内容。农村人口外出流动的规模大、距离长，流动指向城镇或经济发达区明显，回流机会小（在城市滞留的时间长）、收入高则是这一过程接近完成的标志。[①] 九保乡通过组织“贫困地区劳动力转移培训”拉动了丙盖村劳务输出，成为村中部分农户家庭的固定收入来源之一。但是，从调研的情况来看，当地输出的劳动力以16～40岁的初中文化水平人群为主，绝大多数集中在德宏州内务工，限于全州经济发展水平，他们的工资收入往往远低于沿海发达地区同样工种劳动者，这样不仅直接减慢丙盖村农民生活水平改善，而且间接导致农户自我积累能力弱，缺乏再投资扩大农业生产的资金支持，使得产业结构本就单一的丙盖村产业结构调整任务艰巨，农民收入增长缓慢。丙盖村扶贫任务紧迫、艰巨，由于当地第三产业欠发达，环境条件有限，农民“自我造血”能力薄弱，直接导致脱贫致富的所有重担全都压在了当地政府身上，虽然扶贫资金总量逐年增加，但毕竟“僧多粥少”，加之自然灾害频发，丙盖村的扶贫成本长期居高不下，使得丙盖村农民长期困扰于贫困问题。

针对丙盖村在扶贫开发中的尝试和在探索中遇到的困难和问题，我们认为当地政府应该着力做好以下几个方面的工作：

(1) 坚持开发式的扶贫方针，以市场为导向，延长产业链，依靠龙头企业带动农民致富

在过去的几年里，云南省各级党委和政府按照中央“省负总责，县抓落实，工作到村，扶贫到户”的要求，重点加强了基础设施建设，改善贫困地区水、电、路、沼气等，贫困地区发生的变化有目共睹，这为下一步

---

① 鲁奇，王国霞，杨春悦等．流动人口分布与区域经济发展关系若干解释［J］．北京：地理研究，2006（2）．

发展奠定了坚实的硬件基础，因此，丙盖村理应坚定不移地继续执行扶贫方案，“从区域的角度通盘考虑，按照自然条件和经济社会发展水平，因地制宜，规模适度，合理布局，明确中心村和自然村的布点，统筹安排供水、污水、垃圾处理等基础设施和医疗、文化、体育等社会公共设施建设，注重灾害防治。”①

对丙盖村而言，丰富和完善特色产业，巩固提升糖、茶等传统支柱产业，并以市场为导向，大力发展农产品深加工产业，有选择性地发展畜牧业、林业、蔬菜、马铃薯、花卉水果、桑蚕、药材、咖啡等待开发产业，向外输出高附加值、市场前景好的无公害、绿色、有机农产品和土特产品，向农民提供更多的经济收入增长点选择项。与此同时，在市场作用下，培育和发展一批龙头骨干企业，既能降低单个农民经营的风险，还能提供许多就业岗位，帮助解决当地就业问题。

(2) 提高干部能力素质，保证政策落实到位，积极学习其他地区扶贫开发的优秀经验

政策的执行环节和反馈环节是保证政策不偏离原始政策目标的基础，随着国家发展西部的大量利好政策投入到德宏，乡、村两级干部的能力将受到一次大的考验。中央、省级、州级、县级四层党委和政府的政策都将落在九保乡的干部身上，一方面他们直接与老百姓打交道，肩膀上的任务陡然增多，工作量大，另一方面新兴电子科技即将迅速普及至村一级，这需要当地干部具有一定的接受能力和学习能力，以应对新的工作形式。无论是针对哪一个干部群体，这都不是一项轻松的任务，所以，加大对干部的培养，将是管长远、管根本的大事，当地政府应提前抓好这项工作，机会总是留给有准备的人。

云南省近几年的扶贫工作取得了不错的成绩，每一个地区在建设发展中都有闪光点，值得其他地区借鉴。例如，会泽县五星乡“整乡推进”的扶贫经验就得到了《人民日报》和云南省委的高度肯定，据《人民日报》报道，2008年，五星乡农民收入增长32%，是全县平均水平的两倍。②“三人行，必

---

① 李纪恒．“整乡推进”效果好［N］．人民日报，2009-03-21（6）．

② 徐元锋，王瑞．“整乡推进”引领扶贫新路［N］．人民日报，2009-10-26（16）．

有我师焉。”通过省、州两级的协调，丙盖村可以通过“走出去，学到手，引进来”的方法借鉴兄弟州县农村建设和农业发展的优秀经验，回避其他村发展过程中走过的弯路，拓宽干部视野，实现本村跨越式发展。

(3) 大力抓好村民培训工作，有效提高村民的科技文化素质和劳动技能，逐步培育贫困群众自我发展的“造血”功能，从根本上解决贫困问题

目前，丙盖村的教育发展比较滞后，村民的平均受教育程度不高，在很大程度上制约丙盖村经济社会文化发展，因此，加快发展农村教育、技能培训和文化事业，培养有文化、懂技术、会经营的阿昌族新型农民是探索脱贫致富长效机制所不可回避的一个环节。加强农民的科学文化知识和职业技能培训，要做好三个层面的工作：一要抓好对农村新增劳动力和那些年龄偏大、文化层次偏低的劳动力尤其是女性劳动力的培训，增强他们获取就业机会的能力；二要抓好已转移人员的技能提升培训，增强他们获得更高收入的能力；三要抓好创业培训，增强创业本领。总而言之，针对当地农民的培训应该本着“实际、实用、实效”的原则，增强培训的针对性和适用性，市场需要什么就培训什么，农民想干什么就培训什么，什么见效快就培训什么。[①]

提高农民的科技文化素质，归根到底还在于提高当地教育水平，提高当地教育质量，使适龄学生获得更多更好的教育。我们发现，阿昌族的家庭十分重视教育，父母也愿供孩子上学，但当地社会发育程度和经济发展水平较低，县、乡两级财政普遍困难，导致办学条件简陋和师资短缺，已成为制约阿昌族基础教育的瓶颈。只有提高基础教育，才能提升职业技术教育和劳动技能培训，提升农民自学农牧业科技知识和现代技术领域的知识的能力，使农民具备推动当地产业结构升级或者外出创业的基本能力，从而繁荣当地经济。

(4) 整合涉农资金，以规划为龙头，保证完成建设示范自然村的同时，综合开发行政村

在丙盖村当地经济发展水平较低，农民缺乏资金积累和资金补给的情况下，农村信贷机构是发展“三农”的强大生力军。中共云南省委在2009年《贯彻〈中共中央关于推进农村改革发展若干重大问题的决定〉的实施意见》中明确强调鼓励发展适合农业农村特点和需要的金融服务，明确指出扩大小额贷款规模，增加对农户生产贷款的额度，降低贷款门槛，简化贷款手续，

---

① 李纪恒．整乡推进”效果好[N]．人民日报，2009－03－21（6）．

扩大覆盖面，创新信贷产品和服务方式，大力发展小额信用贷款和联保贷款。对丙盖村而言，信贷支持可以迅速缓解农民资金短缺的问题，为农民致富提供基石，同时分担政府压力，从而充分发挥社会本身的自主性和创新性。

此外，丙盖村目前的建设重点打造的是永和自然村这张名片。我们认为，注重典型建设的同时，当地还应考虑连片综合开发，借助“整村推进”的大好形势，科学规划，尽量使所有自然村共进步，让当地百姓生活更加幸福。

（5）千方百计调动农民的积极性，发挥农民的主体作用，尊重农民意愿，建立政府支持与依靠农民建设相结合的扶贫机制①

“整村推进”、建设社会主义新农村都反映了农民的愿望和要求，归根到底是农民自己的事。政府的财政支持不是恩赐农民，更不能代替农民自身作用。丙盖村现在采用的办法是中央给钱给项目，下级政府和农民配套。这种做法的缺点是项目不一定是当地农民提出来的，不一定是当地农民所急需，农民甚至基层政府处于被动地位，效果受限，而且规模小而分散，中间环节多，有的有始无终，缺乏连续性，影响了投入效果。韩国20世纪70年代搞新农村建设推行了一个奖勤罚懒的机制，通过政府投入带动农民的积极性。办法是：政府确定了20类项目，包括屋顶改造、水井加盖、道路硬化、建设自来水、建会所等，由村民选择最急需的项目，并选举一个新村建设指导者，项目由村级报到镇，镇报到县，县同意了再发水泥、钢筋支持，是政府给农民配套。项目做完后，请中介机构评估验收，做得好的再多给予钢筋、水泥奖励，做得不好的，第二年取消资格，其目的在于调动农民的积极性。韩国人把这种新村运动精神概括为“团结、合作、互动”。目前，丙盖村的“青年民兵之家”协会，老年协会，“妇女之家”协会等农民自治组织的良好发展已经为政府政策推行和发动群众提供了很好的平台。我们可以借鉴韩国的政府支持与依靠农民建设相结合的扶贫机制，一方面依靠政府支持，另一方面调动丙盖村阿昌族人民建设家园的智慧和积极性，把两者很好地结合起来，从而确保“整村推进”、建设社会主义新农村等惠农政策的落实，并真正发挥作用。

---

① 游承俐，孙学权．建设社会主义新农村与云南对策研究[J]．云南农业科技，2007（5）．

六、教育

中国古人常讲“建国君民，教学为先”。建立一个国家，建立一个政权领导人民，最重要的就是教育。教育为先，唯有教育才能够提升人民的文化水平，知道如何改善自己的生活。我们的国家要实现社会主义现代化，实现中华民族伟大复兴，应对日趋激烈的国际竞争，归根结底将取决于劳动者的整体素质。一个民族教育事业的发展体现着该民族的文化素质。多年来，丙盖村一直十分重视教育的发展，加大教育法规的宣传力度，切实采取有效的措施，控辍保学，巩固“两基”成果，认真落实“两免一补”政策，动员一切社会力量，拓宽集资渠道，筹措教育经费，使得办学条件和育人环境进一步改善，教育改革有序开展，中小学教育教学质量稳步提高。

（一）丙盖村教育的历史进程①

古代时的丙盖村并未设有学宫、书院等教育机构。直到在清王朝时期，自康熙朝起由地方官府主持创办云南的义学，经过雍正、乾隆时期的快速发展，曾达到700余所，遍布云南各地，深入到山乡夷寨。其中梁河县的义学设于清嘉庆二十五年（1820年），道光二年（1822年）设立四彝庄、萝卜丝庄义学，光绪年间设河西、囊宋、河东等七处新义学。除了义学所设学堂之外，私塾在设立义学之前早已存在，且是丙盖村当地初等教育的主要办学形式。私塾不分班级，个别教学，主要教授《三字经》、《百家姓》、《四书》、《五经》，注重读背记忆，默写识字和书法。一般能够进入私塾学习的都是当地的达官贵人和富商子弟，主要是汉族和傣族。因阿昌族受统治于汉族、傣族，丙盖阿昌族村寨个别“乡老”与汉族、傣族统治阶级有所接触，或在官府内任职、当兵差役或当长工时，或在赶马走脚时，学会了汉文字和傣文字，他们还能用学会的有限的汉文或傣文为村人写契约、立债据，成为没有受过教育的文化人。

清光绪三十三年（1907年）梁河县开始设立小学堂，民国元年（1912

① 《梁河县教育志》，资料由梁河县政府提供。

年）改小学堂制为小学校制。至“民国”二十三年（1934 年），全县有初高中 8 所。抗日战争胜利后国民教育事业有较大发展。“民国”三十五年（1946 年）有中心民国学校 7 所，保国民学习 44 所，在校学生 3300 余人。后因政局动荡，人心浮动，经费不足，教育事业不进则退。到“民国”三十八年（1949 年）有小学 39 所，在校学生 2013 人，其中高级小学生 228 人，初级小学生 1785 人，小学教师 71 人。

1950 年 5 月，梁河县全境解放。阿昌族人民翻身做主人，党和人民政府对阿昌族人民的民族教育事业十分重视，开始对旧学校进行改造和调整。因此，丙盖村人民的民族教育得到了迅速的发展，特别是基础教育方面发展较快，同时还设立了小学。学校和学生较 1949 年分别增长 66.7% 和 82.9%。到 1956 年底，丙盖村入学率达到了 40%。

1966—1976 年，“文化大革命”给梁河县的教育事业造成了极其严重的破坏，教学秩序完全被打破，教学工作瘫痪。丙盖村的中小学校停止招生，学生失去了升学的机会，造成了严重的社会问题。党的十一届三中全会之后，丙盖村的教育事业又重新回到轨道。1984 年底，丙盖村所位于的梁河县有小学 269 所，在校学生 18644 人，其中适龄儿童入学率达到 98%，年巩固率达到 98.4%，毕业率达到 91.6%，普及率达到 96%；全县有少数民族高初中在校生 1484 人，占全县中学生总数的 27.5%。1986 年，中共梁河县委、县人民政府根据 1985 年 5 月 27 日中共中央颁发的《关于教育体制改革的决定》精神，县教育局拟定《梁河县教育体制改革方案》，先在囊宋区进行试点，然后在全县范围内进行了教育体制改革。①当年，梁河县被评为全国“基础教育先进县”。

（二）丙盖村的传统教育

就教育场所、教育与被教育的关系而言，可以把丙盖村传统的教育分为：社会教育、家庭教育和宗教教育。

1. 社会教育

团结协作、互相帮助、同甘共苦是阿昌族社会教育的主要内容。这也是

---

① 《梁河县教育志》，资料由梁河县政府提供。

在丙盖村的阿昌族日常社会交往过程中形成的一些大家都必须遵守的公共道德标准，且村民的行为不能超越这些伦理道德规范。超出这一伦理道德规范外的行为，会受到社会公众的舆论与谴责。这就是社会教育的主要内容，使丙盖村村民的行为都在这一既定的伦理道德规定范围内活动。

在丙盖村，阿昌族人民有着“路不拾遗”的良好社会风气。无论是在路上遗忘的东西，田地里长的庄稼，或是家里的财产，都不会有人来拿。修桥补路，开沟引渠，在路边挖水井，置凉棚让人乘凉休息，村寨公共物的盖建、修理，人们都会主动参加。路遇老者，年轻人主动帮挑担、背重物。丙盖村村民认为这是积德行善，所以大家都会争相去做。这些良好淳朴的民风影响了丙盖村一代又一代。村民们在这样的社会活动中得到启迪，学会怎样调整和处理人与人、人与村之间的各种社会关系。每年全寨共同祭祀神活动，把祭坛当作讲堂，不仅传承了原始宗教，而且强化了人们的村寨集体意识，同时把一些不成文的法规注入人们的脑中。①

近年来，九保乡政府和丙盖村政府对阿昌族的社会教育无论是在理念的导入、政策的制定，还是在实践活动的推动上，始终都给予了极大的重视与支持。为了满足阿昌族人民的多样化学习需求，丙盖村政府兴办并发展各种正规和非正规教育机构，提供多种层次、多种类型、多种内容、多种形式的教育，例如建立了农村科技组织、科协学会、蔬菜学会和甘蔗协会等为阿昌族人民终身学习提供机构依托。

2. 家庭教育

家庭教育是丙盖村村民教育的核心。其中家庭教育主要是以家会、家族组织的教育和家庭教育为主。家会、家族组织的教育比较严格、系统。有的家会、家族组织在会章上明文规定“尊老爱幼”、“团结互助”等条款；有的家族、家会组织虽然没有成文的会章，但有严密的家规，对家庭内成员的行为都有明确规定该做或不该做的范围。对违反家规的家庭成员，家族组织有权给予各种处置。

另一种家庭教育就是父母对孩子进行有关伦理道德、为人处世的启蒙教育。在丙盖村中，阿昌族孩子们从出生之后就在家庭环境中接受父辈们的教育。从穿衣吃饭开始，在成长中接受劳动观念、劳动技能以及物质文化和精

---

① 云南省民族事务委员会．阿昌族文化大观[M]．昆明：云南民族出版社，1999.

神文化的教育，不同的年龄阶段学到不同的知识和技能。阿昌族家庭教育中的精神文化教育包括伦理道德、是非观念等。让孩子初步建立行为规范，明确自己的社会角色。村中的阿昌族提倡尊老爱幼、诚实善良、团结互助、同甘共苦、勤劳勇敢的道德风尚，孩子自幼在这样的道德风尚气氛中成长，受到熏陶和教育。长大之后，孩子具备独立生活能力便开始娶妻嫁夫，成家立业，生儿育女。两代人的传承教育就结束，又重新开始新一代对下一代的家庭教育周期。[①]

然而，丙盖村的阿昌族家庭教育也受到了中国传统家庭教育影响，使丙盖村中的家庭教育带有非常浓厚的父权制色彩。这一特征表现在教育目的上，是使家庭成员成为遵循并维护以父权制为基础的宗法等级秩序，表现在教育手段和方法上，突出父权制的专制色彩，不注重因人利导、因势利导，不注意受教育者的兴趣，不让受教育者进行自我选择，体罚盛行；虽注重实践，但实践的范围很狭窄，一般为实际生活中的应对人际关系的处理，练习爱亲敬长隆师亲友之道，重心只在于对孩子的品质培养。因此在丙盖村家庭中，也存在着教育方法不当的情况：① 缺乏沟通和民主的气氛，以打骂方式使孩子屈服，孩子的人格得不到尊重；② 以唠叨代替教育，这类情况在困难家庭较突出；③ 以放任的形式满足孩子的需求，导致孩子形成不良习惯甚至离家出走。

3. 宗教教育

丙盖村的阿昌族信仰原始宗教，“活袍”从古至今的地位以及作用极其重要。村里的“活袍”一般在祭祀活动的时候主持活动，平时也参加劳动工作。丙盖村每年春耕和秋收前都要祭三次“地鬼”，祭祀时“活袍”会念祭词，祭词中包括村民对人的生老病死的理解，对世界的认识，对灵魂观念的态度，还有在日常生活中履行和倡导讲真话、诚实可信、行善积德、知恩必报的原则。这些原则已成为衡量是非的标准、社会的道德规范、人与人之间的关系原则，深深地教育和影响丙盖村的青年们。

在科技发达的今天还存在着宗教教育的现象并不奇怪，这是由于人们的意识发展总是落后于社会存在，旧社会遗留下来的旧思想、旧习惯不可能在短期内彻底消除；由于某些天灾人祸带来的种种困苦，还不可能在短期内彻

① 刘江．阿昌族文化史[M]．昆明：云南民族出版社，2001.

底摆脱。因而，宗教及宗教教育在丙盖村这样的少数民族地区的影响仍会长期存在并发挥其作用，这种影响在一时之内是无法完全消失的。

不可否认，丙盖村的原始宗教对村中民族文化的传播和发展曾发挥重要作用。因为，信奉“活袍”不仅是村民精神生活的某一特殊功能，还形成村中阿昌族人民精神生活中所有功能的基础，比如每年农历正月初四开始举行的“阿露窝罗节”是以神话想象和神秘直觉形式而表现出来的认识功能，每年有定期的“进洼”“出洼”和“烧白柴”等祭祀活动，给予村民强烈的情感寄托。原始宗教在丙盖村的阿昌族文化中所具有的整合作用都是不可低估的，其产生的影响是极为深远而持久的。这种影响已渗入无意识层面，化为一种习俗，作为一种生活方式而无处不在。然而，随着人类文明特别是现代科学技术的深入发展，原始宗教教育的局限性也日益显露出来，原始宗教的宗旨和信仰决定了它不可能与科学、正规的现代学校教育同日而语。原始宗教教育的封闭性和有限性在某种程度上，把丙盖村的民族教育限制在一个狭小的天地里，长此以往，对于丙盖村的民族教育发展将十分不利。

（三）丙盖村的学校教育

1. 小学教育

（1）丙界小学（丙盖村完全小学）①

丙界小学于1920年建校，是丙盖村阿昌族办学历史较早的一所民族小学。1920年开始，丙盖村就已聘请教师开办过几期私塾，有大约20名学童入学，在私塾里一般教授《百家姓》、《三字经》、《劝学》，但是由于师资不稳定，私塾办学断断续续。直至1948年冬天，丙盖村始办初等小学，教师由该村第一代中学毕业生赵安然担任，教读国文课本，学生30人左右。1949年，丙盖村有初小毕业生1人，升送九保读高小4人。1951年，村民推举赵启国为校长，村民集资建校，选定丙盖村东北的空地（现丙界小学址）为校址，建盖茅草房校舍1间作为教学使用。1952年，又制备了桌凳。先后聘请赵安石、孙朝仙、赵安林为民办教师，每位教师年薪为20箩筐稻谷，当时学生有50余人，还增办了高小班。

---

① 数据来自《梁河县九保乡丙界小学简介》，资料由丙界小学校长尹家福提供。

1953年10月，该校由国家接办成为公立小学，校长赵启国调任梁河县文教科任科长，同时担任名誉校长。学校继续吸收赵安石、赵安林为公办教师，政府先后委派杨品杰、尹岑广、朱加龙为学校负责人。当年，由于得到国家拨款300元，丙界小学建起了木结构楼房1幢，换正房草苫为瓦块，校园环境得到完善。1954年，梁河县文教科将丙界小学改办成梁河县阿昌族中心小学，同时拨款1000元，建盖起了土木结构教学楼1幢，教师中高中和中师文化程度占50%以上。全县阿昌族子弟纷纷前来该校就读，学校对学生实行“三包、两免”（包吃、住、穿，免书籍、医药费）的寄宿制，并享受每人每月拨发伙食费7元。1956年，云南省教育厅拨专款500元，配备该校旗帜、鼓、号以及其他教学设备。这一时期也是丙界小学的鼎盛时期，学生发展到180多人，小学毕业的前三届，除继续升学的以外，有的外出参加工作，成为国家干部，有的回家担任合作社干部。1958年，高小班集中到河西区办“先跃小学”，阿昌族中心小学被撤销，办成初级小学，直到1963年恢复为完全小学。

1969年，丙界小学附设初中班，由尹培杰担任校长，后由赵安林继任。在此期间国家拨款3000元备料，各生产队投工献料，到1974年建盖土木结构教学楼1幢供当时的初中班使用。党的十一届三中全会之后，我国的民族教育政策得到恢复落实，1984年丙界阿昌族完全小学恢复为半寄宿制高小班，当年由云南省教育厅拨专款1万元整修校舍，当地教育行政部门给学校充实了教师和设备，该校所属地区的适龄儿童入学率、巩固率、合格率迅速提高。1985年被评为普及初级教育先进单位，并连续四年被评为升级半寄宿制良级学校。当年，为探索少数民族学生学习语文的途径，梁河县教育局教研室首先选定丙界阿昌族小学作为试办“注音识字，提前读写”班的示范学校，取得较好效果。1986年，由于教育体制改革，学校实行分级管理，丙界乡改为丙盖村，其他乡的阿昌族学生不再到该校就读，生源减少。到1990年，该校有教师7人，其中阿昌族教师4人，汉族教师3人，有学生104人，其中阿昌族学生占全校学生总数的93.3%。1951—1990年该校输出小学毕业生500余人，升送初中200余人，考入高中、中专40多人，进入大专院校深造18人。

2005年，梁河县教育局拨款5万多元，加上县、乡、村、社干部和学校教师的共同努力，还有各方校友的捐款，共筹资8万多元，建盖一幢钢筋混凝土教学楼，建筑面积为266平方米，总投资13万多元。2006年，丙盖村村委实行“整村推进”政策，下拨项目资金5万元，梁河县教育局拨款2万元，为丙界小学建盖教师宿舍7套。教学楼和教师宿舍的建盖，极大地改善了丙界小学的办学条件，促进了教学质量的提高。当年，国家增加了对少数民族地区基础教育的支持，为了补充教学设备不足这一缺口，梁河县政府向丙界小学赠与一台电视机和一系列的电子设备，并且在教育设施、师资培养等方面采取了许多优惠措施。还建起了微机室，并征订了电教教材，配备了信息技术教育教师，开设了信息技术课，这对推进丙界小学信息技术建设起到了积极的作用。截至2010年，已有小学毕业生700余人，升入初中400余人，考入高中、中专70余人，进入大专院校深造的有40余人。

目前，丙界小学有学生84人，其中一年级15人，二年级14人，四年级12人，五年级14人，六年级11人；教师8人，其中5位年轻教师拥有本科学历，3位老教师拥有中专学历。全校学生都能够享受国家的“两免一补”政策（即农村义务教育阶段，免教科书费、免杂费、补助寄宿生生活费）。并且丙界小学开设的课程很具“特色”。每周有一节地方课程，地方课程用的是云南省编的教材，一个班一本。地方课程是国家课程的补充，在内容上与国家课程有密切的联系，提倡与课外活动和社会实践活动的紧密联系，倡导自主、合作、探究的学习方式，在实践中培养学生的操作、探究能力，在体验中培养学生对家乡、对祖国的热爱之情，产生服务家乡、建设家乡的责任感和使命感。在地方课程教材实施过程中，每一课教学内容在时间安排上不一定实行平均主义，可以从教师个人的专业知识、特长出发，教师擅长的内容可以进行深化，学生感兴趣的内容也可以安排更多的时间进行研究。对高年级开设“三生”课程，即生命、生活和生存。“生命教育”，让每一位教师和学生“认识生命、尊重生命、珍爱生命，关心自己和家人”；“生活教育”，提倡“珍视生活，了解生活常识，掌握生活技能，养成良好生活习惯，关心他人和集体，树立正确的生活目标”；“生存教育”，强调“学习生存知识，保护珍惜生态环境，关心社会和自然，强化生存意志，提高生存的适应能力和创造能力”。

（2）九保中心小学①

九保中心小学位于丙盖村的西北部，创建于20世纪初，历史悠久，2008

① 《梁河县教育志》，资料由梁河县政府提供。

年九保小学度过了一百岁生日，是云南省德宏州办学历史上最早的小学。

清光绪三十三年（1907 年），在李根源的推动下，地方绅士创办南甸初等小学堂，旨在“推崇文品，鄙夷桑梓”，这成为九保中心小学的前身。宣统三年（1911 年），随南甸附入腾冲改名为九保和学堂改为学校制，于“民国”二年（1913 年）南甸两等小学堂改名为九保两等小学校，张问赢继任校长，学校专收男生，直到“民国”二十八年（1939 年），男、女两校合并。从此，男女生才能同校读书。学制 7 年，分初等小学 4 年，高等小学 3 年，课程废除读经、讲经，开设修身、普通话、算术、公民、历史、地理、常识、唱歌、图画、劳作、童子军等课程。当时的生源除了九保本镇之外还有附近村寨，邻县富家子弟也前来就读。1913 年春，九保小学举办了丙盖村有史以来第一次学生体育运动会，期间学生公演《秋瑾》等新剧，传播革命思想。之后，九保小学男生带头剪去长辫，懿范女子小学带头扯掉缠足，掀起破除迷信的反封建民主运动。“民国”三十四年（1945 年），九保小学改为腾冲县九保镇第二中心民国学校。“民国”三十六年（1947 年），腾冲县政府改办该校为腾冲县立九保小学直至新中国成立。

“民国”期间，该校成立有校董会，董事长由德高望重者担任，先后由李根源、李根素、余铁恒、张利泉、高有志、曹德仁、李公九等担任过校董会董事长。校董会统管学校经费，委任校长，聘请教师，解决重大事宜。九保小学毕业的学生，大多受到先哲重视地方教育的影响，学成之后返回故里从教者不乏其人，其中有 20 世纪 40 年代毕业于国立云南大学的李希绩、龚天民、李功辅等人先后在该校任过校长。

九保小学在新中国成立前就有足、篮、排等各类球场，有单双杠、木马（跳箱）、秋千、跷跷板等体育运动器械；有雄厚的师资力量，教员大多都是大学、高中、师范毕业。九保小学建校以来，该校出身的学生遍及全国以至东南亚、欧美等国。有的曾留学到日本、美国、法国，有的曾参加北伐、抗日、解放战争、抗美援朝战争。

新中国的成立给九保小学带来了新的活力。1949—1956 年，改成腾冲县三区第十完全小学，教师 6 ~ 7 人，学生在 200 名左右。1950 年，农会接管学校，废止校董会之后，农会委员尹家颜任校长。当年学校开设国语、算术、珠算、历史、地理、自然、体育、图画、唱歌、手工等课程。1951 年改国语为语文课，其余课程不变。1952 年，腾冲县人民政府接管九保小学，李吉祥为校长，当年，试办五年一贯制小学，次年因条件不具备仍恢复六年制。1950—1952年，附设有幼稚园。1956年底，九保划归梁河县，改成河西九保中心小学，邓宽和担任校长直至1965年。邓宽和在九保小学任职10年，是新中国成立以来任职最长，最受群众、家长、学生欢迎和敬重的校长之一。1962年，该校成为遮岛区九保中心小学。20世纪60年代后期到80年代初称遮岛公社九保中心小学。1984年改成九保区中心小学。1987年，全县行政体制撤区改乡后，成九保乡中心小学。

“文化大革命”以前，九保小学除了认真抓好教学，培养了大批高质量的学生之外，学校对文体活动，勤工俭学等方面的工作也极为重视。学校排演的花灯歌舞誉满全县，常被县里调演，备受欢迎。学校文艺活动的展开，既丰富了社会文化生活，又起到了潜移默化的思想政治教育工作，还为社会各界培养了不少能歌善舞，吹、拉、弹、唱的文艺人才，是陶冶师生思想情操的有效形式。在勤工俭学方面，师生利用校园内现有的耕地，发挥九保种菜技术的特长，大搞科学种菜，培养学生热爱劳动，热爱劳动人民，热爱科学技术的思想品质起到良好的社会效益。

“文化大革命”期间，九保小学受害较深，教学质量下降。1969年起，该校附设初中班，学制2年，每年招生2班100余名，1976年又添设两个高中班。高、初中学生入学不许考试，全靠贫下中农推荐。1978年党的第十三届三中全会之后，教育方针得到全面贯彻，学校教学恢复正常。1979年，初中分开另办九保中学，高中并归梁河中学。1983年1月，九保各界群众（包括身居海外及在全国各地工作的乡贤志士）向九保中学捐资5万元，国家补助6万余元，破土新建882平方米3层钢混结构教学楼1幢。1985年，九保小学有教职工21人，学生289人，分5级11班，入学率100%，巩固率98.5%。此外，还附设有2个幼儿班，教养员2人，入学幼儿70人。

1986年贯彻中央关于教育体制改革的精神，九保小学在管理、教学等方面都进行大胆的改革尝试。1986年秋，试办“注音识字，提前读写”实验班1班，1992年毕业。1988年以后有试办3个“注音改革”实验班。1989年，添置自然教学实验室1个，县教育局配备了较完整的配套仪器，成为全县较好的自然教学实验室之一。到1990年底，学校占地14.9亩，建筑面积24447平方米，学校固定资产20余万元，有教职工21人，其中小学高级教师4人，小学一级教师13人，二级教师3人；在校学生406人，适龄儿童入学率

100%，年巩固率100%，普及率99%，毕业率95%，另外还附设有学前班3班，教师2人，入学儿童124人。

到2005年底，学校有教职工33人（小学高级教师11人，小学一级教师21人，高技工1人）在校学生316人，分6级11个教学班。把勐科、横路、安乐、吊弄、勐宋、茂福、新沙坝七个学校的六年级学生集中于中心寄宿就读，适龄儿童入学率100%，年巩固率100%，升学率100%。另外还附设有学前班3班，教师4人，入学儿童50人，至此，丙盖村的九保中心小学已办成全乡师生员工最多，教学质量较高的全日制六年制小学。[①]

表6－1　　1991年以来丙界小学和九保中心小学受表彰情况

单位	受奖类别	表彰单位	表彰时间
九保中心小学	少儿歌手大赛组织奖	德宏州团州委、妇联、教育文化局	1991年10月
九保中心小学	青年科技活动先进集体	州教育局、科协、体委、妇联	1991年6月
九保中心小学	先进支部	中共梁河县县委	1991年7月
九保中心小学	绿化知识晋级教育先进集体	州绿化委员会、州教育局、州团委、州广播电视局	1991年9月
九保中心小学	教育先进单位	梁河县人民政府	1991年9月
丙盖完小	云南省半寄宿制高小良级学校	德宏州教育局代	1993年12月
丙盖完小	云南省半寄宿制高小良级学校	德宏州教育局代	1994年10月
丙盖完小	云南省良级学校	德宏州教育局代	1996年9月
九保中心小学	文明单位	中共梁河县县委、县政府	1997年11月

①②数据来自《九保阿昌族乡志》，资料由九保阿昌族乡政府提供。

续表

单位	受奖类别	表彰单位	表彰时间
九保中心小学	法制宣传先进集体	中共梁河县县委、县政府	2001 年 10 月
九保中心小学	绿色学校	德宏州教育局、环保局	2001 年 12 月
九保中心小学	教学质量三等奖	梁河县人民政府	2004 年 9 月
九保中心小学	民族团结教育示范学校	省教育厅、省民族事务委员会	2005 年 12 月

2. **中等教育**①

1950—1956 年丙盖村没有中学，丙盖村小学毕业生只能到潞西、盈江、腾冲就读，自成立梁河中学之后，丙盖村的中学生多数就读于梁河中学。1979 年 11 月 4 日，经梁河县政府批准正式成立九保初级中学。校址设在丙盖村西北地区的鳖山下，占地 10 余亩。同年开始兴建木架结构的教学楼 1 幢，经费一部分由九保镇各生产队用学校占用土地补偿费捐助，建筑木料从九保镇集体林中砍伐，其余费用国家拨款补助。建校期间，师生员工自力更生砍抬木材，搬运砖瓦。大楼建起后又设理化仪器室、办公室、教室。又盖教室宿舍、厨房、厕所。当年有 4 个初中班，2 个高中班，全校共有学生 247 人，有教职工 23 人。教师是原初中班教师，具有高中、中师和大学学历。1980 年撤销高中班，到 1989 年教师经过充实和离职进修，教师扩充到 26 人，专任教师大专学历占 46.2%。可见，当时的办学条件十分简陋。

1981 年时，九保初级中学共输送初中毕业生 994 人，其中升入中专 105 人，高中 39 人，升学率为 45%。历年云南省全省统考，九保初级中学教学成绩名列梁河县初级中学榜首。1989 年，被云南省委、省政府授予“文明单位”称号。

1991 年，九保初级中学办学规模开始扩大，全校由原来的 7 个教学班（每个年级 2 个班；加上 1 个 3 +1 职业班）扩大到 9 个教学班（每个年级 3 个班，取消职业班），在校学生 518 人；1995 年扩招为 12 个教学班（每个年级 4 个班）。1991—2005 年，共开办 77 个教学班（现已办到 109 班），招生

① 《梁河县教育志》，资料由梁河县政府提供。

3139人，毕业65个班，毕业学生2603人；教职工由原来的31人，增加到现在58人，专任教师学历合格率100%，教师素质提高，取得大学本科学历30人，占专任教师总数的51.7%。职称状况：中学高级教师4人，中学一级教师31人，初级职称17人。办学条件逐年改善，1994年，按1类标准配备了物理、化学、生物三个实验室。《中华人民共和国义务教育法》颁布以后，开始实施“两基”工作，并于2000年通过省政府验收，基本实现“两基”目标，图书量增加到6000余册；2000年新增占地面积2668平方米，新增建筑面积1781平方米；2004年配备了“多媒体教室”、“远程教育卫星接收室”和“光盘播放室”。教学条件的改善，促进了中学教育教学质量的不断提高。

1991年以来，九保初级中学在思想品德、教育教学、教育教学管理等方面，进行了一些改革尝试：1994年进行“三制”改革，推行“校长负责制、教职工聘任制、绩效工资制”；1998年，梁河县中小学德育工作现场会在九保初级中学召开，九保中学被评为“德育工作先进集体”，其后，学校设立了政教处；1999年成立了“九保乡普通中学家长学校”，10年来，坚持开展家庭教育培训工作；1999年，学校再次进行了“三制”改革尝试，实行“年级组长负责制、教师竞聘制、结构工资制”，教师有3人落聘，安排其他工作，推动了教育教学工作的改革和发展，提高了广大教师的工作积极性和责任心，同年，教师开始参加“云南省中小学教师继续教育培训”，截至2005年，已有600人次参加了30个科目的培训。

2000年，“两基”工作验收后，学校积极创造条件，改善设施，按照“普实”标准，逐项落实，精心准备，2004年“普实”工作通过省政府验收，同年9月，学校根据省、州、县安排，对老师进行了新教材培训，并在七年级开展新课程改革尝试；2005年，九保初级中学被列为县人民政府教育综合改革试点学校，实行“校长公选制、教师聘任制、绩效工资制”，设乡校长1人、中学副校长、小学副校长2人、乡教导主任和事教导主任各1人、政教主任和总务主任各1人、乡校办公室主任1人，共同管理中小学教育教学工作。

2005年，九保初级中学已有12个教学班，在校学生609人，其中，少数民族学生288人，占在校生总数的43.7%；有教职工58人，专任教师52人，少数民族教师7人，占专任教师总数的13.4%；专任教师学历合格率100%。教师职称状况：副高4人、中职31人、初职17人。职工6人，其中技师1

人、高级工3人、初级工2人。在校学生入学率98.54%（1991年为33%）；巩固率98.2%（1991年为82.4%）；升学率52%（1991年为49%）。①

3. 扫盲工作

新中国成立以后，丙盖村不少贫苦农民走上了基层政权的领导岗位，他们当中绝大多数是文盲，为了开展工作，1950年丙盖村响应上级政府号召，组织了一些人参加扫盲学习。到1955年，梁河县（包括丙盖村在内）共有560多人基本脱盲。随着农业合作化的兴起，扫盲工作也提上了议事日程。

1990年，梁河县15~25周岁人群当中，读完3年级以上的4878人，脱盲220人，

文盲743人，半文盲661人，病残140人，非文盲率95.55%；26~40周岁，读完3年级以上的4047人，脱盲645人，文盲1737人，半文盲4069人，非文盲率93.03%。15~40周岁妇女当中，半文盲2909人，非文盲率89.59%；少数民族15~40周岁当中，半文盲1154人，非文盲率93.61%。②

2009年，九保乡政府颁布《九保阿昌族乡扫除文盲工作实施方案》，以扫除全乡剩余青壮年文盲为目标，重点扫除人口较少民族和妇女文盲，实现全乡消除文盲。扫盲工作的主要对象为15~50周岁的青壮年剩余文盲，鼓励50周岁以上的文盲接受扫盲教育。作为九保乡的重要村落，丙盖村积极配合乡政府实施扫盲方案。

在此次扫盲过程中，九保乡共设四个点，其中包括丙盖村，开办了四个教学班，人数140人，分别是丙盖、芒展和上、下白路头，其中，丙盖40人，芒展40人，上、下白路头60人。按照要求，丙盖村项目点每年1月向九保乡“九义”学校申报并签订《扫盲工作项目管理责任书》，乡中心学校汇总后向县教育局申报，并与县教育局签订责任书，待州、县汇总上报后，省教育厅基础教育处抽查后，根据取得的成效兑现项目经费。并且乡扫盲办公室人员每月抽出1~2天的时间到教学点检查指导工作，并研究解决工作中存在的问题，确保扫盲工作按质按量、有序进行，确保如期完成任务。③ 通过扫盲，丙盖村力争让学员熟练掌握1~2门实用技术，懂得一定的法律知识，复

---

① 《九保阿昌族乡志》，资料由九保阿昌族乡政府提供。

② 《梁河县教育志》，资料由梁河县政府提供。

③ 《九保阿昌族乡志》，资料由九保阿昌族乡政府提供。

盲率控制在4%以内。扫盲教学内容要结合当地生产、生活需要，不断创新工作方法，改进教学内容提要，办班形式灵活多样，农闲时组织学，农忙时自学。教学内容不单是识字，还要补充法律知识、思想道德、家教知识、社会知识、人文知识、科技知识等，满足学员学习需求。调动学员学习的积极性和主动性，使其学有所获，学以致用。扫盲工作授课人安排当地小学教师、农业科技人员、乡司法所、兽医站配合农村工作队，在乡扫盲工作领导小组的统一领导下开展工作。

（四）师资队伍

1. 丙盖村师资队伍的现状

（1）教师队伍数字统计①

丙界小学共教师8人，其中5位年轻教师拥有本科学历，3位老教师拥有中专学历。少数民族教师2人。2005年底，九保小学有教职工33人（小学高级教师11人，小学一级教师21人，高技工1人）

九保初级中学有教职工58人，专任教师52人，少数民族教师7人，占专任教师总数的13.4%；专任教师学历合格率100%；教师职称状况：副高4人、中职31人、初职17人。职工6人，其中技师1人、高级工3人、初级工2人。

九保阿昌族乡共有小学教师120人，其中阿昌族教师23人，傣族教师16人，德昂族教师1人，傈僳族教师1人，少数民族教师占34.16%。教师中大专学历以上的有74人，高中毕业的有41人，高中以下毕业的有5人。小学高级教师有39人，小学一级教师有77人，小学二级教师有1人，未评级教师有3人。

（2）教师待遇及其社会地位②

在丙盖村小学、初中工作的教职工除了有固定的基本工资之外，还享受各种生活福利待遇。在正常或非正常的情况下都有基本的物质保障和稳定的生活水平。享受的生活福利待遇有：享受各种补贴费，诸如边疆干部补贴、粮价补贴、物价补贴、肉食补贴、教龄津贴、班主任补贴、超课时补贴、出

① 《九保阿昌族乡2009年教育工作总结》，资料由九保阿昌族乡政府提供。

② 《梁河县教育志》，资料由梁河县政府提供。

差补贴以及夏季清凉饮料费、冬季御寒取暖费、卫生洗理费、订阅书报费、交通费、水电费等；享受公费医疗，教职工因病请假，女教师生育请产假，按规定照发工资并报销医疗费；享受退职、退休、离休以及抚恤待遇，凡年老体弱或因工致残而丧失劳动能力的教职工，可按规定分别办理退职、退休、离休手续。

由于教师人数较少，加上地区偏远，物以稀为贵，所以在丙盖村中，教师地位比较高。在我们的采访当中，有很多村民认为村上的教师见多识广，许多事情他们先咨询老师之后才办，甚至在一些家庭纠纷中，老师扮演的是"调解员"的角色。

2. 师资队伍存在的问题

（1）教师资源配置不均衡

在调研中我们发现，梁河县城学校的教师是有富余的，一个教师上一个学科还有剩余，而丙盖村的学校，一个教师跨年级、跨学科教学是常事，师资严重不足。村里的小学教师中，英语、信息技术、美术等学科的教师普遍短缺，甚至有些学科因缺教师而不能开课。在丙界小学，由于缺乏外语教师，丙盖村的孩子们在小学毕业时只能认识一些简单的英文单词，和内地东部地区的小学毕业生相比，外文水平差距很大。师资的分配不均衡是丙盖村中小学校最急需解决的问题。

（2）村中教师整体素质有待进一步提高

丙盖村中小学由于受地理位置、经济条件的限制，教师的待遇整体水平较低等原因，无法吸引优秀人才到当地从事教育工作，即使是当地培养出来的优秀骨干教师，也因待遇低、职称提升困难等问题而流向周边比较富裕的城镇，这给丙盖村学校师资力量发展造成了很大的负面影响，也是目前云南许多较贫困地区中小学面临的头等问题。

（3）教师编制规定本身不符合丙盖村实际

从丙界小学只开设一、二、四和五年级而没有开设三年级的班级可以看出，村中上学的孩子不多，所以较少的学生人数决定了教师编制数量也少。因而造成学校的教师编制整体上是满编的，甚至是超编的，但在开设科目上又是严重缺编的现象。按照教育部原规定以班级定编，2001 年改为以学生数额定编，这对调整城市学校布局，减少师资数量有一定的好处，但是在丙盖村中的学校执行编制规定却很困难。

3. 师资队伍发展对策

百年大计，教育为本；教育之计，教师为本。一个地区的教育质量高低，主要取决于师资队伍的素质和积极性的发挥程度，因此，应该把师资队伍建设作为丙盖村具有战略意义的基础性工作。结合丙盖村实际，就进一步加强师资队伍建设提出如下对策：

（1）制定符合当地学校的教师编制政策

建议在丙盖村教师的编制上，应该充分考虑村中教育自身的特点，适当给予学校教师编制的优惠政策，在开齐各个科目的前提下，可以考虑按班级数来确定教师人数，保证有足够的教师编制能够满足学校开课。丙盖村及其上级政府和教育行政部门应加强对农村教师队伍建设的规划和支持引导，统筹管理与合理配置城乡教师资源，使学校都能按学科正常开课。从制度上优化教师队伍结构，要出台特殊政策并落实，消化富余人员，优先配置紧缺学科师资。

（2）制定应届大学毕业生到农村学校任教的优惠政策

建议梁河县政府给予到丙盖村中小学任教的应届大学毕业生制定相应的优惠政策，积极引导和促进高校毕业生服务农村教育。优惠政策中可考虑如免除实习期、提前晋升、任教满三年后在报考公务员同等条件下优先录取等政策。

（3）减轻教师负担，提高教师待遇

鉴于丙盖村是较偏远的少数民族地区，政府应采取措施，激励教师安心农村教育，激励优秀教师走向农村。政府应把教师纳入制度，把到农村学校工作三年作为教师的招考条件之一；建立偏远农村教师特殊岗位等级津贴制度，做到政策性各项补贴由财政统发到位；适当提高丙盖村中小学中、高级教师职务岗位的比例；加强对中小学教师的理想信念和职业道德教育，提高教师的思想政治素质；建立中小学教师培训制度，减免培训费用，使教师业务素质与时俱进。

（五）教育质量与水平

1. 丙盖村教育质量与水平的现状

丙盖村隶属于云南省德宏州梁河县九保阿昌族乡，地处乡政府东边，位于梁河县中部偏东北，经济发展相对滞后，但教育事业与其他乡镇同步发展。

多年来，在德宏州州政府和梁河县县政府的领导下，通过丙盖村全体教育工作者的辛勤工作，教育、教学水平得到不断提升。

丙盖村的中小学虽然相较于内地东部地区还有一定的差距，但是相比于新中国成立前的情况，教育的质量水平已有很大的提高。丙盖村的基础教育已得到了明显的发展。通过采访丙界小学的校长，我们得知，有时个别学生因为家庭条件差而放弃进入中学读书，通常这种情况下，校长和村干部就会到学生家里进行思想工作鼓励学生继续读书，并给予一些补助。在高年级的教学中除了开设国家教育部规定的课程之外，还开设“三生”教育课程，即生命、生存和生活教育。通过“三生”教育让每一位教师和学生认识生命、尊重生命和珍爱生命，了解生活常识，掌握生活技能，养成良好生活习惯，并且提高保护珍惜生态环境意识和提高生存的适应能力和创造能力。

2009年，为了全面提升丙盖村的“两基”（“两基”是基本普及九年义务教育和基本扫除青壮年文盲的简称）工作质量，根据新修订的《中华人民共和国义务教育法》，九保乡政府特制定实施《关于提高九年义务教育阶段教育教学质量的暂行办法》。实施内容分为奖励与惩处两方面，设有先进教师奖、学生成绩奖等，以资鼓励；惩处方面实行末位淘汰制，小学升初中学生平均成绩60分以下的，教师所上科目学年成绩及格率为零或中考成绩及格率为零的，任课教师未能按要求完成教育教学工作的，调整工作岗位或劝其调离九保阿昌族乡任教，或在九保阿昌族乡辖区内实行坝区和山区轮岗制度，直到成绩优异方可考虑调整工作岗位。

通过不断地完善和改进，丙盖村的教育质量与水平得到了大力发展：

（1）改善了办学条件。政府每年拨付部分民政资金用于教育事业，动员学校勤俭节约，发扬不等不靠的精神自筹资金。

（2）教师素质得到了不断提高。丙盖村多名专任教师，通过函授、在职进修等形式，学历不断提高，教师学历达到国家要求。形成了一支合格稳定的教师队伍。

（3）基础教育得到了明显的发展。自“普九”达标以来，1～6年级的入学率为100%，7～9年级的入学率达到99%，1～6年级的辍学率控制在0.07%以内，7～9年级控制在2.79%以内。

（4）成人教育得到了大力发展。同时，成人教育也得到了大力发展。

丙盖村不定期的举办农村实用技术科普知识的培训，每年培训人数已达到5000人以上，还在村寨文化活动中心组织和开展丰富多彩、健康有益的活动。

（5）学校周边环境的整治得到加强。为保证学校教育、教学的正常开展和师生的安全，丙盖村村委会为此制定了对学校周边环境整治的实施方案（平安校园创建工作实施方案），并经常会同有关部门对学校的周边环境进行检查和整治，保证丙盖村青少年健康成长。①

2. 丙盖村教育的质量与水平存在的问题

丙盖村的教育是在过去几乎一片空白的基础上发展起来，并且在很大程度上只是一种量的扩张和对教育政治功能发挥的追求，同时，是模仿内地的办学模式而构筑的。虽然各层次教育都齐全，但由于历史、地理环境和社会的因素，教育发展水平很低，一些落后习俗和思想观念严重制约了教育的发展，阻碍社会进步。加之民族教育结构不合理，并不完全适应丙盖村的特殊情况，与当地经济发展联系不密切，无法适应当前教育的改革，同全国平均水平和发达地区相比，丙盖村的教育发展差距仍很明显，存在的问题还很多。

（1）教育观念陈旧落后，阿昌族传统文化对教育发展所带来的影响

由于多数村干部和村民只强调经济建设而忽视教育，抓经济建设的一手硬，抓教育的一手软，缺乏对长远利益的认识和追求，仅局限于眼前利益去发展生产，忽视素质教育和职业教育，造成了培养的人才流失，智力外流，形成教育高成本、高投资、低效益的局面。阿昌族信仰原始宗教，“活袍”从古至今的地位以及作用极其重要。不同文化类型的民族，其教育的价值取向也自然不尽相同，从而对教育的层次结构、专业结构、空间结构及管理结构存在着深刻的影响。虽然阿昌族文化有其自身的特殊性，但不能否认在社会发展中有负面影响。由于原始宗教的封闭性和有限性，在某种程度上，把丙盖村的教育限制在一个狭小的天地里。

（2）丙盖村地理环境的局限性制约教育质量水平

丙盖村的阿昌族村民大多居住在村中比较集聚的地区，但是还是有些居民是居住在山高谷深的地区，这就不利于学生上学，有些学生需要步行1～2小时上学。丙盖村还处于地震带，如遇上地震和泥石流等多种自然灾害，上

① 《九保阿昌族乡2009年教育工作总结》，资料由九保阿昌族乡政府提供。

学的路会被封闭，甚至学校的教学楼因成为危楼而导致学生无法正常上课。各种灾害每年都对丙盖村阿昌族的教育造成很大损失。这就最终导致教学质量难以保证，教育投入大，产出小。

(3) 师资数量不够，投入不足，队伍不稳定

首先是师资问题，丙盖村一方面教师数量不足，另一方面教师素质不高，由于教师的学历合格率偏低，再加上村中的教师很少有机会培训提高，不少教师知识陈旧，信息闭塞，很难适应“两基”发展的需要。其次是投入问题，具体表现为一是总体投入不足，因为村中其他建设也需要资金的投入导致在总体上在教育方面减少；二是各级配套投入不足，省里加大了投入，县、乡两级在配套投入上也花了不少财力，但村上还是供给小于需求；三是多渠道投入不足，除政府投资外，只有群众集资，其他投资渠道不顺畅；四是学校公用经费严重不足，影响了义务教育质量的提高。由于投入不足，财力有限，经济困难，造成了教师工资不按时发放，连年拖欠，影响了教师的正常工作和生活，造成中小学教师队伍不稳定。

(4) 教育水平较低，中、高等职业教育发展缓慢

丙盖村的小学、中学教育的质量普遍偏低，小学的5、6年级学生只相当于内地小学2、3年级的学生水平，初中毕业的学生相当于内地的小学毕业生水平。读完小学到中学的较少，成绩优秀的更少，入学不脱盲，脱盲又返盲的情况十分突出。中等教育结构单一化问题仍未得到根本改观，职业中等学校发展滞后，高等职业教育几乎空白。

3. 对完善丙盖村教育政策的几点思考

(1) 转变观念，加大丙盖村教育资源的投入

首先，丙盖村、九保乡要转变以往的观念，不要只把财政支出一味地放到经济建设上，把教育经费的使用也作为重点抓，按照国务院批准的《面向21世纪教育振兴行动计划》的要求，省和民族自治地方财政支出中教育经费所占的比例，也应根据各地实际每年提高1~2个百分点。因此，梁河县、九保乡政府的财政每年超收部分和财政预算外收入，应按不低于年初确定的教育经费占财政支出的比例用于村中教育。其次，丙盖村应完善对村中教育投资的监督机制，允许有资金、有能力的组织加入丙盖村教育投资，严防中间环节的扣、挪、卡、要，确保专款专用，并且还要力保村中的中小学将有限的经费用在刀刃上，从而逐步完善村中教育经费保障机制；同步建设村中教

育的周边设施，比如改善丙盖村中通往学校的交通，让距离学校远的孩子能够顺利上学，减少交通时间。

（2）提高教育水平，必须加强宏观调节力度

丙盖村目前缺资金、缺技术，最根本的是缺人才，重点是普及义务教育和扫除青壮年文盲。仅靠村委、乡政府自身的力量完成这项“百年大计”工程是很困难的，梁河县政府和云南省政府应当从振兴少数民族经济要靠教育这个基本认识出发，大力帮助像丙盖村这样的民族村落发展教育事业。这种帮助，我们应作为不可推卸的社会责任和政府行为，而不能当作一种慈善施舍和热心救助。虽然目前村委会在提高教育水平方面动员了村中各方面的力量，但不能因此而减少上级政府的责任。要善于运用上级政府宏观调节手段，调动必要的社会资源，增加丙盖村的教育供给，尽可能满足村中教育的需求。

（3）加快教师专业发展，稳定教师队伍

由于各种原因所致，我国的人口较少民族教育发展长期停滞于“维持型”，师资的结构性短缺问题一直没有得到有效解决，教师专业发展程度较低，这严重制约了人口较少民族教育发展。在丙盖村也不例外，虽然教师培训工作已经逐步开展和规范起来，但是教师接受培训并不等于教师专业发展。目前，丙盖村中的阿昌族语言、阿昌族文化和农业教育发展适合的教师培训还很少，导致村中教师培训工作“形式化、走过场”问题较为严重。因此，多形式、多渠道、有实效地激发教师工作以及学习、探索和交流的积极性、主动性和创造性是促进丙盖村教师专业发展的基本途径。另外，村委和村民们都应积极培育和发展有利于教师专业发展的社会氛围。只有加快教师专业发展，才能真正提高学校教育质量。与此同时，政府应该较大幅度提高中小学教师的工资待遇，对于能够来到丙盖村的教师可考虑增加特别工资补贴，要解决教师的医疗、退休保险等问题。通过落实各项教育政策措施并加大执行力度，以稳定丙盖村的教师队伍。

（4）加快发展中高职教育①

丙盖村的民族教育发展应紧密围绕当地的优势资源开发和支柱产业（粮、蔗、蔬菜、茶、猪五大产业）进行规划和发展，对人口进行重新配置，农业技术职业教育无疑对其具有重大的作用。应建构由初、中、高等职业学校和

① 陈向红．云南民族教育发展的现实问题思考[J]．学术探索，2000（4）．

初、中、高级技术职业培训构成的，具有多层次、多功能、大规模等特征的农业技术职业教育系统，同时农业技术职业教育要充分顾及阿昌族的生活环境和居住特点，合理布局。还要重点发展初级中等职业教育，培养出大批的初级农业技术人才和适用发展丙盖村经济人才，才能为村民脱贫致富做出积极贡献。

七、社会福利与保障

社会保障是国家依法强制建立的、具有经济福利性的国民生活保障和社会稳定系统。在中国，社会保障应该是各种社会保险、社会救助、社会福利、军人保障、医疗保健、福利服务以及各种政府或企业补助、社会互助保障等社会措施的总称①。

社会保障事关每个家庭和个人的利益，是群众基本的民生要求，也是政府最大的民生事业。完善农村社会保障体系是“十七大”的目标之一，也是我国社会保障体系的重要组成部分，建立和完善农村社会保障体系是全面建设小康社会和构建和谐社会的重要内容。随着国家经济实力的显著增强，农村社会保障体系日趋完善，惠农政策更加到位。丙盖村的社会福利和保障工作也略显成效，许多惠农政策都得到了较好的落实，尤其是在农村低保、农村医疗保险、农村民房重建、新农村建设、各种农业补助等方面。当然丙盖村的社保工作也存在诸如覆盖面较窄、管理体制不健全等亟待解决的问题。今后丙盖村及相关各级领导机构也会继续尽全力做好各项工作，切实保障广大农民群众的切身利益。

（一）传统的社会保障：土地、家庭、伦理道德

丙盖村是典型的农业村庄，除了其少数民族村庄的特殊性会得到民族政策的优惠和照顾以外，其社会保障的情况与全国其他农村地区情况基本相同。由于历史原因，农村社会保障长期以来并不是国家关注的重点，但是一个社会的稳定和发展又确实离不开社会保障的维系，于是，在现实自然条件及传

---

① 郑功成．社会保障学［M］．北京：商务印书馆，2000.

统风俗习惯的影响下，自发地形成了具有传统特色的农村社会保障。

第一，土地。农民又俗称“种地的”，农村便是与土地有着天然的不可分割的联系、靠天靠地吃饭的农民的聚居地。有了土地，农民便有了工作岗位，生活便有了一定的保障。在丙盖村农民传统的社会保障中，最重要的因素就是土地。土地成了维持农民基本生产生活的最重要来源。

农民的土地，具体来说应分为两大部分，一个是宅基地，再一个就是耕地。宅基地是农民的居住保障，有了一份宅基地，农民便可以在此建造属于自己的房屋、院落，从而成立自己的家，起居生活也有了一个安稳的所在。耕地是农民的经济来源，也是农民劳作的保障。农民早起晚归，面朝黄土背朝天在自己的田地里劳作，以获得日常生活所需。丙盖村人均有 1 亩基本农田（地）和 1 亩经济林。

第二，家庭。家庭是以婚姻、血缘或收养关系为基础的一种社会和人类自身再生产的社会组织形式。家庭也是丙盖村传统的社会保障方式之一，我们调研的农户中，家家都赡养老人，如赵安定老人就是和自己的儿子赵家雄一起住；而儿女较多的老人一般就是和最小的儿子住，其余的儿女进行经济补偿。我国有着源远流长的家庭和家族观念，浓浓的家庭亲情维系了家庭成员之间（主要指父母与子女之间、夫妻之间）相互依存的关系。家可以提供给未成年人一个安稳的成长环境，并使之接受一定的教育，同时家庭还可以“给那些丧失劳动能力的老年人以生活的保障”[①]。我国现行的法律也有规定：“父母对子女有抚养教育的义务，有保护和教育未成年子女的权利和义务；子女对父母有赡养扶助的义务”[②]。所以，在农村社会保障缺失或不完善的状况下，家庭就在很大程度上承担了老年人保障、呵护和教育未成年人的责任。

通常在我国，尤其是农村地区，传统的家族观念中“养儿防老”的思想很重，老百姓大多愿意生男孩，且有时不惜任何代价，宁愿多生超生，也要生男孩，且女孩生下来后，不能得到和男孩同样的待遇，待女孩长大嫁人后就是“泼出去的水”了，并不担负赡养老人的责任。但是这些观念在阿昌族百姓聚居的丙盖村是看不到的。在阿昌人的观念中，从来都认为男女是平等的，不会重男轻女，也不会生太多的孩子，即便是在生产力欠发达、劳动力

① 费孝通. 江村经济[M]. 北京：商务出版社，2001.

② 陈苇. 婚姻继承法[M]. 北京：法律出版社，2003.

欠缺的旧社会，阿昌人家也不会生很多孩子，所以更不用说在今天这样生活越来越好、越来越有保障的新社会，尤其在我们调研的几户70后、80后人家中，更是严格执行国家的独生子女政策，只生一个，绝不多生，且不论男孩女孩都一样疼爱，一样对待，一样让他（她）接受良好的教育，健康成长。

第三，伦理道德俗语有“百善孝为先”，孝道是中国传统思想中非常重要的伦理道德。在丙盖村调研中，我们也充分体会到孝道思想对阿昌人家的影响，体会到浓浓的亲情。如杨春兰老人和儿子一起居住，但是儿子的生活也并不十分宽裕，且还要抚养两个孩子，但是她的儿子并没有因为经济困难而使老人的晚年生活受到影响，而是尽力去照顾老人的日常生活。在现代农村生活中，孝道对于老年人生活的保障起着重要的作用。现今中国9000多万老龄人生活在农村地区，其中绝大多数人没有退休金或医疗保障，依靠子女赡养这一传统的“养老保险”模式生活，而这一传统模式能得以长期保存的主要原因就在于孝道这一传统的伦理道德。

（二）社会保险现状

1. 基本养老保险

丙盖村无人办理农村养老保险。一方面，由于工作经费紧缺，严重制约着九保阿昌族乡的农村养老保险工作的开展。另一方面，广大农民对养老保险的认识还不到位。虽然乡党委、政府高度重视，专门召开班子会议研究布置了此项工作，并充分利用各种会议广泛宣传，但是由于群众认识不足，存在观望思想，加之财政补助资金无法兑现等问题，尽管作了很大努力，截至2010年6月30日，丙盖村80岁以上的老年人共有21人，其中2人为90岁以上，但农村养老保险工作仍未实现零的突破。

2. 基本医疗保险

建立和推行新型农村合作医疗制度是党中央、国务院为解决广大农村居民因病致贫、因病返贫，提高农民群众健康水平，促进农村经济社会协调发展的重大举措。参加新型农村合作医疗的农民，每人每年只需缴纳10元的参保费，就可享受新型农村合作医疗带来的实惠。

过去由于经济落后，丙盖村的卫生医疗条件较差，多年来村民们生病一直都是“小病扛、大病躺”，一些人就是因为支付不起医疗费用而把小病拖成了大病。新型农村合作医疗制度的建立，不仅有效缓解了农民因病致贫、因病返贫的状况，而且对改善党群关系、化解基层矛盾、促进社会和谐发挥了积极作用。对于农民来说，合作医疗确实是一件大好事。所以在丙盖村，新型农村合作医疗政策受到了农民群众的普遍欢迎。

丙盖村于2007年开始正式推行新型农村合作医疗制度，当时大多数人都参加了合作医疗，没有参加的是因为当时不在家错过了，参加了合作医疗的村民对该项制度都比较满意。有资料显示，当年参加了新农合去看病的村民们的住院医药费负担，平均减轻了31.2%，住院医药费次均补偿额就达到490.14元。村民们患病的住院率有了明显的提高。还有村民表示："因为儿媳难产，到县医院做剖腹产手术，原以为要花好几千元钱，结果没想到政府给自己报了1100多元，真是党的政策好啊！所以明年还会继续参加新型农村合作医疗，并且还要在村子里宣传这种好政策。"

2010年，新农合的参保费由每人每年10元增长为每人每年20元，由于现在生活普遍越过越好，大家越来越富裕了，所以村民们表示，目前20元的保费还是较为划算的，基本可以负担得起。2010年，全村的参保率也达到了96%以上。现在新型农村合作医疗补助比率也已增加，门诊减免由20%增加到35%，住院费减免由50%增加到70%。

（三）社会救助现状

1. 自然灾害救助

救灾救济，是民政工作中最主要的工作，搞好救灾救济工作关系到人民群众安家立业、国家安定团结。

（1）救灾救济资金支付及物资发放情况

2008年8月20日、21日，盈江县连续发生里氏5.0、5.9级地震，九保乡各村委会受到不同程度的波及，部分民房受损严重。由于地理位置影响，丙盖村委会丙岗自然村受损较为严重。全村共有74户296人，受损的达52户234人，受损户占全村总户数的70%。鉴于丙岗自然村是乡里的重灾点，梁河县红十字会便于8月31日紧急将救灾物资拨付到乡里，9月1日上午便由乡政府安排到丙岗村发放第二批救灾物资，包括棉被11条、油5桶、大米10袋。9月11日，九保乡政府向"8·20"、"8·21"地震灾害受灾的"三无"

人员发放了第一批救灾物资，此次发放款物有大米10.71吨、救灾款14.28万元。另外，2009年夏荒期间，丙盖村分得民政救灾资金2000元。

（2）抗旱救灾

2009年入秋以来，梁河县与云南省大部分地区一样遭受了历史罕见的严重旱灾，对全县各族群众的生产生活造成了重大影响。灾情发生后，县委、县政府高度重视，及时组织全县各族人民投入抗旱保民生、保生产工作中，抗旱救灾取得了阶段性胜利，同时得到了省、州各级政府的大力支持，向梁河县下拨抗旱救灾资金物资，使旱灾地区群众饮水、临时生活困难问题得到基本解决。

2010年3月，梁河县再度遭受旱灾影响，为缓解各族群众生产生活困难，县委、县政府再度向全乡发放旱灾救济粮。其中，丙盖村分得旱灾救济粮情况见表7-1所示：

表7-1　**丙盖村2010年3月发放旱灾救济粮情况**

村民小组名称	数量（袋）
丙盖	6
丙岗	6
永和	6
永联	3
联合	4
马脖子	5
那峦傣社	5
那峦昌社	5
合计	40

资料来源：梁河县九保阿昌族乡民政办。

进入2010年4月以来，旱情虽得到有效缓解，但旱灾地区群众生产生活仍面临较大困难，为帮助灾区困难群众战胜灾害，渡过难关，省、州又拨付梁河县“共产党员抗旱救灾特别捐款”资金：一是给受灾地区的特困群众发放关爱金，每户补助标准为500元，丙盖村共有6户，合计3000元（详见表7－2，此处列出的是2010年7月27日的发放情况）；二是帮助受灾地区群众解决饮水工程和饮水设施的完善及维修，丙盖村安排资金5000元，用于维修丙界大沟及“70”大沟，以解决农田灌溉问题。同时，九保乡人民政府又向丙盖村发放了大米2吨。

表7－2　**丙盖村旱灾地区受灾特困群众救助名册**　单位：元

序号	姓　名	性　别	家庭人口	住址	类　别	资　金
1	曹明方	男	3	永和组	重灾户	500
2	王春云	男	4	永和组	重灾户	500
3	马顺陆	男	1	永和组	重灾户	500
4	马顺伍	男	5	永和组	重灾户	500
5	邹德旺	男	2	永和组	重灾户	500
6	赵兴荣	男	6	丙盖组	重灾户	500
合计	6					3000

资料来源：梁河县九保阿昌族乡民政办。

2010年7月28日，当我们在乡政府调研的时候，正赶上村民们来领取7月份旱灾救济粮。

不过村中的抗旱救灾工作也存在一些不足之处：虽然抗旱救灾工作一直以来都得到了中央及上级政府的高度关心和支持，投入大量财力、物力，也解决了人畜饮水、生产灌溉用水等问题，但因干旱而受到影响的茶园、甘蔗和冬苞谷等经济作物的损失却无法解决，要从根本上提高群众对自然灾害的防御能力，现在投入的资金还远远不够。

（3）“8·20”、“8·21”地震灾害民房恢复重建工作

2008年8月20日、21日，盈江先后发生了5.0、5.9级地震，九保乡震感强烈，全乡6个村委会不同程度受灾，部分民房受损严重。其中丙盖村百姓也受到了较大的经济损失，群众生产、生活面临着极大的困难。尤其由于地理位置影响，丙盖村委会丙岗自然村受损较为严重，全村共有74户296人，受损的达52户234人，受损户占全村总户数的70%。

灾情发生后，九保乡党委、政府及时组织全乡广大干部群众投入抗震救灾工作，并有计划、有组织地开展灾后民房恢复重建工作。丙盖村民房恢复重建指标初次分配（2008 年）情况如下：丙盖村实施一般加固 81 户（见附录一），实施重点修复 11 户（见附录二），丙盖村那峦傣社实施统规自建 25 户（见附录三）。

具体资金兑付方法如下：①一般加固由农户自己加固修复后，由本人提出补助申请，通过乡级验收、审核，经乡长签批后，由乡民政财务人员如实发放。②重点修复，按与农户签订的合同要求，平整地基，下好基础，竖起木架后，经挂钩村领导核实，由本人写出补助申请，经乡长签批后，首付 50%（4000 元），建设完成后，经乡级验收合格后付 50%（4000 元）。③统规统建、统规自建、分散自建，平整地基，下好基础后首付 30%（6000 元），竖起木架后付 50%（10000 元），竣工验收后付 20%（4000 元）。

2009 年丙盖村得到的农村民居地震安全工程指标为：拆除重建 12 户，抗震加固 28 户，补助金额 176000 元（见附录四）。

通过全乡各族干部群众的共同努力，按照省、州、县灾后民房恢复重建工作要求，到 2009 年 6 月 25 日全乡灾后民房恢复重建已基本完成，乡党委、政府已组织相关工作人员对民房恢复重建工程进行了初验，验收全部合格。通过地震灾后民房恢复重建工程提高了民房的抗震性能，达到了保障人民群众生命财产安全的目标，加快了九保乡建设和谐新农村的步伐。

2010 年，九保阿昌族乡人民政府又对全乡进行了一次危房改造工程摸底调查，据调查显示，此次丙盖村分得的危房改造指标如下：特别贫困户拆除重建 1 户，其他拆除重建 3 户，修缮加固 9 户。与 2008 年、2009 年相比，村中的住房条件明显一年更比一年好。

当然也存在不足的地方：如震后房屋重建资金补助每户只有 2 万元，而如果农户要拆除重建一般实际则需要 10 万元，因此还存在很大的资金缺口需要群众自己来解决。

2. 城乡贫困救助

（1）最低生活保障工作落实到位，做到应保尽保

农村居民最低生活保障是全面推进社会保障体系，保障城乡特殊困难居民基本生活权益，维护社会稳定、和谐的重要内容，是继农村税费改革，粮食直补后的又一惠农政策。最低生活保障制度的建立和实施是党和政府“体

验民情、关注民意”的一项惠民工程。村委会按照县委、县政府的统一部署和乡党委、政府的统一安排，明确任务、精心组织、认真贯彻落实《云南省农村最低生活保障办法》、《梁河县城市低保规程》、《农村五保供养条例》和《梁河县农村低保实施（试行）办法》，全面推进丙盖村社会救助体系的建设，经过两年的实施，村中部分困难群众的生活水平得到了提高。但因是一项新的制度，在实施过程中也存在一定的问题，导致实际实施的效果和政策所要达到的目标还存在一定的差距。

① 全面建立和实施农村居民最低生活保障制度是改善民生、维护民权的重要体现，是建设社会主义新农村和构建和谐社会的重要方面。

农村低保2009年的资金发放标准是每人每月50元，2010年的标准升至60元，农村最低生活保障制度规定的金额虽然不能满足家庭生活的所有开支，但是也能够有效地分担生活困难家庭的生活费用。所发低保资金全部实行信用社代发制。2009年6月丙盖村共有农村低保30户62人，6月共发放资金3100元（见附录五）。2009年县民政局又分配给丙盖村一些农村低保指标，用于因腾陇路过境被国家征收的水田、旱地，且人均面积少于0.3分土地的农户，给予享受农村低保。2010年1月丙盖村共有农村低保182户384人，1月共发放资金23040元（见附录六）。

农村低保的实施提高了特殊困难群体的生活水平，在实施前，村里的老、弱、病、残家庭，要求民政救济的较多，几乎每隔一个季度就来一次。实施后，要求民政救济的群众少了，农村低保起到了应有的作用，缓解了弱势群体的生活困难。同时，实施农村低保缓解了家庭关系。以前，由于生活困难对父母很难做到老有所养，子女想上学也无法供读，夫妻间经常因家庭琐事而吵架。实施农村低保以来，群众的日常生活有了保障，原来存在的不和谐关系得到了缓解。

当然，农村低保实施两年来，或多或少也存在一点问题，如挪用、平均分配等，对于存在的问题乡党委、政府也十分重视，责成由乡纪委副书记、乡分管民政工作的领导带队进村入社进行调查、落实。在落实过程中坚持公开、公平、公正的原则。对丙盖村发生的问题进行了以下处理：首先，对丙盖村马脖子组平均分配低保金的办法进行纠正，把已经分配的资金收回后，返还到原享受低保的农户手中；其次，根据大部分群众的意见，由村、组对马脖子组原享受低保的15户36人，重新评定。要求严格按照户主申请、村民小组推荐、民主评议、张榜公示、村委会核实、乡政府审核、县民政局审批、张榜公示颁发低保证的工作程序进行确定低保对象。

② 城市低保工作有序开展，确保下岗、失业人员和城市困难群众的基本生活

为了保障在丙盖村居住的城镇户口居民中下岗、失业人员和困难群众的基本生活，村中也开展了城市低保工作。平日里村干部会大力宣传城市低保政策，困难户可自行申请城市低保，之后会由专人进行入户调查、核实，如实填写审批表，上报县民政局；经县民政局核查后进行公示，困难户方可被批准享受城市低保。

2010 年 2 月，丙盖村批准享受城市低保的有 15 户 24 人，共发放保障金 3063 元（见附录七）。

（2）五保户的社会保障

对于老、弱、病、残、孤的五保户群众，各级政府都给予了极大的关怀。新老五保户的补贴标准皆是每人每月 80 元，与 2009 年相比，2010 年 1 月丙盖村新老五保户依旧是 25 户 35 人，当月共发放救济金 2800 元（见附录八）。

（3）孤儿救助情况

孤儿是社会上最可怜人之一，也是民政部门和社会各界人士最关注和需要救助的对象。九保乡目前有孤儿 63 人，其中：单亲、特困孤儿 48 人，艾滋孤儿 5 人，父母双亡孤儿 5 人，享受农村低保的 24 人，享受新老五保的 4 人，其余的作临时救济。

（四）社会福利现状

1. 老年人福利

丙盖村专门设立了老年活动室，老年活动室的建立为促进老年人的身心健康创造了良好的条件。比如丙盖行政村中的永和自然村，就专门建了一个大院，集老年活动室、党员活动室、青年之家、妇女之家等为一体，平日里谁有需求，谁就可以用。所以，有了这样一个大活动室后，老年人就可以经常聚在一起，锻炼身体，学习知识，娱乐身心等。为更好地了解老年人的基本情况，云南省老龄委还进村入户对 58 岁以上的老年人进行数据收集和免费照相。为严格落实国家和云南省关于加强老龄工作的一系列法律法规政策，

及时研究解决老龄工作中存在的困难和问题，制定完善老龄工作的有关制度，使老龄工作的组织保障坚强有力，使老龄工作问题切实引起全社会的广泛关注和重视，乡里还成立了2010年老龄委领导小组，负责处理日常事务。

截至2009年6月30日，丙盖村80～89岁的老年人共有17人，他们每人每月可享受120元的高龄补贴（见附录九）。

2. **残疾人福利**

为了健全对残疾人的服务体系，改善残疾人的基本生活，通常丙盖村的残疾人事务会由九保阿昌族乡残联来办理。具体来说，乡残联的工作职责主要有以下几个方面：

听取残疾人意见，反映残疾人需求，维护残疾人合法权益，为残疾人服务；团结、教育残疾人遵守法律，履行应尽的义务，发扬乐观进取精神，自尊、自信、自强、自立，为社会主义现代化建设贡献力量；弘扬人道主义精神，宣传残疾人事业，沟通政府、社会与残疾人之间的联系，动员社会理解、尊重、关心、帮助残疾人；开展残疾人康复、教育、劳动就业、扶贫、文化、体育、用品用具供应、福利、社会服务、无障碍设施和残疾预防等工作，创造良好的服务环境和条件，扶持残疾人平等参与社会生活；贯彻执行《中华人民共和国残疾人保障法》，实施残疾人事业的政策、规划和计划，调查掌握残疾人状况，向政府提出决策建议，对有关业务领域进行指导管理；协助有关部门组织制定残疾人劳动就业工作计划，组织实施残疾人分散按比例就业工作；指导监督和宏观管理残疾人福利企业，会同有关部门制定并监督实施残疾人社会福利企业生产的扶持保护政策；协助有关部门制定组织实施残疾人教育工作；协助有关部门制定残疾人扶贫计划；组织实施残疾人专项扶贫工作等。

其中典型的例子有：为提高村中残疾人的劳动技能和素质，乡残联于2009年对包括丙盖村在内的全乡残疾人进行了养猪、冬春蔗种植等技术的培训。2010年5月13日，丙盖村残疾人还接受了来自县残联和乡残联组成的慰问组的慰问，其中“阳光家园”残疾户，每户收到600元慰问金，残疾困难户，每户收到100元慰问金。2010年6月乡残联又兑现了2009年个别残疾困难户的危房改造款，每户1000元。同月，乡残联又为乡重肢残申报了5辆轮椅，因此也极大地方便了丙盖村重度肢残者的日常生活。

3. 妇女儿童福利

妇女福利。在福利性设施与服务方面，县、乡建立的妇幼保健院、妇产医院都能提供这方面的保障；村里还成立了专为女性服务的妇女之家，也算是全村妇女的一种非官方联合组织，平常农闲时大家就聚在一起为保障自身权益和促进村庄发展献言献策。

儿童福利。即国家、州、县、乡面向儿童提供相应的保健设施和服务。例如，对儿童实行预防接种制度，积极防治儿童常见病、多发病，提供必要的卫生保健条件，做好预防疾病工作。在全科医院中设立儿科；开展儿童保健工作，定期进行儿童健康检查、预防接种，防治常见病、多发病，使儿童健康成长。在实施上述项目中，一般多由国家财政提供专门拨款，用以补贴①。

义务教育是一项面向儿童的教育福利事业。现在丙盖村实行的是国家颁布的“两免一补”政策，对接收义务教育的儿童免收学费，对家庭经济困难的学生酌情减免杂费，对贫困家庭的儿童给予教育补贴，等等。

（五）社会优抚现状

优抚安置是民政工作中的一项重要工作，落实好优抚安置政策，关系到稳定军心和加强部队建设，对巩固国防、稳定社会治安、构建和谐社会起着重要的作用。

2009 年，九保乡政府认真按照《优抚抚恤条例》和安置政策开展工作。把此项工作作为一项政治任务，列为乡里的重要议事日程来抓。同时深入到乡里的各村，包括丙盖村的优抚对象家中去了解他们的生产生活情况，对生活难、就医难、住房难的“三难”人员给予生活生产上的照顾和扶持，重点解决好功臣模范、伤残、老复员军人的实际困难。春节期间，乡政府还组织了相关部门去慰问村中的复退军人及军烈属。

优抚安置人员的人均月定补标准是，复员军人 232 元或 237 元（依个人情况定），烈属是 389 元。2009 年 7—9 月，丙盖村复员军人月定补情况见表 7－3：

---

① 郑功成．社会保障学[M]．北京：中国劳动社会保障出版社，2005.

表 7-3　　2009 年 7—9 月丙盖村复员军人月定补情况　　单位：元

姓名	类别	住址	月标准	金额
哏德忠	复员军人	丙盖村那峦傣社	232.00	696.00
赵安昌	复员军人	丙盖小组	232.00	696.00
赵家苍	复员军人	丙盖小组	232.00	696.00
赵家金	复员军人	丙盖小组	232.00	696.00
丁恒流	复员军人	丙盖永联村	237.00	711.00

资料来源：梁河县九保阿昌族乡民政办。

根据梁河县委、县人民政府办公室《关于在“八一”期间深入开展拥军优属工作的通知》精神，为进一步发扬县“八一”建军节期间积极组织开展拥军走访和召开座谈会的优良传统，使全县广大军烈属感受到党和政府的深切关怀。2009 年 7 月 29 日，九保阿昌族乡也举办了 2009 年度双拥座谈会，丙盖村的复员军人、现役军人家属、参战退役军人及烈属也都受邀参加了此次座谈会。这次会议不仅探讨了九保乡经济发展的思路及目标，还充分肯定了退役军人在全乡经济建设中的作用，并要求广大退役军人加强学习，提高自身综合素质，继续发扬军人优良传统为家乡经济建设做出应有的贡献。

（六）社会互助现状

随着政府通过强制实施基本社会保障制度逐步介入社会保障领域的管理和监督后，互助保障构成了基本社会保障制度的有益补充，对于我国建设适合国情的新型社会保障体系，对于缓解政府社保财政压力以及满足人们多层次需求来说，无疑非常重要。

互助保障，是指社会成员之间通过一定的机制相互提供物质帮助（包括经济援助与服务援助等）的一种生活保障系统。它一般由非营利性的互助组织承办，具有自愿参加、互助共济、非盈利、合作制等特点[①]。

① 郑功成．社会保障学[M]．北京：中国劳动社会保障出版社，2005.

1. **老年协会**

为在丙盖村形成尊老、敬老、养老、助老的良好社会氛围，村中已成立了“老年协会”，年龄在 50 岁以上的村民皆自动成为会员。协会设立名誉会长 2 名，名誉副会长 3 名，会长 1 名，副会长 3 名，委员 4 名，管理员 1 名，其余皆为会员。协会领导人员皆从一般会员中按民主选举制选出，任期一般为 4 年。协会职责包括：第一，宣传贯彻党和国家对老龄工作人的方针、政策和法律法规，制定维护老年人权益的规章制度和老年事业发展规划；第二，广泛开展维护老年人权益的法制宣传教育活动，反映老年人的愿望和要求，为老年人服务；第三，创造条件，兴办各种福利事业，丰富老年人的物质文化生活，促进老有所养、老有所乐、老有所医、老有所学、老有所为；第四，动员社会各界关心支持老龄事业，维护老年人合法权益，形成尊老、养老、助老的良好风气，发挥老年人在两个文明建设中的作用。

2. **妇女之家**

村里的所有妇女都会自动成为“妇女之家”的一员，但初入会的成员需要交纳 10 元的会费。平日农闲时，妇女们会聚在一起学习文化知识、切磋女红技艺，或是讨论如何更好地保障自身权益和促进村庄发展；每当村子里有客人到来或是遇上盛大节日，后勤的工作就又全落在了妇女之家的身上；每逢节日，妇女之家的成员们还要负责准备一些文艺节目。搞活动时如遇上经费不足的情况，成员们就会主动凑钱出力，互帮互助，竭尽全力把活动办好。

3. **青年民兵之家**

“青年民兵之家”的成员都是村里的青年人，只要年龄在 20 ~ 49 岁就自动入会，不分男女。由于青年民兵之家的成员都是村里的青壮年，所以一般像修路、挖沟这样费些体力的活就落到了他们的身上。记得调研期间的有一天，风雨交加，导致公路旁部分山体出现了小范围滑坡现象，其中部分路段的落石刚好就滚落在马路中央，路边还有倒掉的电线杆及一些不太粗壮的小树，于是青年民兵之家就又负责起清理路面的工作。除此之外，青年民兵之家也组织些体育活动，比如篮球、乒乓球赛等，也曾经自筹经费，从县里、乡里租来图书，建立过青年图书馆，帮助广大村民学习文化知识等。

（七）社会保障存在的主要问题

1. 农村社会保障法制建设滞后，影响丙盖村社会保障发展

农村社会保障制度的建立和发展需要一个完善的法律体系来支持。当前中国农村社会保障制度法规极其缺乏，无法对农村社会保障事业进行系统性规范。目前丙盖村社会保障制度主要是以有关部门和地方政府的政策措施为指导，缺乏系统的法律依据，因此发展缓慢。

2. 社会保障的机制不完善，覆盖面较窄

目前，丙盖村的社会保障体系并不健全，保障形式主要是农村社会救助、老年人福利、社会优抚、农村合作医疗保险及农村社会互助等，从各方面来看都还无法完全满足村民们的需要。同时，丙盖村社会保障的覆盖范围也较窄，保障对象主要还局限于“最困难的人”、“最光荣的人”，村里的大多数人仍然还游离于社会保障“安全网”之外，尤其是农村养老保险的缺失，不仅使越来越多的老年人无法规避生活风险，也使更多的老年家庭子女难以承受“四、二、二”式（一对夫妻供养四位老人和一到两个孩子）的供养负担。

具体来说，当前在丙盖村社会保障机制方面存在的突出问题是：其一，农民基本养老保险制度不到位，农民养老主要是家庭养老，其他养老保障基本上处于真空状态。其二，社会保障水平整体偏低，尽管新型农村合作医疗已经展开，且参保率达96%，但与农民的需求仍然有很大差距。其三，生育保险、工伤保险和失业保险实际上被排除在丙盖村的社会保障之外。其四，在丙盖村的社会保障体系中，赈灾救助和社会福利的保障对象最广，但是由于种种原因，这两类受保人群的覆盖面依旧有限。

3. 社会保障的管理体制不健全

其一，存在一定的体制分散、多头管理现象。如有时关于医疗保障，就可能会涉及劳动、民政、卫生、民族宗教等部门，再如农民的住房救助也同时会涉及民政、扶贫、残联、民族宗教、移民等部门。部门之间偶尔会缺乏联动效应，职责越位与缺位并存。其二，丙盖村社会保障工作的专业化水平不高，没有形成一支从研究到操作的专业化队伍，很多新措施、新办法的实施缺少前期论证，对已有政策执行情况难以进行科学评估。

4. **社会保障的资金来源不尽合理，没有体现全社会责任**

资金是推进农村社会保障体系建设的核心问题。民政部 1992 年印发的《县级农村社会养老保险基本方案》明文规定，在保险基金的筹集上，“坚持以个人缴纳为主，集体补助为辅，国家给予政策扶持的原则”，这样的规定使国家和集体所体现的社会责任过小。农村合作医疗保险基金的集体补助也微乎其微，几乎完全由个人缴费。这样的社会保障不仅失去了它本来的意义，而且也影响了农民参加养老、医疗等保障项目的积极性，加大了农村社会保障工作的难度。

（八）完善社会保障的对策

1. **加强农村社会保障制度法制建设，有利于丙盖村社会保障发展**

缺乏法律保障是我国农村社保制度落后的根本原因，我们必须加强相关法制建设，从根本上解决这一问题。从我国社会保障立法的历史与现状看，加快农村社会保障法制建设可以从两个方面着手。一是专项法规的建设，比如有关农村医疗保障、养老保险的专项法规；二是有关地方性法规的建设，丙盖村所在的梁河县可根据自身的实际情况制定具体的实施办法。在加强法制建设的同时，应加强宣传，使广大农民知法、懂法，依照相关法律法规参保，并最终得到实际的保障。通过法律对农村社保对象范围、资金管理、保障条件等做出硬性规定，任何部门和任何人都必须依法执行，不得违反。使农村社会保障工作有法可依，有章可循，解决了管理混乱的局面和保障效率低下的现象，从而促进农村社会保障工作的有序进行和可持续发展①。

2. **从实际出发，逐步扩大丙盖村社会保障覆盖面**

扩大丙盖村社会保障的覆盖面，提高社会保障水平，主要从以下几方面着手：第一，建立和完善最低生活保障制度。最低生活保障制度是以保障公民基本生存权利为目的的社会救助制度，是社会保障体系中的最后一道“安全网”。它是国家和社会为保障收入难以维持最基本生活的农村贫困人口建立的社会救济制度。第二，建立和完善丙盖村的社会保险制度。完善的社会保

---

① 杨东兴．我国农村社会保障存在的问题及对策[J]．农业科技与信息，2008（22）．

险制度包括养老、医疗、工伤、失业、生育等基本保险和其他多种补充保险。如针对丙盖村的实际，应构建多层次农村医疗保障制度，可由三个主要方面构成，即合作医疗、医疗救助和医疗保险。政府应将合作医疗作为主体来推动，并将医疗救助纳入合作医疗，医疗保险则针对部分人群实行。第三，逐步完善农村社会福利制度，提高农村居民的生活水平。

3. 完善丙盖村社会保障管理体制，培养专业人才

第一，为了防止管理中出现漏洞，应建立“社会保障行政组织、农村社会保障基金运作、农村社会保障业务机构”三位一体运作模式，使农村社会保障的政权、财权、事权相分离，消除有关职能部门受经济利益驱使争管社会保障项目的倾向。第二，要重视社会保障专业人才的培养工作。农村社会保障涉及面大、政策性强、任务艰巨，毋庸置疑，建立一支庞大的专业人才队伍建设已成为当务之急。应通过多种渠道在研究、执法、宣传和业务技能等方面把专业人才的培养作为建立健全农村社会保障体系的首要任务。要树立与时代发展相适应的培训理念，把人才培养放到社会发展的大背景中去思考、去认识，不断拓展培训的思路、内涵和外延，在创新意识的启动、实践能力的培育、内在潜质的开发上狠下功夫，要运用灵活多样的培训方式，努力提高培训的质量和效果。与此同时，要为从事农村社会保障人员提供展示的舞台，为他们创造良好的工作条件和生活环境，让他们热爱本职工作，立足为农村社会保障工作建功立业，从而努力造就一支政治坚定、业务精湛、作风过硬、人民满意的人才队伍①。

4. 完善丙盖村社会保障资金的筹集

在资金筹集上，首先要加大政府财政投入，多渠道筹集保障资金；其次，大力发展集体经济，强化农村集体对保障资金的投入；最后，应充分利用村外的社会力量，动员全社会都来关心支持和积极参与农村社保事业，通过先富起来的地区来帮助丙盖村发展，不断扩大资金来源。

5. 增强全村民众的社会保障意识

由于丙盖村民年收入普遍不高，所以投保思想一般较为保守，还存在希望通过“养儿防老”来解决养老问题的观念。因此，在丙盖村，应统一村民的思想意识，加大农村社会保障的宣传力度，更新观念，使其认识社会保障的

---

① 向常勇．农村社会保障存在的问题与对策[J]．学习月刊，2008（18）．

重大意义，积极引导，积极参与，不断扩大社会保障的社会基础，增强社会保障的生机和活力。

6. **加强丙盖村社会保障制度的外部环境建设**

（1）加强农村教育投资

一般而言，个体的受教育程度与未来经济收入有一定的关系。加强丙盖村的教育投资，是解决村庄经济问题的根本出路。政府应不仅提供免费的九年制义务教育，如有条件应减免高中甚至高等教育的费用，确保村中贫困儿童接受教育的连续性。

（2）完善现行的土地制度

现阶段，要配合社会经济体制改革，对原有土地制度进行创新，形成一种能促进土地集中和规模化的有效流转机制，使土地尽可能集中在少数种田能手或需要十地的开发商手中，提高土地经营效率，增加农民经营农业的收入。同时，可促使农村大部分劳动力去城市或乡镇企业工作，提高其家庭的非农收入，进而提高整个村子的经济发展水平，提高农民的收入和生活水平，为丙盖村发展自身的社会保障制度打下坚实的经济基础。

八、医疗卫生

（一）民间医药

1. 迷信

（1）供奉自己家的老祖先，保佑家人身体健康

进入丙盖村阿昌人家，就能看见正堂内处于正位的墙壁正中或挂着或贴着的祖先牌位。阿昌族基本无特殊的宗教信仰，主要就是信仰原始宗教，即信仰自己的祖先。从每个阿昌人家内供奉的祖先排位即可得知，排位的正中是“五福堂”，供奉的是“天地国亲师位”，右边是“奏善堂”，供奉的是本族的祖先，左边是“流芳堂”，供奉的是自己这一姓的祖先。不论是在旧社会还是新社会，供奉自家的老祖先，都是阿昌人家保佑家人健康平安的最虔诚、最基本的方式。

(2)“活袍”治病

在旧社会，由于缺医少药，所以当阿昌族群众生病时，就会依靠巫婆神汉卜卦、驱鬼、献饭等迷信活动来祈求神灵保佑、治病。其中最常见的就是去找“活袍”来看病。明代《百夷传》就有记载，阿昌族所属之地的百姓“疾病不知服药，以姜汁注鼻中。病甚，命巫祭鬼测路”。

2. 传统民间药方

早在原始社会，阿昌族的先民为了狩猎、抢夺生活地盘和食物，部落内部或部落之间经常发生搏斗，造成外伤后，就采一些树叶、草根，加工后用于止血、治疗伤口。随着社会的发展，阿昌族群众在历史长河中不断摸索、研究、实践，从而总结出治疗疾病的许多民间药方。以下是我们在丙盖村了解到的传统民间药方，例如：

白花蛇舌草：清凉、治刀口伤。

绞股蓝：清凉、解饮酒过量、消炎、退热。

猪鬃（宗）草：清凉消炎，治疗肾炎、尿道炎。

百灵草：泡酒喝，舒筋活血，治疗关节筋骨扭伤。

牛膝：炖于猪脚，治疗风湿痛、关节痛。

香橼叶、风吹散：炖蜂蜜水，止咳化痰。

重娄：消炎，治疗风湿、肠胃炎，也可做刀口药。

何首乌：用金竹片刮洗干净炖肉吃，可乌发，强筋骨。刮下的皮泡酒，再加入小白药、牛膝、老人拐杖可治疗风湿和筋骨痛。

千针万线草：炖水喝，其根蒸肉吃，可治心慌心悸。

称斤草：炖水喝，可泻肚，治疗肚子闷胀。

缅桃叶：炖水喝，可治疗腹泻。

桃树皮：煮水喝，止吐。

生姜片：加锅烟子灰和盐炖水喝，止咳。

臭灵丹：煮水喝，止咳。

马鞭梢：煮水喝，治疗牙痛。

南杏、一把伞：治毒蛇咬伤。

五加风、木瓜、牛文鸡脚、钩藤、寄生草：治风湿。

木通、车前草：消肿利尿。

……

此外，七颗黑豆、七颗糯米放入土茶罐中炖水喝，治疗胃痛；山荷包草根炖水喝，治疗腹泻；生姜、辣椒、红糖煮水喝治疗感冒；一棵蒿子根、首乌、抓地虎舂捣后敷于患处，治疗筋扭伤；“野薄荷、泥香草、茴香、木通、茅草根、紫草、黄连、黄芩治疗疟疾”。[①]

阿昌族对草药的认识和运用远不止这些，在《德宏民族药名录》一书中有更全面的归纳。除运用草药治疗外，阿昌族还泡制药酒外搽内服，主要治疗风湿疼痛和跌打损伤。另外，还习惯于刮痧、揪痧、手指放血、拔火罐、用艾叶麝香灸穴位、用荆竹筒消毒后拔穴位等方法治疗一些疾病。刮疗法：适用范围与放血疗法大致相同。用刀背、碗口、瓶盖或银圆等坚硬光滑的东西在双肩、胸部和背部反复刮，使被刮处皮下出血，红得发紫，加强血液循环，为不刮伤皮肤表层，在刮时擦点儿香油增加皮肤的润滑度，这种方法称为“刮痧”。另一种称为“揪痧”的疗法是：当头痛或咽喉肿痛时，用食指和中指蘸水在鼻根处或脖子上反复揪出一条紫红的线条，以减轻疼痛。放血疗法：当内热外感、浑身酸痛不适或肚子剧痛、发寒发冷时，用细线捆紧手指使之乌黑，然后用缝衣针刺扎乌黑处，让少量血流出以放出体内毒素，这种方法又叫“放毒”。还有的人用“拔火罐”的方法治疗风湿痛。

从前，梁河属“瘴疠之地”。为预防疾病，阿昌族在端午节吃雄黄酒，触摸不清洁物体后用野蒿水洗手脚。平时成年男女都有嚼烟的习惯。无论劳作或闲暇，常常将一小撮草烟丝放入口中，辅以石灰粉、芦子、“撒挤”、广子（槟榔）咀嚼，不时将土红色的汁液吐出。嚼烟据说能克瘴气，使毛虫变僵、蚂蟥变直，实际上也有提神、健胃、消食的功能，嚼出的汁液外搽治蚊虫蚂蟥叮咬。民国年间，李根源的好友、昆明诗人王灿到九保观此景后赋诗一首：“阿昌赤足裹包头，背米担柴结伴俦，最是日中交易后，槟榔满口不能休。”（引自《罽山西行诗》）诗中所言“槟榔”就是烟草等物。

这些民间防治疾病的方法大部分沿用至今。但对那些横行肆虐的疟疾、鼠疫等传染病而言这些传统药方就远不够用了。

---

① “民族问题五种丛书”云南省编辑委员会．阿昌族社会历史调查[M]．昆明：云南人民出版社，1983.

（二）新中国成立前的医疗卫生状况

在旧社会，恶劣的自然环境、传统的不卫生习惯和几乎等于零的卫生保健条件致使丙盖的阿昌族村寨成为疟疾、鼠疫、天花、痢疾、流感等传染病的高发地区。据《马可波罗游记》记载：金齿（今保山地区和德宏州）一带“夏季期间，这里一片片山岚瘴气，郁闷而不卫生，商人和其他外地人被迫离开这里，避免无谓的死亡”。史书用“蛮烟瘴雨之地”描述这些地区，内地人称之为“夷方坝”，当时民间有“要走夷方坝，先把老婆嫁”、“要走夷方坝，先把棺材买下”的民谣，真可谓是对这些地区疾病横行肆虐的精辟概括。据《梁河县志》记载：“民国”三十三年（1944 年），梁河县勐科阿昌族村疟疾流行，全村 30 户，病死 36 人，7 户死绝。那时候，有的群众说：“连狗都会打摆子”，曾出现“路起青苔无人走，草结疙瘩不见人”的悲惨景象。

“民国”三十二年（1943 年）至“民国”三十七年（1948 年）的 6 年间，梁河县境内发生过 5 次鼠疫，鼠疫病患者达 2941 人，死亡 1098 人。每次鼠疫暴发大流行都不同程度地殃及阿昌族村寨。李根源在《鼠疫》一诗中有这样的描述：“鼠疫蔓南方，死人已不少。惨矣梁盈间，最烈是九保。来如黄河水，抢救望大齐。人力感未尽，又溃到河西。医疗已进步，病十还死五。肃清知何日，吾欲问苍旲。”这说明了鼠疫流行的迅猛和惨烈。

“民国”三十三年（1944 年），云南省民政厅卫生处派出四人组成滇西鼠疫防止队，携带器材，到梁河、盈江一带治疗，共治疗患者 125 人，注射鼠疫预防针 35429 人次。“民国”三十六年（1947 年）5 月成立梁河县卫生院，借用南甸土司署设门诊、药房，员工 3 人，有听诊器、体温计、压舌板等简便诊疗用具以及 20 多种日用药品，日就诊 2～3 人。在“民国”三十六年至“民国”三十七年，梁河县卫生院也开展过注射鼠疫疫苗等防治工作。但这些措施都是杯水车薪，收效甚微①。

---

① 中国人民政治协商会议梁河县委员会．梁河阿昌族今昔[M]．昆明：云南民族出版社，2003.

（三）新中国成立后的医疗卫生状况

1. 新中国成立初期防疫和爱国卫生运动

1950年初夏，中国人民解放军某部进驻遮岛。起初，由于环境恶劣、缺医少药、北方战士水土不服等原因，疾病在部队中流行起来。军政代表团团长常学麟不住地打摆子，副团长段赐禄拉痢脱水不止，某班12个战士中9人染病，连执勤警戒都派不出去，还有两位同志竟被疾病夺去了生命。转入秋季，部队的后勤保障才有了好转。在党的领导下，靠内地和边区各族人民的支持援助，终于战胜瘴疠，在夷方坝站稳了脚跟。

为了控制以鼠疫和疟疾为主的地方病暴发流行，1950年5月至1952年8月，西南防疫队先后到梁河开展卫生防疫工作。1952年，中央防疫二队也来到梁河对鼠疫、疟疾的流行情况开展调查，并加强了防治。同时防疫队员还深入阿昌族村寨，大力开展爱国卫生运动，广泛宣传卫生常识，进行巡回医疗，诊治病人，为阿昌族群众预防接种鼠疫疫苗和伤寒疫苗。

1953年5月，云南省委派民族工作队来到梁河，深入丙盖阿昌族村等民族村寨，贯彻“团结生产、发动群众”的方针，开展“做好事、交朋友”活动。在工作队所做的好事中，整治环境卫生首当其冲：修沟排污水、挑沙石垫路、清除垃圾和牲畜粪便、清扫吃水井、修建简易厕所……

1953—1954年，中央与云南省还多次派来防疫工作队，深入阿昌族村寨，组织发动群众轰轰烈烈地开展除“四害”、讲卫生的爱国卫生运动。在采用药物灭鼠灭蚤的同时，阿昌族群众掀起了灭鼠高潮。由于采取疫区封锁、灭鼠灭蚤、预防接种鼠疫苗菌苗等有力措施，梁河境内鼠疫防治工作迅速取得显著成果。1955年7月省鼠防队在芒东杏塘村发现并治愈了县境内20世纪50年代的最后一例鼠疫患者[①]。

2. 自建医疗防疫机构

（1）医院

以梁河县为例，1950年后，相继建立了县人民医院、妇幼保健站和防疫

① 中国人民政治协商会议梁河县委员会．梁河阿昌族今昔[M]．昆明：云南民族出版社，2003.

站。1953年，县人民医院年门诊8602人次，为不少民众解除了疾病痛苦。20世纪60年代，梁河县区、乡卫生院相继组建，为民众就医吃药提供了方便。改革开放以后，阿昌族地区的卫生事业日新月异，形成县、乡、村三级医疗卫生网。各阿昌族乡政府所在地设有卫生院和防疫站，各村公所设有卫生室，并配备了能防能治的卫生专业技术人员，为阿昌族群众开展卫生防疫工作奠定了基础。从此，县、乡、村卫生防疫人员走村串寨，积极组织宣传卫生防病科学知识，开展爱国卫生运动；喷洒灭蚤、灭蝇、灭蚊及药物灭鼠；预防接种麻疹、天花、百日咳、伤寒、小儿麻痹、卡介苗、鼠疫、甲乙肝炎、流乙脑等流行病疫苗并进行鼠疫疫情监测、疟疾病人根治调查、疫点处理等工作。农村初级保健卫生工作得到普及和加强，就医条件不断改善。老百姓小病可找保健员，大病送医院，无病先防。基本上解决了缺医少药的现象，身体健康有了保证。

（2）防疫站

县卫生防疫机构从1956年正式成立后，积极开展群众性的爱国卫生运动和传染病防治工作，功不可没。1958年撤县并站，1968—1971年机构几经撤并，名称数易，人员无定，致使防疫工作得不到落实。从1969年9月至1972年，县内坝区和部分山区村寨恶性疟和间日疟全面暴发流行，发病人数1969年为2003人，1972年猛增到18690人。中央及时派了“五二三”医疗队。1970年县委及时成立了“灭疟领导小组”，抽调专业技术人员组成抗疟队。抗疟队进入疟区村社，开展综合性群防群治活动：喷洒灭媒，给予现症疟疾病人服药治疗，对健康和流动人员预防服药，对传疟媒介微小按蚊进行监测和调查等。1971年4月恢复防疫站建制，加强了防治工作。到1976年，疟疾发病率已降到5.07‰。1988年，经省、州人民政府检查考核，梁河县已达到了国家卫生部规定的“基本消灭疟疾”标准。

3. 医疗人员培训

新中国成立前，梁河县阿昌族中没有一个正式的医生。1956年，阿昌姑娘赵安锦、赵明仙被招收为国家编制的卫生防疫人员，成为阿昌族历史上第一代医生。1956年5月至11月，九保镇阿昌族妇女曹依秀应中华医学会昆明分会的邀请去做学术报告，随后，她又被推举为全国政协委员、特约研究员、技术顾问、特邀讲师，云南省妇联还号召全省妇女开展“学曹依秀、赶曹依秀，除害灭病、讲卫生的竞赛”活动。曹依秀的事迹给阿昌族群众以极大的鼓舞。

为了提高医务人员的业务素质，党和政府又对当时现有的医护人员采取离职进修学习，逐级培训的方式，大大提高了他们的业务能力。同时，还采取集训方式，培训保健员和卫生员。据梁河县有关统计资料记载，1951—1962 年，培训医护人员累计 4558 人次。1964—1982 年，开办医药卫生技术培训班 50 期，培训学员 2.5 万人次。20 世纪 50 年代以后，开始培训新法接生员，把新法接生、科学接生方法推广普及，同时对几种妇女病进行查治，使妇女儿童的生命和健康得到进一步保障。1960 年，永和村王兴英等阿昌妇女被聘为新法接生员。同年，关璋的梁建昌、芒回的孙有茂、丙盖的赵兴云当上了村（当时叫大队）卫生室的医生（1985 年，全县乡村医生中有 6 人为阿昌族）。

党和政府还十分重视对少数民族医务人员的培养，采取离职学习、在职进修或到上级医院进修等办法不断提高他们的业务素质。与此同时，在大中专卫生院校的招生过程中，实行对少数民族倾斜照顾的政策，使阿昌族的优秀青年通过系统学习后走上了医疗卫生岗位。

2000 年，阿昌族聚居的丙盖、关璋、弄别、横路、勐科、湾中、勐来、芒回等行政村共配备了 8 名阿昌族乡村医生。这些乡村医生通过自学或培训，达到了中专水平，获得了乡村医生“绿卡”。同年，梁河阿昌族经大中专院校学习毕业的医护人员共有 30 多人，占全县卫生人员总数的 4.6%，其中大专生 6 人，中专生 24 人；已获得中级职称的 8 人，初级职称的 23 人，卫生行政干部（副科级）1 人。

4. 农村初级卫生保健工作

到 1970 年全县农村合作医疗普及到了各大队，丙盖村所在的大队也建起了合作医疗站。但是随着农村经济体制的变革，国家拿不出更多的扶持资金，1982 年全县的合作医疗基本撤销，于是丙盖村卫生室也就实行看病收费和自负盈亏了。

1971 年以后，一批省州卫生院校毕业的专业技术人员（含阿昌族）充实到了县、乡、村防疫卫生单位。“九五”计划期间，国家补助经费为村卫生室建盖修缮了房屋，购置配备了听诊器、血压表、体温表、产床、药柜等医疗器具和器械，使丙盖村卫生室建设基本达到了国家要求的村级卫生室合格标准。20 世纪 90 年代以来，阿昌族地区还实行以计划免疫为中心，“两防”为重点的工作方针，抓好“鼠防疟防”工作。不但防止了鼠疫、疟疾，还防止了麻疹、百日咳、伤寒、痢疾、肝炎等传染病，杜绝了甲类传染病患者的死亡，保证了各族人民的健康。到1999年，丙盖村已基本达到国家规定的“人人享有初级卫生保健”标准。

县、乡、村卫生部门还积极开展妇女儿童的保健工作。新中国成立前，梁河阿昌族妇女生育的卫生条件很差，经常导致新生儿破伤风，致使婴儿死亡率高达45%。新中国成立后，阿昌族妇女的生育卫生条件有了明显改善，孕产妇的卫生保健意识逐步提高。到2000—2001年丙盖村乃至全县孕产妇死亡率皆为零，已经达到了国家控制标准。丙盖村所在的阿昌族地区还对儿童进行计划免疫接种，对中小学生开展健康教育。与此同时，在阿昌族地区还积极宣传贯彻有关卫生防疫的各种法律法规，宣传医防知识。

在国家的帮助下，丙盖村积极推进改水改厕。到2002年6月，村中已兴建人畜饮水工程，家家户户接通了自来水。村中修建了公共厕所，永和、荒田、关璋等村部分农户还建起了带沼气池的卫生厕所。少数富裕农户还建起了太阳能沐浴室。

（四）新世纪以来的医疗卫生状况

1. 医疗机构

随着宣传力度的加大和实践的效果，村民的医疗卫生知识日渐科学化，目前，如有村民生病，也基本上是不会再去找“活袍”来看病了。一般的小病就去村里的卫生室，找村医诊查一下，开点儿药，回家吃吃就好了。稍重一些的病，可以到2公里外的乡卫生院去诊治；如果是遇上大病，或是生孩子的话，就到距村子四五公里的县医院去诊治；一般可以坐微型车（他们当地对出租车的叫法）去乡卫生院或县医院看病，通常很快就能到且车费便宜。也有曾因工伤或其他疾病到昆明等地的大医院去看病的。

（1）村卫生室

丙盖村的卫生室就在村委会的大院里，一进村委会大院，正对着村委会大门的一幢红瓦白墙的一层小平房就是村卫生室的所在。卫生室内共有四间房子，一进门是一个厅，相当于接待登记的挂号处，厅内的墙上张贴着很多医疗知识宣传表：有“预防鼠疫，保障健康”的，有“疫苗接种流程”的介绍，有各种疫苗的介绍等。厅的右边是治疗室，里边有一些基本的治疗药品及器材，再往里走的房间有几张空床位，主要是给打点滴的病人使用的。厅的左边房子里有两个药品柜及两张桌子，药品柜上分类放着一些药品，其中一张桌子上分类放着一些医疗卫生知识的宣传小册子，内容有涉及儿童保健、疟疾预防、疫苗接种等，通常是由云南省全球基金疟疾项目办公室印制下发的，或是由德宏州妇幼保健院印制下发的，还有一些是县里、乡里的卫生机构印制下发的。作为调研材料的需要，我们调研小组也收集了几本宣传小册子，这些小册子各个都很专业，甚至与北京一些大医院里的宣传册相比，也一点不差，引人注意、通俗易懂。另一张桌子上放着村医龚荣元外出就诊时背的医疗箱，从有些老旧的医药箱上可看得出它伴随着龚荣元已有不少日子了，在这些平凡的日子中龚荣元尽职尽责地为大家服务着。

村卫生室还必须服从以下制度安排：

第一，村卫生室必须服从县卫生局、乡卫生院统一管理、统一领导，做到“二制”、“四有”、“八统一”的规范化管理，即乡村医生聘用制、养老保险制；看病有处方、门诊有日志、转诊有记录、收费有票据；政务统一管理、业务统一安排、财产物资统一管理、药品购销统一、人员统一调配、收费标准统一、机构名称统一、挂牌名称统一。

第二，村卫生室要按时参加乡村医生会议，必须带计划免疫卡本（月报表），妇幼台账、出生报告卡、疫情登记本、血检、鼠情走访调查、会议记录本等资料。

第三，村卫生室应准确掌握本村基本情况（村民小组、户数、人口数、学校数、学生数、改水、改厕情况）。

第四，村卫生室每月必须出一期健康教育宣传栏，卫生院每月出一期，并做好登记备查。

第五，村卫生室要管理好各种资料、票据、器械等。

第六，村卫生室要积极配合上级开展新型农村合作医疗的工作。

（2）村医龚荣元

龚荣元，傣族人，今年 57 岁，中共党员，从医 35 年，目睹了村上医疗卫生条件改善的全过程。龚医生说因为自己上过小学，加上本身是一名草医，所以 1976 年时被聘到大队医务室担任唯一的医生。起初医务室只是一个简易的草棚遮盖上油布，大概四五年之后搬到了村公所的厨房，环境还是相当简陋。受条件所限，不能输液，只能打一些肌肉针，所以当时能诊治的都是小病。经过几次搬家，现在村级卫生室已经配备了新式病床、冰箱（用于存放药品）等医疗设备，条件地改善为村民们提供了更多便利。

目前龚医生家里装有电话，平时哪家有急病，就会打电话找龚医生上门诊治。通过广泛宣传和动员，新型农村合作医疗在丙盖村落实得很好，96%以上的村民都参保了。龚医生在为参保农民看病时，可以为村民直接报销低于25元的处方单，然后自己再集中到一个时间到乡农合办凭处方报销，为老百姓提供便利。龚医生除了看病救人外还承担着大量宣传工作，我们在村卫生室里就看到了许多有关“禁毒防艾”的宣传单，正是由于多方面地努力，如今丙盖村村民都能清醒地认识到毒品的危害，并且该村也已成为一个无毒示范村。

（3）乡卫生院

九保乡卫生院地处大盈江东侧，233省道旁。丙盖村在乡卫生院东南方，距乡卫生院2公里，村民可以坐微型车（他们当地对出租车的叫法）去乡卫生院看病。

随着丙盖村老百姓生活越过越好，村民们的健康意识也慢慢地得到了增强。得了小病的，就吃些自己平时在县城的药房买的药（距县城四五公里），得了大病且有点钱的都愿意到县里的医院去看病，认为看病更放心，再加上到县里的医院只比到乡卫生院远2公里，所以慢慢地乡卫生院的病人逐渐变少，县医院的病人逐渐增多。

为了扭转这种局面以及满足九保乡的多元化卫生服务需求，乡卫生院扎实推进医疗质量管理活动，从医院功能定位和市场服务需求出发，努力提升全院的综合诊疗水平和服务水平，构建和谐医患关系。经过一段时间的努力，来乡卫生院看病的人数明显有了回升。数据显示，乡卫生院2009年前十个月门诊累计0.91万人次，住院302人次（2008年住院193人次，门诊9464人次）。2009年前十个月来乡卫生院住院的人同比2008年度增加了109人次（同比增幅达56.48%），这反映出乡卫生院医疗质量及管理的提高。

目前乡卫生院与丙盖村联系最紧密的主要有以下几个方面：

计划免疫。积极配合上级在村中开展强化免疫及各种有价疫苗的推广接种工作。要求出生1人及时建卡1人（不得超过1个月），且发接种卡率应达100%，乙肝接种率应达100%，信息系统录入率应达100%。

疫情管理。村医在诊疗活动中，发现传染病必须按时限及时上报（特别是新生儿破伤风，麻疹、小儿麻痹和甲类传染病）。乡卫生院疫情管理领导小组定期或不定期督促检查村卫生室疫情工作，每季做一次疫情漏报调查及疫情分析工作。

鼠防、疟防工作。要求村卫生室认真做好疫情三报（报自死鼠、疑似病人、原因不明的急死病人）工作。乡卫生院每月会到村里作一次鼠情走访调查，发现自死鼠及时送检。每年要求全村积极开展春秋两次灭鼠活动。掌握丙盖村流动人员并作记录，同时对他们进行预防服药，涂血片送检，对疟疾病人进行现症治疗和休止期根治。

艾滋病防治。在防治艾滋病工作上，乡卫生院及村卫生室要按照“坚持预防为主，防治结合，综合治理，政府主导，多部门合作全社会参与，依法防治，科学防治，突出重点，分类指导，注重实效”的方针。例如乡卫生院可通过村卫生室加强对村民的艾滋病防治宣传工作及自愿监测工作，同时配合民政部门对村民开展婚前医学检测，做好婚前医学检测，为家庭打下健康的基础。

儿童保健和妇幼保健。加强妇幼工作，提高孕产妇，儿童系统管理，母婴阻断工作管理，提高新法接生率，降低婴儿死亡率，掌握全乡各项妇幼保健基础数据，认真如实地填写各种报表并及时上报妇幼基础台账，认真开展产前检查，产后的卫生知识宣传工作，详细填写围产保健手册，及时发现并转送高危产妇，负责产后访视工作，指导妇女经期、孕期、哺乳期、更年期四保健卫生工作，指导新生儿母乳喂养护理，指导家长科学育儿，加强 0 ~ 7 岁儿童的管理及开展儿童健康体检，5 岁以下儿童腹泻及呼吸道感染的病例等管理工作。

2010 年，为了更好地开展妇幼工作，在乡卫生工作的要求下，村医还与乡签订了“责任书”，对乡村医生严格按照责任书进行管理，对工作认真、细致的村医给予奖励，有孕妇及时建围产保健卡及上台账并及时抽血进行 HIV 监测，动员产前检查 5 次，产后访视 3 次，对不认真上报数据、缺报、漏报者给予严罚。

新型农村合作医疗。乡卫生院新农合工作分乡、村两大块，从筹资、制度、管理、工作流程等方面均有各自的特点。自新农合开展以来，乡卫生院新农合工作在县卫生局和县合管办的大力支持下，积极开展院内培训和各项制度建设，进一步加大新农合宣传工作力度，严格把握新农合工作尺度，把信息化的工作思路和工作方法引进到新农合的日常工作中，通过电视、公示栏、乡村医生培训等形式较好地实现了新农合工作的“公平、公正、公开”，主动了解群众的意愿和困难，2009 年 1—10 月，乡卫生院新农合门诊共减免 27863 人次，共减免 250396.8 元，住院减免 862 人次，共减免 772019.78 元，为广大群众解决了看病难的问题。

另外，乡卫生院每年还会派医生直接到村里，进行爱国卫生运动、改水改厕等工作。

（4）县及外地大医院

随着丙盖村村民经济条件的不断改善，健康意识的不断增强，交通条件的改善，现在丙盖村的村民在患了病之后，县里的医院及外地的一些大医院也渐渐成了村民们的首选。尤其是现在村里的妇女都更愿意到梁河县人民医院或梁河县妇幼保健院去生小孩以及做妇幼保健。如果有个别病是县里的医院也不能解决或出于村民自身的意愿的情况，丙盖村的村民也会选择去德宏州人民医院或去昆明、北京的大医院看病。

① 梁河县人民医院

梁河县人民医院位于遮岛镇，丙盖村距离县人民医院 4～5 公里。梁河县人民医院是县政府举办的一所非营利性医院，以医疗、急救、教学、预防保健为一体的二级乙等综合医院，是全县医疗技术指导中心，开展常见病、多发病和疑难病症全方位的诊疗服务，已取得了显著的社会效益。

医院始建于 1953 年 3 月，设编制床位 150 张，开放床位 200 张，有在编职工 185 人，其中高级技术职称 5 人，中级技术职称 76 人，初级技术职称 80 人，工勤人员 24 人。医院拥有全身螺旋 CT 机、DR 数字化 X 光机、彩色 B 超机、电子胃镜检查仪、电子结肠镜检查仪、C 臂机、皇家麻醉机、全自动生化仪等，目前，医院已开通远程会诊系统，为临床提供了技术保障。

② 梁河县妇幼保健院

梁河县妇幼保健院成立于 1953 年，原名为妇幼保健队。1996 年 5 月根据《中华人民共和国医疗机构管理条例》更名为“梁河县妇幼保健院”，全院共有土地面积 957 平方米，业务用房及辅助用房面积 842.4 平方米，总资产 450 万元。有职工 28 人。其中卫生专业技术人员 23 人（主治医师 10 人，主管护师 1 人，医师 8 人，医士 2 人，护士 1 人，检验师 1 人），卫生财会 1 人，技工 4 人。临时工 6 人，“4050” 人员 5 人。病床数 17 张。开展妇女保健、儿童保健、妇产科、儿科、内科、医学检验、医学影像、母婴传播、新农合、“降消”项目等医疗保健服务项目。医院拥有彩色 B 超机 2 台、半自动生化分析仪 1 台、全自动血球分析仪 1 台、尿液分析仪 1 台、麻醉机、乳房扫描等设备。

③ 德宏州人民医院

德宏州人民医院的前身是潞西民族医院，于 1954 年建成，1957 年 8 月升格为德宏州民族医院，1999 年 8 月改称德宏州人民医院。建院近 60 年来，在各级党委、政府的关心下，医院不断发展，现已成为一所功能齐全的现代化综合医院。全院占地面积 5.6 万平方米，总建筑面积 5.1 万平方米。设病床 400 张，在职工作人员达 536 人，卫生专业技术人员 429 人。其中：高级技术职称 21 人，中级技术职称 162 人。医院设 41 个科室：其中临床科 18 个，医技科 8 个，行政后勤科 15 个。医院科室设置齐全，二级分科合理，技术骨干呈梯次结构。全院年门诊量最高年达 32 万人次，年出院病人 9134 人次，年手术人次 2690 台次，技术辐射州内外 8 个县市及缅甸东北地区。

医院还拥有各式先进仪器，如 CT 机、X 光机、全自动生化分析仪、电视腹腔镜、多功能麻醉机、单人多人高压氧舱、动态心电图、多功能监护仪、血液采集机等。从梁河县到德宏州人民医院所在的德宏州府潞西市，全程约 202 公里，行程约 4 小时。

2. 传染病和地方病疫情防治工作

（1）“疟疾”、手足口病等传染病

受自然环境因素、人口较为集中、卫生条件限制、防病意识不强以及受外出出境务工人员等因素的影响，丙盖村的村民最易感染上疟疾和手足口病，较易感染上结核、艾滋病和乙肝等病。发病人员通常为本地居民（农民），年龄在 3 ~ 60 岁，男女均有。为了有效预防及治疗这些疾病，村、乡、县等各级卫生医疗机构都会定期对村中的传染病疫情进行分析，做出分析报告，阐明发病情况及下一步工作等。例如加强防控知识宣传，增强人民群众的防病意识，尤其是配合学校做好公共卫生知识的宣传；加强医务人员业务水平的知识培训，增强卫生室、卫生院的管理水平；抓好扩大免疫、疫苗管理和接种工作，重点抓好流动人员和人口密集人群及各种高危人群的监测和检测，发现问题早报告、早诊断、早治疗。

（2）禁毒防艾

云南德宏州，国内最早出现艾滋病感染者的地方，而且一发现就是 146

人，这146人又全是因为吸毒感染上的艾滋病。可以说艾滋病与吸毒简直就是一对罪恶的孪生子。2005年，德宏州的艾滋病感染者达到了8124人。2010年，这个数字仍在上升中。

为什么会有如此多的人去吸毒？首先，靠近毒品泛滥的金三角。虽然德宏州的公安、边防、武警都在加大力度打击毒品犯罪，但是，500多公里的边境线大多是没有天然屏障，这对那些零星贩毒的毒贩来说，几乎就等于没有设防。其次，看不起病以毒代药。由于当地的卫生基础比较薄弱，有些村寨并不具备良好的医生和卫生室，同时患病村民又看不起病，就有可能以毒代药。因为毒品的麻醉作用会暂时缓解疼痛，这也是一些村民吸食毒品成瘾的原因。最后，高中教育的缺失。很多吸毒人员都是在15～20岁第一次沾上毒品的。在德宏州8000多吸毒人员的统计当中，小学以下文化的占71.4%，初中文化的占24.7%，高中和以上文化的仅占3.69%。显然，受教育程度和吸食毒品有着直接的关系。由于海洛因的成瘾性，吸毒者通常走向静脉注射毒品方式吸毒的道路，吸毒者毒瘾发作时总是急不可待地由静脉推入海洛因溶液。由于卫生观念差和吸毒者成群接触，一个注射器常常反复使用或多人共用，只要一个是艾滋病毒的感染者，病毒便可通过此途径进入他人体内。

基于以上原因，位于德宏州梁河县九保阿昌族乡的丙盖村，其村民或村中的外来人员较易沾染上毒品及感染上艾滋病，所以禁毒防艾工作自然也就成为了丙盖村医疗卫生工作的一个重点。村卫生人员应清楚所管辖区的感染者人数，任务职责应明确；村卫生人员还应进一步落实感染者病人的流动情况，落实国家的“四免一关怀”政策；村卫生人员不仅平日里要大力宣传禁毒防艾知识，还应充分利用“六一”、“六二六”、重阳节、“民族团结月”等各种节日开展宣传教育工作，且宣传教育形式可灵活多样，如发放宣传海报、宣传日历、宣传小册子等。通过各种形式的宣传，使禁毒防艾知识走入村中各户，做到禁毒防艾知识家喻户晓，增强干部群众禁毒防艾的决心和信心，营造良好的社会氛围。不过由于村级工作任务繁重，压力大，直接接触病人的机会较多，所以村级卫生人员可能感染的风险也较大。

在禁毒防艾过程中也存在着许多困难，如艾滋病疫情点多面广，流动性大，地区分布散，随访难度大；卫生人员工作量大，装备跟不上，工作经费不足；乡村医生业务技术、水平和能力有待提高等。所以对于丙盖村来说，禁毒防艾已经成为一场长期攻坚战。我们在调研中也得知，面对这场攻坚战，他们的口号是："毒品不尽，我心不甘；艾滋不灭，工作不懈"。

3. **公共卫生**

丙盖村近年来没有发生医疗事故，村卫生医疗人员皆认真履行"救死扶伤"的职责，确保了全村人民群众的身体健康；进一步加强了村容村貌建设，改善了公共卫生条件，引导各自然村实行人畜分离，努力营造了良好的社会卫生环境。今后还要继续在村中巩固农村节能沼气池（三配套）成果，保护森林资源，加大扶持工作力度等。

（五）丙盖村农村合作医疗制度情况

1. 20世纪50年代至21世纪初：传统农业合作医疗制度阶段

1952年前后，随着集体经济和农业合作化的发展，云南各地为了解决农民缺医少药的问题，着力兴办以合作制和群众集资入股形式的医药合作，组建基层卫生组织。1955年是农业合作化快速发展期，同时也是农村合作医疗的快速发展期。全国许多地方相继出现了一批由农业合作社举办的保健站、医疗站，丙盖村所在的梁河县也不例外。当时采取的主要办法是：在乡政府领导下，由农业生产合作社、农民群众共同集资建站，享受免费预防保健服务，患者治疗免收挂号费，出诊费等。在实行"人民公社化"以后，全国绝大多数地方实行"吃饭不要钱，看病不要钱，上学不要钱"。农村生产资料归集体所有，合作医疗所需资金从集体预留中提取。

十一届三中全会之后，家庭联产承包责任制的出现，意味着原先占主导地位的农村集体经济逐步瓦解，个体经济兴起，家庭成为农村基本生产单位，农村集体经济运作模式发生根本性变化。因此，合作医疗赖以生存的"土壤"不复存在，合作医疗也难以维系[①]。在这种情况下，丙盖村的村民们几乎只能靠自费医疗。但高昂的医药费却使求医问药产生了巨大困难，部分家庭甚至出现了因病致贫和因病返贫现象，因此，相应的社会矛盾也变得激烈。事实上，一方面中国农民有很大的医疗需求，但另一方面，由于医疗保障制度的不健全，导致农民有病却看不起。

---

① 李君如，吴焰．建设中国特色农村社会保障体系［M］．北京：中国水利水电出版社，2008.

1993 年，中共中央十四届三中全会通过了《中共中央关于建立社会主义市场经济若干问题的决定》，我国开始建立市场经济体系。由此，重新酝酿完善和发展农村合作医疗制度的政策，重建农村合作医疗制度的工作也重新展开。1996 年，在《关于国民经济和社会发展“九五”计划和 2010 年远景目标纲要》以及《关于卫生改革与发展的决定》等文件中，进一步明确提出要“发展和完善农村合作医疗”。1997 年，卫生部等部门向国务院提交《关于发展和完善农村合作医疗的若干意见》，肯定了农村合作医疗制度是适合我国国情的农民医疗保障制度。在党和政府的高度重视下，我国滞后的农村合作医疗制度有了新的发展。从某种程度上讲，21 世纪以来，我国农村合作医疗制度能快速发展，很重要的原因就在于之前十年建立农村合作医疗制度的工作，为此奠定了牢固基础①。

2. 2003 年至今：新型农村合作医疗制度阶段

随着国务院颁布《关于进一步加强农村卫生工作的决定》、《关于建立新型农村合作医疗制度的意见》、《关于进一步做好新型农村合作医疗试点工作的指导意见》等一系列政策，新型农村合作医疗制度工作得以全面开展。八年来，政府坚持公共医疗卫生的公益性质，坚持预防为主、以农村为重点、中西医并重，实行政事分开、管办分开、医药分开、营利性和非营利性分开，强化政府责任和投入，完善国民健康政策，鼓励社会参与，建设覆盖城乡居民的公共卫生服务体系、医疗服务体系、医疗保障体系、药品供应保障体系，从而尽力解决我国人民群众看病难看病贵的问题，解决城乡之间、地区之间、不同收入群众之间医疗卫生服务差距过大的问题。然而，长期形成的经济发展不平衡所导致的医疗难问题，很难在短时间内得到解决。除了要依靠政府行政手段外，要彻底快速解决以上问题，还需要社会各界群策群力，从社会文化、医疗制度价值观念等各方面做出努力②。

新型农村合作医疗是农民医疗保障的根本。新制度实行社会统筹与个人账户相结合的模式，大病统筹，个人账户可以累积转存。“新农合”解决了农民的医疗保障问题，增强了农民的自我保健和保障意识。新型合作医疗管理

---

① 史林峰，周永华．中国农村合作医疗制度变迁的回顾与展望[J]. 西安石油大学学报，2010（1）．

② 邹文开．农村新型医疗保障政策研究[M]. 长沙：湖南人民出版社，2007.

和服务体系正在形成，统筹层次和管理体制的水平更高，各级财政补贴更充足，并逐渐形成了一体化的管理和服务体系。新型农村合作医疗制度实现了运行的科学化和规范化，有效地规避了制度运行的道德风险问题，提高了制度的安全性和效率。农民对于合作医疗制度所带来的实惠有了更深的认识，提高了政策推行的效率，同时也提高了广大农民群众的健康状况。参加新型农村合作医疗的农民，每人每年只需缴纳 10 元的参保费，就可享受新型农村合作医疗带来的实惠。

表 8－1 是我们调查的丙盖村其中的 41 户家庭参加新型农村合作医疗的总体情况：

表 8－1　　**丙盖村新型农村合作医疗调查情况表**

姓名	是否参加合作医疗	参加年数	人均年交费（元）		是否满意	是否知道报销制度	是否方便	不满意原因
			2007—2009 年	2010 年				
曹德艳	是	4	10	20	是	是	是	
杨爱华	是	4	10	20	是	是	是	
刘玉英	是	4	10	20	是	是	是	
们从达	是	4	10	20	不	是	否	报销不合理
赵家杰	是	4	10	20	是	是	是	
赵坤华	是	4	10	20	是	是	是	
们发茂	是	4	10	20	是	是	是	
张恩富	是	4	10	20	是	是	是	
曹连赞	是	4	10	20	是	是	是	
曹明宽	是	4	10	20	是	是	是	
杨叶生	是	4	10	20	是	是	是	
赵兴宝	是	4	10	20	是	是	是	
赵兴宽	是	4	10	20	是	是	是	
赵家国	是	4	10	20	是	是	是	
曹明海	是	4	10	20	是	是	是	
曹明美	是	4	10	20	是	是	是	
曹明方	是	4	10	20	是	是	是	

续表

姓名	是否参加合作医疗	参加年数	人均年交费（元）		是否满意	是否知道报销制度	是否方便	不满意原因
			2007—2009 年	2010 年				
龚荣元	是	4	10	20	是	是	是	
赵家思	是	4	10	20	是	是	是	
赵家东	是	4	10	20	是	是	是	
赵大鹏	是	4	10	20	是	是	是	
王战云	是	4	10	20	是	是	是	
杨春兰	是	4	10	20	是	是	是	
赵洪文	是	4	10	20	是	是	是	
赵家雄	是	4	10	20	是	是	是	
们发瑞	是	4	10	20	是	是	是	
孙亚兴	是	4	10	20	是	是	是	
赵云国	是	4	10	20	是	是	是	
赵家海	是	4	10	20	是	是	是	
赵家毕	是	4	10	20	是	是	是	
赵安钦	是	4	10	20	是	是	是	
张恩富	是	4	10	20	是	是	是	
张天云	是	4	10	20	是	是	是	
王宽茂	是	4	10	20	是	是	是	
曹明远	是	4	10	20	是	是	是	
尹治保	是	4	10	20	是	是	是	
何生进	是	4	10	20	是	是	是	
赵春仙	是	4	10	20	是	是	是	
杨庭元	是	4	10	20	是	是	是	
张恩院	是	4	10	20	是	是	是	
赵家壁	是	4	10	20	是	是	是	

从表 8－1 可以得知，在 41 户村民中，全部都参加了新型农村合作医疗保险。丙盖村是从 2007 年开始实行这项制度的，在参加的家庭中，截至 2010 年，基本都已参加了四年。村民们对于新型农村合作医疗制度基本都是满意

的，并且知道报销制度，且都认为较为方便。平常小病村民们可在村卫生室看病，不仅花费较少还能及时报销；但由于各家情况不一样，如遇上大一些的病，由于病不同报销比例也会不同，所以各家花费也会不一样，有些家庭能负担得起，有些负担则较为困难，有些则根本就负担不起，所以也存在因病返贫、因病致贫的情况。当所花医疗费用不能报销，或报销额度有限，且村民自身又负担不起时，便也存在村民对新型农村合作医疗制度不甚满意的情况，例如村民们从达，全家为了给妻子治腰椎间盘突出，花了很多钱，但却没能及时得到合理的报销，故不甚满意。所以对于丙盖村的村民而言，虽然知道看病可以报销，但对于具体的报销制度，如报销病种、报销比例等还是不太清楚的，致使在问题实际发生时，没能得到及时而有效的处理，从而影响了部分民众参保的积极性。对于这些问题，各级党政干部应给予高度重视，及时做好宣传走访工作，让老百姓切实了解新型农村合作医疗制度，灵活运用此制度来保障自身的权益，提高自身的生活质量。

另外，新型农村合作医疗制度建设的成功与否，还必须注意以下几方面问题：

第一，解放思想。虽然目前丙盖村新农合的参保率达到96%，群众接受度普遍较高，但由于受中国几千年的封建历史和儒家传统的以家为核心的价值体系影响，村中自然还是会存在对于“新农合”的统筹方式缺乏信心的民众，致使“新农合”制度必定在推行过程中受到阻碍。这就要求村、乡、县各级党政干部在工作过程中要注意做人民群众的思想工作，打消群众的顾虑，让群众切实感受到党和国家这一惠农政策的温暖。

第二，政策法规及时跟进。中国长期以来的城乡二元体制产生了诸多弊病，如对于农村社会保障政策法规严重滞后。所以现在一方面要弥补过去管理的不足，另一方面又要加大对“新农合”实行过程中产生的新问题的关注，及时将其化解在萌芽状态，防止由此导致群体性事件，维护社会稳定①。

第三，资金问题。只有保证资金来源渠道多样化以及可靠稳定，体制建设才能顺利。按照国家规定，中央与省（市、区）两级财政以及市、县、乡政府都应拿出配套资金，使国家政策能真正落到实处。另外，对于资金的使

① 史林峰，周永华．中国农村合作医疗制度变迁的回顾与展望[J]．西安石油大学学报，2010（1）．

用要有监督。确保工作过程公开透明，每一笔资金都确实为民所用，防止腐败现象。

九、文化生活与风俗习惯

民族文化是各民族在其历史发展过程中创造和发展起来的具有本民族特点的文化，包括物质文化和精神文化。阿昌族是一个有着悠久历史和丰富文化的民族，是云南境内最早的世居民族之一，也是全国22个人口较少民族之一。阿昌族的人民勤劳、善良、直爽。他们有语言而无文字，有着情节生动、风格别致、可诵可唱的诗歌、神话、故事、传说、戏剧等丰富的民族文化，并具有鲜明的特点，成为我国民族文化宝库中一颗璀璨的明珠。我们所去调研的地点——梁河县九保乡丙盖村，当地阿昌族人民在历史的长河中和其他地区的同胞共同创造了灿烂的阿昌文化。

（一）语言

阿昌族有语言而无文字。阿昌语属汉藏语系藏缅语族阿昌语支，与缅语、景颇族的载瓦、浪速、茶山语比较接近，同属一个语支。阿昌语可分为三种方言，即陇川方言、梁河方言和潞西方言。各方言之间的差别主要表现在语音和词汇上，语法差别较小。丙盖村的阿昌族语言属于梁河方言。由于丙盖村的阿昌族与汉族长期杂居，离城镇较近，交通便利，与外界交往频繁，受环境因素影响较大，因此在方言中借用了较多汉语成分。丙盖村的村民除了讲阿昌语外，还经常用汉语交流，只有极少部分的老人不会讲汉语。

丙盖村的阿昌语共有37个声母、80个韵母和4个声调。语音主要有以下几个特点：塞音、塞擦音的声母只有清音没有浊音；有卷舌化的双唇音和舌根音；鼻音分清浊两类；韵母比较丰富，除单元韵母外，还有复合元音韵母和带辅音尾韵母；元音不分松紧、长短；声调少变调现象比较丰富。[①] 丙盖村阿昌语的词汇从结构上可分为单词汇与合成词汇，阿昌语的基本语序是：主

① 赵家培．阿昌之魂［M］．德宏：德宏民族出版社，2006.

语—宾语—谓语，如汉语说“她种菜”，阿昌语则说“她菜种”。另外，阿昌语的数量词往往放在名词之后，如“三棵树”说成“树三棵”，“一头牛”说成“牛一头”等。

（二）节日文化

丙盖村阿昌族的主要传统节日有阿露窝罗节、撒种节、春节、火把节等。这些节日对民族文化的传承以及民族内部的沟通起着重要的积极作用。

1. 阿露窝罗节

阿昌族最隆重、最富民族特色的传统节日是“阿露窝罗节”。1995 年，德宏州第九届人大常委会第三十次会议做出了《关于统一阿昌族节日名称和时间的决定》，正式将陇川县阿昌族的“会街节”和梁河县阿昌族的“窝罗节”统一为“阿露窝罗节”。节庆时间统一定于每年的阳历 3 月 20 日开始，为期两天。节日标志为弓箭、青龙和白象。节日标识的两边各有一根柱子，画有青龙，意为青龙抱柱，龙是中华民族的象征，也体现了梁河阿昌族的文化；中间为白象顶绣球，为陇川户撒乡阿昌族的文化内涵。青龙和白象合为一体，体现了梁河与陇川两地阿昌族的团结融合；标识的顶端为一支张弓大箭，象征着阿昌族的祖先遮帕麻用神箭射落九个假太阳，寄寓着人们对遮帕麻和遮米麻的纪念之意。标志的底座画有“五谷”和“六畜”，意为“五谷丰登”、“六畜兴旺”，含有幸福、吉祥的意思。

在丙盖村，以往的阿露窝罗节活动首先是选神树。全村男女老少要到山上选一棵笔直的栗树作为神树，由德高望重的老人主持祭祀后，才将该树砍下，不能肩扛，而是用无数条绳子拴着树身，由全体参加人员拖到寨子，逢沟过沟，逢坎过坎，一路上敲锣打鼓，欢呼着迎接神树进村。其次搭建祭台，神树到了寨中宽敞的祭祀场后，再将其立起来，围着它搭建祭台。村民们在树上挂上大弓，安上太阳，披挂起鲜花绿叶，在祭祀台上绘满阿昌服饰图案。随着木刻水獭猫举上神座，祭祀台宣告搭起。随后开始祭祀，神灵附体的大活袍（巫师）将五谷茶酒和鲜花水果摆上祭坛后，便挥舞起雉尾大扇高声颂经，传唱遮帕麻遮米麻的创世史诗，赞颂人类始祖的大恩大德，为阿昌族祈祷吉祥安康和幸福。接着狮子舞队和大象舞队，一齐参拜神座，向创世始祖致敬。最后，全体村民身着节日盛装，手持鲜花绿叶，蘸着清清泉水，围着神座唱起山歌，跳起阿露窝罗舞，表示对祖先深深的谢意，场面宏伟，气势壮观。节日活动可以持续几天至半月，这期间同时也是丙盖村阿昌姑娘充分展示自己美丽和聪明智慧的时节，也是男青年追求恩爱伴侣的大好时光，由此演绎出了许许多多感人的爱情故事，成就了无数美满的姻缘。

由于梁河县经济、社会发展相对滞后，特别是丙盖村阿昌族地区人民群众的生活居住条件较差，受交通闭塞、文化落后等因素制约，以往丙盖村的“阿露窝罗节”活动无固定场所，每年的庆典活动都要筹措资金搭建临时场地和标志建设，投入大量的人力、物力和财力，而且效果不是很好。于是，在州人大常委会的协调下，2005 年 9 月由梁河县政府上报德宏州政府，由州相关部门立项争取资金扶持，在丙盖村建设阿昌族阿露窝罗文化活动中心。该工程自 2005 年 12 月 20 日开工建设，经过两年半时间的建设，终于建成。活动中心占地面积 8800.04 平方米，包括阿露窝罗文化活动广场、阿露窝罗节日标志、遮帕麻与遮米麻纪念馆、永安司古庙、峨昌楼、孔雀宫及前后门、公厕、绿化、供电设施和给排水设施等项目建设，共完成投资 575.73 万元。活动中心主体工程的落成，可以满足丙盖村乃至全县全州阿昌族人民举办传统节日和各类中型活动的需要。更重要的是，它的建成对繁荣民族文化，拓展梁河县旅游业发展的空间，促进当地经济发展，加强各民族间的沟通和交流产生了十分积极的作用。

2. 撒种节和尝新节

撒种节和尝新节，也是丙盖村阿昌族的传统节日，每年农历三月十日和八月十五日举行。届时，家家户户都按照传统的习惯，打扫庭院、房屋，准备鱼肉、米线、酸性食物和米酒，再到地里拔上一蔸籽儿结得最大最多的芋头，砍上一颗结了双穗的玉米，然后把玉米和芋头捆扎在一根三五尺长的竹竿上，放在堂屋的左角或右角。随后，用新谷舂成米蒸成饭，杀上一只肥鸡，摆在祭桌上，缅怀祖先，并接回出嫁的姑娘，全家团聚。饭后，男女老少穿上节日的民族盛装，聚集于村寨前后唱山歌跳窝罗舞，热闹异常。据丙盖村里的老人说，撒种节起源已久。相传，很久以前，阿昌族人民中有个老婆婆，每年八月中旬，庄稼成熟的时候，她总是把颗粒饱满的各种谷物的良种，选留下来，到来年播种的时候，送给别人。由于她经常帮助村里村外的人家提高耕作技术，因而受到人们的爱戴和尊重。有一年的八月，老婆婆在即将收获前去世，人们为这位终身勤劳的宽厚老人没有吃上自己种的粮食，穿上自己织好的新布衣服就离开了人间而感到悲痛。于是就把她生前种的稻米、豆类、蔬菜做成香喷喷的饭菜，把她织的布做成新衣，敬献在老人的灵前。[1]

以后，每年的农历八月十五日，包括丙盖村在内的阿昌族家家户户都要把屋子收拾得干干净净，用当年收的稻米、豆类、瓜果等做成饭饱餐一顿，这样就形成了阿昌族的尝新节。老婆婆死后的来年三月，人们把她留下的种子，撒到地里，于是每年农历三月十日，又形成阿昌族的撒种节。直到今天，丙盖村阿昌族人民还利用媳妇回娘家过撒种节的机会，交流农作物品种，以达到增产丰收的目的。

3. **春节**

由于受汉族影响，阿昌族也有过新年的习俗，丙盖村的阿昌族村民们从腊月二十四起就开始张罗着准备过新年。因为阿昌族的习俗规定大年初一至十五忌舂碓，要是在这期间使用舂碓犯了忌，就会对家中畜养的牛马不吉利。于是，从腊月二十四起，家家户户开始舂米做米凉粉和豌豆粉，腌制腊肉、腌菜、豆豉、豆腐等各种风味副食品，主要由家中主妇操持，在做这些副食品之前，妇女们要洗净双手，禁忌串门，否则会认为腌制的副食品味道不好，甚至会腐烂。到了年三十晚吃年夜饭的时候，丙盖村的村民们会在饭前拿着家里准备的佳肴到村头神树下祭献寨神，然后再回家祭拜家祖神灵。在祭拜家祖神灵的过程中，户主率全家磕头祭拜，烧香敬酒，祷告家祖神灵祈求幸福安康，祭拜结束后还要燃烧鞭炮祭奠。期间禁忌未祭拜就先食用，否则会动怒神灵，带来不幸。到了大年初一，妇女们就可以在家中休息，由家中男子抢先挑水井里的第一担水，据说能抢先挑到第一担水的人会带来好运。男子去挑水时，需带上香火纸烛、一把大米和数枚硬币，在井边点燃香火纸烛祭拜，以谢井神，祈求来年风调雨顺。大年初一禁忌扫地，禁忌走访亲朋好友。大年初二，丙盖全村男子欢聚于秋场祭奠秋神，竖立秋杆，在祭奠秋神的过程中，谢绝妇女参加，谢绝外村人进秋场。首次打秋时，必须请村中德高望重的长老主持祭祀并选择一名男童打秋，之后众人方可上秋场娱乐。

4. **火把节**

阿昌族的火把节亦称保苗节，云南各地阿昌族的火把节时间略有不同，

---

① 中国人民政治协商会议梁河县委员会．梁河阿昌族今昔［M］．昆明：云南民族出版社，2003.

丙盖村阿昌族的火把节是在每年的农历六月二十四举行，以献五谷神，祈求五谷丰登为主要内容。在农历六月二十四火把节的当天，丙盖村的阿昌族村民们就开始准备宰好的三牲，鸡鸭等到村里的神树或庙里祭祀，主要祈求秧苗生长良好，保佑庄稼丰收，灭害虫驱灾。祭祀当天，村里的男人还各自将带鸡血、鸡毛的竹片和竹笆插在一块最肥最大的田里，一边祈求丰收，一边跪拜。

（三）服饰文化

阿昌族的传统民族服饰，无论男女都选用自织自染的土布，其质地精良厚实。男性服饰染织较为简便，但女性的筒裙和花带子，染织工序烦琐复杂，要耗费大量的时间和精力。随着社会的发展，市场的繁荣，观念的改变，在丙盖村，服饰文化也相应发生了变化。丙盖村的阿昌族年轻人认为民族服装穿起来非常复杂，没有现代服装方便，他们还认为民族服装虽有本民族的特点，但款式单一，不够时髦，跟不上时代的潮流，因此年轻人平时大多都穿简单、方便、时髦的现代服装。尽管当今年轻人大量穿着现代服装，但婚嫁和节日庆典仍然必须穿民族服装。丙盖村里的中老年人，尤其是妇女，是服饰文化的忠实捍卫者和主要传承者，她们坚持穿民族服装，服饰文化的传承主要得力于她们对传统文化的热爱和维护。如今在丙盖村，自织的土布也受到了挑战。机器加工的布料大量代替了传统工艺织出的土布，人们认为机织布料种类繁多，购买方便便宜，用起来也省时省力，于是丙盖村的许多村民都直接在市场上选购布料制作服装，但最具阿昌族服饰特色的花筒裙、花带子由于没有可代替的布料，人们穿系的仍然是传统手工织品。阿昌族的服饰，充分反映出其特有的文化内涵和民族风俗。

1. 丙盖村阿昌族女性服饰

丙盖村的阿昌族女性服饰，分未婚女子服饰和已婚妇女服饰两种。未婚女子讲究装扮，其发辫要盘于头上，发辫右侧插戳头棍，戳头棍上吊一束彩色绒线做的蚂蚱花串玻璃珠。上衣穿着锁脚对襟衣，衣扣都是银质的，衣扣上还配着银链。下身则穿长裤，腰间系贴裙，裙长2.4尺，宽1.2尺，贴裙上缝缀三指宽带贴裙头，为浅色布料，裙带头呈三角形。按照村里以前的旧俗，大姑娘出门做客时要穿筒裙，戴叠子包头。女子结婚时要换装，头戴高包头，穿濂花衣裳，用花带子系筒裙，装束色彩艳美，令人叹为观止。根据我们调研时的了解，在丙盖村，已婚妇女与未婚女子的服饰有一定的区别，她们的服饰也别具特色。下面对丙盖村阿昌族已婚妇女的服饰做简要介绍。

包头，阿昌语称“屋摆”，宽1.5尺，长一丈多，高度实属头饰之冠，为阿昌族妇女服饰的典型特征。丙盖村妇女的包头，以前用两节黑色包头布绕成，戴高包头是一件考验手脚灵活的活儿，初婚妇女戴高包头时，往往由有经验的妇女帮忙，才能包稳当。包头两端有散穗，一端披在包头侧面，一端顺额向上缠绕，末端散穗别进包头布内，以固定披下的一端。包好一个高包头，需要花费很长的时间，于是到了现代之后，为了方便省时，丙盖村的阿昌人民将已经固定成型的包头帽子戴在头上，高出额头一尺二寸。

上衣，阿昌语称“扎默”，为长袖圆摆对襟衣，衣摆过臀，小翻领，领的内层用有别于上衣本色的浅色布料缝制，起装饰作用。衣扣为银质，扣子上坠有约二寸长的双条银链。衣袖为通肩袖，袖中央有布的接头，以加长袖子，袖口用同衣领内层一样的浅色布作边，起装饰作用。丙盖村中青年妇女的衣服为亮丽的浅色布料，老年妇女为黑色布料，此外，年轻妇女还套“挂膀”(小坎肩)。挂膀长至胸下，对襟立领，钉3~6枚薄而见方的银排扣子，前襟和后页用银链从腋下松散地连接着，衣领两侧分别挂几条银链，垂于胸前，长齐于挂膀。银扣坠着银质装饰品，统称“三须灰盒”，有一对小鱼、耳勺、小叉、六面体石灰盒、针筒等。[①] 挂膀以往以黑色为主，现在渐渐以红色为主，一般在走亲访友、节日庆典时才穿。现在在梁河县城的商店里，有机器做出来的阿昌族成品或半成品上衣出售，所以丙盖村的阿昌族妇女们为了方便省时，一般都是到商店买做好的上衣，自己再稍作加工即可。

筒裙，阿昌语称“姆支”。分无花纹的“素筒裙”和有花纹的“白夸姆支”，均以黑色为底版。素筒裙多为中老年妇女在上山或下田地劳作时穿。筒裙的图案排列十分讲究，每一种花用一种色线，织裙时掺以金色丝线，更显得五彩斑斓、锦绣流丽。筒裙长至脚踝，裙脚上镶有3~5道花纹，意为水沟，代表着祖先的农耕生活。调查了解到，在丙盖村，几乎所有的中老年妇女都会纺织筒裙，她们一到闲暇时间就织布纺裙，一般织完一床筒裙布，大

---

① 中国人民政治协商会议梁河县委员会．梁河阿昌族今昔[M]．昆明：云南民族出版社，2003.

概需要一到两个月的时间，如果有时间拿到市场上去卖每床可卖到500元。筒裙是阿昌族女性聪明智慧的结晶，反映了阿昌族女性纺织工艺的高超水平。

花腰带，阿昌语称“独其萨莱”。一般有一丈多长，四指左右宽，其与阿昌族服饰尚黑之习俗截然不同，全以红色为底，图案花纹有36种之多。花带子做工精细考究，鲜艳夺目，堪属服饰工艺之上品。在丙盖村，新娘出嫁必须系着花腰带进入婆家，婚后腰带妥善保存，待年老谢世，要随“灵”接回娘家，然后再由儿子接回婆家来，因此，对丙盖村的阿昌族而言，花腰带具有特殊的意义而代代传承着。

绞脚（绑腿），阿昌语称“科拓”。女绞脚由黑底长方形布料做成，用红色绒线缝其边为饰，将绞脚裹于小腿上，既可御寒保暖，又可防止蚊虫叮咬，丙盖村妇女们在走亲访友、喜庆集会时都将它作为盛装的组成部分系于小腿上。

2. 丙盖村阿昌族男性服饰

丙盖村阿昌族的男性服饰相对于女性来说比较简单。男子头缠自织自染的黑色纱布包头，宽1.2尺，长约7尺，两端无散穗。缠头时，先将一端打结，从结处展开，把头顶包住，后叠成三指宽，按顺时针方向缠绕，后将另一端别进耳后的折缝。年轻男子还要在包头上插一束红黄色的蚂蚱花玻璃珠。由于缠头比较麻烦，为了方便省时，现在丙盖村的阿昌男子头缠也是做成了定型的帽子，往头上一戴即可。衣服以前多为黑色的粗布对襟衣，两侧开衩，绣有坐麻。现在的上衣多为浅色带蓝色竖条纹为主，衣领边上和衣扣边上用红色丝线锁边。男子腰系绣花裹肚，宽四指，黑底，带边用七色彩线绣狗牙，中绣两条金黄色蛇骨纹路，两端缀有两对纽扣，带内缝有暗袋可装钱币、烟盒等小件日常用品，带头吊有蚂蚱花和玻璃珠。男子下身穿黑色布料四插裤，裤头和裤脚很宽大，裤头要打折用布条系捆，裤脚可以卷过膝盖。男绞腿为三角形，边上钉有狗牙巴子等饰物，将绞脚裹于小腿上。现在，除了要参加喜庆集会，参加重要场合穿戴传统民族服装外，在日常生活中，丙盖村里的阿昌男子大多数都喜欢穿着汉装。

（四）宗教文化

在丙盖村，阿昌族都信奉原始宗教，认为万物都有神灵。他们对祖先崇拜也比较普遍，认为祖先都有魂灵，有祭小家鬼和大家鬼的习俗，个别氏族还有“祭塞”的传统，逢年过节都要献祖宗饭祭拜祖宗。丙盖村的部分村民还信仰佛教，每逢农历正月初九和九月初九，一些中老年妇女，就结伴到寺庙里烧香拜佛，祈求佛祖菩萨保佑。

按照丙盖村的风俗，每年的农历二月第一个属马日，需要祭寨，祈求全村寨庆吉平安，在祭寨的过程中，禁忌外人进入寨内。每年的农历五月二十八，丙盖村称为牛从会，当天，村民们以猪的四个足蹄作为祭品去祭拜村庙，祈求六畜兴旺。到了农历六月二十四过火把节，要在村庙杀一头公猪，祭拜庙神和田公地母，祈求五谷丰登。

1. **“活袍”**

“活袍”就是阿昌族的经师，是阿昌族的宗教领袖，不但能够主持各种祭祀活动，而且还熟悉本民族的历史文化和风俗习惯。此外，“活袍”还掌握阿昌族各种历史传说和民间故事。著名的阿昌族创世史诗《遮帕麻和遮米麻》便是由“活袍”世代传唱才得以公之于世。所以，“活袍”不但能与神灵沟通，替群众消灾解难，而且还是丙盖村内的医生、能人和智者，受到人们的信赖和尊敬。“活袍”作为丙盖阿昌族宗教人员中的最高等级，凡送葬、祭祖、祭谷神、祭棒头鬼等重大活动，必请“活袍”到场。因为所念的祭词难度很大，只有“活袍”才能掌握，而其他小一些的鬼神，则可由“巫袍”来主持。在丙盖村阿昌族中能够担任“活袍”的人为数甚少。

“活袍”的产生有两种形式：一种是“阳传”，也称师传；另一种是“阴传”，也称“真传”。所谓阳传是由前辈“活袍”培养、教导、传授而成的“活袍”，当老“活袍”在帮人送魂、念鬼时，他们经常是老“活袍”的助手，师傅看上后收为徒弟，在他们获得必要的献鬼知识后，师傅帮助立起祖师坛，便可独立为群众看卦、念鬼。而“阴传”则无师自通，产生于具有血缘关系的人群中，大体是由神在梦中或患病时传授法术的“活袍”，如某人遇到某种危险后化险为夷，或长期生病发生休克后又复苏，认为是死里逃生的人立起祖师坛而成的“活袍”。在人们的观念中，这类“活袍”是得到祖师真传的，地位高于阳传的“活袍”，他们常说：“没有师傅真传授，识得天书也枉然。”因此，阴传的“活袍”受到更多的信赖和崇敬。

在丙盖村调研期间，我们有幸在张乡长的带领下，到阿昌族赫赫有名的“活袍”曹明宽老人家中，观看了一次“活袍”念经作法，让人感觉神秘而震撼。曹明宽老人是第一批国家级非物质文化遗产保护名录民族民间传统文化传承人，是“阴传”活袍。曹明宽在当地德高望重，具有极大的影响力，每逢阿昌族节庆典，或是阿昌人家婚丧嫁娶，起屋盖房等，都会邀请他主持献祭唱经，为人们祈福。

2. **永安司古庙**

永安司古庙又名永和古庙，始建于南甸宣抚司移署永安年间，至今已有二百四十多年的历史，这座饱经沧桑的古庙见证了丙盖村一代又一代的世事变迁。古庙由丙盖村当地居民祀奉，多有灵验，曾先后三次重建都未能恢复原貌。为弘扬民族传统文化、开发旅游文化产业、构建和谐社会，如今永安司古庙已经成为梁河县阿昌族阿露窝罗文化活动中心的主体部分。古庙由丙盖村村民于2006年11月恢复重建，总建筑面积为156.06平方米，历时差不多半年竣工，总造价约8万余元，期间得到社会各界人士的鼎力支持和赞助。古庙正对着阿露窝罗文化活动中心的大门，还没走进活动中心，我们就能远远地望见古庙威严穆静地立在那里，由青砖白瓦建成的古庙，无不透露着古朴安详的气息。拾阶而上，走进庙里，殿宇两旁各立着一只石刻的神兽，一雌一雄。庙里大堂正中供着庙神，庙神两旁还供着都天六臂土主殷太岁圣位、九天开化文曲梓童帝君位和本方护福祚寨驱祟山神位。由于不是节日，调研组参观古庙的时候，庙里显得比较冷清。据丙盖村村长说，在旧社会，受封建思想的影响，妇女是不能走进古庙烧香拜神参观的，而今随着社会的发展与思想的改变，男女老少都可以进入古庙。如今但凡节日，或逢初一十五，丙盖村的村民们都到庙里烧香祈求神灵的护佑，古庙因此成为了人们的精神寄托。

（五）饮食文化

阿昌族的饮食文化也颇具本民族特色。丙盖村阿昌族山歌里面就唱道：“阿昌好！阿昌好！阿昌小吃风味好！走到天涯也忘不掉。”

丙盖村阿昌族与梁河地区其他少数民族一样，自古以来都是以大米为主食，喜欢食用糯米蒸白酒、糯米粑粑，以及用大米加工的饵丝、米线、凉粉，还喜欢食用腌制品和酸味食品，腌制的咸菜、卤豆腐、豆豉常年必备，每餐必不可少。阿昌族喜欢捕鱼、挖黄鳝，还在稻田里养鱼。丙盖村的谷花鱼（栽秧时将鱼苗放入田内，谷熟后取鱼，称谷花鱼）是日常吃鱼的主要来源，食用时多将鲜鱼用油煎或油炸，再加上水和酸辣椒煮熟或蒸熟，黄鳝舀鲜姜，鲜鱼煮泡笋，越辣越爽口，其中以酸辣谷花鱼最具特色，让人垂涎三尺。

丙盖村的阿昌族同胞还喜欢用当地种植的草果做佐料，据说草果除了可使菜肴味道更加鲜美以外，还有很多保健功效，所以在丙盖村的饭桌上，几乎在每道菜肴中都可以发现草果的影子。当地肉食主要来源于饲养的猪和黄牛，猪肉喜欢用来做火烧生猪肉米线，即将猪宰杀后用麦秆或稻草将猪皮烧黄，刮洗干净，然后切碎拌上醋、大蒜、辣椒等佐料与米线一起食用，味道清爽鲜美。当地人还喜欢吃芋头，传说古代庆丰收的时候，吃狗肉和吃芋头必不可少。

在丙盖村，家家户户的阿昌族男性都喜欢喝酒，尤其农户自酿的糯米酒、玉米酒、小米酒，因为水质好，米质讲究，再用土罐陈置，酒味醇香。在丙盖村的家庭里，酒是必备之物，即使没有男人的家庭，酒也要常备。每逢亲戚朋友到家，除风味菜肴，必以米酒盛情款待，主人还对着到来的宾客举起酒杯唱山歌敬酒，边唱边敬，通常要连喝三杯酒，客人畅怀尽饮，才认为是看得起主人。这一点，我们调研小组的每一位成员都深有感触。大年初一，三五成群的男人会挨家挨户地串门子，到哪一家，主人须倒酒款待，否则，就被认为冷待他们。在丙盖村，春节要有甜白酒招待女客，端午节要有甜白酒煮鸡蛋，每逢喜庆时餐桌必上一碗甜白酒，已成固定习俗。不论你到丙盖村阿昌族家串门子，还是去做客，别的东西不能讲“要”，尤其千万不能讲“倒杯茶来”，因为水不能“要”，而叫主人家“倒杯酒来”的话，是可以讲的，酒是可以“要”的，主人一点也不会觉得奇怪和不妥。如果主人家拿不出酒来，反觉得对不起客人而羞愧。丙盖村阿昌族酿酒十分讲究原料。酿酒用的酒药（酒曲）是自已制作的，妇女们从山上采来一种叫苦草的草本植物，舂碎后加上糯米面制成酒药，用这种酒药经发酵出来的酒，味道醇和，香甜可口，醉后也不会头疼。

丙盖村的阿昌族群众还喜欢饮茶。由于梁河地区的地理环境比较适合种植茶叶，所以丙盖村里的很多山地都用来种植茶叶，主要种植绿茶，每逢有亲朋好友来家里，主人必倒上泡好的茶水招待。

除了喜欢喝酒饮茶外，村里的男女都还有嚼烟的嗜好。用一撮草烟丝，拌以少许芦子、沙几、石灰、槟榔，在嘴里嚼，边嚼边吐出红汁烟水。嚼烟还分时间地点：晚上人们围在火塘边扯家常时，边聊天边嚼烟丝，随后把烟汁吐在火塘的灰里，能起到提神助兴的作用；白天农作间歇的时候，在田间埂头地边，坐着嚼烟，可以消除疲劳，避免蚊虫蚂蟥的叮咬；有的山坳子有瘴气，嚼烟可以驱毒、免遭中毒。嚼烟还有一个好处就是可以保护牙齿，预防虫牙、火牙，使牙齿不至于过早脱落。在过去，丙盖村成年人的牙齿均为黑色，认为一口锃亮的黑牙齿，也是一种美，少数不嚼烟的妇女，则用染齿法，保持牙齿黑亮。直到今天，有些丙盖村的村民依然乐于嚼烟，并在家中放有专门吐烟水的盂缸。

（六）居住文化

新中国成立前，丙盖村阿昌族的生活极为寒苦，住宅绝大多数是茅草房。茅草房用竹木为屋架，篱笆糊泥为墙，茅草盖顶，俗称“篱笆家”。新中国成立后，经过几十年来的演化与变迁，过去的茅草房现几乎完全绝迹。如今村里的民宅基本上都是一正两厢的土木结构瓦房，或者是砖木结构瓦房，有极少数农户建造了混凝土平顶房。

丙盖村阿昌族住宅的正房一般分为三格。中间一格为堂屋，即正堂。家堂（即神位）设在堂屋正中的墙上，为供神祭祖的神龛。正中供奉着“天地国亲师”位，按房屋走向左边供奉灶君，右边供奉祖灵。也有在后墙前摆一张高桌，摆放香炉花瓶、摆祭品。正堂是全家人烤火、就餐、会客和议事的活动中心。堂屋的火塘要设在中柱的外面，更不能对着中柱。古时候正因为得益于火塘，阿昌族的文化才得以传承至今，《遮帕麻和遮米麻》等许多故事，就在火塘边一代一代延续了下来。它是长者给晚辈讲述苦难历程和传授狩猎采集知识的地方，火塘蕴含着一部说不完道不尽饱含辛酸的演变史。火塘的火不会熄灭，变化着的是火塘边的故事。

丙盖村的阿昌族十分讲究房屋的坐向，正房大梁中心所对山脉走向极为重要。正房的面向要开阔，要正对平缓饱满的山坡；正房的中心线不能对着山岭的垭口，认为向法不好就会家庭不顺、家运家风不振，住宅的大门，保持着“迎山开门”的古风遗俗，所以根据村寨的地形山势，或从左厢进，或从右厢进。同时，户与户之间的大门不能正对，要有一定的错位。建大门时，要选良辰吉日，并要举行一定的祭祀礼仪。住宅的正房左右两间做卧房，通常是父母及已婚子女的房间。没有厢房的，正房右边的外间做厨房，有厢房的，右厢房做厨房。厢房楼上堆放粮食和杂物，楼下置放农具柴火，家庭成员多的，楼上多为未婚子女的卧室。另外还另建栏厩关养家畜家禽。

进新家的时候，也要选一个良辰吉日。吉日天亮以前，燃放鞭炮，新居男主人挑着谷米，女主人挑一头为柴、一头为清水的担子，水里放着4～6条活鱼及几枚硬币，请一位老人举着从老家点燃的火把引路，年轻人挑着锅碗物品尾随其后，直接往新家走去，而老家要由父母留守，不能让老家空了。进了新家后，用火把将堂屋的火塘点燃，接着点燃灶眼的火，在天地灶君处插上燃着的线香。在新居的家堂脚放一箩筐谷子，谷子上面放着一装满米的升筒，升筒上面要点一盏灯，表示新居亮堂堂，香烟袅袅，祖宗护佑，主居平安，六畜兴旺。然后在新居厨房做饭菜，祭告祖先，以求清吉和顺。

（七）丧葬文化

丙盖村阿昌族的丧葬，至今还保留着许多独特的习俗。阿昌族老人在家去世，过去用火枪朝天鸣放向村寨人报丧，现在改为放鞭炮。丧家请来的亲戚邻里，用采来的青蒿枝叶和大风草，蘸着温水给死者洗浴，然后翻拣死者生前穿过的较新的衣裤更衣，若是死者为女性，则戴包头套筒裙。阿昌族忌讳给死者穿生前未穿过的新衣，否则到了阴间他（她）会无衣可穿；还忌讳死者棺木上有穿板疙瘩，认为会对生者不利。停当后，即安排人员向外寨至亲报丧。人死后第二天，阿昌“活袍”主持举行升棺杀牲祭典，当晚“活袍”要主持隆重的“贤白”仪式。第三天出殡，称之为“出山”，下葬要尽量赶在日落前完毕。下葬的次日早上要去“扶山”，即垒坟立墓门石。

在丙盖村，“活袍”念诵的送葬经，俗称“俎尸袍”，是阿昌族非常有特色的文化形式。根据我们在调研中的了解，在送葬过程中，“活袍”全用阿昌语念诵经文，整个过程大致可分为以下几个内容：先是叙述死者生平，讲述生老病死是不能违抗的自然规律，为死者“指路”，告诫死者一定要跟着阿公阿祖走过的路，放宽心地走到阴司去。然后子女与死者“分禄”吃，即在丧门旁献上一桌较为丰盛的汤饭，再在棺木上面铺棉香（用红绿纸为死者制作的“被子”），在棉香夹层中间撒上一些谷米。死者的长子背一只背篓，背篓口用女人的衣服盖住，在“活袍”的带领下，孝子孝女和至亲随后，绕棺而转，孝子们边转边伸手到棉香的夹层里摸谷米，转到丧门前，“活袍”便把饭桌上的酒、肉、饭往长子所背的背篓里装，等所有亲戚都散完以后，子女们才共同热了吃，有死者赐福后代之意。“分禄”完以后为“撵煞”，即撵走除祖宗以外的杂鬼。接着“起棺”，即告诉死者要抬灵柩出门了。最后“安魂”，即在埋葬死者的当天晚上，在丧家的家堂前摆三牲、鸡、饭、酒、茶，“活袍”念诵经文，把死者的灵魂交给列祖列宗。若去世的是妇女，发送时需在堂屋的左上角固定一只木凳，把死者生前准备的衣服、包头、筒裙和花带叠好摆在凳子上，早晚烧香、献饭。下葬次日，这些衣饰要由前来吊丧的外家背回去，并用竹篾、稻草扎成死者生前模样，戴上包头，穿上新衣裙，系上花带子，象征接回了死者的灵魂，俗称“裱影身”。影身要供在娘家的堂屋里，每天烧香献饭，满七天再重新发送一次，然后烧掉。最后由孝子将死者留下的包头和花带子带回去，象征死者的灵魂，归祖归宗。[①]

在丙盖村，阿昌族实行土葬，但也有火化后将骨灰入棺材埋葬的，如得怪病或者妇女生产死亡的，将其灵柩抬到野外安放一段时间，然后火化埋葬。阿昌族认为人死后，其灵魂在家堂，所以，如果死者的上辈还在世，其灵魂就不能上家堂。按风俗，要在低于家堂的右侧另设灵位，通常吊一小块竹笆便于摆放祭物。每逢祭祀，要另行给他献饭，直到上辈人都去世。祭礼中男女“外家祝”（祭文），要带到坟山，待下葬后在坟旁烧掉，忌将抬丧棒扛进家中，但可做牛马厩的门杠，意为六畜兴旺。

（八）婚俗文化

丙盖村的阿昌族自古以来实行一夫一妻制家庭。未婚男女青年通过对歌交往认识，情投意合的，便交换定情物；男的送一只银镯头给女方，女的将自己的衣服送给男方，以示互不变心。若双方父母同意，男方即可请媒人到女家提亲，给下财礼银子，然后定吉日婚娶。若父母不同意，双方又不愿违抗父母之命的，便退还定情物。如双方感情执着，便采取“逃婚”的办法。现在的婚姻方式，主要以男女自由恋爱为基础，然后被双方父母认可之后，便请媒人到女方家里提亲，到双方商定的日子，男方才去迎亲。而更多的是，

① 中国人民政治协商会议梁河县委员会．梁河阿昌族今昔[M]．昆明：云南民族出版社，2003.

男女双方讲成后，便择日由男方带伙伴到女方家里，将姑娘先领来成亲，再请婚人到女方家赔情讲财礼定日子。时下，绝大多数父母，对儿女婚姻横加阻挠的情况已极少有。不管采取何种方式，迎亲时媒人带上 5 个小伙子，带着酒浆水礼去女方家送财礼，再由“后总理”带新郎一行 5 人去迎亲，进女方家门时，女青年拦门、男人拦门、泼水等习俗，至今仍保持着。

按阿昌族择亲传统，仍禁止本族内同姓通婚。在丙盖村阿昌族婚俗中，变化较大的是族外通婚明显增多。据调查了解，在丙盖村大约有一半的已婚家庭是阿昌族与别的民族结合，女子可以嫁到外族人家，而娶进来的汉族、傣族、景颇族、德昂族女子最多。

（九）民间艺术文化

1. 经传史诗

各民族的史诗初为人民群众口头创作，后用文字记录整理而成，没有文字的民族，则以口头代代相传。阿昌族因为没有自己本民族的文字，其史诗《遮帕麻与遮米麻》则以口头世代相传，并于 2006 年被列为国务院公布的第一批非物质文化遗产之一。我们在调研中了解到，《遮帕麻与遮米麻》作为阿昌族一部创世神话史诗，已经深深植根于丙盖村每一位阿昌子孙的血脉中，无论是老人还是妇女、儿童，都能对《遮帕麻与遮米麻》的故事娓娓道来。作为阿昌族民间文学宝库中最有价值的一朵奇葩，《遮帕麻与遮米麻》中的一个折诗就代表着一个神话。它包括了造天织地、人类起源、补天治水、降妖除魔和重整天地五个部分。它是阿昌族原始宇宙观的形象概括，又是原始宗教的记录和表达，同时还曲折地反映了母权制向父权制的过渡。它是阿昌族口承文学发展过程中的一座丰碑，阿昌群众称之为“我们历史的歌”。

《遮帕麻与遮米麻》分为诗体和散文体两种传承样式，两种载体的内容和情节几乎完全相同。诗体是原始宗教祭司“活袍”在葬礼和族人参加的大型宗教祭祀活动中的唱词。诗体句子结构整齐，节奏感强，唱诵时语句抑扬顿挫，朗朗上口，富有特色。诗体编译为汉文 1080 行，篇幅长，内容丰富。散文体以故事的形式广为流传，为阿昌族人民所知。因此，阿昌族古文化的精华，可说是由“活袍”（无字经师）通过诵经的方式口头传承下来的。每一折口诵经文，也就是一部完整的叙事诗。“活袍”唱诵的调子固定，不因人而异，唱诵时缀以衬词和助词，起到舒缓语气和抑扬顿挫的作用，称之为活袍调。“活袍”在获得“神识”（即通灵）的情况下，其记忆力与唱诵才能确实超出常人所能，他们往往在唱诵时小憩，向在堂的亲朋讲述唱诵的故事情节，因而在传承阿昌文化遗产方面，做出了不可忽视的贡献。“活袍”是阿昌族的古典祭祀诗人，是正义的化身，他们是经师，而不是巫师，两者有明显区别。

2. 丙盖村民族文化墙

走进丙盖村，一眼就能望见村民房屋雪白的外墙上一幅幅五彩斑斓、栩栩如生的图画。这就是丙盖村作为省级新农村建设试点村而建的民族文化长廊。文化长廊建设包括土外墙粉刷2144平方米和阿昌图腾建设91平方米，总投资9万元，其中省级财政补助7.5万元，群众自筹1.5万元。该工程项目从2010年3月开始正式启动，2011年2月竣工。调研组进村调查的时候，文化长廊还处于建设过程中。我们看到有些村民的房屋墙壁上只是刚刷上了一层雪白的石灰膏，有些房屋的墙壁上则已经描绘上了图画轮廓，而有些地方还有很多画匠师傅们正忙着给墙上的画涂上颜色，有些墙壁上的画已经全部完成了。画面呈现的大多数是阿昌族人民日常生产生活的场景，例如村民在田间插秧、抢收稻谷，妇女们在家里的阁楼上纺纱、织布、绣筒裙；有些画的是阿昌族神话史诗《遮帕麻和遮米麻》中的故事情节和英雄人物，如天公遮帕麻、地母遮米麻造天织地、补天治水、降妖伏魔、重整天地的画面；还有些画的是花鸟虫鱼，山水风光。这些画都活灵活现、栩栩如生，走在丙盖村光洁的水泥路上，让人恍惚间仿佛走进了民族风情博物馆一般。民族文化长廊的建设，改变了丙盖村村容村貌，宣传发扬了阿昌民族文化，实现了村容村貌整洁，推动了新农村文化建设的发展，直接受益群众达89户，共371人。

3. 阿昌人家一堂灯

丙盖村的阿昌族群众喜欢玩灯，阿昌语叫“灯列”，玩灯一般是在春节期间进行，所以又叫作春灯。玩灯属于外来剧目，但已是阿昌化了的剧种。对于玩灯的传统，我们在丙盖村了解到两个版本，有说阿昌族玩灯始于明朝洪武年间，由江南汉族移民传入；另一传说，阿昌族春灯已有300多年历史，于明末清初随赵氏始祖传入。无论这两种传说口碑真伪如何，但玩灯的习俗已深深扎根于丙盖的阿昌村寨，受到村民的敬奉。春灯并不是每年都玩，一般时隔三年玩一次，特殊年代间隔几年也有，有时不隔三年连续两年玩灯的事情同样出现。过去丙盖村有传说“三年不玩灯，牛死马遭瘟”，当遇到牲畜疫情的时候，人们就以为是“灯根”在作怪，因此要到村寨里的庙堂许灯了愿，祈求灯神，保护保佑，五谷丰登，六畜兴旺，吉祥如意。为何人们把“灯根”说得神乎奇神令人生畏，究竟“灯根”是什么？所谓“灯根”，据丙盖村的老人介绍，是指玩灯的文化之根，是长期扎根于村子，看护村子的灯神。现还存有“灯根”的阿昌族村寨已经为数不多，丙盖村就是其中一个还存有“灯根”的村寨。在过去很长一段时间，丙盖村里的文艺活动十分贫乏，电视还没普及，也很少有电影，文艺队也只能偶尔巡回到一两次，娱乐还得靠农民自己，在自娱自乐中，寻求精神的慰藉，春灯就是当时最具魅力、最具有影响的民间艺术形式。据丙盖村的文化名人杨叶生老先生回忆说，记得他们还是孩提的时候，每年心里就早早地盼着春节的来临，除了开财门得点压岁钱和享受村里彻夜舂糯米粑粑的欢闹声外，最牵挂的就是玩灯了，玩灯对丙盖村来说是很重要的过节内容。春灯的内容主要有：舞双狮、贺“四句”、武术专场等。玩灯虽是娱乐，却又是神圣的，因为玩灯承载着精神宣教的主要功能，虽然伴有原始宗教色彩，但是它已经成为阿昌族古老的民间传统文化。同时，中华民族传统文化、道德伦理也在玩灯的欢声笑语中让广大人民得到潜移默化的熏陶。而如今在丙盖村，玩灯不仅增添了节日的气氛，更是增进村寨之间的沟通交流与友谊，成了展示阿昌族民间文化的重要形式之一。最后杨叶生老先生带着一丝忧虑对我们说，随着时光的推移，社会的进步，在丙盖村还有许多别的阿昌村寨，玩灯这一文化传统已慢慢地淡化了，很多传统手艺也已经开始失传，为此，他感到十分的痛心，他真诚地希望丙盖村的阿昌族人民把玩灯一直延续下去。

4.**“唆唆米来”**歌

阿昌族生性开朗健谈，是个能歌善舞的民族。他们喜欢唱山歌跳窝罗舞，通常会由一位“哨干”领唱领舞。哨干是指阿昌族集体唱山歌的领唱者、蹬窝罗集体舞蹈的领舞者，由演技娴熟且素受人们尊重者担任。我们调研组每次进到村里阿昌人家进行采访的时候，如果有几位阿昌村民同时在场的话，他们都会热情的唱着“唆唆米来”歌对我们的到来表示热烈的欢迎。根据我们观察，丙盖村阿昌族的山歌很少在山里唱，主要是在家中厢房或者厨房里唱，燃起火塘，正儿八经地唱，真可谓是独兴一风、独行一俗。唱山歌，一般来说，是阿昌族未婚青年男女之间的娱乐、交流感情的方式，是相互建立爱情关系、夯实婚恋基础的途径。但是，在红白喜事上，已婚男女相聚一起时，也有唱的，但唱的内容主要是拉拉家常，叙叙旧情，相互问候娱乐散心而已。按照以往阿昌族的习惯，凡是别村寨的姑娘小伙来到丙盖村寨，全村寨的小伙姑娘们都要相约去唱山歌，唱山歌分为“候承”、“邀约”、“夸口”、“结交”、“会面”、“辞别”、“送路”等几个程序，而且要依次序进行。现在丙盖村阿昌族唱的山歌主要是“拉拉调”，俗称“唆唆米来”歌。据说是20世纪50年代初，民族工作队在阿昌村寨教唱的，因其节奏活泼明快，易学易掌握，便被阿昌族男女青年普遍接受并广为流传，用此调缀上歌词，现已成为具有阿昌族特色的歌调。如今，在各种大型娱乐活动，或者迎宾敬酒时，都唱“唆唆米来”歌。

丙盖村阿昌族的口头语言生动流畅，阿昌族的歌手被称为“白口才子”。主要原因是善于借鉴、吸收和消化汉文化，在即兴编唱中，应对机巧，善于托物寄情，多用比兴、比喻、婉约、双关等艺术手法，形成“一句直话婉转说”的韵味，在朴实中闪烁着睿智的火花。我们调研组的同学还曾与这些唱阿昌山歌的“白口才子”对过歌，结果都纷纷败下阵来，给每一位调研的同学都留下了深刻的印象。

5. 蹬窝罗

“蹬窝罗”阿昌语称“则勒吗”，是阿昌族古老传统的民间舞蹈，流行于梁河阿昌族居住区，我们在丙盖村调研时，村民也为我们即兴表演过。一般来说，舞场中央放一张桌子，桌中摆一盏灯，参舞人数不限，在哨干（领舞）带领下，众人围成一圈边唱边跳，舞者双手叉腰，走一步转身下蹲一次，左右回旋，基本舞步为“自由步”、“麻雀步”、“猛虎出山步”，舞蹈队形有“双龙行路”、“金龙转身”等。蹬窝罗一般没有乐器伴奏，而是以“则勒咱”、“拔套昆”、“拨松昆”等曲调为节，人们边舞边唱，歌调高亢古朴、雄浑凝重，歌词华丽，结构严谨工整，韵律欢乐活泼，具有鲜明的民族特点，若是主客配合默契玩乐尽兴，大家会一起娱乐至通宵达旦。阿昌族的传统节日“阿露窝罗节”也因蹬窝罗而得名。

（十）丙盖村阿昌族文化的保护与传承

近几年来，在国家民委及各级政府部门的关怀支持下，省、州、县有关文化部门对阿昌族传统文化进行了大量调查研究，取得了不少成就，先后出版了多部史学资料和文化论著：《阿昌族社会历史调查》，1983年出版；智克整理的史诗《遮帕麻和遮米麻》，1983年出版；戴庆厦、崔志超合著的《阿昌族语简志》，1985年出版；《阿昌族论文集》，1989年油印成册；曹明强编写的《中国阿昌族情歌选》，1992年出版；《梁河县志》，1995年出版；攸延春著的《阿昌族文学简史》，1995年出版；杨浚著的《南诏与阿昌族文化》，1997年出版；曹先强著的《阿昌族文化大观》，1999年出版；刘江著的《阿昌族文化史》，2001年出版；德宏州艺术所编的《德宏文化艺术志》，2001年出版等。这一系列的资料和论著，对阿昌族民族传统文化的挖掘整理和保护传承，做出了较大的贡献[①]。对于阿昌族的民间文学集成、民间音乐集成、民间舞蹈集成的编纂，地方政府虽曾组织人员做了大量的调查，但是由于各方面的综合因素，除了少数部分的一些文化得以出版外，很多资料都被压在了箱底，如阿昌族的刀文化、茶文化、酒文化、饮食文化、服饰文化等，至今还有待更进一步地开发。

通过对丙盖村的实地调查和文献资料的查阅，课题组对丙盖村阿昌族民间文化的传承、保护和发展有了进一步的认识。

1. 丙盖村在阿昌民族传统文化的传承与发展中存在的问题

(1) 民族文化的保护尚缺切合实际的指导方针和客观全面的专业指导

阿昌族聚居的民族地区通常比较偏远落后，缺乏相应的物质基础和条件，缺乏专业技术人才，尤其体现在法律、文化教育等方面，这在丙盖村体现得十分明显。现代社会的运行离不开法律的保障，同理，民族文化的保护也离不开法律力量的维护。但是在阿昌族民族地区，相关法律条例的不完善、普法范围力度的不充分，架空了法律应有的作用，使得阿昌的民族文化保护没有得到全面的专业指导。当地的教育问题也直接关系到阿昌民族文化的传承和延续。

(2) 民族民间文化的传承“供血不足”

首先，经济的发展与城市化的推进使得大量的农民离开土地进城，据梁河县政府提供的数据，当地近65%的青年外出务工。外出人口的生活方式变了，原先那片土地上诞生、传承的民族民间文化就遗落在丙盖村原地，没有

① 陇川县史志办，德宏州民族艺术研究所．阿昌族文化论坛[M]．昆明：云南民族出版社，2003.

被带进新的生活。

其次，学校教育与民间文化传承之间存在着断层。上学的孩子就只唱校园歌曲、流行歌曲，而不会唱民歌了。在“普九”义务教育在丙盖村展开之初，民族民间文化就不纳入学校教育，实际上就是阻断了民族文化的传承。而目前已经开展的一些教育活动，也仅仅作为第二课堂来开展，并没有纳入学生的评价体系，因此，乡土教育从机制上来讲缺乏激励因素，受关注度也会降低。如何将传统和现代、民族和大众的文化结合起来，如何使民族的真正成为世界的，重点在于对人的文化教育。

再次，民间艺人的老化与后继乏人，无法对民族民间文化遗产实行有效的传承辅导。目前丙盖村非物质文化遗产的传承人大多年过古稀。这些老艺人，有的没有徒弟，有的即使带了徒弟，也不甚理想。例如丙盖村的灯诗因为无人传承早已失传。

（3）对民族民间文化发展的盲目自卑与迷茫

在丙盖村，有些阿昌族的族人在走出家园、视野开阔以后，面对文化的多样性选择，面对一些强势文化的包围而缺乏文化自信心。例如丙盖村越来越多的年轻人不习惯也不喜欢穿阿昌族传统的民族服装，他们认为民族服装虽有本民族的特点，但款式单一，不够时髦，跟不上时代的潮流，因此年轻人平时基本上都穿简单、方便、时髦的现代服装。还有一些家长觉得本民族的语言不好听，阿昌语带口音，不利于孩子学习普通话，因此盲目地刻意不让孩子讲阿昌语，导致一些小孩连自己本民族的语言也不会讲或者是讲得不流利。在民族文化的发展过程中，更有一些人出于利益的追求，刻意制造一些“伪民俗”作为卖点。这些现象极大地阻碍了阿昌民族文化的传承与发展，应当引起各方的高度重视。

（4）对待民族文化的传承、保护与发展缺乏辩证的眼光

保护不等于保守，发展不等于变质。任何一种文化都有其自身的发展轨迹，正如生物界的进化论一样，适者生存，自然选择。对历史文化的保护，其根本动力还是着眼于现在。换言之，保护的目的是为了更好地发展，因此对于丙盖村的阿昌族文化习俗也应“批判地继承”。对于那些“不可避免”或“无法挽回”的流失和遗落，不要强求，对于“可以避免”或“人为失误”造成的流失应竭力挽回并深刻反思。

2. 推动传承与发展丙盖村阿昌族传统文化的建议

(1) 定期举办各种赛事活动，建立相应的民族文化保护圈

对阿昌族具有代表性、特殊性而又濒于湮灭和传承危机的民族文化艺术项目建立保护性基地，将丙盖村建设成为特色文化村、艺术村，建立各类民族民俗专题博物馆、露天博物馆，积极探索民族文化传承和教学的有效方式。可以定期举办各种赛事活动，如阿昌族的传统节日“阿露窝罗节”，山歌大赛，民族体育运动比赛等，对已有的活动与赛事，要加强保护与固定的形式进行传承，同时政府要制定相关的政策措施，对实施文化生态保护建设予以相应的经济补偿和支持。

(2) 建设民族文化发掘保护的科研基地，加大对濒危文化遗产抢救和资源保护的力度

民族民间文化艺术的抢救和保护，是一件十分紧迫和必须做好的工作。只有保护好了，发展才有其根基。因此要对丙盖村阿昌族的民族文化进行保护发展，离不开教学科研机构的帮助。建议当地政府可依托文化系统现有的研究所、创研室等机构建立专事民族民间文化艺术抢救、发掘、搜集、整理和研究的科研机构网络，建立科研队伍，力争实现形成省、州、县三级民族民间文化艺术发掘保护科研体系；在丙盖村建立“阿昌族民间文化艺术资料馆”，利用现代科技手段对搜集到的阿昌族民间文化艺术各类资料进行整理、保护、研究，完善硬件建设和设施配备；建立职能部门，明确专业人员，规定其承担梁河县及县以下民族民间文化艺术的搜集整理和抢救保护工作职责；对阿昌族著名的老艺人和濒临消亡的文化艺术品类实施重点抢救、保护和资源发掘。

(3) 加强阿昌民族文化艺术的学校教育，编写乡土教材

民族民间文化不论如何精心保护，最终必须落实到传承上来，传承的根本在于教育。教育包括社会教育和学校教育。当传统的传承方式在市场经济条件下遭遇到价值取向的冲击时，学校教育就成了一种最为有效的教育、培养和传承方式。在此方面，梁河县已经有了不少成功的经验，以县政府主管局办正式文件下发全县，推广和落实民族音乐和民族工艺进课堂，不仅有效地推动了民族文化艺术的传承，增强了群众对民族文化的自信心，提高了老师和学生的素质，也提升了和丰富了民族文化艺术的形式和内容。省政府教育行政主管部门可就此做出相应安排，制定相应法规，编写教材，培训师资，

以政府行政方式来保障民族文化艺术作为民族地区学生素质教育的主要内容之一。

(4) 培训民间艺人的教学能力，给民间艺人评职称，设立专项补贴和奖金

为了使民族民间艺术真正进入课堂，建议梁河当地政府可在丙盖村进行试点，采取学校与民间艺人之间的互动，即学校教师对民间艺人进行教学手段和教学基本原理的培训，帮助他们选择确定教学内容、制定教学计划、组织课堂教学，并对进课堂、上讲台的民间艺人给予一定的报酬和经费。这样会极大地丰富中小学的课堂教学内容和教学形式。为了充分调动民间艺人传承文化艺术的活力，当地政府应设立专门政策，在给民间艺人评职称的基础上，按照职称的高低、定期给民间老艺人发放生活补贴，可设立专门的“带徒传艺奖”、“学艺有成奖”等奖项，对相关人员予以政策引导性鼓励，调动当地人民群众关心本土民间文化艺术的热情，使得“传习本族本土民间艺术文化人人有责”的观念成为共识。

第二部分　农户

十、富裕户

（一）建房专业户赵家杰家

在调查工作中，我们从张乡长那里了解到，丙盖村村民居住的房子大多是自己盖的。由此我们判断，村里一定有人精通建筑，毕竟盖房子不是什么简单的事，不是人人都能做好的。于是，我们通过向村民打听了解到，确实有位叫赵家杰的大哥常常帮村里人盖房子。我们遂对其进行了访谈。

还没进院门，我们就看到赵家杰家大门上镶着一个写有“五好家庭”的牌子，这不禁让我们对这户家庭产生了良好的第一印象。也许是因为常帮人做活儿，有一定的经济收入，赵家杰家院子里有栋房子看起来较新，很是气派显眼。据赵大哥介绍，那栋新房子是给大儿子盖的新房，当然，是出自赵大哥自己之手。他们一家人现在住的还是砖木结构的老房子，虽说有点儿旧，但在赵大哥的精心维护下，看起来还算结实。院子里有一棵芒果树，零星的挂着几颗果实。在云南，芒果树就像槐树在北方一样常见。树的主干上还挂有一个鸟笼，里面养着一只鹦鹉，是赵大哥儿子养的，看来他是个很会享受生活的人。

赵家杰家里现在住着他和爱人、两个儿子和儿媳，还有一个小孙子，共7口人。两个儿子都是初中毕业，没有再读高中。大儿子主要在家务农，平时比较喜欢养鸟，除了那只鹦鹉外，还养了几只家鸽与山鸽。二儿子刚成家不久，在家常帮父亲做工。两个儿媳妇在家负责喂猪喂牛，做饭洗衣。我们到他家里时已经接近中午，见到二媳妇正在准备午饭。我们发现赵大哥家做饭用的是沼气。我们通过之前的调查发现，不少农户家里有沼气设备，但不舍得用，较多时候还是会烧柴。由此可见赵大哥家的经济水平在村里应该算是中上等的。

赵家杰家里现有水田和旱地各3亩。水田种了水稻，旱地种有玉米、红薯、小麦、油菜、甘蔗等。除了水稻、玉米、红薯等粮食作物，经计算，油菜、甘蔗等经济作物虽然种了一些，但收入并不是太多，这就让我们很自然地把话题转向了家中的经济来源上。据赵大哥讲，他有一手盖房好技术，一般的建筑活儿对他来说都不在话下。因此，早些年赵家杰时常在外打工，给别人做建筑工人。和泥、砌砖、上梁、盖瓦、铺地板等专业活都是他拿手的，而且他还会做一些木工和电工的活儿。一般情况下他要和一个木工、一个小工组成一个三人组来承揽丙盖村的民居建设工程。这样的一个精干的建房组，没有闲人，可以为乡亲们节约建房开支。如果一些活儿忙不过来，建房人家会自派一两个小工协助，这都是为了省钱，不像城里的建筑工队，工程一经承包，一切活儿由建设单位全包，责任清晰见于合同。赵家杰现在给村民建房不签文字合同，只是达成若干口头协议，其协议条款之补充修改，一般要到房屋落成才能宣告完成，既要省钱，又要建好，这是条款不断修改补充的根源。俗话说空口无凭，既然是口头协议，就意味着有一定的风险。关于这一点，赵大哥告诉我们，不签合同也就是近年来的事，再往前还是签的。早些年他的确遇到过协议上的麻烦。他与几个工人一起给县里一家店铺翻新，开始只是口头上达成了关于工钱的协议，结果完工时，商铺主人以用料不佳为借口没有给足先前口头协议中协商好的工钱。由于没有书面协议，赵大哥也没有办法，只好自认吃亏。吃一堑，长一智，从那以后，赵大哥再给人做工都会跟对方签订纸质协议，以免再起纠纷。至于接村里的活儿不签合同，是因为赵大哥做活出色，这么多年为乡亲们帮了不少忙，加上他为人老实，大家都信得过，也就不与他签订合同了。但如果接外面的活儿，还是要按程序来的。

阿昌族民居建筑有两种主体结构，一是土木结构，一是砖木结构。土木结构的建筑工艺技术主要是夯土技术，砖木机构的建筑工艺技术主要是砖砌技术。在丙盖村，砖木结构的房子占大多数。赵家杰开玩笑地说，这是富裕村的象征。不过牛棚、羊圈、驴舍、鸡窝，倒是有些土木结构的，甚至有的人为了省些费用与工夫，挖窑洞来圈养，那就无所谓什么土木结构或是砖木结构了。

仔细观察后我们发现，丙盖村中有的民居房顶不是人字形的两面坡结构，而是只有一面坡，后墙比前墙高，两面山墙的顶端也是斜形的。我们问赵家杰，他解释说，采用这种结构盖房子最大的优点就在于用料少，尤其节省木料。经过赵大哥详细地介绍，我们发现的确如此，后墙比前墙高出 1.5 米左右，这样就可以节省一根主檩。同时还能节省不少椽子和瓦的用料。当然，将房子盖成这种一面坡的结构，还有另外两个原因：第一是丙盖村地处地势起伏较为严重的山区，有些村民是靠山而居的，如果将后墙盖得太高，安全系数将大大增加；第二就是出于美学上的考虑，一面坡的结构打破了传统的审美观，体现了一种不对称美。

据赵家杰介绍，他和一名木工、一名小工合作，建造一栋长 8 米、宽约 5 米的三间房屋需要 7 天完成，速度算是比较快的。赵家杰负责调和水泥、拉线、砌墙、粉刷、铺砖等工作。檩、梁、椽子、门窗大多为木质，这些都由木工来负责加工。在当前的阿昌族民居的建设中，木工和泥瓦工的地位相当，这从二者在收入分配上是均等的就可以看出来。同赵家杰一起合作过的木工有很多，赵家杰说，目前建造一间房的人工费用为 1200 元，一栋房屋为 3 间，需要 3600 元；也有一栋 5 间的，费用为 6000 元。按 3 间房来计算，3600 元手工费在泥瓦工、木工、小工之间分配，其中，小工一天 50 元，7 天 350 元，余 3250 元由泥瓦工和木工均摊。说罢，赵大哥让我们看了看他平时盖房子所使用的工具。大铲、瓦刀、刷子、砌头、水桶、抹子、砖泥板、翻转机、吊线锤、小推车等样样俱全，这些都是他自己买的。这几天他正和几个工人一起忙着帮助邻居家修理屋顶，上午村长跟他说我们要来采访，他这才从邻居家赶回来。我们见到的只是一部分工具，还有一部分在邻居家里放着。

赵家杰还向我们介绍了村里建房的一些独特做法。独立的泥瓦工与木工合作建房是要收取人工费用的，而许多村民建房采取合作帮工的方式进行，并不需要支付工钱。他说，村里的活一般情况下都不麻烦，大多是给乡亲们盖几间简单的房屋，或是修修补补之类的活儿。都是乡里乡亲的，这种简单的活儿不需要人家支付工钱，算是帮忙。不过一般情况下中午主人家会管一顿饭，且往往要宰鸡，有条件的人家还会宰羊。他自己家的房屋也是由村里几个工人一起帮他盖的，也没有给他们工钱。

去年，梁河县九保乡建设局实施了“农村危房改造”项目，为农村的危房户建设达标抗震房，每户补助 400 元；另外一项政策——“廉租房补贴”，对城镇低收入居民、住房困难户（租住）进行补贴，每人每月每平方米补助3.5元。既然早晚要建房，现在又给补贴，广大农民自然不会错过这个好机会。这样一来，农村民居建设成为一个大市场，赵家杰也就成了大忙人。据了解，2009年，赵家杰为13户农民修建了共40间房屋，着实赚了一笔。

随着年龄的增加，赵家杰已经不再亲自动手参与建筑活儿了，由过去的给人打工转为雇人打工，也就是常说的“包工头”。赵家杰凭借年轻时的影响力，常能接到县里的活。他雇有2个长工。每月给他们每人900元工钱。稍大些的活儿，赵家杰会再雇五六个短工，再大的活儿，需雇到二三十人。短工每人每天70元工钱，如果短工要求管饭，工钱减为50元/天。据赵家杰介绍，这样的工资水平，相比其他的建筑队要高一些，为的是能够雇到技术好一些的工人，保证工程的质量。既然年龄大了，我们便询问赵家杰今后的打算，谈到这里，赵家杰眼里充满了光芒，他说这几年已经开始逐步把手艺传给二儿子，等他确实干不动活儿时便让二儿子接手。毕竟二儿子经常跟他做工，对这方面也较为熟悉。看来赵家杰想让他的手艺能够传下去，我们想象着，一个延续了多代的阿昌族建房世家在我们眼前出现。

（二）甘蔗种植大户赵云国家

在村干部的陪同下，我们来到了赵云国家，相比村里的其他农户，赵云国家住得相对较偏，位于村子的最东边，距离其他农户较远。他家的房屋和村里其他阿昌族农户家一样，主体为砖木结构的二层小木楼，左右两边分别是厨房和杂物间。一进入院子就能明显看出他家是典型的农业种植家庭，院子里晒着两簸箕玉米粒，屋梁上挂满了黄澄澄的玉米棒子，院子的一角放着锄具、斗笠和蓑衣，堆放杂物的小屋里有一台打农药的机器，最显眼的是那台大大的可以把谷糠、瘪谷、灰尘等杂质清理干净的手摇式风机。看到院子里放着很多装着谷类作物的农用化肥塑料袋，直觉告诉我们，赵云国家不是一般的农业种植家庭。

户主赵云国今年57岁，小学文化，访谈得知赵云国是村里为数不多的佤族人，但他告诉我们现在生活习俗基本上都跟阿昌族一样了，也会讲阿昌话，但是从外貌上看，他还是与阿昌族特点有着些许不同。妻子杨会兰，今年53岁，小学文化，也是佤族，是从邻近的安乐村嫁过来的。在我们采访过程中，没有看到女主人，从赵云国口中得知，妻子也是典型的持家型妇女，基本就在家操持家务、放养牲畜和种植。赵云国介绍说，家里有三个孩子，大女儿小学毕业，嫁到了邻近的腾冲县，也是在家务农。小女儿 17 岁，读完小学后去县城了，在餐馆打工，每月能挣 450 元，工资还不够她自己花，有时还要向家里要钱。儿子叫赵国文，今年 26 岁，也是小学毕业，现在已经结婚，娶了一个阿昌族的媳妇，育有一个 3 岁的男孩。谈到儿子，赵云国显得有些无奈，虽然只有这么一个儿子，但是家庭关系不太和谐，媳妇与老人之间有一些不愉快。按照村里的习俗，儿子成家后就跟老人分开过了，所以儿子家的经济收入与老人是独立的。儿子赵国文一家很早就去云南东川打工了，全家都在那边，赵国文懂些技术活，在电厂做安装工人，每月收入能到 2000 元，媳妇就给打工的工人做饭，每月工钱 800 元，相对于农村的经济情况，他家收入还是不错的。采访中，我们看到赵云国右手上贴着胶布，得知他刚刚输完液。赵云国告诉我们，家里经济来源有限，自己身体状况日趋下降，种植甘蔗感到有些困难。

赵云国家是村里种植甘蔗量较多的农户之一，也是村里种植甘蔗历史最久的人家。他告诉我们，今年家里种植甘蔗的土地有 10 亩，这已经是全家土地里的很大一部分了，从 1982 年实行土地包产到户，他家就开始了甘蔗的种植。谈起为何这么早就选择种植甘蔗，赵云国说，一是因为这里的气候有利于甘蔗的生长，二是认为种植甘蔗能赚到钱。甘蔗的种植与当地的糖厂效益有直接的关系，糖厂效益好，甘蔗卖得就好。种植初期，由于当时糖厂很稳定，就只是县里有三家国营的糖厂，效益都很好，所以那时他对种植甘蔗很有信心，糖价也稳定，收入颇为丰厚，这也坚定了赵云国种植甘蔗的决心。但是后来由于竞争的激烈，本地糖厂的制糖质量受到了外来糖的挑战，县里的糖厂效益逐年下滑，后来只能勉强维持甚至濒临倒闭的边缘，糖价随之下跌很多。这也给赵云国家经济收入带来了很大的影响，辛辛苦苦种植的甘蔗只能以低廉的价格卖给当地的糖厂，有些年份甚至连种植的成本都很难收回来。这对赵云国家种植甘蔗的信心打击挺大，有一个阶段他们只能减少甘蔗种植量，改种其他作物。赵云国告诉我们，当时是种植甘蔗的一个瓶颈期，种植甘蔗的农户都在观望，而他自己并没有放弃种植，他一直认为种植甘蔗是一个正确的选择。2000 年以后，当地糖厂实行改制，糖厂被承包给了私人企业（力量公司），引进了先进的制糖技术，效益逐渐好了起来，这让赵云国又看到了甘蔗种植的希望。现在国家政策对蔗农扶持很大，政府与糖厂所属的力量公司联合推出技术支持、价格联动、种植补助等政策，鼓励农民种植甘蔗，这也是近年来糖厂竞争激烈、效益变好的结果。

谈起甘蔗的种植，赵云国介绍说，除去技术和农药化肥的支出，主要还是靠劳动力，劳动力的投入占很大的比重。九保阿昌族乡多为山区，丙盖村属于典型的阿昌族村寨，处于半山地带，不利于机械的耕作，因此种植多靠人力。以前孩子在家的时候，劳动力相对多一些，种植甘蔗显得容易许多。现在大的两个孩子都已结婚，小女儿年轻，喜欢出去闯荡，家里就只剩下两个老人，劳动力严重不足，种植甘蔗困难重重。但是赵云国告诉我们，他并不想放弃甘蔗的种植，种植了这么多年，已经对它有了很深的感情，不舍得放弃。目前两个老人仍然坚持每年种植10亩甘蔗，基本上都是靠夫妻俩的劳动力，相当的辛苦。村里的蔗农都实行换工劳作，大家在甘蔗的种植中共同投入劳动力，但是介于赵云国家就只有夫妻俩在家，劳动力太少，别的人家不同意他家参与换工，所以他家只能靠自己。劳动力不足也可以雇用小工，工价每天40元，还包吃。但是赵云国说，考虑到雇工要花钱，近几年他家基本上没有雇小工，都是自己种植，就是起早贪黑的干活，这样可以降低种植成本。

赵云国还告诉我们，甘蔗的运输也是一个问题。由于自己没有运输工具，收割的甘蔗要靠租别人的汽车运到糖厂，运费也是一项开支。这种情况在糖厂实行改革后有所改善，改革后几年内是蔗农陪同司机一起运送甘蔗至糖厂，卖完甘蔗拿到钱后要请司机吃饭，大概花费50～100元，运费由糖厂支付给司机，这对于蔗农来说减轻了不小的开支，受到了赵云国等蔗农的支持。最近几年以来，糖厂为了争夺糖源，进一步对蔗农实行了优惠。现在蔗农不需要陪同司机运送甘蔗，糖厂自动到村里收甘蔗，上车前称好重量，付好钱，司机开个纸质凭据，按凭据付10元钱给司机就行了，省去了运输的时间和请司机吃饭的开支，方便而实惠。赵云国告诉我们，甘蔗的种植分很多品种，不同品种的产量和质量都是不同的。现在政府和糖厂对甘蔗的种植扶持很大，对种植品种也有规定，政府明确限制一些淘汰品种的种植，鼓励种植一些优良的品种。按照《梁河县人民政府关于2009至2010年度蔗糖产业发展政策措施》的规定，实行蔗价与糖价联动，甘蔗收购价格＝最低保护价＋联动价（淘汰品种不实行联动价）；继续实行种植补贴政策，补助分200元、100元、

60 元不等；每新种一亩水田甘蔗属一、二类良种的糖厂免费供给蔗农地虫灵 4 公斤、地膜 3 公斤，每新种一亩旱地秋蔗或旱地冬春蔗属一、二类良种的由公司免费供给蔗农甲敌粉或地虫灵 4 公斤。赵云国介绍说，去年他家的甘蔗产量受干旱的影响较大，但是仍然有 50 多吨的收成，按照去年的甘蔗价格 250 元/吨，收成只有 1 万多元。甘蔗的种植成本也高，单是种子、农药和化肥的投入，除去政府和糖厂的补贴，也要花费 450 元/亩的成本。他说，现在不是自己去买化肥，而是糖厂先给蔗农提供化肥，等收割的甘蔗被糖厂收购后再从中扣除化肥的费用，这项措施让蔗农和糖厂双方都得到了实惠。

当我们问起赵云国对种植甘蔗的未来有什么打算时，他告诉我们其实目前最大的问题就是劳动力严重不足，在山区种植甘蔗，劳动力不够是绝对不行的。对于近几年糖价稳定，政府和糖厂的联合补助及对蔗农的鼓励种植政策措施，赵云国表示满意，但是他家不会也不可能再扩大甘蔗种植了，原因是自己没有足够的资金，缺乏成套的必要的机械设备，也没有运输工具，最重要的是自己年龄大了，身体状况不好，劳动力不足。以后就只能少种一些，身体不行就只能承包给别人种了。说到这些，赵云国脸上略显无奈。

家里的主要收入就靠种植甘蔗，由于大量的时间和劳动力用于甘蔗的种植，赵云国家只剩下水田 5 亩，旱地 3 亩，林地 15 亩。去年水稻有 1600 斤的收成，玉米收了 1200 斤，现在养了 3 头猪，1 头牛。由于没有时间照料，家里的牲畜较少，牛是帮别人养的，下崽后平分，自己有牛后就可以养大用于耕地耕田。除了种植的收入，他家还享受政府对种植的补贴 290 元/年。家里的支出情况方面，除了种植的投入外，其他各项开支大概 2000 元/年。去年由于赵云国患肾结石，住院花了 2000 多元，身体状况每况愈下。

赵云国很喜欢看电视，3 年前就购置了电视机和影碟机，喜欢看战争题材的电视剧和电影。这与赵云国 1971 年至 1977 年当了 6 年的兵（恰逢国家对军队的“不增不减”政策）有关，曾跟随国际支援部队到老挝进行国际援助。他也曾经当过村民小组长，分管水电，期间组织参与学校及公路的修筑，为村里做出过贡献。采访快要结束时，赵云国谈起对家庭未来的期望，表示目前最烦恼的还是家庭的关系问题，希望家里和和睦睦，儿子儿媳孝顺父母，孙子以后好好读书。

（三）“八0后”青年致富能手赵洪文家

在村干部的带领下，我们来到了赵洪文的家，他家的院子刚好位于村委会大院的正对面，且家门就对着村里的主干道，出门左手一拐，就是村中的完小，可谓地理位置十分优越。一进赵洪文家院子，就看见左手边停着一辆拖拉机，右手边停着一辆摩托车，家里的小猫正躲在摩托车下玩耍。赵洪文的家也像大多数阿昌人家一样，房子是砖木结构的，家中有天井，有正堂、厢房等，只不过目前还没有完全建好，还可以看见天井旁堆放着许多木头，木头旁还晾晒了一地玉米，像是铺了一大床金灿灿的毯子。隔着天井，与正堂相对的地方还养着些鸡鸭。从他家的这个院子的侧门出去，还有一个院子，里边建有专门的猪圈养着些猪，猪圈旁边还有一块小菜地，种着一些供自家食用的时令蔬菜。

赵洪文，男，28岁，阿昌族，预备党员，初中学历，已婚。妻子董兰英，也是28岁，汉族，高中学历。夫妻俩生了一个儿子叫赵义国，今年6岁，正在上幼儿园（村中的幼儿园，通常是由有意愿的家长们自己凑钱，找老师开办的），上幼儿园的花费通常为220元。我们来的时候，正值暑假，孩子到外婆家去了。据妻子董兰英讲，由于他们只生了一个孩子，根据国家政策，他们每年能领到120元的独生子女保健费，一直可以领到孩子14岁。原先夫妻俩都在潞西市打工，三年前才迁回村里来的。女方的父母都在潞西市，现年49岁，父亲在当地的某车间打工，母亲是在德宏师专做厨师。赵洪文的父母就在本村，他们经常会到儿子家里来帮帮忙。

家里目前养了3头母猪，十几头猪仔，一共养了20头猪，准备养大了出售。通常情况下会有专人上门来收购生猪，以前猪价比较好，比如一个月零几天的小猪，价格好时能卖到250元一头，但是今年猪价普遍下跌，只能卖到70~80元一头。赵洪文说他还专门给猪买了保险，原来一头猪能赔付1000元，今年猪价下跌，才能赔付500~800元。喂猪的饲料通常就是用自家产的粮食，例如玉米来喂猪，偶尔也会买饲料拌在其中，每袋饲料市场价200元，拌一锅饲料就要3袋，600元，一年下来，光饲料钱就要花几千元。给猪打预防针一年也要花300元，家里还养了9只鸡鸭，主要是养来自家吃。乡里有兽医站，所以给动物看病也很方便。家里还种植了3亩甘蔗地，一亩一年是

400元租金，产量大的时候会找人来帮忙，每人每天给50元工钱，这3亩地大约能产20多吨甘蔗，糖厂按每吨220元的价格来收购，一年就可赚到5000元。家里还种了3亩二季稻，主要是供自己吃，1亩能产八九百斤粮食，收成好的时候也卖一些，卖的钱也就补贴平常家用。二季稻的中间会种一些玉米，有时也套种土豆。自家的小菜园里主要种一些平时吃的小菜，另外家里每周也会有几十元的伙食花费，例如去集市上买点豆腐、菌、蒜等。赵洪文说，每年乡里都会组织好几次科技培训，提高农民的养殖、种植技术，对他们还是很有帮助的。

从赵洪文家大门出来左拐，紧挨着就是他家开的小卖铺。小卖铺所占用的屋子是他们原先自己盖的，那时由于经费不够，盖的房子质量不太好，后来政府给了补助，他们家又重新盖了现在的住房，看原先的房子闲着怪可惜的，他们夫妻一合计就开了这间小卖铺。小卖铺门口的外墙上挂着“丙界村沼气服务点”的牌子，还挂着“中国联通九保乡丙盖村服务站”的牌子，上面还有“电脑缴话费，网上选号码”的宣传语，如此看来，村中的信息现代化倒也显得和城里没有多大差距了。

经营小卖铺能为赵家带来一笔不错的收入，尤其在农闲时节，可月收入四五千元。但是每年还是要上缴一定的费用，通常相关的几个部门会一起上门来收取，收费项目为：管理费80元，健康体检费70元，执照年检费60元，每月的电费为40至50元。一般他们大约一周进一次货，进货时会填写一个“梁河月仙副食经营部调拨单”，先赊账等卖完了再把进货款给货主，个别卖不完的商品还可以退货。每次进来的货夫妇俩也会严格填写一个由德宏州工商行政管理局监制的《云南省流通环节商品经营者进货台账》，账本里记录着每件商品的进货时间、商品名称、规格、数量、生产日期、保质期或有效期、合格证明、供货商、联系人以及联系电话等，看起来十分正规。进的货里，要数烟酒最好卖，同时，由于小卖铺地处小学门口，所以小食品特别好卖。村里来买东西的人一般都很少赊账，即使赊账，也两三天内就还。同时，小卖部也是中国联通九保乡丙盖村的服务站，夫妇俩不仅代卖电话卡，还可帮助办理“电脑缴话费，网上选号码”的业务，家里唯一的一台电脑就是用来办理这些业务的。除此之外，家里还有一台电视，一个电磁炉，两个饮水机，一个电饭锅，但他们说家里主要用沼气做饭，电饭锅也不经常用。小卖部里还有一台冰柜，冰柜是在“家电下乡”政策的吸引下买的，自己花了1000多元，国家补助了200元。家里还有一部座机、一部手机，座机每月最低消费40元，手机每月消费50元。

由于赵洪文本身懂沼气技术，于是乡里就把他定为管理沼气的技术人员，负责安全指导，他家也就成了丙盖村的沼气服务点，哪里的沼气出了问题，就来找他去修，因此村里还专门给他配备了拖拉机，他去上门修理，也会适当地收取一些技术维修费。通常情况下，用户家出现的问题主要是灶具打不着火，管道长期风吹日晒而生锈等，这些问题他都能快速解决处理好。先前我们进门看到的摩托车，其实是已经买了4年之久的一辆二手车，是赵洪文当时花了3000多元在县里买的，立帆牌的，每次加满油，刚好100元，能跑几百公里。

赵洪文家里2009年的支出主要还是花在盖房子上的，目前为止已花费了四五万元，由于赵洪文的个人信用度较高，他从信用社贷到了5000元，还向亲戚朋友借了些，目前这些费用都还没有还清。根据当地政府的要求，房子虽可自己找人盖，但必须是小青砖，砖木结构，不能用空心砖，因为那种砖不抗震，木材一般就是砍自家林地里的松树或红木，在林权改革后全家分到了20多亩林地，并持有准伐证，所以可以砍伐自家的林地，但是他们也不会乱砍滥伐。房子盖好后，政府会统一派人来验收，验收合格的房子，政府才会兑现之前所承诺的5000元盖房补助款。除此之外，家里一年的水费支出倒还不是很贵，一般为40~50元。红白喜事方面，一年有十多次，通常要花销3000元以上。

当地政府和企业会有一些惠农补贴，一种是粮补贴，一般每亩按品种的不同而补贴不同，例如水稻一般补20~30元，种甘蔗的话，糖厂往年每亩补助200元，今年仅补了150元，同时，为了提高农户种甘蔗的积极性，今年民宗局又给补了30元。

在医疗卫生方面，他们全家人都参加了新型农村合作医疗保险，往年是每人每年10元，今年涨到每人每年20元。夫妇俩认为看病还是很方便的，家对面的村委会大院里就有村卫生室，平时能够及时处理一些小疾病，大一些的病就去县医院看，附近有专门跑运输的出租车，几十分钟就能到医院。最近一年，他家里人也都很健康，没有什么大病。

赵洪文的妻子是村里“妇女之家”的一员，每逢节日，妇女之家的成员都要表演些节目。夫妻俩都是“青年民兵之家”的成员，经常参加一些集体活动，比如为村里修路、挖沟，还有篮球、乒乓球比赛等体育活动，还搞过青年图书馆。村里的选举他们也是积极参与。夫妻俩去过瑞丽、腾冲等地，去过最远的地方就是潞西市。

谈到今后的希望打算，夫妇俩希望今后能多租些地来种，好扩大生产，让自己的小日子过得更红火些。在娃娃的教育问题上，他们希望孩子能够好好学习，考上大学，学会更多的知识，做更有用的人。

（四）草果种植大户曹德艳家

没到勐科村之前，我们就听说该村是附近有名的草果种植基地。因此，调研小组一致决定要对村里的草果种植大户进行走访。48岁的曹德艳大姐正是我们所要采访的对象。

一说起种植草果，曹德艳的脸上便显出兴奋的神情。据了解，曹大姐家共有5口人，除了一岁的小孙子之外，她和丈夫、儿子、儿媳妇四人一起致力于经营家里的草果产业。四人都是初中毕业，虽然学历不高，但从他们经营草果的状况来看，学历并没有对他们的生产经营造成太大影响。曹德艳家种植草果是从2002年开始的，之前家里没有什么大的产业，经济状况一般。为了过上更好的生活，曹德艳跟丈夫设计了好多种方案，以期能改变生活状态。经过一番充分的考察，曹德艳夫妇最终决定种植草果，并且成功地走到了现在。这些都还要从勐科村的自然条件说起。

据了解，草果是一种经济价值很高的林下生草本植物，其对气温、海拔、水分、荫蔽度以及土壤的严格要求使得适合种植的地区很少，所以草果的市场价格很高。为了充分了解草果的种植情况，尤其是本村的条件，曹德艳夫妇进行了大量的、系统的考察研究。不论是电视广播还是报纸杂志，夫妇二人处处留心关于草果的知识。他们还到县图书馆查阅了本村历史上种植草果的相关文字资料。曹德艳了解到，勐科村的自然、地理环境较为特殊，该村所在的山脉降雨充沛，日照时间短，加之河谷众多，植被丰茂，森林覆盖率高达83%，十分适合草果的生长。勐科村的部分阿昌族群众过去就有零星种植草果的历史，并且种植情况良好。据资料显示，勐科村出产的草果香料含量达到0.83，是普通草果香料含量的两倍以上。这些发现令曹德艳夫妇欣喜不已，他们相信只要能充分利用村子的地理优势，一定会有好结果。于是，全家迅速地行动起来。

种植初期，曹德艳一家还是有些顾虑的。因为没有经验，怕第一次投入太多，一旦歉收损失就太大。介于此，曹大姐先在家里的20亩林地中开出了10亩地试种。经过全家的细心种植，2005年，草果果然大丰收，这再一次坚定了曹家大力发展草果种植业的信心。家里经过讨论，决定将自家的20亩林地全部用来种植草果，再承包80亩集体林地，共100亩。从承包林地到将草果苗种植妥当，除了投入自家的2万元积蓄外，曹德艳又贷款4万元，前后总投入6万元，总算是把这100亩草果林建了起来。

据曹德艳介绍，草果种植一劳永逸，种植一次可管15至20年以上，每年采收果实后，砍掉老秆叶，第二年又发新秆叶，每年挂果一次。到2008年，之前种的这100亩草果开始挂果，每亩产量达500公斤，到了2009年，每亩草果产量已经达到了700公斤左右。现在种的多了，平时需要雇五六个人来打打农药。到了草果丰收的时节，单靠曹德艳一家人去采摘是远远不够的，必须雇人帮忙采，最忙的时候需要雇五六十人一起采摘。前后需要4天左右时间才能采完。收来的草果立即就拉出去卖掉，不在家里停留。这样做的原因有两个：一是对于新鲜草果来说，越新鲜的卖价越高；二是能够节省出一些储藏费用。

关于销售渠道，曹大姐告诉我们，一般情况下都是私人老板主动找她家要求收购。因为大量种植草果的农户不多，收购老板很容易就能找到他们。刚开始还信不过那些收购的老板，家里坚持自己拿到市场去卖。后来经过合计，曹德艳发现靠自己的力量直接拉到市场上卖并不划算。一是比较麻烦，增加运输的成本，二是贩卖的周期比较长。由于选择在市场买草果的大多是个人，一般是自己家里用，购买的量并不多。这样一来就大大延长了贩卖的周期，进而使得后期草果的质量与卖价受到一定的影响。曹德艳还找到附近有种植草果经验的果农进行交流，向他们咨询贩卖草果的方法与渠道。经过几次交流，大家都觉得介于新鲜草果的时效性，还是大批量贩卖比较合适，并且一次性卖完也省事，毕竟省事也是一种变相节约的方式。于是，她便决定以后将草果卖给草果商。开始由于对草果商收购的行情不了解，有几次的卖价稍低了些，但曹德艳没有斤斤计较。她知道，想进入一个自己不熟悉的领域，吃点儿亏是避免不了的。于是她开始关注市场行情，时不时去市场里转转，打听打听其他草果农的卖价。慢慢地对市场行情有了一定的把握，便开始选择较为合适的买家。卖的次数多了，曹德艳也有了几个较为固定的客户。曹德艳说，这些老板之间的收购价也是有差别的，一般在4~5角。有差价就会有竞争，曹大姐也明白这一点。她说，自己家的草果一般会比另外几家果农卖得贵些。虽然贵，但由于她家的草果个头大，长得均匀，销量还是很可观，并没有因为价格高而受到影响。

交谈中我们得知，2008年，曹德艳家的草果收入就有6万元，她如今已是远近闻名的草果种植大户了。全家五口人过上了幸福的日子，他家门口堆放的那些钢筋、水泥、砖石等建筑材料，就是计划给儿子建新房子用的。与过去住的砖木房相比，建钢混结构楼房是一个质的飞跃。

当我们问到草果的深加工时，曹德艳告诉我们，现在她家卖的草果都是新鲜草果，每斤只能卖2~3元。但一旦加工成干草果，每斤就能卖到50元。如此大的利润空间使得曹德艳对此很有信心，但是目前家里还有之前种草果的贷款要还，一时还拿不出多余的钱来买设备。不过，曹大姐说她们家已经在为购置设备攒钱了，预计明年年底就可买回一套草果加工设备。说到这里，曹德艳的眼中充满了希望，毕竟只卖新鲜草果是比较低的层次，将草果深加工才是最终有利可图的出路。

自己家尝到了甜头，曹德艳没有忘记乡亲们。2008年底，曹大姐向村里提出鼓励大家多种草果的建议。一开始她对自己的建议不是很有信心，但村里的评审结果却大大出乎她的意料。因为曹德艳种植草果效果明显，村里在接到她的建议后请来了县里的专家，经过专家鉴定，村委会对她的建议十分赞同，决定将草果这一优势产业发展成为本村群众增收致富的支柱产业。

为了扩大种植规模，本村李为有家在市科技局科技人员的帮助下，学会了草果育种，培育了1亩草果苗圃。凡是本村的村民，只要愿意种的，她家都赠送草果苗。如今，勐科村的村民，家家户户的林地都种有草果，最少的也有10多亩。对于其他村民小组的村民，曹德艳家有偿提供草果苗，每丛只收1.5元。在乡、村各级组织的倡导下，如今九保乡适宜种植草果的地方都能闻到草果的香味，草果种植面积不下1200亩。

访谈结束后，我们随曹大姐来到她家的林地。不幸的是刚好赶上大雨，不过大家都对这值钱的小玩意有着浓厚的兴趣，大雨并没有破坏我们的好心情。可以看到在山林箐沟周围的绿树下都种有一片片比芭蕉叶稍小的植物，植物根部长满了像葡萄团状的果球。曹大姐告诉我们，这就是她家种植的草果，再过一个月，草果就能收获了。如果我们晚些时日再来，一定让我们满载而归。

经过这些年的努力，小草果成了九保乡群众致富的金果果。梁河县草果产业化发展的路子已初见端倪。阿昌族群众从中得到了实惠，对乡政府的“整乡推进”政策中的产业开发提供了一个很好的借鉴。九保乡的决策者受到了极大的启发，他们还策划要充分利用资源优势，合力攻坚，打造10万亩草果基地。

透过这道风景，我们也看到了身居山林深处的少数民族同胞真正感受到党的富民政策的温暖；透过这道风景，我们似乎已经看到了生活在盈江两岸的阿昌族同胞正在和其他民族一道逐步走上富裕幸福的小康之路。

（五）核桃种植户曹明方家

梁河县是典型的农业县，丙盖村同样也是依靠农业产业支撑经济发展的，近几年在九保乡委乡政府的带领下，丙盖村大范围推广种植几大农业经济作物，核桃就是重点推广的作物之一。核桃本是当地家庭传统种植的农作物之一，但由于种植规模小、品种产量低，一直未能引起当地农民的重视，如今，在政府政策的扶持下，不少农民已经开始开辟林地，大面积种植核桃，我们特意选择了具有代表性的核桃种植大户曹明方作为访谈对象，并参观了他家蓬勃发展的核桃基地。

曹明方，今年44岁，初中文化，在兄妹中排行老二，有一个哥哥和两个妹妹。曹明方的妻子今年42岁，傣族，是遮岛镇人，曹明方当年在外做木工活时认识了现今的妻子，两人相爱结婚已经18年，育有一子，名叫曹志，在梁河县第一高中读高一，18岁的曹志随父亲属阿昌族。曹明方的父母都健在，他和哥哥一起供养着两位老人，老人们平时基本不做农活了，生活十分幸福。

曹明方是我们作为核桃种植户的典型代表来访问的，但他在大面积种植核桃之前还尝试了其他致富门路，致富经历十分丰富曲折。曹明方曾经做过多年汽车货运，七八年前他开始用拖拉机跑一些乡村运输，可是却长期处于亏损状态，于是他决定同几位朋友一起跑昆明—重庆—四川的长途货运，他同朋友们一起帮人运输地板条，那时平均每个月能够挣2000元，但却长年奔波在外，无法照顾家庭。四五年前，曹明方放弃了长途运输，转而开始在家种植茶叶，他将自家的5亩农田全部种上了茶叶，尽管今年的茶叶价格在往年基础上略微走低，但收成也在10000元左右，减去化肥等成本费1000元，茶叶仍然是曹明方家庭的主要收入之一，也是曹明方进一步发展的重要基础。

三年前，乡政府开始鼓励农民种植核桃，曹明方果断地购置树苗铺种了30亩林地，现在核桃树已经长到了3米多高，少部分开始结果。选择种核桃并不是曹明方一时兴起，他家本来有几棵老品种核桃树，自然生长了几十年，现在每年每棵树上的收成大约有1000多元，不错的收入是他考虑大面积种植核桃的主要原因之一。由于核桃棵木大，因此平均一亩地只能种植十几棵核桃树苗，曹明方在政策的支持下，以每苗13元的价格买入核桃树苗，一口气种植了30亩地，如今每年在核桃树上只需要投入1500元的化肥钱，若干年后就可以获得大丰收，所有收成都归自己，不需要返还政府任何资金。

曹明方与大哥一起长大，小时候俩人都吃过很多苦，但他们都通过自己的勤劳，幵创出了一片广阔的天地。曹明方1984年时贷款盖好了自家房子，是按照当地风格建筑的，一个正厅和一个厢房，此后日子一天比一天好，现如今家里养殖、种植全面丰收，生活条件也比较优越。据我们了解，曹明方除了种植茶叶和核桃外，还种植了2亩水稻，粮食自给自足，另外还喂了10头猪，仅养猪一项每年就能赚3000元左右。正因为曹明方一家齐心协力，他们家在比较早时就添置了电视机、电磁炉、沼气池、太阳能热水器、手机、摩托车等用品，并建有自己的家用厕所，这在当地属于非常少见的，当地村寨中因各户建房土地有限，习惯上都使用村寨公共厕所。曹明方的摩托车是六年前买的，当时价格为4000多元，他算得上是村里使用摩托车较早的人。曹明方家的支出也比较大，仅人情费每年就要5000元以上，3个手机每月的话费需要100元，孩子每年学费1100元以及每个星期50元生活费，外加每月家务开支100元。曹明方告诉我们，现在供孩子读书是家庭最重要的开支，尽管茶叶上有可观的收入，但是也只能基本维持收支平衡。

曹明方以前做长途货运时去过很多西部省份，他见识广，观念开明。他认为他去过的西部省份的边境农村远不如梁河县的农村，生活条件十分艰苦，中国的农村生活与城市生活被拉开很大距离，只有走出大山之中，才能获得更新的思想和更好的生活，所以，他十分支持孩子上学，希望他能考上一所大城市的大学走出农村。曹明方家计划生育观念很强，尽管夫妻二人都是少数民族，但他们只要了一个孩子，并办理了独生子女证，每年还能享受一些政策优惠，比如全面新农合的保险费。值得一提的是，曹明方的妻子是其村民小组妇女之家的家长，由于协会事务比较多，平时很难平衡工作与家庭事务，曹明方为了给妻子创造出更大的工作空间，主动承担起了繁杂的家务事，一干就是好几年，从来没喊过一声累，夫妻之间和和睦睦，感情很好。

当我们问起未来的打算时，曹明方陈述的计划很清晰，显得十分轻松。他首先希望把自家的核桃种好，马上就要到结果的年份了，需要更加仔细地呵护。他还打算在核桃地里放养300只老品种鸡，充分利用核桃地的立体空间和野生鸡食资源，这种老品种的鸡市场价格能达到每斤10元以上，收入非常理想。最后，他讲到了孩子，他说一切的一切都是为了孩子读书和孩子能拥有一个美好的未来生活，他希望孩子能够上大学，能够走出大山，改变命运。他说如果真的有这么一天，他和妻子也愿意跟着孩子到生活条件更好的地方去居住。

（六）三代党员之家赵家雄家

伴随着淅淅沥沥的太阳雨，我们在张立科乡长的引导下，走过村中的大榕树，不大一会儿就来到了赵家雄的家。他家房子的布局结构也像大多数阿昌人家的一样，有天井、正堂、厢房、杂物间等，其中让我们眼前一亮的是，天井两旁的二层阁楼的护栏上挂满了金灿灿的玉米，不由得让我们感受到一种丰收的喜悦之情。

赵姓在丙盖村可以算是一个大姓，他们有自己的家谱，家族里起名字，一般都是严格按照家谱来取的。赵家雄，男，46岁，阿昌族，中共党员，初中学历，一家8口人。父亲赵安定，属羊，今年68岁，80年代就加入了党组织，到现在已经是一位老党员了，年轻时曾担任过乡里的武装部部长，现在是退休老干部，赋闲在家，1997年时曾得到梁河县劳动人事局颁发的“光荣退休”奖状，现在每年都能领到2000元的退休金。母亲曹先芹，属鸡，今年66岁，具有高中学历，也可能是因为具有较高学历的原因，在后来的交谈中，我们发现曹先芹老人十分健谈。赵家雄的妻子叫们从坤，今年48岁，阿昌族，中共党员，娘家是囊宋乡人。

赵家雄、们从坤夫妻俩是在1984年结婚的，一共生了4个孩子。老大赵兴满，男，属牛，今年25岁，中共党员，读完初中就去参军了，在成都当兵已经8年了，在部队后勤部门服役。在部队期间他同时接受了3年中专教育，考取了二级厨师证，已成长为炊事班班长，是二级士官，每个月部队给补助1000～2000元，目前是一边服役一边读着大专，一学期的学费是3000～4000元，都是他自己出的。老大当兵期间曾回过四次家，每次部队准许有半个月到一个月的探亲假。2008年汶川大地震后，赵兴满所在的成都军区红军师装甲团也是第一批赶往灾区的，在那里抗震救灾，一待就是五六个月。由于在抗震救灾过程中表现突出，赵兴满因此还得到了不少嘉奖，有优秀士兵证章、中国人民解放军三等功奖章，还有不少抗震救灾的纪念奖章，其中还有一本关于“成都军区红军师装甲团抗震救灾纪事”的书《废墟上的托举》里也写到了赵兴满，书的封面上还印有正在抢救受伤群众的赵兴满。其实，在我们刚走进赵家正堂的时候，就发现了正堂内两侧的木质墙壁上到处都挂着大儿子赵兴满的“喜报”，还有他穿着军服的神气照片，从赵兴满被评为优秀士兵的喜报到被评为优秀士官的喜报，几乎每年都有，我们一边拍照，男主人赵家雄一边滔滔不绝地讲述着儿子在部队的优异表现，脸上不时洋溢出骄傲的神情。由于是军属家庭，赵家每年还能得到20～30元的政府补助。

老二赵兴妹，女，属兔，今年23岁，初中毕业，2004年就去昆明打工，每月能赚500元，两年后，又到深圳打工，从事的是餐厅服务业，每月能赚2000元。老三和老四是对双胞胎儿子，出生时只相差5分钟，二人都属蛇，今年21岁，老三叫赵兴双，在昆明打工，每月能赚到1000元带回家，老四叫赵兴朝，在九保乡的地板条厂打工，每天早上七八点出去上班，晚上七八点回来，每天在外至少也要花费10元，用于买早点、缴话费之类。

过去赵家雄家里养的猪比较多，最多时达到30多头，现在仅养了20多头，其中2头母猪，前几天刚卖了一头，前两年光是养猪就能赚万元左右，但今年猪价有些下跌，再加上养猪的饲料加打针的钱就花去了4000元，因此收入不算好。家里还养了一头黄牛，专门用来耕地，阿昌族的百姓对牛都特别有感情，认为平常让牛耕地它已经很辛苦了，所以一般不会再将牛屠宰了去吃肉。家里还养了十多只鸡，主要养来自家吃。如果家里的家畜生病了，在村里找兽医也是很方便的。

赵家雄家有7亩地，又租了别人4亩地。其中4亩用来种柑橘，到了收获的季节，基本上都是自家拉出去卖，一般能卖2000～3000元，好的年头能卖到5000元。有1亩多甘蔗地，收获时糖厂会派人来统一收购。剩下6亩种的双季稻，亩产700~800斤，主要是供自家吃。家里还有林权改革后分得的12亩林地，目前林地里主要就是自然生长的松树，也少量种有一些西南桦。

赵家雄家里有1台摩托车，1台切草机，7部手机，1部座机，手机的花费每人每个月最低也要50元左右，座机是一年300~400元。家里的太阳能已经用了三四年了，当年买的时候还没有“家电下乡”的补助，当时花了2200元买的。家里还有2台电视，电视用的是卫星锅接收频道，能收40~50个频道，卫星锅大约是在6年前自家花了540多元买的，还有2台DVD，其中1台是在“家电下乡”时买的，补助了13%，大概是130元，自家花了900元。

家里的沼气已经用了三四年了，方便好用，目前为止还没有修理过。赵家雄家是村里第三批通沼气的，当时政府补助了1500元，剩下的费用是自家出的。电费是每月50元以上，水费较为便宜，一个月才2元，整个丙盖村，用水都比较方便且水费相对低廉。去年一年家里花在红白喜事上的钱是4000元以上。一个月前，家里在信用社贷了3000元贷款，期限为一年，主要是给孩子上学用，以前也贷过款，不过那是9年前的事了，那时的贷款也早都还清了。

2008年8月20日，盈江先后发生了5.0~5.9级地震，丙盖村村民的房屋有不同程度的受损，然而赵家雄家算是幸运的，房子很结实，基本没有受损。男主人赵家雄在农闲的时候，偶尔也会外出从事泥水匠的活计来补贴家用，通常每天的工钱是50元。男主人最远的地方去过昆明，是5年前去的，当时是为了看病，那时因为打工不小心受了伤，看病期间，妻子一直陪伴。据说他家里的机耕地曾经因修路而被占用过，且并没有补偿，但赵家雄一家并没有表示不满，反倒认为这是一种义务，他们认为能为村里、为大家做点贡献，自己吃点小亏也没什么。

在医疗卫生方面，一家人都参加了新型农村合作医疗保险，往年是每人每年10元，今年涨到每人每年20元。家里人都认为村里看病还是很方便的，出门几步路就可以到村里的卫生室，平时村卫生室能够及时处理一些小疾病，而且还能报销治疗费的55%。大一些的病就到县医院看，附近有专门跑运输的出租车，几十分钟就能到医院。最近一年，他们家里人也都很健康，没有什么大病。

在我们入户访问期间，赵家人还热情地拿出自家酿的米酒来招待我们，这是阿昌人家典型的待客之道，在未来几天与阿昌族同胞的接触之中，我们更是充分地感受到了这一点，只可惜大家都不胜酒力，阿昌人的好意我们只能心领了。

对于传统的民族服装，赵家也只有母亲曹先芹、妻子们从坤会织，随着母亲年纪越来越大，也不怎么再织了，到了他家二女儿这一辈，已经根本不会织了，这也是阿昌人家普遍存在的一个问题，年轻的一代已经基本不会织民族服装了，这也是老一辈阿昌人所担心的。

在问到今后的打算时，赵家雄认为自己的养殖种植管理技术还比较差，希望村里乡里能开办更多的科技培训班，让自己学到更多的农科技术知识，以便把自家的养殖、种植生产搞得更好。

（七）工农结合户们发瑞家

走进们发瑞家，最引人注意的就要数天井里种的一棵石榴树了，挂了一树大大小小的红石榴，好像挂着一树的红灯笼，特别喜庆。他的小女儿站在树下，害羞地看着我们。他家正堂里挂了满满三排玉米棒子，压得很低，感觉人站在下面，头就快碰到这些玉米了，于是我们就坐在这些金灿灿的玉米下面开始了我们对们发瑞一家的入户访问。

们发瑞一家共有6口人。男主人们发瑞，30岁，阿昌族，群众，初中文化，他是家里的独子，父母今年64岁，我们入户访问的时候，二老刚好到田里忙农活去了。女主人叫赵丽景，今年26岁，原是横路村人，初中文化，20岁时嫁给们发瑞的。现在夫妻二人生有两个孩子，大的名叫们思奇，是个女孩，今年5岁，在上学前班，每月的费用是300元。小儿子名叫们从取，现在才两个月大，在我们访问的过程中，小儿子一直都是由男主人们发瑞背在背上的，一直睡得很安静。

们发瑞家种了5亩甘蔗，一年能卖3000元左右，除去1000元成本，还能净赚2000元。还种了3亩双季稻，两季中间套种玉米，基本上都是供自家吃。家里买化肥一年要花费600~700元。林权改革后分得林地十来亩，林子里大多是自然生长的松树，没有人工种植的，家里也基本上没有管理过。地里还种了两棵芭蕉树，每年要到七八月份芭蕉才会成熟，在访谈期间，他家5岁的大女儿还调皮地将芭蕉塞在我们的手里，执意要我们吃，盛情难却，我们高兴地吃了起来，现在回味起来，还清楚地记得农家那自然长熟的芭蕉的香甜味儿。们发瑞家还养了猪，平时会买些猪饲料，但大部分还是喂自家种的玉米，养了一头水牛，用来耕地干农活，还养了十几只鸡鸭，有时会买些麦子来喂鸡鸭，这些鸡鸭基本就用于自家食用。

家里每个月花在柴米油盐、洗衣粉之类的生活必需品上的钱要200多元，这些物品一般都是在县里每五天一次的集市里买的，通常花2元车费就能从家里到集市。他们每天会给大女儿3元的零用钱，让她自己去小卖部买些吃的。电费是每个月50元左右，家里的电视是夫妻俩结婚时买的，现在所用的是县里专门来安装的有线电视，能收看很多频道，一年的收费是120元。太阳能和VCD也是结婚时买的，算是结婚时的嫁妆。家里目前用的摩托车是从别人那里借来的，想等有钱以后自己也买一辆。家里还有切草机一台。们发瑞家并未安装沼气，主要是因为他家目前已经没有地方可以安装了，同时，几年前在“家电下乡”政策补助之前，他们就已经买了电磁炉和电饭煲，所以一直用电做饭也很方便干净，于是目前便不打算通沼气了。去年家里花在红白喜事上的钱为3000多元。

农闲的时候，们发瑞会出去做泥水匠的活，一天能赚50元。家里有两部手机，每个月的话费少的时候30~40元，但由于们发瑞是包工头，一般出去做活的时候，要打电话到处联系，所以话费多的时候可达到80~90元每月。们发瑞在外做泥水匠的活，好的时候一年能赚6000~7000元，差一些的时候，一年只能赚到4000~5000元。家中只有们发瑞的父亲一人享受着政府的低保补助，每月为50元。在2008年盈江发生的地震中，他家的后墙有些裂缝，但是由于不符合震后危房补助的条件，所以一直也未能得到政府的补助金。夫妻俩结婚时也在信用社里贷过5000元的贷款，不过现在已经还清了。当我们问夫妻俩当年是怎么认识的，是否是通过对山歌认识的，们发瑞不好意思地告诉我们说自己并不会唱山歌，当时是因为女方的姐姐先嫁到了本村，机缘巧合之下二人就认识了。妻子赵丽景也并不会织阿昌族的民族服饰，所以夫妻俩结婚时穿的民族服装都是在集市上买的。

们发瑞的母亲和妻子都参加了村里的“妇女之家”协会，初入会的会员需要交纳10元的会费。们发瑞家所在的那峦昌族寨是隶属于丙盖行政村的一个自然村，它目前只组织了“妇女之家”这一个协会，并没像丙盖行政村下属的永和自然村那样成立自己的“老人之家”和“青年民兵之家”，所以家里的其他人目前也没有办法参与到这样的协会中来。

在医疗卫生方面，全家人都参加了新型农村合作医疗保险，往年是每人每年交10元，今年涨到每人每年交20元。全家都认为看病还是很方便的，村里就有卫生室，离家不到一公里，几分钟就走到了，平时的一些小病就在村卫生室治疗一下，或开点药回家吃吃就好了。大一些的病就去县医院看，附近有专门跑运输的出租车，几十分钟就能到县医院。两个月前妻子生孩子的时候，就是坐微型车（他们当地对出租车的叫法）去的县医院，只花了30多元车费，头一天晚上10点进的产房，顺利生下孩子后，第二天中午就出院了，算上药费、检查费用、住院费一共花了一千多元，因为参加了新型农村合作医疗保险，最后费用基本上都报销了，所以，们家人对新型农村合作医疗保险还是很满意的。最近一年，们家人也都很健康，没有什么大病。乡里一年会到村中开办两次有关医疗卫生的知识讲座，向村民普及相关医疗卫生知识。

在政治生活方面，家里人也积极参与到村寨的选举投票中来。们发瑞最远的地方去过瑞丽、缅甸。未来他打算再租3亩地来种，也曾考虑过种些白花油茶，毕竟这也是乡里推广过的。

（八）奉献家乡教育事业的们发茂家

今年54岁已经提前退休的们发茂老师气色红润，和蔼可亲，健谈开朗，还有着教师身上特有的书生文人气质。进屋采访们发茂老师的时候，我们首先被他家的小庭院深深吸引：房子虽然是三十多年的老房子，但屋子、院子却被主人打理得井井有条，舒适娴雅，正屋门前的小院里种满了各种各样的花花草草，有月季、桂花、玉兰、芦荟等，这些花草错落有致、争奇斗艳，令人赏心悦目，扑鼻而来的花香更是沁人心扉。们老师家的院子里还有一面很有特色的瓷砖贴成的墙画，墙上四周的白底蓝色装饰花纹很像大理白族风格，中间贴的是竹子、梅花、雪松岁寒三友，充满了文化气息。

们老师有个非常和睦幸福的家庭。们发茂，阿昌族，54岁，初中文化水平，1972年参加工作从事教师职业，2004年提前退休，享受在职待遇。爱人，赵恩兰，55岁，在家务农。他们共生有两个女儿，一个儿子。大女儿们从艳今年30岁，大专毕业，现任九保阿昌族乡政府的团委书记，女婿在梁河县政府办公室做信访工作，他们有一个7岁的女儿。二女儿们丛梅今年27岁，在本村村口经营着一家化肥农药店，女婿经营一辆微型车，客货两用，他们有一个4岁的女儿。小儿子们丛山24岁，2010年6月毕业于云南玉溪师范学院的舞蹈专业，我们来他家访问的时候，他刚好去参加这两天举行的教师考试，他报考了瑞丽市的特岗教师职位。

们老师热爱本职工作，在教学岗位上任劳任怨，兢兢业业，一干就是32年，几乎把自己一生的精力都奉献给了教育事业。1972年，们老师当时还不到20岁，刚好赶上了国家普及小学五年教育，他通过考试竞聘成为村里的一名小学民办教师。在当年，民办教师还得参加公社的生产队劳动，周一至周五，们老师就在学校教书，节假日的时候就参加生产队劳动，国家给民办教师发放的津贴仅仅为每个月10元，但是就这10元对当时经济不发达的农村来说已经是个不错的数目了。直到1977年，因为国家教育改革，们老师通过考试转正终于成为一名公办教师，国家每个月发给的工资为40.5元，家里的生活大大地改善了，节假日也不用再去参加公社的生产劳动，完全以教书为主。们老师是那峦村人，先后在那峦村、勐科村、永和村教学。从1972年至1988年6月先在那峦村小学任教，然后1988年9月至1995年6月在勐科村小学任教，1995年9月至2000年6月在永和村任教，2000年9月又回到了那峦村任教，直至2004年退休。在勐科村教书期间，由于当时农村交通不便，路途遥远，们老师跟学生一样住在学校宿舍，到了周末才能回家。农村小学都是寄宿制的，住宿条件不完善，环境很艰苦，老师还有一张简陋的木板床，而学生通常没有床，只是拿着席子铺在地板上睡，天冷的时候，就找些干稻草垫在席子下面取暖。们老师就是这样与学生们同吃同住，同甘共苦，既是学生们的良师，又是他们的益友，无论哪个学生在学习上还是生活上有困难，他都尽力为学生们解决。有时候学生半夜突然生病发高烧，们老师都会迅速爬起来给学生拿药看病，病情严重的时候还要连夜背着学生去看医生。们老师这种爱岗敬业的精神深深地打动了我们，同时我们也被他天生乐观的心态深深感染。们老师桃李满天下，现在那峦村的两代人基本上都是他的学生，爸爸辈和儿子辈都上过们老师的课。在们老师所教的学生当中成就最大的是德宏州卫校副校长。

们老师的爱人赵恩兰是一位伟大的母亲。们老师在学校执教期间，由于只有周末他才能回家，平时家里大大小小、里里外外的农活和家务活基本上都是由赵恩兰一个人承担，她用瘦弱的肩膀撑起这个家，照顾培养三个孩子，给了他们一个温暖幸福的家。有一次，们老师还在学校上课，家里的小孩突然生病发高烧，当时村里都是曲折陡峭的山路，无法通车，就连自行车都走不了，赵恩兰就这样背着小孩走走歇歇走了好几公里的山路来到乡卫生院看病医治，母爱的力量实在是太伟大了，无论多大的困难，她都能克服。说起妻子那些年的不易，们老师一脸的愧疚，从他的眼神中就可以看出他是由衷地感激妻子的艰辛付出与无私奉献，同时也透露出对妻子深深的爱。

付出终有回报，孩子有出息是父母最大的欣慰。说起自己的三个孩子，们老师两口子一脸的幸福与满足。三个孩子都已长大成人，都很孝顺。两个女儿都已嫁人，各自有自己的家庭和孩子，二女儿就住在本村，离家很近，经常回家，们老师老两口就带着外孙女其乐融融，共享天伦之乐。小儿子们丛山今年刚大学毕业，学习成绩非常好，获得各种荣誉证书，其中有省级三好学生，校级优秀学生干部及各级专业舞蹈才艺比赛一等奖、二等奖。当们老师从房间里抱出儿子一大堆的荣誉证书和奖状给我们拍照时，自豪和欣慰之情溢于言表，他把这些奖状和证书小心翼翼地整齐摆放在桌子上，就像对待珍宝似的担心被弄坏了。面对着孩子们高昂的教育费用，我们仔细采访了解到们老师一家的家庭收支情况。为了供三个孩子读书，们老师给我们算了一笔账，加上学费和生活费，差不多一共花了 15 万元。儿子大学读的是艺术专业，光是学费每年都得 8000 元，生活费每个月 700 元。们老师目前享受着在职工资待遇，每个月有 2500 元，家里水田面积有 4 亩，主要种植水稻、旱地面积 2 亩，主要种植甘蔗和玉米、山林面积有 5 亩，主要种杉木。平时自己耕种照料田地，到收割的时候就请人来收割。家里没有养牛羊，也没有养鸡鸭，就养了 4 头猪，养的这些猪大部分卖掉，逢年过节会宰杀一点。家里都用上了自来水、太阳能热水器、电磁炉电饭锅。2004 年，家里还买了一台电冰箱，由于使用时保护得比较好，电冰箱还很新地放置在厨房的一个角落里。家里没有土地被政府征用，家人都参加了新农村合作医疗保险，家里离医疗点只有 100 米，就医很方便。近两年家人的身体都很健康，没有人住过院。这两年加上们老师的工资，家里老两口一年的收入大概有 7 万元左右，主要支出都用来供儿子读书。

们老师爱好广泛，多才多艺，退休之后，闲暇时间喜欢自学笛子、二胡、葫芦丝、口琴等乐器，们老师从小就喜欢唱山歌，一副天生的好嗓子。在我们采访结束准备离开之前，还有幸欣赏了们老师的葫芦丝演奏，悠扬悦耳的葫芦丝声听得我们如痴如醉，久久沉浸在美妙动听的乐曲当中。最后，我们还和们老师一家合了影，祝福他们一家永远幸福安康。

十一、中等收入户

（一）白手起家的中等收入户尹治保家

尹治保今年 57 岁，阿昌族，小学文化，虽然已年过半百，但他看起来却很年轻，也就 40 出头的样子。和其他访谈农户不同的是，我们刚一进他家门，尹治保就主动向我们介绍起他的家庭情况。

尹治保 1974 年经自由恋爱和小他一岁的傣族姑娘张恩义结婚，婚后夫妻俩育有六个孩子，其中大女儿尹改石今年 35 岁，已出嫁，目前与丈夫在山东打工，尹改石有两个儿子，大儿子已有 15 岁，小儿子 13 岁，正在读初中，尹改石夫妻俩每月打工收入 3000 元，一年回家探亲两次，由于工作忙，他们只能把两个孩子留守在家。二女儿尹改春，33 岁，毕业于德宏州师范学院，曾经在永合村小学任教，现被调往梁河县文化局工作，尹改春的丈夫是永合村的村干部，两人育有一个儿子。三女儿尹改蒜，31 岁，毕业于德宏州卫生学校，考取从医资格证之后在村医疗社里工作，目前已婚并育有一个儿子。四女儿尹改云今年 30 岁，自小患有地中海贫血症，为治女儿的病，尹治保曾去石林找过偏方，尹改云 9 岁那年在医院手术治疗之后才保住了生命。尹改云曾经去昆明打工，但终因身体的原因只能回家和丈夫一起务农。五女儿尹春焕今年 26 岁，毕业于九保中学，2010 年 4 月通过考试进入梁河县歌舞团工作。小女儿尹春云 24 岁，毕业于梁河县一中，和尹春焕一样，就职于梁河县歌舞团，每个月能拿到 1260 元的工资，经常跟随歌舞团去各地演出，主要唱的是阿昌族民歌，目前她还在云南理工大学通过函授深造。

走进尹治保的家，我们发现尹家的房屋是半木质结构，位于村东南面，方位是坐南向北，院子地面用水泥铺过，非常平整，天井中央还种着两颗发财树和一株小缅桂花。尹治保说，这栋房子是 1984 年他自己亲手盖的，虽然已经过去了二十多年，房屋依然很干净明亮，总占地面积大约有 290 平方米。

环视房屋四周，每一处都收拾得井井有条，东面是开放式的厨房，里面有一个高约2.5米的铁皮圆桶，上面由下至上写着排列的数字，尹治保告诉我们圆桶是用来储存粮食的，用铁皮制作是为了防止老鼠偷吃粮食。我们入户访问时尹治保的两个女儿已经在准备午饭了，院子里炊烟袅袅，一幅其乐融融的画面。院子西面是全木质结构的两层老房子，一楼的房间里放着1台电冰箱，二楼用于堆放杂物，朝北搭建着一个简易小棚，里面整齐地摆搭着木柴，尹治保说，这些都是做木工活剩下的废弃材料，留着有时也能做出个小箱子什么的，实在不行就拿来当柴火使。参观完尹治保的家，我们发现他家里电器样样俱全，不仅有电冰箱、洗衣机、电视机、影碟机、电磁炉、电饭锅和太阳能，还有1辆拖拉机、1辆摩托车、1台多功能粉碎机和1台稻谷脱粒机。

尹治保自幼住在孟科村，1973年，尹治保被分配到丙盖村水电站工作，任务是看管水电站，一个月6元工资。1974年成家之后，他离开父亲从孟科村迁入那峦村，同年进入合作社工作，刚开始做一些泥水活和木工活，在建筑工地里，他跟着师父边做边学，尹治保天生聪慧，拿到手上的活，经过师父教过一遍就立即会做。后来尹治保的师父成为他的老岳父，师父的女儿也就是他现在的妻子。学会了砌石建房这门手艺活之后，1974年至1982年期间，尹治保从师父的包工队里独立出来，开始自己揽活，当起了小包工头。尹治保说，刚刚结婚那些年，不想总是依靠着老岳父，自己独立出来之后活不多，生活很窘迫，碰上收成不好的时候，田里的粮食不够吃，只能跑到山上摘野果充饥。当时小包工头只有在农闲的时候才能揽得到生意，因此尹治保报名参加了梁河县会计培训，通过一段时间的学习之后，他由组织分配回到村里当了会计员，当时还是合作社吃大锅饭的年代，工资是按照工分来计算的。尹治保介绍说，当时村里所有队员中的壮劳动力和半壮劳动力，每人都有一个劳动工分本。劳动工分的基本打分是这样的，平时一般性的非定额劳动，男壮劳动力出一个满勤是一天十个工分，女壮劳动力出一个满勤是八个工分。平常是一天出三次工，分别是早上、上午和下午。一般来说，一个正常的壮劳动力，一年下来自己所能得到的劳动工分，是五千左右，个别最高的，可以在一年里得到七千工分。除了个人的这个劳动工分本之外，每一个家庭还有一个肥料工分本，提供一箩筐草灰，给记一个工分；提供一百斤猪粪，给记十个工分，等等。在劳动过程中，在记工分这个问题上，体现的是多劳多得，想偷懒耍滑头，又想得高工分是不可能，全村的人都在用眼睛盯着你，相互监督，到了年前生产小队分红时，要张榜公布每一个人的工分情况、家庭粮食分配数量等。那时生活虽然很艰苦，但是通过尹治保和妻子的努力还是养活了几个女儿。

1984 年，五女儿尹春焕出生了，尹治保觉得仅仅靠合作社的工资和种地的收入是不够全家开销的，于是他开始琢磨赚钱的门道。1986 年，尹治保发现村里很多运输农产品的生意都是由县城的车来做，收费较高，而且不能随叫随到，村里农民甚至还要排队等候运送农产品，快则等一天，慢则拖上一个星期，最坏的情况是一些农户家的农产品由于没有及时运出村就坏在了家里。分析了这些情况，尹治保心里已经有了想法，他立即坐车到县城报名学车，最终在一个月之内拿到了机动车辆驾驶证。尹治保说服了妻子，拿出家里大部分积蓄加上银行的贷款共花了 8000 元买了一辆手扶拖拉机开始跑运输。为此，尹治保家成为那峦村第一个拥有拖拉机的农户。最初的生意并不像尹治保想象的那么如意，由于村里农户对县城的运输队一直很信赖，大家算是熟客，所以欺生现象在生意刚刚起步的尹治保这里是常有的事，后来发生了一件事情，成为尹治保拉货运输的转折点。那一年的夏天，正是云南的雨季，山路泥泞，由于路况太差县城运输队的大型货车进不到村里，尹治保听说一位乡亲刚收获的梅子因找不到运输车运到厂里去卖，一直堆在家中很是焦急，他便主动请缨去帮忙拉货。当尹治保把货运到腾冲的果脯加工厂时，他发现梅子由于山路的颠簸加上自家的拖拉机没有篷子，已经在半路上散落了很多。回到村里，尹治保向乡亲说明了情况，主动赔偿了 50 元。从此，尹治保的好名声一传十，十传百，运输生意也越来越好。1991 年，积攒够原始资本的尹治保卖了没有篷子的手扶拖拉机，买了一辆稍微大一些的加蓬拖拉机。到了 2006 年，由于第二辆拖拉机老化，尹治保又买了一辆楚雄产的华康牌拖拉机。日子过得越来越好，看着女儿们都已长大成人，尹治保说以前的辛苦是值得的。

常年在外搞运输的尹治保无暇顾家，妻子张恩义便主动把家里所有的农活扛在肩上，这么多年来没有一声怨言。聪明贤惠的张恩义在过苦日子的时候，时常到县城里做一些小杂货生意，在赶集的时候摆地摊，一天下来也能够挣十多元。后来，尹治保的运输生意红火起来，妻子也帮忙一起拉货。尹治保开拖拉机，张恩义就开摩托车，她回忆说："当时不仅帮别人家拉货，我们还主动到村里收购李子、梅子、木瓜和核桃运到腾冲的果脯加工厂，中间能赚到一些差价，特别是核桃，在我们这里大多是野生的，很多厂家都主动来要货，当时拉核桃能赚不少钱。”直到2007年，在开摩托运货到大理的路上，张恩义与迎面而来的拖拉机撞上了，所幸的是她并没有生命危险，对方赔偿了1万元，遗憾的是这次车祸让张恩义的腿留下病根，她至今不能走太远的路。

张恩义并没有放弃对美好生活的追求，心灵手巧的她学会了编织各种簸箕，在我们入户访问的时候，勤劳的她依然与我们边聊边编织手中背篓。张恩义编制的不是传统阿昌族用竹子编织的背篓，而是用铁线编织的。她给我们介绍说，阿昌族的手工业和农业是紧密联系的，手工业者一般在做完农活就做手工业，或者家里部分人从事农活，部分人从事手工业。很早以前阿昌族人民就有用竹子编织花篮、提篮、背篓和簸箕的传统，一些手巧的农妇还能编出飞禽走兽的造型，现在阿昌族竹编的使用范围渐渐缩小了，一是会编织竹编的人越来越少了，二是竹编本身没有铁、铜和铝制品用起来结实，所以现在都用铁线编织背篓。说话的工夫，张恩义手中编制的一个背篓就完成了，她说这是村里人特地来定做的，成本价是20元，两个能卖50元。

尹治保一家的水田共有6亩，其中1亩被政府征用来建养猪场，租金700元/年，10年一次性付清，余下的5亩出租给别家种水稻，收成对半分；旱地2亩也出租给别人种甘蔗，600元/年；林地种芭蕉芋和红薯，主要用来喂猪。

尹治保说，“六个女儿都已经长大了，目前家里生活压力不是很大，加上自己在前几个月干活的时候闪了腰，之后就很少出门跑运输了，目前靠出租田地和做一些手工活的收入足以满足老两口的生活。”“现在农村政策好了，女儿们也很争气，各自都有事业，姑爷们都能进到效益不错的单位工作，儿孙们也很孝顺，我们老两口就开始享福了，平时不务农就在家里看看电视剧。”“家里团结和睦，我们每周都会开一次家庭会议，商量要解决的一些问题”。“唯一遗憾的是，在老婆出车祸那年因为需要一笔几万元的医疗费，没能让小女儿去念大学，所以现在鼓励她念函授的同时还要求她入党，加入共产党是我们感谢党给予我们这些好政策的一种方式。”

采访结束，我们感觉到尹治保家正是通过解放思想，转变意识，不断学习，开辟了多种自身增收渠道，如开拓运输业来增加非农收入、编制箩筐挣钱补贴家用等，充分挖掘家庭成员的增收潜力，才最终改变了家庭经济境况。

（二）和谐安定之家赵家海家

赵家海家住在村子的最西边，与其他阿昌族家庭一样，赵家海家也有一个院子，不过院子比村里其他人家的都要大，看起来非常敞亮。院子的地面只简单地用砂石铺平，赵家海介绍说，院子是新修的，目前还没有修建完善，等用水泥铺平就好了。院子四周除了主体住房，还有一栋用于堆放杂物和粮食的双层小楼，当地称作厢房，下层堆放杂物，上层存储粮食。隔着院坝与住房正对的是猪圈和牛圈，都是非常干净的卫生圈。据村干部介绍，赵家海家的住房是典型的阿昌族风格建筑，在村里算得上是很气派的新房了。

赵家海家房屋中间的堂屋非常宽敞，堂屋是阿昌族待人接物的地方，我们的访谈就在堂屋中进行。赵家海今年49岁，小学文化，看上去很本分，对人非常热情但不太健谈。他妻子是本村的，在家操持家务、放牧和种地，我们上门采访时她上山放牛去了，因此没有见到女主人。赵家海有两个儿子，大儿子叫赵兴伦，今年24岁，职高毕业，在瑞丽打工，从事建筑行业。小儿子名叫赵兴乐，今年20岁，职高毕业，在深圳打工，从事电子设备制造行业。据赵家海介绍，村里是典型的劳务输出村，梁河县乃至整个德宏州都很重视劳务输出质量。为了提高外出务工人员的技能，村里设有一所职业高中，专门对准备外出务工的人员进行培训，培训之后就直接由相关人员带领，去全国各地寻找工作。学校也与一些企业实行对口培训，学生毕业后直接就进对口企业上班。赵家海的两个儿子都是通过这样的培训途径外出打工的，在外边工资待遇也不错，每个月工资大概在1500~2000元，都是干的技术活。两个孩子都没有结婚，赵家海说，孩子有自己的想法，从村里出去后，见的世面大，接受的思想和观念不同了。孩子们都很孝顺，听话懂事，经常往家里打电话，也经常给家里寄钱，每年过春节都回家看望老人。家里新修房子和院子，花了近3万多元，大部分都是两个孩子往家里寄的钱。提到这些，赵家海感到很欣慰，孩子在外边很节约，也不招惹是非，没有给家里添一点麻烦。有了两个孩子的收入，家里生活水平也提高了不少，生活上没有太大的压力。两个老人就是担心孩子结婚的事情，他们很期待抱孙子。在村里，孩子结婚也要花上一笔钱，但是两个孩子表示，结婚的事情不用二老操心，钱也不是什么问题。据村干部介绍，赵家海家是村里出了名的和谐家庭，家人基本没吵过架，几代人都和睦相处，其乐融融。这让我联想起一个奇特的场景：我们一走进他家院门，就发现一个奇怪的现象，他家的猫正躺在狗的身上在院子里晒太阳，令我们相当惊讶。赵家海说，猫和狗本来是一对冤家，但不知道为什么，在他们家猫和狗生活得十分和谐融洽，我想也许是猫和狗也受到家人和睦气氛的影响了吧。

采访过程中，我们发现他家二楼上放着一架织布机，上面还有未织完的布。据赵家海介绍，传统的阿昌族人家每户都会有一台织布机，用于编织制作民族服装的布匹。织布机是古老和现代的结合，机器是延续了几百年甚至上千年的织布机结构，而织布所用的丝线是在市集上买来的工业品。在经济困难时期，阿昌族妇女都是通过自己的巧手，自己织布做衣服。阿昌族制作的衣服色彩艳丽，刺绣和花纹都很精美，不管是头上戴的头饰，还是腿上的绑腿，全身上下都是自己制作。赵家海告诉我们，织布很辛苦，耗费的时间很长，如果整天坐着织，织一件衣服至少也得花 3 个月左右。织布对技术的要求也很高，密集的丝线中有一个梭子，要不断地左右穿梭，同时还要手脚并用。赵家海的妻子不在家，很遗憾没能看到织布的过程。赵家海说，现在阿昌族人民的生活水平提高了，衣服的穿着也是五花八门的，平常的日子基本都不穿民族服装了，只有在节日和迎宾待客的时候才穿阿昌族的服饰，所以现在织布的人很少了，一是因为集市上卖的衣服更加经济实惠，二是家里大都缺乏劳动力，妇女干农活占用了大部分时间，没有时间织布。现在家里织布机上未完成的布匹是去年就开始织的，由于没有时间，现在还没有完成。赵家海也有一些担忧，他说，现在阿昌族的女孩子大多出门打工或工作，很少有人在家织布了，对于具有阿昌族特点的织布文化，如何传承也是个问题。

赵家海还会木工，是村里主要的木匠师傅之一。他告诉我们，他有很多木工工具，都是他在多年的木匠生涯中购置的，存放在杂物屋内。至于干木工这一行，并没有专门的师父教他，是他自己凭兴趣和爱好慢慢模仿摸索出来的。年轻时喜欢拿着木头劈劈砍砍，也经常到现场去看木匠师傅做木工，慢慢地就开始跟着干上了这一行。后来经过不断的实践，与村里其他同行一起合作，组成了一个木匠小队伍，集体做工。当有工程的时候，几个人一起分工协作，共同完成。一般都在农闲时节，工程来源大都在本村，有时也有其他地方的工程，主要是农用房屋的木结构建设。阿昌族的房屋主要是砖木结构，木结构占很大的比重，对于赵家海这样的木匠，需求量还是很大的。

当然，除了房屋建设，他们还承包家具制作，这也是主要的工程来源之一。待遇方面，赵家海告诉我们，每年的收入情况要看工程的多少和工程量的大小。平均下来，每年有3000~4000元的收入，这也是赵家海家主要的经济来源之一。他说，自家的房子是靠他自己一手修建起来的，设计和木结构都出自其手，省去了一大笔开支。我们看到，房子建得很漂亮，门窗都雕制得很精致，目前还有一些地方在完善中。赵家海介绍，两个儿子都不喜欢学习他的技术，喜欢到外面闯荡，孩子有自己的想法，做家长的也不强求。

赵家海家住房对面，有间很大的猪圈，里面养着7头猪。赵家海介绍，几头猪都是养来出售的，养猪挣钱是他家很多年的传统了。养猪有时要看运气，猪很容易染上猪瘟。但他很欣慰，他家养猪一直都还顺利，很少受到这一因素的影响。家里养得最多的时候能达到20多头猪，也算是村里的养猪大户了，每年至少也有7000~8000元的收入，在猪价好的年份，收入更为可观。他介绍说，他家养猪基本上就靠喂饲料、玉米和猪草，饲料都是市集上购买的，玉米则是自家种植的，而猪草是自己割的，也很辛苦。他家养猪不同于专业的养猪户，自家本来就有两头母猪，母猪下崽后，猪崽就是养殖的对象，所以每年能养到18~20头，甚至更多。由于有母猪，所以减少了购买猪崽的投入，仅需饲料和粮食的投入，以及时间和劳动力的付出，养猪挣得更多。猪的出售基本上是实行对口收购，有专门的屠宰人员或公司直接到村里上门收购，价格就得看每年的市场价是多少了。有时他们也会自己找车拉到集市上去卖，那都是通过估算猪的毛重，再按估算的重量算钱。每年也会挑一两头长势不错的小猪养大，供自家逢年过节宰杀来吃。赵家海家养猪也很环保和经济，猪粪通往沼气池，沼气用于煮猪食和烧水，循环利用。

赵家海现在是村里的小组长，负责村民小组的各项事宜和对上级政策和文件的传达。他在任期间，村里的变化很大，自来水和沼气建设，阿露窝罗中心的建设、村庄文化墙建设等项目，都是他经历和参与的重大事件，为村里做出了应有的贡献。由于自己会木工，赵家海也参加村里的一些重大项目的建设，如即将开建的阿昌族风情园，赵家海就准备一展手艺。作为村里的小组长，赵家海还告诉我们，最近几年村里的“读书无用论”有点泛滥，原因是有些孩子读书也很难找到工作，很多村民索性早早让孩子出门打工了。赵家海也表示担忧，但他自己还是支持孩子多读书，只是两个儿子自己不想再读了，没有办法。现在孩子在外边闯荡也明显感觉到受文化程度的限制，后悔当初没好好读书。赵家海家有3亩水田，5亩旱地和5亩林地，每年水稻收成大概有4000斤，玉米1000斤，还种植各种薯类、甘蔗，每年也有一定的收入。家里还养了4头牛，按市场价估算大概11000元。家里的林地都种了些经济树木，如西南桦、杉树等，自己平时烧的柴都是在林地砍伐的。家里每年的主要收入是靠儿子打工、赵家海做木工的收入和养猪的收入，每年还享受国家种植补贴和救济600元。关于家里的支出情况，生产性支出每年大概在2000元左右，红白喜事大概3000元，通讯费250多元，去年住房建设花了10000多元，生病住院花了500多元。家里有电视机、影碟机、电话和打草机，沼气是政府出钱修的，自来水是村里集体修的，自来水每年要交20元水费。

赵家海告诉我们，他家追求的是安定，家里能过得去就行了，家庭和和睦睦，知足而幸福地生活，这就是他们家和谐安定的生活观。

（三）五世同堂的大家庭刘玉英家

在向导阿宝的带领下，我们来到了刘玉英家，这是本次调研行程中的首家调查对象。她家位于永和村的最北边，家里院子的面积非常大，穿过了几个小院才到正堂。女主人忙着给我们端茶送水，很是热情。怀着对丙盖村农民生产生活特色的浓厚兴趣，我们开始了对刘玉英家庭的访谈。

入户调查之前我们向村干部询问刘玉英家的情况，他们说这户生活情况一般，没有什么突出的特色，经济状况在村子里算中等水平，家庭成员也和平常的村民没什么两样。不过我们经过调查发现，这户人家的人口偏多，全家共有11口人，是个五世同堂的家庭。这样大的家庭能保持中等经济状况，可以看出家中的人力资源得到了合理的整合，且与他们的辛勤劳动是分不开的。

据了解，刘玉英家里只有8亩地，人均还不到1亩，地不算多。能有现在这种生活水平单单靠种地是远远不够的。这些地种出的粮食只能满足家里人吃饭以及饲养牲畜用，没有其他收入。从女主人刘玉英的言行就能看出她是个能干的女人。刘玉英今年54岁，阿昌族，初中毕业。她很早就意识到如果不想出个好办法，是无法养活如此大一个家庭的。于是，刘玉英在家中养了10头牛，8只羊。养的牛平时用来帮助做农活，以此省下购买农机农具的钱。经询问得知，刘玉英家里有一台拖拉机。除了自己家种地用之外，平日还出租给村里有需要的农户。到了年末，挑几头牛拉到集市上卖掉，换些钱来过年。由于牛市的竞争比较激烈，价格波动较大，有时不一定能卖到好价钱。刘玉英就又在家中养了25只旱鸭。鸭子比牛要容易卖些，养起来也方便。这样，当卖牛赚得不多时，可以卖些鸭子作为弥补。当然，还要留下些钱用来买小牛与小鸭子，为来年做好准备。

刘玉英勤劳能干，家里的其他成员也不甘示弱。儿媳妇平时也是十分勤快。喂牛、喂羊、养鸭都是她一个人操办的。喂羊比较麻烦，每天要喂三次。早上和晚上喂麦麸、玉米麸之类，中午要喂草。喂草时还要先铡成两厘米左右长的草段，喂牛也基本如此。除了喂养牲畜，做饭洗衣也由儿媳妇来做。阿昌族一直有着自己织布做衣裤的传统习惯。在刘玉英这一代人中，几乎每个阿昌族妇女都会织布做衣，但现在的年轻人大多已经不再学习织布了。还好，我们见到她家中摆着一套织布设备，上面还有织到一半的花布。刘玉英说，那是儿媳妇在空闲时织的。通过已经织好的布来看，色彩非常漂亮，完全可以拿到市场上去卖。不过，她说现在民族服装的销量大不如从前了，一般都是家里自己织一套或买一套，能穿好多年。所以她平时织的布、做的衣服之类也就只是给家里人穿，不会拿去卖。刘阿姨索性将她的那套民族服装找出来，穿在身上给我们展示了一下。阿昌族服饰分为帽子、上衣、裙子（男性的是裤子）、腰带、绑腿（男性特有）几个部分。女性服装以红色和黑色为主，男性的则以蓝色和黑色为主。和很多民族服装一样，阿昌族服装也有很多的配饰。刘阿姨告诉我们，地道的阿昌族服装配饰的质地都是金银，因此穿起来会很重。我们第一次见到阿昌族的民族服装，都赶忙试穿留影，好不热闹。

我们了解到，刘玉英在村里的妇女之家担任副会长。自当选副会长以来，她就朝着把村子的“妇女之家”办成全村妇女的思想教育中心、科技教育中心和文化娱乐中心的目标而努力。在县妇联的指导下，刘玉英积极组织妇女之家成员开展形式多样、内容丰富的农村实用科技培训活动，比如请县里的技术员到村子来宣讲大棚种植蔬菜的技术等，使大家学到了不少科技知识、致富信息、实用技术等相关技能。逢年过节，刘阿姨和另外几位会长都会组织村里的妇女一起排演文艺节目。2009年3月，梁河县的阿昌族人民欢庆一年一度的传统节日——阿露窝罗节。节日当天，刘玉英和永和村妇女之家的其他成员一起表演了一段歌舞。这段歌舞完全是她们自编自导的，用自己朴实的语言和优美的歌舞来讴歌对党的热爱，表达了对社会主义新农村建设的期盼和激情，受到了大家的一致好评。说到这里，我们才知道原来刘玉英是个多才多艺的人，遂让她为我们现场跳了一段阿昌族的民族舞蹈。刘玉英也很爽快，并且答应在采访结束后教我们跳一段。

我们从男主人赵家宝那里了解到，由于家里老人多，并且年纪最大的老两口都已经90多岁了。虽然刘玉英也已50多岁，但她还是肩负着照顾老人的重担，并且从来没有怨言，深受乡邻称赞。赵家宝说，四年前，他母亲的肺病越来越严重。刘玉英到处寻医问药，经乡、村医生治疗了一两年，病情却越来越严重，只好送进县医院住院治疗。为了让家里有收入来源，刘玉英叫男主人安心在外务工赚钱，她则在医院服侍重病的老妈妈。在医院期间，她每天把饭菜和药物送到老妈妈嘴边，上厕所都由她背进背出，从不间断。一直休息不好的刘玉英明显瘦了不少。不幸的是，老父亲在去年得了中风，双脚发肿。这无疑对刘玉英又是一个沉重的负担。但这位朴实善良的阿昌族妇女并没被厄运所吓倒，刘玉英搀扶着老人走路，每天还用热水给老父亲敷几次脚，无微不至地照顾着两位老人，里里外外忙得不可开交。不管多苦多累，她从不当着家人和乡邻的面抱怨。刘玉英孝顺、坚强、乐观的精神着实让我们感动。

男主人赵家宝到城里打工也有五六个年头了，生活阅历丰富，也有一些想法。他告诉我们，家里除了靠卖些牛、羊、鸭赚钱以外，他时常到昆明去打工，这也是这个家的重要经济来源。他说自己对城市生活是有热爱之情的，但对于他这种打工者来说，在城市生活是十分艰难的，最大的感受就是在城市中生活缺乏安定感。他说，目前农民工的就业制度还不完善，规范用人单位与农民工的劳动关系，是保障农民工社会保障权益的前提。用人单位应该与所雇劳动者依法签订劳动合同，无论是城镇户口还是乡村户口的劳动者，都要一视同仁，并接受政府相关部门的监督。这样像我们这样的农民工就不会感到在单位随时都面临着丢失工作的可能性和担忧；另外应该建立农民工工伤保险法律制度。农民工因公造成伤残、死亡或职业病后，对受到伤害者及其家属给予一定物质帮助，这对于农民工的身心健康以及生命安全是至关重要的。赵家宝说，在昆明打工时一遇到生病就感觉到自己的工资收入要支出很多了，而且有了病也舍不得去大医院看，更不用说万一遇到工伤事故时的大笔支出了。

（四）碾米商户们从达家

我们经过调查发现，丙盖村的商业并不多，全村只有一家杂货铺，其他的买卖更是少之又少。我们从村长那里打听到有户人家利用家里的打米机帮乡亲们打米、碾米，以此收些费用。我们姑且把这也算为商业，便慕名而去。

这家的男主人叫们从达，他与普通的阿昌族村民一样，黝黑的皮肤，稍显消瘦但很结实的身躯，给人一种憨厚、朴实的感觉。我们来到他家时他正在家门口同村里人聊天，见到我们来了，赶忙把我们请进屋里。他的爱人忙着端茶倒水，好不热情。看得出来，们从达和他爱人都还算年轻。经过询问，两人都刚满 43 岁。在交谈时，我发现们从达的母亲还在厨房忙活着，据们从达说，她母亲今年已经 70 岁了，但身体很好，还能继续做家务，实为难得。见到这情景，我们连忙向老妈妈打了招呼，她也用有力的声音回应了我们，大家都会意地笑了。们从达有一个儿子和一个女儿，儿子今年 21 岁，高中毕业，现在昆明一家安装公司打工，每年都会向家里寄来两三千元打工赚的钱。巧的是我们入户访问时，们从达的儿子正好回家探亲。他跟我们说，前几天他考取了焊工证，然后顺便回家来看看老人。他自己在公司的打工仔中也算是技术骨干了，木工、电工的活儿他都比较熟悉。这次拿到了焊工证，又使得他的“软实力”增强不少，工资能够再提高一些。当年他刚到昆明打工时，没有什么手艺，到处碰壁。后来在一家技工学校学了 3 个月的电工，才算是以电工的身份寻了一份工作。至于木工的手艺，他是在公司跟着一名老木工学的。严格来说不算学，只是经常给老木工帮帮忙，木工也会对他指点一二，次数多了，也就学到了很多。们从达的女儿今年 20 岁，也是高中毕业，现在家务农。我们进屋的时候，她正在电视机前看电视，见到我们，礼貌又有些羞涩地打了声招呼。们从达告诉我们，他的女儿马上就要结婚了，要嫁到距乡里很近的遮岛镇，儿子在妹妹结婚后也将娶媳妇回来。这可真是双喜临门，说到这里，们从达难以掩饰自己的喜悦，嘿嘿地笑出声来，我们也着实为他高兴。

们从达家里和丙盖村的其他农户一样，地不多，只有 3 亩水田和 3 亩旱地。水田种了水稻，旱地种了甘蔗和玉米。5 亩林地全部种的是杉木。家里没有养牛羊，但养了 11 头猪。们从达家是我们调研所遇到过的在非养殖大户中养猪最多的人家。们从达家做饭使用的仍是柴火，我们问他想不想用沼气，他表示很早以前就想装沼气，但是村里的指标有限，他家条件不够，并且不是每年都有安装指标。因此，沼气对于们从达家来说，只能暂时想想罢了。说到这里，我们切实感受到农村的社会生活保障制度的确还有不完善之处。由于孩子在外地打工，妻子的腰不太好，农活就落在了们从达的肩上。当然，们从达一个人是做不完这么多活儿的。耕地方面，他常常租用拖拉机来种地，以此减轻自己的负担。当然费用也是不少的，每亩地要收费 140 元。

说到新型农村合作医疗制度，们从达是又喜又忧。喜的是政策讲得好，农民看病有了保障。忧的是实际上家里并没有得到多少实惠。就拿去年来说，他爱人患骨质增生已有 4 年之多。到县里医院看病，医生说县里医院技术达不到，治不好，让到更好的医院去。但如果到其他地方，医疗费就无法报销，这使得们从达哭笑不得。当然看病重要，换了医院后共花去 18000 元才算缓解了病情，然而这些钱没有得到报销。因此，们从达对此挺泄气的，毕竟农民最期望的是实实在在的好处。

聊过这些不愉快的事情后，我们便转入轻松的话题，聊起了他的打米机。们从达利用打米机做生意的事还要从他家里的 11 头猪说起。要养活这 11 头猪，每天的猪食可是个大问题。将饲料粉碎的工程量太大，因此，们从达时常将原料送到村里有粉碎机的一户人家中，委托这家帮助把饲料粉碎，以方便下一步准备猪食。当然，这是要付给这户人家工钱的。一开始倒还觉得方便，但一个月下来，们从达细细地算了下，单饲料粉碎费这一项就要花掉不少钱，实在是不划算，于是他便和家人商量自己购买粉碎设备。2007 年，们从达购置了两台全新的机器，一台用来粉碎，一台用来碾米，共花费了 8000 多元，其中包括家里的 4000 元积蓄和向银行贷款的四千元。正所谓工欲善其事，必先利其器。自己家里有了打米机，一来不用额外支出粉碎费，二来也省去了运送饲料的麻烦，大大减轻了们从达平日的负担。别人能出租，自己又何尝不可？更何况自家不用机器时，闲置也是一种浪费。经过一番思想斗争后，们从达决定也将自己的打米机出租，以此多赚些钱尽快将银行的贷款还清。设备有了，家里的院子又足够大，接下来就是考虑定价的问题。们从达购置的打米机规模大，效果好，本村以及邻村几家出租户的机器规模都较小，没有们大哥的机器打出的效果好，于是他决定把出租的价格定为 2 元/袋，每袋大约 60 斤，价格稍高出以前他常去的那家。生意刚起步时，村里人还不了解情况，所以生意不是很好。但们从达能沉得住气，决定想出一个好的策划来为之开拓一下市场。村子不是很大，也就无所谓做什么广告。们从达就采取口头宣传的方式，亲自跟乡亲们宣传：凡是第一次到他这里粉碎的，不收一分钱，就算是给乡亲们帮忙。这样让乡亲们能够切实做个比较，粉碎加工的质量高低自然见分晓。这一招果然见效，不到半个月，乡亲们开始习惯将原料送到们从达家里来加工了。虽然价格高一点儿，但乡亲们求个高质量，也就不计较那一点儿差价了。名声慢慢地传开后，好多邻村人也特地赶来他这里加工，生意逐渐步入了正轨。

我们了解到，们从达每年利用出租打米机，能有6000多元的收入。除去电费和磨损费，还能剩下2000多元的利润。这么几年下来，们大哥也总结出了经验，每年的10月、11月份生意较为火爆，因为赶上收稻子，上门来打米的自然也就多了。几年下来，两台机器必然会有磨损。期间，碾米机修过几次，多为换零件。们从达当初买打米机时没有经验，只考虑使用，没有考虑维修的问题。不幸的是，跑遍县里所有的配件商店，都买不到合适零件，后来打电话到打米机的厂家，厂家说离梁河县最近的配件店在腾冲，只能到那里去买。这下可苦了们从达，从梁河到腾冲的路十分难走，60多公里需要走3个多小时。因此，每次到腾冲更换零件，们从达都在一旁认真地观察，看得多了，们大哥自己也掌握了程序与方法。这样一次多买些零件，需要时自己在家里就可以更换，免得每次都要花费太久的时间到腾冲去。

出租打米机的生意给们从达带来了不少实惠，也为其带来了做生意的头脑，他开始构思其他的致富之路了。们从达告诉我们，他近两年内打算再购置一台磨面机和搅肉机。搅肉机可以将肉切片或者做馅。这两台机器大约需要2000元。这些机器都是十分贴合农民生活的，哪家都离不开。因此，们大哥认为出租这些机器的市场一定会很广阔。们从达说，像绞肉机这样的机器，今后他可以自己买肉加工，然后将加工好的肉打包出售，可以赚得更多。我们都很支持他的想法，并且提醒他不要再忽略维修机器的问题。们从达笑着说，现在有经验了，不会再像过去那么马虎。随着生意的逐步做大，我们问他是否想让儿子回家来帮忙。们从达说，他从来没有让儿子回家来帮忙的想法。过去由于家里条件不好，供不起儿子念大学，才致使儿子年纪轻轻的就离家打工。现在儿子还算争气，有了一身好手艺，他不想再毁了儿子的前程，再说家里是靠机器做生意，体力活不是很多，自己还算忙得过来。相反，们从达打算赚些钱后继续支持儿子学手艺，让他在这条路上能够走得更好更远。

从们从达的话语中，我们看得出他对自己未来生活的希望。更重要的是，我们看到了他作为一个父亲对孩子的爱以及阿昌族人民朴实的感情。

（五）勇于尝试的农户张恩富家

下午两点多，在村支书的带领下，我们走进农户张恩富的家，当时他正在家门口认真而熟练地用竹子和树枝编织篱笆围院子用，当我们夸赞他心灵手巧时，他谦虚而腼腆地回答说："其实这也算不上什么手艺，这些活我们村里的人基本都会做！"好一个实在的汉子啊！

我们走进张恩富家的正屋，趁他还在为我们涮杯泡茶的时侯，我们便仔细观察了他家屋内四周的环境。漆黑陈旧的墙壁和房梁，一眼就可以看出这是一栋年代比较久远的老房子，问过他之后才知道这座房子已经有 40 多年的历史，是他爸爸妈妈年轻时建的老房子。我们还注意到里屋房间门上还贴着以前办喜酒张贴的对联，现在已经斑驳不堪，隐约可以看清上面写的一两个字。泡好茶时，张恩富依然有点腼腆地招呼我们，我们先随便聊了些轻松的话题以缓解他有些紧张的情绪，不到一会儿，他的儿子，一个 9 岁的小男孩从外面提着两瓶矿泉水和一袋零食给我们，原来是他爸爸刚才叫他到村里的小卖部买来招待我们的，这位汉子实在是太客气太周到了，我们不禁为他的细心和热情所打动。

张恩富一家共五口人，虽然不是很富裕，但却是一个幸福和睦的家庭。张恩富，1976 年生，今年 34 岁，阿昌族，初中文化水平。妻子倪双燕，1980 年生，今年 30 岁，阿昌族，初中文化水平，我们来采访的时候她不在家，刚到地里干农活去了。张恩富跟妻子一共生了两个儿子，大儿子今年 11 岁，上小学四年级，见了生人有点害羞腼腆，小儿子今年 9 岁，上小学三年级，比较不怕生，更为活泼开朗些，两兄弟都很乖巧懂事，很听话，相差两岁的哥俩长得就像双胞胎一样，都让我们有些分不清谁是哥哥，谁是弟弟。张恩富家里还有一位 61 岁的老母亲，父亲三年前因病去世了。母亲身体还不错，在我们采访的过程中，她的母亲刚好从外面回来，身上还背着一袋 50 多斤重的大米，不得不让我们感叹这位老人家的身体素质。老人家还非常开朗健谈，思维活跃，在我们采访当中，她就坐在正屋门口掰着一大筐的玉米粒，时不时帮着儿子补充回答我们采访的话题。这位老人家还是村子里妇女之家的成员和文艺骨干，爱唱爱跳，由于心态好，她看起来根本不像61岁的老人。老人家还兴致勃勃地跟我们说她在2007年的时候，参加村里的文艺队代表本村去参加乡里举行的“三八”妇女节文艺演出比赛，自己排在表演队伍最前面，从老人家兴奋而愉快的言谈中，我们仿佛看到了一个活力无限的老小孩，真的是家有老，家有宝啊！张恩富家有一间搭在二楼的小阁楼，上面摆放着一台织布机和一台纺线机，因为媳妇倪双燕平时主要忙于干农活，没有时间织布，所以这位老人家平时的闲暇时间主要就用来纺线织布。老人家眼力还很好，她说纺线比较容易，不占什么时间，一天就可以纺完，但纺织出一床围裙一般要花一两个月的时间，一床围裙能卖到400元至500元之间，主要是拿到梁河县城的集市去卖，或者是卖给村里不会织布的人。

张恩富家里的水田面积有2.5亩，主要种植水稻，由于水田面积比较小，收割的稻谷一般刚够家里人吃，很少有余粮拿去卖；旱地面积有7亩，主要种植玉米和甘蔗，其中3亩所种的玉米全部用来喂猪；林地有12亩，主要种植西南桦、油松和杉木。家里养了4头猪，老母猪1头，其余3头都是种猪，不养牛，平时耕地用牛就租村里的牛或者拖拉机，租拖拉机耕地是每亩120元，租牛耕地却是每亩140元，外行的我们不禁迷惑为什么牛比机器耕地还要贵时，张恩富不禁笑了笑，然后耐心地跟我们解释说是因为租牛耕地时一般都是犁地两遍，干的活更细，土地翻得更好。在这次采访中，通过询问张恩富，我们终于知道了中午在路边水田里看到的那些很像浮萍的绿色植物叫作水白菜，这让我们增加了不少在课堂上学不到的农业知识。

张恩富除了在家务农之外，还在外面兼职做一些副业——打零工。1990年，因为家里自己挖窑烧瓦卖，初中刚毕业的张恩富就在家帮忙赶牛车拉瓦泥，后来家里又通过一半贷款花了1.5万元买了一辆二手拖拉机，他跟着家里的几个兄弟一起干活，一起拉瓦泥烧瓦卖钱。两年后，张恩富去了村寨附近的一座私人承包的矿厂打工挖锡矿，包吃包住每个月挣600元，这样的工作比较危险，所幸没有发生过事故。后来因为石矿价格跌得厉害，张恩富在矿厂干了一年，就回来了。随后他又来到梁河县邻县盈江建电站，经过培训成为一名电焊工，主要负责安装管道，工资每个月750元，包住不包吃。由于电站离家不是很远，张恩富在工作不忙的时候还可以经常回家照看，在电站工作了三年之后，电站最终也快要建成了，经过三年的电焊工作锻炼，张恩富此时已经成为一名业务熟练、技术娴熟的电焊工人。所以在平时有活干的时候，经常会有电话联系他去盈江县的砖厂、普洱市做临时电焊工，一般每天 80 元的工钱，包吃住，工作时间有时是半年，有时是一两个月。上个月张恩富刚接完在市政府大楼的临时工。现在的张恩富不太愿意接手离家太远的活，因为家里的农活多，近一点还可以经常回家帮忙干农活。

当谈到他对近两年生活的期望时，他说首先最大的一个心愿就是在这两年内把家里的老房子拆掉，建一座新房子。从 2008 年夏天开始，他就有了这个打算并且为建房逐步做准备了。他请村里的亲朋好友砍伐自家的林地，到目前为止已经攒有足够盖一间房子所需的木材，他把所砍的木材泡在村里的水塘里，当我们不解地问他把木材泡在水里会不会变朽腐烂时，又学到把木材泡在水里主要是为了防虫的知识。张恩富的第二个愿望就是明年打算在自家建一座沼气池，因为政策原因，政府补贴建沼气池的农户每户 3000 元，可惜指标比较少，还没轮上张恩富家，所以他家到现在还是以烧柴火煮饭做菜为主，偶尔会用电饭锅，家里也没安装太阳能热水器。当问到家里什么时候开始用上自来水时，他说十多年前村里已自愿集资，每户交 350 元建自来水管了，水源是从本村后山引进的泉水，不用交水费，后来过了两年，每户交纳 100 元改造费，政府又给自来水重新用上了质量更好的新钢管，后山上的水源水池也被政府重建维护得更好了。张恩富的母亲告诉我们以前村里没有自来水的时候，村民们都是到村里后山挑水喝，用水非常困难，后来家里开始挖水井，用水才开始方便一点，现在用上了自来水，洗衣做饭，干啥都方便极了，老人家一边拧开水龙头洗手一边笑呵呵地跟我们说。可以看出他们很感激现代技术给他们的生活带来的便利。

我们访谈结束后，张恩富的母亲还带着我们上二楼小阁楼观看纺车，还教我们怎么用纺车纺线，让从没亲眼见过纺车的我们着实开了一回眼界。下了阁楼，我们见到张恩富的两个儿子正在水龙头边洗一种我们从没见过的野果，长在地上，当地人叫它酸苜，原来是兄弟俩刚从村子后山上采摘回来的，想让我们尝尝，因为是刚采摘的比较新鲜，这些野果吃起来酸酸甜甜，还带着一种田野特有的清香，挺好吃，他们说平时到了圩日，也有人采摘这些野果子到集市上卖，能卖 2 元一斤。我们从张恩富家出来的时候，他还非常热情地把洗好的一袋酸苜野果送给我们带给老师同学们尝尝，虽然只是一袋不起眼的野果，但是这份情谊却深深地打动了我们，多好多朴实的一家人啊！

（六）经营零售店的曹明远家

改革开放以来的1982年至1986年期间，中共中央国务院连续下发了五个一号文件，着重解决“农业、农村、农民”的政策问题，有力地推动了农村的改革与发展。2004年，我国一些地区粮食供应出现紧张局面，农民人均纯收入增长缓慢，城乡经济发展失衡，“三农”问题日益突出。为此，党中央国务院从2004年开始，重新将一号文件回归“三农”，其主题是促进农民增收，2005年一号文件制定了包括取消农业税在内的一系列提高农业综合生产能力的政策和举措，2006年一号文件提出推进社会主义新农村建设，2007年一号文件强调发展现代农业，2008年一号文件的主题是切实加强农业基础设施建设、进一步促进农业发展和农民增收。多年来，中央连续发了十个解决“三农”问题的一号文件，说明“解决好农业、农村、农民问题，事关全面建设小康社会大局，必须始终作为全党工作的重中之重”，“坚持把发展现代农业、繁荣农村经济作为首要任务，加强农村基础设施建设，健全农村市场和农业服务体系”。在市场经济条件下，“三农”问题的解决与农村市场体系建设，特别与农村零售市场体系建设密不可分。曹明远的小商铺就是在这样的大环境下成长起来的。

丙盖村位于九保阿昌族乡的东南方向，距乡政府3公里，距县城5公里，除了赶集日，曹明远的小店铺生意还是不错的。我们采访曹明远的当天正好碰上赶集，走进曹明远80平方米的店铺，他正在看电视，看到我们的到来，他有些惊喜，连忙从床下抽出板凳招呼我们坐下。曹明远的商铺和“卧室”都集中在这个两层的木质结构小屋里。一进门就是门面，门面的东南角摆着三个玻璃柜台，里面摆满了各种各样的小商品，其中一个玻璃柜台摆着的大都是孩子们喜欢的小食品，另外两个柜台零散的摆放着一些饮料和日常用品。门面的西面有两台冰柜，一台是冷藏柜用于冷藏冰激凌，一台是玻璃门陈列柜用于冷藏啤酒饮料等。曹明远把我们领到里屋，说是里屋其实就是门面的后面，同时也是小店铺的仓库，有一张床、一张四方桌和一个织布用的架子，地上堆满了货物。

曹明远今年55岁，阿昌族，他的小商铺位于村北方向，是丙盖村经营小商铺三户人家其中一家。招呼我们坐下之后，曹明远说，现在家里只有他和妻子两人，不巧妻子正好出门赶集没在家里。曹明远有三个子女，大女儿曹德先今年 32 岁，已经出嫁了，育有一子，目前在芒市打工，姑爷同样在芒市的建筑行业打工。二儿子曹德阳今年 27 岁，初中毕业，育有一儿一女，2010 年 5 月起跟随大姐夫在芒市的建筑行业打工。在这之前，曹德阳在村里搞过运输，曾经买了一辆小货车拉货，因为生意不好，同时曹德阳的大儿子升初中之后需要学费，他就把车卖了投奔大姐夫。小儿子曹德政 25 岁，初中文化，育有一女，曹德政从事的是运输行业，自己买了一辆农用车专门在农忙时节帮村里人运送粮食，农闲时到河边拉泥沙运石头。近几年因为有整村推进的工程，村里很多基础设施正在建设中，曹德政的农用车有时一天可以拉十几趟石头，给曹家带来了可观的收入。

与阿昌族许许多多平凡的农户一样，20 世纪 80 年代初，年轻的曹明远一家主要靠种地为生。改革开放以前丙盖村的私人商业是不存在的，只有以国营为主的供销社，然而供销社的商品供应量非常有限。到了 1979 年九保乡恢复对个体商业登记，当时曹明远家的地并不是很多，为了养活三个孩子，聪明的他发现村里的人口越来越多，丙盖村距离县城有 5 公里，平时村民购买生活日用品只能到县城集市上买，而集市每隔三天才有一次，临时急需的东西根本没办法买到。小学毕业的曹明远抓住了这个致富的商机。1982 年，曹明远拿出积蓄，到乡里花了 100 元办理营业执照，便开始经营起小店铺。曹明远说，刚刚经营小店铺的那几年，因为税收比较重，每年要交国税 80 元，地税 300 元，工商局 300 元，小店铺经营的成本负担较大，他曾经有过不干了的念头，但是每次看着家里的孩子一天一天地长大，随之而来的消费压力也增大，他和妻子咬咬牙，在经营小店铺的同时又种田养猪，得到的收入勉强能够满足家庭的温饱。

随着丙盖村经济的不断发展，与外界的联系也越来越多，村里的人流量开始随之增加，村民对一些日常小商品的需求也与日俱增，曹明远的小商铺渐渐有了起色，他根据村民的需求，逐步拓宽经营范围，从最初只卖肥皂、牙膏、牙刷和洗衣粉之类的日用品，发展到现在卖香烟、啤酒饮料、茶油酱醋以及小食品等总共五六十个品种。日常销售量最大的是香烟，曹明远说，刚刚经营小卖店的时候是不能卖香烟的，因为没有申请到香烟销售执照，前几年申请下来之后，香烟给小卖店带来的利润比例逐年增大。阿昌族的男性都有吸水烟的习惯，以前的水烟大多是用竹筒做成的，取直径 5～8 厘米、长60~80厘米竹筒一支，打通竹节，在前端三分之一处挖洞装上烟斗，直插入盛满水的前端竹节中。吸烟时烟经过竹筒中的水过滤到达竹筒尾端方吸入口中。烟以晒烟丝为主，吸一次一般要吸15口烟左右，每吸一口烟，都须剔掉燃尽的烟灰重新放入烟丝再点烟一次。水烟相对于卷烟，在经过水的过滤，其有害物会更小些。现在阿昌族男子抽的水烟筒大多用金属做成的，金属筒比竹筒更耐用，且金属水烟筒也可以抽卷烟，这比只能抽烟丝的竹制水烟筒方便些。曹明远的小卖店主要卖云烟、山茶烟和红河的卷烟，这三种牌子的卷烟在当地是比较有名的，加上品质好，所以销售量也比较高。

在小卖店的门口摆放着一辆男用的摩托车，这就是曹明远进货的工具，小卖店没有货就去补货，随进随卖，曹明远家的货源都来源于梁河县县城。虽然年近55岁，曹明远对于进价都能记得一清二楚，他说这些货常年都是经过自己的手进的，它姓甚名谁都了如指掌。曹明远的小卖店每件商品能赚的钱不多，因为面对的顾客都是村里人，所以他把各种商品的价格尽量定得低些。例如鸡蛋进0.5元/个，卖0.6元/个；酱油4.5元/瓶进，卖5.5元/瓶；洗衣粉2元/包，卖2.5元/包；大理啤酒进32元/件，卖35元/件；小米酒3元/斤，卖4元/斤；红山茶香烟进3.7元/包，卖4元/包。由于曹明远的小卖店没有详细记账，所以他也无法准确计算每日的销售额和利润，只能大概的估算每月收入1000元左右。曹明远还曾经向乡里申请卖化肥，但由于小卖店的场地太小，没有申请下来。

问及村里是否存在商业竞争的问题，曹明远说，问题都不是很大，因为三家小卖店在村里的位置不同，一个村北一个村南，所以竞争并不是很激烈。但是价格战还是存在的，都是暗中较劲。今年5月，由于前一轮的能源产品和粮食肉类产品涨价，5月份的价格也明显受到了石油、电力和铁矿石价格上涨的影响，因此日用品成了涨价新主力。曹明远的小卖店也因此受到一些价格波动的影响，原本洗衣粉的进货价是1.8元/包，涨价之后进货价变为2元/包。曹明远认为进货涨了0.2元，自己能承受得起所以洗衣粉的价格依旧是2.5元/包不变，然而另一家小卖店并不是这么想的，立即把价格调到了3元/包，这样看来，曹明远家在价格上是有明显优势的，可是另一家小卖店的老板放下话说，进货价涨了只能这样卖了，别家卖得便宜的看起来同样是某某牌子的，但却是盗版货，因为盗版货包装虽然是一样的，质量却差得很远，进货价便宜，所以卖得也就便宜，言下之意就是曹明远家和另一家小卖店卖的洗衣粉是盗版货，质量不好。曹明远纳闷了，三家小卖店所卖的日用品一般都在县城同一家商店进的货，为何他家卖的就是正牌呢？为了解开这个疑问，曹明远特地跑了一趟县城，他来到进货店里询问是否存在盗版牌子，由于丙盖村里经营日用品的三家老板都是进货店的熟客，进货店老板对于三家老板进的货都很清楚，他告诉曹明远最近三家在他家进的洗衣粉都是一样的，都是某某牌子。这时疑惑解开了，就是卖3元/包的老板借涨价之机从中赚取暴利。回到村里，曹明远并没有立即回家，而是直奔涨价的小卖店问情况，仔细询问过后才得知因为他家里急需用钱才有了这样的涨价之举，经过曹明远苦口婆心的劝说，对方终于同意把价格调回到2.5元/包。也正因为如此，一场本来应该很激烈的价格竞争战，在曹明远的努力调解之下化解了。

小卖店经营的收入不仅影响了曹明远家的生活状况，还让曹明远认识到一个道理：做人要厚道，只有厚道对人，别人才能够厚道对你。秉着这一信念，曹明远的小卖店很顺利地经营了20年。在我们采访接近尾声时，一个小男孩来到小卖店买糖，原本想买3元糖的小男孩，在曹明远告知其吃糖过多会损坏牙齿之后，就只买了2元的糖。正是用这种真诚待人的心，曹明远成为丙盖村人人称赞的“有良商人”。同时，曹明远也很忧心，现在销往农村的商品中有不良商人昧着良心销售一些假冒伪劣产品，农民大多文化不高，不懂得如何识别真假，很容易受骗上当。所以曹明远希望政府能够出台相关政策来遏制这些现象，他希望政府部门能够针对目前农村零售业不同程度存在的“散、乱、差、小”和“农民买廉、商人贩假、监管缺位”的实际状况，加大执法力度，规范市场秩序，适度提高进入个体经营户经营的门槛，把无经营条件的人拒之门外。加强对农民生产、生活的信息指导，打击不诚信行为，严格杜绝假冒伪劣商品进入农村市场，确保农民消费安全和农村个体业的持续健康发展。

（七）依靠多渠道增收的杨庭元家

丙盖村夏天的早晨，带着丝丝的凉意，刚刚下过雨的山间还环绕着朦胧的雾气，我们访谈小组就是这样踏着晨曦踩着露水走进了杨庭元家。杨庭元家的院子离村委办公室不远，在村干部的介绍下，杨庭元和他的妻子们从芝热情地招呼我们到他家里。跨入大门，映入我们眼帘的是一株大约两米高的石榴树，当时正是石榴成熟的季节，树上挂满了一颗颗的红石榴，经过一夜雨水的滋润，显得更为晶莹剔透。

进入杨家的小院，我们简直不敢相信自己的眼睛，这个小院被各种植物花草装点得跟城里的别墅院子一样漂亮，东西两面都种满了植物，东面栽有木瓜树、向日葵和桂花，还有一些不知名的植物，其中向日葵和桂花开得正灿烂；西面的园子里就像植物园里的兰花馆，有剑兰、春兰以及叫不上名字的各种兰花。据们从芝介绍，这些兰花大多是她上山采药时顺道带回家种养的，因为云南的气候特别适合兰花的生长，这些兰花无须太多的打理也能长得快乐自如。杨庭元夫妻把我们领到了他家大堂，杨家院子的占地面积大约200平方米，房子虽然是一座半木质结构的两层楼房，但是依然打扫得干净整洁，大堂坐北朝南，两边坐落着东西厢房，二楼除了用于储存粮食之外，还是们从芝织布的场地。环顾房屋四周，大堂中央摆着神台，东北角放着一台电视机和一台影碟机。虽然他们不是村里最富有的家庭，但是杨庭元一家的基本生活资料都很齐全，既能代表中国农村的普通家庭，又能代表阿昌族的普通家庭。

杨庭元有一个幸福美满的家庭。杨庭元出生于1951年，阿昌族，虽然没有上过学，但他待人彬彬有礼，显得很有涵养。妻子们从芝出生于1958年，27年前从那峦村嫁到这里，妻子勤劳善良、心灵手巧，对人对事都有着一颗真挚的心。杨庭元夫妻是经人介绍认识的，婚后他们育有三个子女，其中大儿子杨清凉今年26岁，初中毕业后去广东打工。二女儿杨林娟今年24岁，已嫁到邻村。杨林娟和她的丈夫因家庭贫困双双都到广东打工，只有春节才会回家探亲，他们两岁的儿子留守家中由老人照看。小女儿杨林飞今年22岁，2009年7月职高毕业的杨林飞跟随大哥一起在广东打工。两位老人的子女都已长大成人，并且都有各自的事业，每年都会带钱回家看望二老，可以说，现在杨庭元家的生活水平已经超过了温饱，正在奔向小康。但是在二十年前，杨庭元一家的生活还是很艰苦的。

20世纪90年代初，在杨庭元的一个儿子和两个女儿刚刚出生的那几年，是杨庭元家最为艰难的时期。结婚之初夫妻两人没有什么积蓄，原本只能满足温饱的两口之家又增加了三口人，当时恰巧天公不作美，久旱不雨，旱情严重，家里的水田无法灌溉，导致当年的粮食险些绝收。当时，杨庭元觉得仅仅靠自己种地是不够的，传统的农业耕种带来的收入并不多，只有出卖更多的劳动力才能维持家里的消费开支。从那以后，每年的农忙时节，杨庭元都会去县城打工，在工地里做一些零碎的水泥工。回忆到这里，杨庭元笑着说："打工的辛苦都不算什么，想当年我 18 岁的时候只身一人在瑞丽当了 4 年的兵，比工地上的活苦多了。当兵的时候早上起来进行大拉练，白天训练，晚上还要野营，随时训练，随时休息，觉都睡不够。工地上还能三班倒，休息时间足，吃饭也能吃饱。"们从芝作为家里的妇女，在当时除了照看孩子之外，也要和杨庭元从事农业生产，根本没有多余的时间去拓展其他的副业，并且在阿昌族的传统观念里，女性是主内的。但是们从芝并没有闲着，她觉得既然女的不能出门打工，干脆就在家织织布。然而在一次赶集的时候，们从芝发现有人专门收购中草药，而这些草药都是她去山里捡柴火的时候经常能够见到的。从那以后，们从芝在赶集的时候就到药店里问缺什么草药，缺什么她就到山上找什么。有一次，是寒冬时节，家里太穷连鞋子都买不起，们从芝只能光脚上山采药，当她走到一个地方觉得很暖和，就想坐下来休息，没想到翻开树叶才发现那是一个野兽窝，她连忙逃跑。有了那次经历之后，儿女们就反对她上山采药，但是出于生活的窘困，她还是坚持了下来。就这样，这种习惯一直保持到现在，尽管家里已经不缺那些卖草药的钱了，但是们从芝还是喜欢上山采药。

云南盛产中草药，九保阿昌族乡丙盖村海拔 1184.2 米，森林覆盖率 64.5%，属南亚热带季风气候类型，具有日照强烈，热量丰富，雨量充沛，雨热同季，平均气温幅度小，具有日差较大的气候特点，因此特别适合一些跌打药材的生长。们从芝自己很喜欢研究草药，掌握了许多有关草药方面的知识，后山都有哪些品种的草药，她都能如数家珍。例如重楼，别名蚤休、白甘遂、草河车、金线重楼，药用部位为根茎，生于山地林下或路旁草丛的阴湿处，全年均可采挖，但以秋季采为好，主要功能有清热解毒，消肿止痛，凉肝定惊。也可用于疔肿痈肿、咽喉肿痛、毒蛇咬伤、跌扑伤痛、惊风抽搐，目前的市场价为 270 元/公斤至 300 元/公斤。大白药，别名小白药、蛆藤、大对节生、大掰角牛，植物形态为攀援藤本，分布于云南南部，生于高寒山谷地及山坡上，全年可采摘，以全株入药，性味为麻苦涩，凉，有毒，主要功能为止血接骨和治外伤出血，骨折，疮毒。三七，别名开化三七、人参三

七、田七、金不换，植物形态为多年生草本，生于山坡丛林下，现多栽培于海拔 800 米至 1000 米的山脚斜坡或土丘缓坡上。性味为性温，味甘、微苦，主要功能有散瘀止血，消肿定痛，还可用于各种内、外出血，胸腹刺痛，跌扑肿痛。们从芝采摘的草药不仅仅是拿到县城里卖，有时村里有谁家生病了缺什么草药，她都会上山去采免费赠送给需要的病人。说到这里，坐在一旁的村干部对们从芝竖起了大拇指，他几个月前务农时不小心擦伤了小腿，就是靠们从芝给他送的草药治好的。

杨庭元夫妇用半耕半工的谋生之路养活了三个孩子。如今，生活已经渐渐往好的方向发展。2009 年，杨家的 3 亩水田种上了水稻，1 亩旱地里种了玉米、姜、辣椒和芋头，共给杨庭元家带来将近 5000 元的收入，杨庭元外出打工每月大约 900 元的工钱和们从芝卖草药的收入，杨家 2009 年的总收入近 2 万元。在开支方面，主要是生产性支出，用于购买种苗化肥 1000 元，食品基本能够自给自足，其他包括生活用品、红白喜事和通讯费等支出 5000 元。

如今回首当初那些苦日子，杨庭元夫妻俩觉得是值得的。2007 年起，梁河县九保阿昌族乡大力开展社会主义新农村建设，推进农村经济和社会全面发展，促进农村“三个文明”建设工程，建立沼气 23 口。如今家里父慈子孝，家庭和睦，还赶上了这么美好的时代。杨庭元加入了老年协会，们从芝也加入了妇女之家，跟随着村干部组织集体活动，每次村里有客人来，他们都会去唱山歌，这些娱乐活动给他们的晚年生活带来了欢乐。们从芝打心里美滋滋地说：“现在钱已经不是问题了，从现在开始我们就可以享清福了，平时闲时就种种花草打发时间，希望过几年大儿子清凉给我们带个媳妇回家，好让我俩能够快点抱上孙子。”杨庭元补充了他的一点遗憾，就是没能让小女儿念到大学，小女儿在职高的成绩很好，可是就当时的情况来说家里还是供不起大学生的，小女儿杨林飞也自愿放弃学业，跟随大哥离家打工。

杨庭元与我们一起分析了他家能够摆脱贫困达到小康生活的主要原因，就是他们顺利地把家中剩余的劳动力转移出去，家庭收入渠道从单一的转变为多样的。杨庭元说，种地是农民的第一职业，但是对他家这样只有少量田地的农民来说，田地只能带来一定的收入，只能维持六口之家的温饱。只有转变思想，以农业为基础，加大对特色农业和非农产业发展的投入，实现劳动力的就地转移，才能实现真正的脱贫致富。

（八）幸福和睦的五好家庭赵兴宽家

赵兴宽是丙盖村村委小组长，身兼多职的他平日里特别繁忙，这两天他一直陪着我们到各个农户家进行访谈，为我们当翻译。按照工作计划当天下午我们采访赵兴宽，中午12点多吃完午饭我们来到他家，那天刚好是当地县城五天一次的集市，他说他得赶到集市买些家里的生活用品，叫我们先在他家休息一下，看看电视，两个小时后等他回来。

下午两点多，赵兴宽和他的爱人按时赶完集市回到了家，我们的采访正式开始。赵兴宽，男，43岁，阿昌族，中共党员，初中文化水平，妻子曹明兰，43岁，阿昌族，中共党员，初中文化水平。他们共育有一儿一女，大女儿赵如玉，1988年出生，今年6月份刚从云南省德宏师范高等专科学校音乐系毕业。儿子赵仁胜，1991年生，初中毕业，目前在梁河县城打工，给人家装修刮瓷。

赵兴宽身兼多职，是位大忙人，也是村民们最尊敬的人之一。目前赵兴宽既任丙盖村村委委员小组长，又担任村里民兵排长和计生委员。1983年，赵兴宽初中毕业，他想报名到部队当兵，当时他已经在九保乡政府体检通过，之后还需要到梁河县城复检，赵兴宽的母亲坚持不让儿子去复检当兵，因为当时中越战争还未结束，他母亲担心儿子去当兵日后派去打仗有危险，赵兴宽是个孝顺的儿子，听了母亲的话放弃了去当兵的好机会，但是赵兴宽的当兵梦却一直埋藏在心底。于是在1984年，赵兴宽参加了梁河县芒东镇的民兵训练营，在那里他接受了为期一个月的完全军事化的民兵训练，圆了他的当兵梦，弥补了他当时没能当兵的遗憾。参加训练回来后，赵兴宽就担任了本村的民兵排长。1989年，赵兴宽又担任了丙盖村8个自然村的总民兵排长，肩负起保卫村民安全的责任，平时遇到什么自然灾害，山体滑坡，泥石流，赵兴宽总是站在抢险队伍的第一线，带领民众抗洪抢险，保护群众的安危。1990年，由于赵兴宽的出色表现，他光荣地加入了中国共产党。1993年6月30日，赵兴宽开始任丙盖村的计生委员，每个月只有350元的工资补贴。2006年10月，赵兴宽通过村民竞选当上了村委小组长，政府每年给发放600元的工资。说到他平时的主要工作时，赵兴宽不无感叹地说计生工作不愧是被称为“天下第一难的工作”，村民从生到死，他都要及时统计人口情况，比派出所管得还要复杂烦琐，还得经常去跟踪调查，看是否有超生抢生的情况出现等。从与赵兴宽的访谈中，我们了解到很多农村人婚育意识淡薄，结婚的时候还按照旧时的样子只是摆个酒席宴请双方的亲朋好友就算结婚了，没有去民政局办理结婚证的意识。还有的新婚夫妇生下小孩后不懂得去放环避孕，也没意识去给小孩办理户口落户，所以平时赵兴宽的计生工作主要是给村民普及婚育新观念，动员新婚夫妇去婚检，动员他们去办理结婚证、生育证，迁户口进入本寨等。我们还了解到，现在国家给阿昌族的生育政策是可以生两胎，每次生育小孩的时候都要办理一张生育证，时隔四年之后才可以生育第二胎，超生的农户要罚款36000元，非农户口罚款18万元，抢生的得罚款4000元，生完小孩三个月后要动员妇女去放环及时避孕。随着婚育新风进万家知识的宣传和普及，村民们如今的婚育观念有了明显的增强，从他这里得到的这些婚育知识也让我们长了见识。赵兴宽作为村委小组长，只要村里有什么活动，他都得到活动室通过广播通知村民。他说自己平时还是以农活为主，工作是兼职。他家的水田面积有6亩，主要种植水稻，自产自销为主，剩余的稻谷拿到市场去卖。旱地面积1.5亩，主要种植红薯、芭蕉芋，用来喂猪，家里共养了4头猪，不养牛，耕种的时候就租牛或者租拖拉机。山林面积有18.4亩，主要种植杉木、西南桦和松树。这些木材一般都是自己砍伐拿来做横梁盖房子，卖出去的比较少，我们从采访中还了解到村民砍伐树木还要到乡里的林管所办理砍伐证，不办理砍伐证就砍伐树木的属于违法行为要坐牢，每立方米的木材还得交纳20元的管理费。

赵兴宽的妻子曹明兰是个贤妻良母，非常能干。她2000年入党，现任丙盖自然村妇女之家的副家长。当我们问到曹明兰作为妇女之家家长主要做些什么工作时，她给我们娓娓道来：现在村里所有的妇女都加入了妇女之家协会，年龄不限，主要以中青年妇女为主，总共130多个成员，平时她们主要组织村里的妇女参加文娱活动，练习唱歌、跳舞，还组织大家学习种植、养殖的新技术、新技能。当问到平时组织大家参加活动遇到些什么困难时，她说："刚开始成立妇女之家协会的时候，大家对参加活动没有多少热情，每次组织活动都得挨家挨户地去动员，做思想工作。不过现在好多了，由于每次活动举办得都有声有色，比较成功，所以大家的活动积极性都很高，平时一有什么活动在村里的广播站一播，大家都会自觉主动地赶到村里活动室参加活动。"曹明兰的织布手艺还非常好，下雨天的农闲时间，她都会抽时间织布，做漂亮的阿昌族传统服装。她说以前的姑娘从十几岁开始就学会织布，给自己做嫁妆，不过现在随着时代的变迁，科学的进步，阿昌族也被同化、汉化不少，平时都以穿着汉装为主，到了节日，举办活动时，才穿上自己的民族服装，现在很多年轻女孩也都不会织布，嫌麻烦，也不太愿意学习织布。村里无论男女老少，每个人至少有两套传统民族服装，而曹明兰自己却有18套民族服装，她说她个人比较喜欢穿民族服装，还喜欢织布，所以平时大多数时间都是穿着自己织的衣服，一块织布可以做成两套围裙，她织的布偶尔还拿到集市去卖，可以卖到500元。阿昌族的民族服装分为平时的生活装和节日盛装两种，盛装比起生活装更为漂亮，工艺更为精湛。曹明兰从房间里拿出一套前不久刚做好的盛装服饰给我们看，还给我们详细介绍那些精美服饰应该怎么穿戴，我们把漂亮的服饰摆放在长椅上，一一拍下照片。善解人意的曹明兰看着我们那么喜欢这些民族服饰，最后还亲手帮我们穿上这些盛装拍了照留念，使得这次采访给我们留下了更加美好的回忆。

赵兴宽夫妇俩有两个听话懂事的儿女。女儿赵如玉这两天正好不在家，去德宏州芒市参加教师考试去了，今年刚从德宏师范高等专科学校音乐系毕业的她成绩优异，多才多艺，不仅会舞蹈，还会演奏多种乐器，如葫芦丝、二胡、笛子、巴乌、钢琴，经常代表学校到各地演出，去过玉溪、楚雄、芒市、昆明等市。谈到自己的女儿，赵兴宽夫妇俩显得非常自豪与兴奋，虽然女儿读大学每年需要交纳5000元高昂的学费，但是他俩却始终坚持对孩子的教育，不希望孩子跟他们一样在农村靠着种地过日子。女儿没有辜负父母的期望，通过在学校的勤学苦练，捧回了一本本红艳艳的证书：2007年被德宏州师范高等专科学校评为优秀学生干部，2008年代表德宏州赴普洱市参加云南省少数民族传统陀螺、射弩、民族健身操锦标赛荣获民族健身操“银奖”，2009年在梁河县参加少数民族歌舞乐展演荣获二等奖，2009年代表德宏州赴玉溪市参加云南第六届民族民间歌舞乐展演荣获彩云奖、展演奖，2009年参加德宏州青年歌手大赛荣获优秀奖，2010年参加德宏“我的书屋我的家”演讲比赛荣获优等奖。赵如玉知道家里供自己读大学不容易，从大二开始靠外出演出挣小费，做兼职，生活费基本上都不用父母提供了。赵兴宽的小儿子赵仁胜初中毕业的时候成绩一直很好，本来也想读高中以后考大学，可惜当时家里经济比较困难，姐姐又刚考上大学，家里已没有能力再供弟弟上高中，现在说起这个事，赵兴宽夫妇还是深感对儿子的愧疚。儿子却非常懂事孝顺，懂得父母的艰辛，从没有怪罪父母。这两年赵仁胜一直在梁河县城给人做装修工作刮瓷，工资每天80元，早上从7点工作到12点，中午回家吃午饭，下午1点半工作到傍晚7点，晚上回家吃住。平时他每个月还给姐姐200元做生活费，以减轻父母的经济负担。虽然赵仁胜年纪轻轻，还是个20岁不到的小伙子，却凭借着自己的聪明和手艺，当上了装修师傅，手下还带着三个徒弟跟他学手艺，由于他的技术高，手艺好，每天的工钱都比别人多得10元。儿子每天都骑着摩托车到离家不远的县城上班，可是还没来得及办理机动车驾驶证，儿子为这个事已经跟赵兴宽说了几次，他觉得没证开车每次都是提心吊胆的，不踏实，老是害怕半路被交警查证罚款，赵兴宽打算过几天赶紧给儿子办驾驶证，以解儿子的担忧。

赵兴宽说，“家庭成员之间就是需要相互理解，相互包容，这样家庭才会更加和睦，更加美满。”几年前，赵兴宽一家就被评为村里的“十星级文明户”，2009年又被评为“五好家庭”，这些荣誉是对他们一家最好的评价。

（九）村民信任的小组长张恩院家

村民小组（原生产队）为我国大陆地区在人民公社解体以后，农村基层自治组织——村划分的行政编组，“村民小组”直接管辖的对象为农户。村民小组议事机构由村民小组长任组长，党小组长、村民代表以及组内热心于社会稳定、经济建设、说话公平公正、有一定威望的村民7至9人组成，下设精神文明建设（红白理事会、道德评议会）矛盾纠纷排除处，组务财务公开、民主理财、护林防火、治安联防、科普、妇女代表、生态建设和产业发展、物业管理等工作小组。

张恩院是那峦村村民小组的副组长，1969年出生，阿昌族，初中文化。1988年通过亲戚介绍，与小他一岁的龙发昆结为夫妻。婚后张恩院夫妇育有两个孩子，大女儿张立冬今年21岁，梁河县高中毕业之后到县城做了收银员。小儿子张立赞今年18岁，高中毕业之后到广东东莞打工，目前回家跟随父亲学手艺。张恩院家的房屋是半木质结构的两层楼房，不同于其他农户的房屋建构之处是，张恩院把猪圈修在了后院，这样人住的地方相对干净卫生，这个人畜分离居住的想法是张恩院通过多年从事建筑业总结出来的，他说，按照阿昌族传统的房屋布置，动物是养在院里的，可是随着生活水平的不断提高，很多农民意识到人和动物住在一起很不卫生，所以就想出这个方法。

张恩院年轻的时候是村里的积极分子。当时的张恩院还在家里务农，闲暇时就主动到村里帮忙干活，比如村里哪家收获的时候人手不够，他二话不说就到田里帮忙；村里的道路硬化，张恩院不计较有没有工钱，顶着烈日到工地搬石头；村里举办活动时，他主动要求去干最重的活，布置会场和后勤工作都会出现他的身影。因此，年纪轻轻的张恩院被大伙称赞为“热心肠”，说到这里，张恩院抿嘴一笑说：“正因为有了热心肠，才容易讨到好媳妇。”

1989 年，张恩院的大女儿出生了，他深知作为一个丈夫，作为一个父亲，他肩上扛着的是一个家庭的重担。从 1991 年开始，九保乡开始引育宿根性好、糖分多的甘蔗良种，使得优良甘蔗产量逐年上升。张恩院看到种甘蔗效益高，并且自己种甘蔗已有十多年的经验，他便抓住契机，把家里仅有的 5 亩原本种有水稻的水田全部种上了甘蔗。不出所料，当年张恩院家就收获了 10 多吨甘蔗，总收入达到 3000 多元。赚到第一桶金的张恩院决定再接再厉，把家中的旱地也种上经济作物，包括玉米、花生、红薯、洋芋和茶叶等。张恩院说，后来他开始广泛种植茶叶，因为九保乡素有种植茶叶的悠久历史，九保乡的茶叶品种大部分是大叶茶，也有少量的中叶茶、小丛茶和大春茶等品种。大叶茶不但叶片大、叶质柔软、发芽早、发芽力强、芽头整齐肥壮，茸毛多，持嫩性强，对自然条件的适应强，制作出的茶叶品质醇正，饮后回甜。而且内含物质丰富，适合制绿茶，更适合制红茶。张恩院每年都向固定的茶厂提供鲜茶叶，由于家中旱地有限，种植不多，但是一年也能得到上千元的收入。

务农的同时，张恩院还经常到江边的沙场做临时工，一个月能挣到 200 元到 300 元。但是江边的工作很辛苦，中暑是常有的事，最可怕的是江边的毒虫很毒，被叮上的话，轻则皮肤瘙痒，重则有生命危险。张恩院回忆在江边工作的日子依然心有余悸，他说：“有一天工头要求我们在一天之内把 500 吨沙子运到百米外的工地上，我们连午饭都没吃完就开始运沙，我一不小心在铲沙的时候捅到了草丛里的虫窝，顿时毒虫满天飞，为了躲避毒虫的追赶，我和工友们跳进江里，在水里待了半个多小时才逃过毒虫的叮咬。”

2003 年，九保乡开始实施“扶贫安居”工程，村里很多基础设施需要重新整修，张恩院再一次看到了致富的机会，他开始跟随村里有经验的泥水活师父做工。但是泥水活对张恩院来说是一项陌生的手艺，刚开始学习的时候，张恩院显得有些力不从心，因此产生了放弃的念头，经过妻子苦口婆心的劝说之后，张恩院决定再试一次。就这样，勤快的张恩院终于不负众望，很快就能够带队独立承担泥水活的任务。张恩院的活一般会有一个大包工头来分配，谈好价钱之后，他再从村里召集七八个年轻小伙子一起干，完工之后大家再按照做工的多少分钱。2009年起，为了全面贯彻党的十七大，十七届三中全会和省委八届六次全会精神，九保乡实施“整乡推进”工程，以贫困村寨为重点，优先考虑项目布局，从根本上解决农村基础设施、生产生活条件滞后的状况，大力实施整村推进项目建设。张恩院的工程队接下了永和村改善村容村貌重新粉刷民居的任务，工程耗资3万元，历经数月，收工验收的当天由于完成任务出色，张恩院的工程队得到了乡领导的赞赏。

2009年，张恩院被推选为村民小组副组长。问及为何村民会推举他做副组长，谦虚的张恩院说，主要是村民们信任他，放心把村里的事务交给他做，而他自身也非常希望能够为村民尽一份绵薄之力，带领村民走上致富的道路。张恩院向我们介绍说，村民小组组长是没有工资的，并且也不是一个正式职位，组长都是义务为群众服务的。村民小组长任职有四个条件：一是居住在本村民小组的，任期内有较多时间为村民小组工作，年龄一般应为18至60周岁，有一定文化基础，未被剥夺政治权利的村民。二是有较强的组织协调能力和解决问题能力，有一定的致富带富能力。三是有一定的政治素质，作风正派，清正廉洁，不徇私情，热心于农村的公共事务和公益事业。四是群众基础较为扎实，能发扬民主，体察民情，善于沟通交流，能准确传达、执行村民委员会的有关决定。

村民小组长产生方式也比较复杂。村民小组长以村民小组为单位，一半以上户代表参加，提倡从已当选的村民代表中推选产生。推选时，可采取有候选人的推选方式，也可以采取无候选人的推选方式。采取有候选人的推选方式，由村党支部提名村民小组长候选人，通过农户代表大会或上门投票等方式，正式选举产生村民小组长；或由农户代表直接提名村民小组长候选人，通过农户代表大会以无记名投票的方式选举产生村民小组长，候选人或其他村民应获得参加投票户代表过半数赞成票并以得票多的当选。也可采取无候选人的推选方式，由农户代表直接推选产生村民小组长，以得赞成票最多的当选。村民小组长推选产生后，应报村民委员会备案，村民委员会应张榜公布小组长名单。根据实际，村民小组长的推选可在村民委员会换届之前或之后进行，可以连选连任，任期与村民委员会任期相同。

张恩院说，他们村民小组共有 3 个组长，1 个正组长、2 个副组长，还配有 1 个管理员。工作职责一般是由两位副组长提出方案，正组长审批，审批同意过后管理员从村里财政中拨款。张恩院的主要职责有：帮助正组长主持村民小组会议，讨论村民委员会安排的工作，及时传达村委会的工作安排；带领村民维护党的领导，响应党的号召，执行党的路线、方针政策和国家的法律、法规，做遵纪守法的公民；带领本组村民认真执行遵守村规民约，完成村委会布置的各项工作任务，帮助村民解决实际困难；组织本组村民广泛开展各种丰富多彩的文体活动和精神文明建设活动；协助村民委员会调解村民间的纠纷；积极支持村民发展商品生产，协调好关系，搞好产前产后服务，促进经济的发展；听取并及时向村民委员会反映村民的意见、要求和建议。

2009 年，九保阿昌族乡丙盖行政村那峦傣寨自然村成为梁河县州级新农村试点村，需要改善生活基础设施建设，整个项目需投入资金 150 多万元。这个项目主要用于建设文化活动室 1 个，建卫生公厕 1 个，建沼气 23 口和由于地震需实施异地搬迁 23 户。资金由州级财政补助 10 万元，县级财政补助 10 万元，上级有关部门扶持灾后恢复重建（搬迁）、沼气建设项目，整合项目投资 50 万元，还需群众自筹 38 万元。群众自筹便是张恩院的工作之一，张恩院要走进每一家农户进行宣传，讲解改善生活基础设施的好处，然后统一收集群众的筹款，对筹款一一登记。这项工作不仅量大且需要极其细心才能完成，张恩院不仅尽全力做到最好，还超额完成了筹款的数目。由张恩院同时负责的还有建设 500 多平方米的文化活动室以及篮球场的项目。张恩院说，“2009 年 10 月已顺利完成文化活动室的建设，到 2013 年之前还要在文化活动中心内投资 3 万元修建两个篮球场。这些任务能够顺利完成不仅仅是他个人的努力，应该归功于群众，没有村民的支持，新农村建设是不会那么顺利进行的”。他还表示，他会继续努力工作，绝不能因为有了一些成就就沾沾自喜，今后还要踏踏实实地做事，为国家多做贡献。

谈到如何带领村民致富，张恩院还谈了三点体会：一是脑袋先富，才能进步。致富要先有观念，需要村民小组成员一次次上门做思想工作，鼓励村民种植经济作物，经常向他们宣传政府的优惠政策，才能激起他们自强不息的斗志、脱贫致富的渴望，致富才算扶到根上了。二是让村民学会一技之长。以前扶贫多是“送钱送物送温暖”，有救急作用，但不救穷，要经常组织集中培训和多方位的现场指导，有了技术保证，致富之路才走得远、走得久。三是政府的作用。他说村委和村民小组要进一步完善“政府主导、社会参与、开发致富、市场运作”的致富模式，着力增强政府带领致富的能力，培育多元化的致富主体，实现各种致富的资源优化组合。张恩院反复说，搞科学发展、走创业之路才是富民强村的根本之路。虽然担任组长的时间较短，但是他一直遵守这样一条不成文的规定，凡是群众高兴的、拥护的、正确的事就坚决去办，并且快办、办好。对群众提出的问题不回避，坚持权为民所用，情为民所系，利为民所谋。

十二、贫困户

（一）贫困户赵坤华家

赵坤华家是我们调查的第一个贫困户。经村长介绍，整个丙盖村生活水平较低的农户只有两户，赵坤华家就是其中一户。到了赵坤华家，她早已在门口等候着我们，让我顿时感到了赵大姐的淳朴。

赵坤华家的院子不大，房子的梁、支柱等有着很明显的岁月痕迹，房梁上还有好多蜘蛛网，一看就知道是住了好多年的老屋，与我们调查过的其他家庭住房相比，房子确实旧了点儿。她家里一共三间屋子，一个客厅和两间卧室。两间卧室中，赵大姐夫妻俩住一间，儿子住一间。有趣的是，家里养了一头牛，在牛棚的上面还搭有一间“屋子”，这间“屋子”也能住人。据赵大姐说，这样做是为了节省空间。她女儿在深圳打工，偶尔回来就住在这间“屋子”里。阿昌族有其本民族所信奉的神灵，因此，每家每户在正堂中都会供奉着他们的神灵。据我们调查发现，一般人家都是在对着正堂大门的那面墙前摆放一张桌子，上面摆着香炉、贡品等物品，墙上贴着写有供奉话语的类似对联的纸张。而赵大姐家的供奉台不是桌子，而是在墙里面挖出一个台子，香炉之类的物品就摆在这个台子上，可见家里没有多余的桌子。仅有的一张桌子在墙角，上面放有一台电视机。这一切都时刻提醒着我们，赵坤华家的经济状况并不好。于是，我们就围绕经济状况这一话题对赵大姐展开了访谈。

赵坤华介绍说，她家里现在有四口人，赵大姐两口子和两个孩子。丈夫大多数时间在外面打工，是在建筑工地中烤地板木的烧火工。由于家里地少，天气好的话他一定会出工，若碰上雨天等恶劣条件无法烧火，就待在家里做做其他的农活。儿子今年20岁，初中毕业。家里条件不好，供不起他上高中，于是儿子早早地就找了工作，现在县里地税局当保安。局里安排他上两天班休息一天，到了休息那天，他总是回家来帮助父母做活。局里发的工资他总是舍不得花，大部分存起来年末拿给家里。赵大姐说，每年儿子拿回来的钱大约有六七千元，是个孝顺的孩子。家里还有个18岁的女儿，也是初中毕业，现在深圳打工，一年也就回来一次，不过她时常往家里打电话。女儿平时也寄钱给家里。说到这里，赵大姐倒是挺满意，这两个孩子都没给她添麻烦，很是省心。

家里只有5亩地，2亩水田、3亩旱地。水田种的是水稻，旱地种的是甘蔗和玉米。这一点儿地的粮食只够家里人填饱肚子。家里养了两头牛，去年为了给儿子找工作，卖了一头，挣了2000多元，这算是她们家去年最大的一笔收入。家里还养了6只旱鸭，偶尔也能卖些钱。经了解，赵大姐家之所以贫困，是由于前几年她公公的身体不好，看病花了太多的钱。家里因此欠下了不少的债务，生活一直不宽裕。在赵大姐丈夫12岁那年，他母亲就过世了。而赵大姐她公公本来视力就不好，妻子过世后家里的重担就落在了他身上。由此，老人家的病情逐渐恶化。视力急剧下降，右眼后来已无法睁开，几乎失明。为了给公公看病，赵大姐与丈夫花掉了家里所有的积蓄。眼睛比较金贵，想要根治要花费很大一笔钱，家里就四处借钱，但由于治疗费用对于农民来说实在是太大，无力承担，最终还是没能治好她公公的眼睛。长时间的眼疾让他的身体每况愈下，2008年赵大姐的公公也离他们而去。说到这里，赵大姐低下了头，她和丈夫常责备自己没能尽到做儿女的孝心。近些年除了给公公办丧礼花费稍多些外，家里一年的红白喜事开支大约是200元，这是我们调查的家庭中该项开支最少的，可见赵坤华家在村子里的亲戚朋友不多，或许是他们由于家庭经济条件不太好而不愿与别人交往。

除了生活比较困难以外，家里也和丙盖村其他人家一样，过着积极乐观的生活。全家经常吃的主食是大米、白面。3亩旱地里有一小片菜地，种些时令蔬菜。有时候也会吃鸡蛋、鸡肉和猪肉来改善生活，这是全家最幸福的时候，因为越是艰难的生活，小小的满足就越能带来幸福感。

说起医疗卫生，赵大姐的气就不打一处来。据她介绍，村里的医疗点离家很近，只有 50 米左右。村诊所虽然条件差，但一般的小病还是能够处理的。由于经济原因，家里人小病能忍就忍，不到万不得已是不去医院的。两年前，家里人都参加了农村合作医疗制度。但是她公公前年得病去世，由于家里经济条件不好，住不起医院，就没有得到报销，由此，赵大姐对新型农村合作医疗制度很不满意。她还说，医院的报销条件和手续太烦琐，并且没有关系很难报销，没有解决好农民看病难的实际问题。她现在已经有了不再参加合作医疗的想法。当我们谈到最低生活保障的情况时，赵坤华表示现在的农村最低生活保障无法满足贫困户的基本生活。

由于家里一直欠着债，赵坤华两口子时常想法子来多赚些钱，尽快把债还清。我们从赵大姐那儿了解到，他们两口子平时最喜欢看的节目就是中央电视台的农业频道。尤其是关于农业种植、致富的节目。她觉得这样的节目很贴合自己的实际生活，能从节目中学到很多实用的知识。比如，前些年家里养牛，本打算能够卖些钱，由于没有经验，事情进展得并不顺利。后来看了七频道的节目，学到了很多养牛的技巧，去年卖牛时卖了个好价钱，尝到了甜头。几个月前，赵大姐在电视上看到介绍大棚蔬菜的种植方法。大棚蔬菜最大的好处就是可以种植反季节蔬菜，这样可以大大提高收益。于是她便决定等到明年在自家田里开出一部分来搞大棚蔬菜。这几个月来，赵大姐一直在跟着电视节目学习大棚种蔬菜的技术。不光是学种植技术，赵大姐也对市场做了较为充分的考察：时下市场上的青菜、白菜大约是 1 元/斤，番茄大约是 1.5 元/斤，每斤辣椒介于 1 至 1.5 元。搭大棚用的材料，种菜的种子、化肥等全部费用加起来大约需要 2000 元，家里已经准备好了这笔钱。说到这里，赵大姐越说越激动，好像她的蔬菜大棚就在眼前一般，我们由此从她的眼里看到了赵家未来的希望。

（二）贷款修房的赵家国家

走进赵家国的家，他家的房子给我们留下了极深的印象。房子四周建有一层楼高的围墙，墙顶镶了一圈白色瓷砖，大门也用红色瓷砖装饰得十分喜庆气派。走进大门，映入我们眼帘的是一座小四合院结构的房屋，正厅和左侧厢房都为木质结构的老房子，正厅右侧是一间水泥平房，一面镶有迎宾彩图的墙把左右两侧厢房连接起来，正厅前的小天井也铺上了平整的石板，很明显，木质老房子和新水泥房是在不同的时期修建的，这也从一个侧面说明赵家国家的生活经历了逐渐改善的过程。

与主人家围着小桌坐下后，赵家国首先给我们介绍了家里的主要成员。他家一共5口人，包括赵家国的母亲、赵家国夫妻二人、他女儿和儿子。赵家国今年41岁，阿昌族，1989年毕业于梁河县职高农学专业。赵家国的妻子张兰香，今年38岁，阿昌族，本是九保乡勐科村人，两人1993年结婚。赵家国的母亲今年82岁，基本没有劳动能力，与他们同住，静心养老。赵家国有两个孩子，大女儿16岁，正在梁河县职业高中上学，学的是电计专业，小儿子12岁，正在读初一。

赵家国是五个兄弟姐妹中排行最小的，他的大哥在县农技站里做会计，今年已经50多岁了，二姐是一名护士。赵家国的父亲赵安林已经去世，他生前是一名小学教师，退休后仍然为村里的致富事业发挥余热，曾在当地“老有所为”活动中受到梁河县委表彰。按照当地的习俗，老人一般由最小的儿子赡养，如今赵家国八十高龄的母亲跟随他一起生活，我们在访谈时特意看望了老人，当时老人正在左侧厢房输液，老人坐在藤椅上一边看电视一边打着点滴，精神状态很好，还对我们的到来表示欢迎。

赵家国家是典型的依靠养殖、种植生活的农民家庭。他家目前喂了3头水牛、4头猪、10多只鸡，水牛有1大2小，都用于耕田，赵家国打算等小水牛长大后卖去一头，猪和鸡都是喂了自家吃的，没有使用任何配方饲料。赵家国家的田地比较多，一共有3亩田和10多亩林地。他和妻子种植了2亩甘蔗和1亩水稻，甘蔗种在坝田之上，产量高，每年毛收入3500元，除去成本后还能存留1000多元，水稻则是种来自家吃，每年还需要另外购买500斤大米才够一家人吃。赵家国告诉我们，甘蔗和水稻的种子都是买来的，一般会在听别的农户介绍经验的基础上接受种子经销商上门推销，种子质量基本上可以保证。

除了农田，赵家国还充分利用了自家林地，在林地中种植了核桃、白花油茶、八角、坚果、松树、茶叶等经济作物。其中，白花油茶是德宏州发展经济主打的“六树一草”中的主打牌，不过由于产量有限，赵家国种植的白花油茶只够自家消费。坚果已经种了两年，三年后才能结果。赵家国种了3亩茶叶，每年采收回来他做完初加工后转手卖给其他茶商，是家庭固定收入来源之一。

赵家国告诉我们，房子是在孩子读书前贷款盖好的，贷款现在已经还清。2008年地震时房屋轻微受损还得到了政府900元补助。盖新房的时间是2004年，他回忆说当时的工钱便宜，小工每天20元，技工每天30元，而如今则需要五六十元以上，他认为当时选择修房子是非常正确的一个决定，既节省了开支，又避开了孩子读书用钱的高峰期。就在去年，赵家国还贷款购买了一台2000元的太阳能热水器（享受家电下乡补贴），装修了一下猪圈和厕所。

赵家国的每一笔家庭投入都是仔细考虑之后做出的决定。他家里的基本电器配置也很齐全，有一台电视机、一套电视信号接收器、一台DVD、一个电饭煲、一个电磁炉、一台切草机，还有一部固定电话和一辆儿童自行车。赵家国家的支出主要集中在孩子上学的费用和人情费上，大女儿每年学费需700元，每星期生活费40元，小儿子享受学费全免，但每星期25元的生活费是不可少的，每年还需要交60元保险费。讲到红白喜事的开销，赵家国给我们展示了几张亲戚家结婚的请帖，他告诉我们亲戚之间的人情钱每次至少为200元，外加来回车费，一年下来，花在礼尚往来的钱大约就需要3000多元，是一笔不小的家庭开支。由于房屋建筑面积有限，赵家国家没有修建沼气池，主要用电来做饭，每年电费大约200多元。家中固定电话主要用来与远亲联系，每年话费在400元左右。

赵家国十分感谢国家的惠农政策，他特意提到了母亲的情况。他的母亲现在82岁，已经无法下地劳作，当地政府每年不仅提供了高龄补贴240元，还给予了低保照顾，每年能有五六十元补贴，此外，老年协会在他父亲赵安林过世后每年都给他母亲50元遗属补贴。赵家国认为，政府对自己照顾有加，自己真心感激。

我们采访时刚好女主人上山干活去了，未能见面，只能从赵家国口中了解一些基本情况。赵家国的妻子张兰香会织布，家里的民族服装都出自其手，赵家国带领我们参观了二楼的织布机，机上挂着一件正在编织的衣服，十分精细。张兰香还参加了妇女之家协会，赵家国认为妇女之家在村寨中发挥了很大作用，如宣传、互帮、养路、修渠等，他对妻子参加妇女之家表示十分支持。张兰香平时还会抽空去遮岛镇卖一些自家种的蔬菜，每次除去3元的车费，还能有小量收入结余。

通过访谈，我们了解到赵家国家目前面临的困难还是不少，家庭经济情况并不像我们进门时通过观察所想象的那样宽裕。就以孩子读书为例，赵家国告诉我们，每到周五他和妻子就特别发愁，因为孩子放假回家，下周一开学必须带走一周的生活费，没钱的话孩子就没法上学。听到这样的事实，我们都感到一阵揪心。但是，赵家国并没有被困难吓倒，他正在积极想办法解决家里的经济负担，他希望能够在信用社多贷一些款，加上自筹一部分资金，顺利地供完孩子读书。同时他也打算学习一门技术手艺，趁自己还年轻，通过自己的辛劳，一年至少要挣3000元来补贴家用。

（三）留守老人儿童户杨春兰家

伴着丝丝细雨，我们走在村中洁净的水泥路上，不一会儿就来到了杨春兰家。杨春兰是我们入户调查的第一家，像村子里的其他农户一样，她家的院墙也是按村子里的统一规划，用青灰色的砖砌成，上面再刷上白漆，看起来既干净又整洁。来到她家的大门前，红色的门框和橘黄色的大门，虽已有些退了色，但显得很洁净，门上还贴着祈求美好祝愿的对联和一对门神，门框的右上角挂着“沼气户”的牌子，说明她家已用上了沼气，这样既省时省力，又节省木柴，有利于生态环境的保护。

走进杨春兰家的大门，我们首先看到的是一个正方形的天井，天井的地面是专门用水泥砖砌成的，一旁安装着自来水管，主人刚刚清洗完的衣服晾晒在天井里接受阳光的洗礼。围着天井三面的是砖木结构的房子，是两层楼。这样的建筑结构与当地的自然气候有关，通常二层可以起到隔湿防潮的作用。天井的左首边是灶房，里边的炉台用白瓷砖贴砌着表面，旁边是现代化的燃气灶。天井的右首边通常用来存放一些临时的、小型的杂物，就在我们进门之前，那儿才刚堆放上主人今天割回来的猪草，旁边摆放着绿色的小型碎草机，等待着待会儿将猪草切碎喂猪。天井右首边的二楼上摆放着主人织布的一套器具，站在楼下透过二层的木质镂花栏杆，就可隐约看见缠绕在木质纺车上的五彩棉线。天井正对着的是正堂，通常来说阿昌族的百姓信仰的就是自己的祖先，所以会在正堂里供奉上自家祖先的牌位，杨春兰家自然也不例外。正堂里除了三张小木头方桌和几把木质长条凳以外，值钱的东西就是一台电视机和一台DVD影碟机了。正堂的左右两边是两间厢房，也是主人家的卧室。作为客人，来到阿昌人家，在正堂里就座的时候，忌讳的是跷二郎腿，诸如此类的禁忌，在我们出来调研之前老师就特别提醒过，要求我们时刻注意尊重阿昌族群众的风俗习惯。

杨春兰，女，阿昌族，55岁，初中文化，原是河西乡勐来村人，20岁时嫁到了丙盖村。她丈夫姓曹，也是阿昌族，比她小2岁，6个月前突发脑溢血，经抢救无效，不幸去世。杨春兰有一儿一女，儿子30岁，已婚，生有两个孙子，大孙子12岁，在村里的完小读书，小孙子才3岁，还没有上幼儿园。目前杨春兰一人在家，一边干农活，一边带着两个小孙子，儿子在县里的茶厂工作，通常每天早上7点就出家门，到晚上7点才能回来，每月能赚1200元左右。儿媳妇两个月前刚去广东的一个服装厂打工，每月能赚2000元左右。女儿属虎，今年24岁，老人说她最近正操心着给女儿找个好人家。

杨春兰家目前喂了2头猪，20只鸡。鸡主要是养来自家吃的，猪准备养了到集市上卖，今年清明节时就卖了3头猪，按20元一斤的市价算，平均一头可卖2400元。家里还种了3亩甘蔗地，甘蔗收获时一般都是卖给当地的糖厂，2009年甘蔗的收入是7000~8000元。家里还种了3亩玉米地，一般情况下1亩地能产300斤玉米，产的玉米通常就是自家的人畜食用，以喂猪为主，有时家中的劳动力不够时，也会将2亩玉米地租给别人种植，所得费用不多，只能补贴日常家用。家里有1辆牛车，原先用于生产，现在基本不使用了。儿子和媳妇各有1部手机，是五六年前买的。家里仅有的两部电器就是1台电视和1台DVD影碟机，电视是杨家人主要的娱乐消遣工具，电视已接通闭路线，能收看许多节目。女主人还说，现在能用上自来水，真的是又好又方便，以前每天早上起来的第一件事就是用桶到很远的地方去挑水，挑够一天的水通常要花两个小时，既辛苦又麻烦。

2009年杨春兰家支出的项目有：给12岁的孙子上学用的，虽然孙子现在处于接受国家义务教育的阶段，享受国家的“三免一补”政策，但是还得支出平时的伙食费200元，一周的零用钱至少也得10元；红白喜事花去300元；还有一些日常开支约1000元。在丙盖村，杨春兰家并不算富裕户，生活水平甚至是中等偏下，但也不算是贫困户，所以也无法享受国家低保，对此，女主人在充分理解国家政策的基础上，发挥自己勤劳肯干的特长，带领家人勤俭节约地过着自己的小日子。

在日常生活方面，杨春兰家经常吃的主食是米饭，副食是猪肉、鸡蛋，蔬菜多为自家种的时令蔬菜，因为经济不宽裕，他们并不会经常购买反季节的蔬菜吃。平常他们会去集市购买一些花生米、小麦、豆腐。女主人平时穿民族服饰，但儿子、女儿、孙子们基本不穿了。看到我们对阿昌族的民族服装很感兴趣，女主人还专门将自己织好的服饰拿了出来让我们拍照，并向我们介绍，一般要十来天才能织好一件衣服，当然也分农忙和农闲时节，不同的时节织成衣服的时间也不相同。这些织好的衣服，例如妇女的筒裙一般能卖到800元左右，一身衣服有时能卖1000多元。当问及女儿、媳妇还是否会织民族服装时，女主人叹息地告诉我们，现在的阿昌人家，一般也只有老一辈的妇女会织了，年轻的一代要不就是不想学，比起传统民族服装更爱穿一般的时装，要不就是没有时间学，另外现在市场上也能买到现成的民族服装，较方便，所以她也很担心这些织布的手艺要失传了。

在医疗卫生方面，杨春兰认为看病还是很方便的，村里就有卫生室，离家很近，出家门几步路就到了，平时卫生室能够及时处理一些小疾病，大一些的病就到县医院看，附近有专门跑运输的出租车，几十分钟就能到县医院。家里人也都参加了新型农村合作医疗制度，往年是每人每年交10元，今年涨到每人每年交20元。半年前，她丈夫因脑溢血住院，因为参加了合作医疗，最后所花销的费用基本都得到了报销，所以她对新型农村合作医疗制度还是较为满意的。

当谈到孙子以后读书的问题时，女主人表示要让娃娃们好好读书，只要娃娃愿意读，就是再苦再累也要供孩子上大学，有了文化，有了知识，以后才能过上更美好的生活。我们结束了访问，临出门的时候，她的小孙子正蹲在天井里无忧无虑地玩着水，看着天真的孩子，我们心里默默祝愿，愿杨家人早日过上更美好的生活。

第三部分　农民

十三、村干部

（一）阅历丰富的村支书曹德满

曹德满经历丰富，过去跑过运输，还开过小煤窑，如今又做了村支部书记，是个名副其实的多面手。要介绍他就先从跑运输说起。1984 年，27 岁的曹德满看到别人开货车搞运输赚到了钱，自己也想致富，就到县里的农机学校学习开车。顺利学会开车之后，他没有像其他学员一样接着去考驾照，而是直接买了一辆二手的货运拖拉机。这辆拖拉机花去了他 4 万元。其中有自己的积蓄，也有向亲戚朋友借来的。买了拖拉机后，曹德满成了全村第一个买车的人。他开着货运拖拉机进村，当时看来好不威风。家里人对他的行为既支持又反对。支持他开车跑运输，但反对的是他无照驾车。但由于考取驾照要经历一段时间，并且也需要钱，曹德满凭着年轻气盛，硬是说服家人，开始了他的运输生涯。一开始，曹德满给村里的甘蔗大户拉甘蔗，大多是从甘蔗园将甘蔗拉到县里的糖厂，由蔗农付给其工钱。这些运输活都是在村子附近进行，虽然也有邻村的客户，但距离都不是很远。很快，曹德满跟村里的甘蔗大户赵某熟悉了起来。后来一次偶然的机会，经赵某介绍，他认识了邻村一位开煤窑的矿主。适逢那位矿主有批煤急着运出，曹德满很自然地就接下了这笔生意。

凭着自己为人实在与勤快的品行，曹德满很快熟悉了当地的煤矿运输领域，结识的矿主越来越多，生意也是越做越大。煤炭业从来都是利润较多的行业，虽然只是拉货，但时间一长，其中的道道曹德满也是一清二楚。眼看着他人经营煤窑大把地赚钱，他自己怎能不动心。于是，他与本村的几个哥们儿经过商议，合伙开了一家小煤窑。开采出的煤他自己用车拉给收购商，省去了雇人拉货的钱。对于开办煤窑，当时政府是积极支持的，还对开采出的煤矿每吨补贴 24 元。有了政策支持，曹德满的煤矿逐渐红火起来。渐渐的，他自己煤窑开采出的煤除了卖给县里，也开始销往腾冲等邻县。客户需求量增大后，曹德满明显感到自己的那辆拖拉机已经不能满足需要了，于是，他在 1987 年将拖拉机卖掉，又买了一辆二手大卡车。这辆卡车比之前的拖拉机在货运量上要大很多。俗话说“工欲善其事，必先利其器”，有了得力的工具，生意自然是蒸蒸日上。很快，曹德满从煤窑上赚得了 3000 元的利润。在当时，3000 元也算较为可观的收入了，这无疑更加夯实了曹德满的资本基础。

此时，曹德满已经小有积蓄了，平时的货运工作也由雇工去做。因此，他抽出时间考了卡车驾照，毕竟，无照驾驶是不允许的，有了驾照，自己开车心里也踏实。在当前时常发生矿难的背景下，我们不禁也要担心曹德满在开煤窑期间的安全问题。据他介绍，因自己为人忠厚老实，老天爷保佑他，开煤窑期间没有发生过大的安全事故，但毕竟采煤是件危险的事，小伤是难免的。说实话，曹德满当时对安全问题也很担心，因为从当时的开采条件来看，设备简陋，安全措施不完善，发生事故的概率是很高的。这种担心在曹德满的心中越来越重。后来，为了安全，曹德满毅然决定离开煤窑，干回自己的老本行。1996 年，曹德满在村里雇了十几个人替他照料煤窑，他不再亲自管理。离开煤窑后，曹德满将先前的那辆卡车卖掉，又买了两辆卡车，全新的和二手的各一辆。分别花去 9 万元与 8000 元。2002 年，油价有所上涨，他了解到新型的农用运输车较为省油，便迅速卖掉手头的两辆卡车，再次购置了一辆新型农用运输车，以期能够节省些油费。这样的运输生活又持续了 3 年。

2005 年是曹德满人生的重要转折点。从那年起，曹德满开始在本村担任党支部书记，直到现在仍在任职。根据曹德满的回忆，他上任时村里人心不齐，组织较为涣散，特别是全村没有足够的致富带头人，经济发展缓慢。一连几年，曹德满都为村民担保贷款用于困难群众开展劳务输出，获得货币性收入。此后，曹德满经常为村民发展生产、改善生活提供资金担保，村里的阿昌族老百姓都十分信任感激他。

其中较为突出的例证是，每逢麦收时节，乡亲们总是先帮家里缺少劳动力的曹德满家收割粮食，然后再去收割自家地里的粮食。曹德满也把家里的农用运输车贡献给村里，随时免费供村民使用。事实上，自从曹德满当上支部书记之后，他家的运输生意都是由其儿子打理，他的主要精力始终放在做好群众工作，带领村民脱贫致富之上。

关于支部内的工作，曹德满更是兢兢业业。时下全村正式党员 57 人，另有 5 名预备党员。据曹德满讲，支部工作很忙，除了每年定期召开两次全体党员大会以外，5 个支部委员每两个月要召开一次委员会议。平时还会根据实际情况不定期地召开有针对性的会议。比如涉及全村利益的某项建设项目、抵抗自然灾害等大事。为了增强村里党员的先进性，曹德满对全村的党员做出规定，每名党员每年至少要做 5 件好事。好事包括为村里打扫卫生、参加修路、栽树等诸如此类的公共活动。至于监督工作，曹德满自豪地说，“我们靠的是党员的良心”。全村的党员都很自觉、积极地响应这一规定，无一例外。发展党员方面，曹德满采取口头动员与教育学习并用的方式。尤其口头动员工作是他较为拿手的。他时常到村民家中做思想工作，动员村民入党，经过他的动员，很多村民有了入党意愿。曹德满发展党员的标准是：要年轻，思想要先进，热爱干事业，同时还要尊老爱幼。这其中，曹德满对于年轻化看得比较重，这是由于他结合了村里的实际情况得出的标准，因为村里的年轻劳动力大多都外出打工了，剩下的有能力致富的年轻劳动力不多。他觉得为了有足够的精力带动全村致富，党员的年轻化十分重要。

当问到做村支书所遇到的困难时，曹德满总结了较为突出的三条：第一，村里党员中很多都在外地打工，这样一来，平时留在村里的党员较少，组织活动有一定的困难。比如，支部有时需要评优，由于参加人数少，达不到规定的标准，使得程序无法进行。此外，支部有发展党员的打算，但往往由于发展对象打工不在家而难以发展。第二，村里老弱病残党员较多，这些行动不便的党员给支部开展活动带来了一定的不便。第三，支部缺乏活动资金。据曹德满介绍，村里党支部的活动资金往往都是党员们自筹的，非常有限。这也算是平时工作的难处所在。我们可以看出，这些反映出的突出问题最主要的就在于外出打工的年轻人太多，给支部的建设发展带来种种不便。对于这些问题，曹德满也在不断地想办法解决。据了解，他们正在系统地为村支部制订每年的重大活动计划，把较为重要的支部活动分别安排在固定的日期，然后将这一计划形成文字规定并让全村的党员对此有所了解。这样在外地打工的党员可以根据自己的时间事先安排好行程，从而不至于耽误支部的重大活动。相信这一计划制定好后，能有效地缓解支部缺人的困难。

此外，曹德满还提到今后要多给村里党员进行科技培训，拓宽党员的知识面，增强党员各方面的能力和经验。曹德满能够将提高科技素质作为提升党员队伍质量的重要手段，使得我们对他们村支部的未来充满信心。至此，我们衷心希望他们村在曹德满书记的精心带领下能够快速走上富裕之路，并且越走越宽。

（二）自强不息的好村长赵安旺

赵安旺，男，1963 年出生，阿昌族，初中文化程度，现为丙盖村下属那峦阿昌族村寨村长。在协助我们安排好其他队员到相应农户家进行采访之后，赵安旺带我们来到他家。仔细打量这位 40 多岁的朴实农民，他个头中等，皮肤黝黑，较为清瘦，为了接受今天的采访，他特意穿上了阿昌族的民族服装。他目光炯炯有神，言谈举止间透露出沧桑和稳健，朴实而不失大方。赵村长很坦诚，对我们的来访也很重视，我们所提的问题他都能够耐心而详细地回答。

赵安旺的妻子梁慧琴，也是阿昌族，今年 44 岁，1986 年从囊宋乡嫁到丙盖村，也是初中文化。夫妻二人积极落实计划生育政策，优生优育，只生养了一个女孩，女儿今年 14 岁，正在九保乡里读初中。

赵安旺出生在一个贫苦的农民家庭，4 岁的时候，父亲不幸去世，这对于虽然艰苦但一直很和睦的小家庭来说无疑是一次无法承受的打击。没有了家庭的经济支柱，母亲的担子更重了，原本年轻的母亲也一下子衰老了许多，这一切赵安旺都看在眼里，疼在心里，年少的赵安旺心中暗下决定，自己一定要快快长大，照顾母亲，担负起这个家的责任。在之后的日子里，赵安旺与同龄的孩子相比，几乎没有什么玩耍的时间，他每天跟在母亲身后，做一些力所能及的家务和农活，希望自己幼小的肩膀可以像男子汉一样为母亲扛起一片可以遮挡风雨的天空。由于过早失去父亲，生活压力过大，母亲被迫改嫁，年幼的赵安旺之后随母亲去了腾冲。到了一个新的环境，原本以为组建的新家庭会给窘迫的生活带来新的希望，但继父似乎并不太喜欢小安旺，他所渴望的父爱也没有出现，反而因为很多事情与继父发生冲突。生活仍在继续，但是赵安旺心里却一直隐忍着一个念头：等我长大了，要离开这里。

这个念头一直等到赵安旺12岁的时候，终于实现了。

12岁那年，赵安旺独自一人从腾冲返回了丙盖村。刚回到村里的赵安旺，孤苦伶仃，幸好家族中有好心的亲戚收留了他，使他可以继续读书和维持基本生活。在读完初中之后，迫于生计赵安旺开始务农。那时是1982年，政府在积极推进包产到户，年少的赵安旺由于一直住在亲戚家，县民政局了解情况后补贴了100元，赵安旺于是搬出亲戚家，自己独自盖了一间厢房居住。

打小就成为孤儿的经历，使得赵安旺更加懂得付出更多的辛劳才能维持生活。16岁的时候因为九保乡要搞乡村扩建，他勇于承包公路扩建，自己当工头，在发完工人工资和扣除砂石土方的支出后，仍然稍有盈余，这算得上是赵安旺的第一桶金。

24岁那年，赵安旺与梁慧琴结婚。他们的婚姻是通过阿昌族特殊的婚恋习俗——“拐婚”来完成的，因为他们的交往一开始受到女方父母的反对，觉得赵安旺家境过于贫寒。但是两人自由恋爱，情投意合，梁慧琴不顾父母反对，毅然嫁给了自己的心爱之人。结婚之后，根据家庭联产承包责任制的政策，政府分给他们夫妻2人的口粮田，合计两亩五分地，其中两亩三分之二水田种稻谷，三分旱地种西兰花。在农闲时节，赵安旺开始外出打工，先后去了腾冲、盈江等周边地区，主要是参与道路建设，当修路工。但后来考虑到修路工工资太低，从1989年到1992年，他就自己买了两匹马，一匹毛驴，从附近的山上拉柴火到瓦窑厂卖。头一年下来就挣了2000多元。

后来，林业部门禁止砍伐，实行“封山育林”、“退耕还林”政策，赵安旺就卖掉了马和毛驴，开始尝试种蔬菜。由于自己的口粮田是分散的，他就与其他的村民置换土地，把土地调到一起，集中起来种些青菜、白菜之类的小菜，每天步行4公里，背到镇上去卖。由于菜价不高，和别人卖的品种也差不多，再加之自己缺乏技术，因此也赚不了多少钱。为此，赵安旺专门去了一趟腾冲，看到当地种植的大白菜——韩国包心白，收益很好，就引进村里试种，结果效果不错，周围村民也纷纷效仿。没过多久，赵安旺种植大白菜就遇到了新的问题，由于本地雨水多，影响白菜生长，他便开始尝试种植塑料小棚。小棚仅需一些直径不超过15厘米的木棍、竹片、棚膜和草苫等，棚架上盖上塑料膜，结构简单，取材方便，造价低廉，但效益高。一小块地小棚成本才2元多，一年下来种植蔬菜收益达5000元左右。但是小棚比较矮，不方便进出劳作。1997年赵安旺开始建大棚，今年又加盖了一个，种植的蔬菜种类很多，但基本都按照反季节的规律，可以获得更好的收益。比如，平常0.5元一把的小菜，反季节种植出售可卖到2元。

周边的村民看到了大棚的收益，纷纷想要效仿。当时九保乡的乡领导还曾支持这项工作，希望全乡试验种大棚二十亩。但由于每个村都有政治性的生产任务——种甘蔗，因此大棚不能大范围推广。赵安旺通过种植大棚，获得了可观的收益，将自家的正房盖了起来，同时在外面围了院墙。

赵安旺这种敢为人先、踏实肯干的精神打动了那峦村的村民。2009年3月，丙盖村委决定重新选举那峦阿昌族自然村村长，赵安旺全票当选，当时村里实行一户一票，他得了全票。上任一年多以来，赵安旺积极向上级政府反映村情和现实困难，争取了多方帮扶和项目资金，为村里做了很多实事。

（1）2008年8月云南德宏州盈江县发生里氏5.9级地震，地震波及邻近的梁河县，那峦村的村民活动室和先祖的原生态宗庙全部倒塌，但一直没有重建。赵安旺当选村长后，立即组织村民重建。到我们采访时候，村民活动室已经大部分完工，外部结构已建成，正在进行内部装修，而原生态宗庙也正在换内部雕像。

（2）长期以来，那峦村村民饮水一直使用胶皮管，管子容易破裂。赵安旺积极向镇政府反映，争取资金，最终政府扶持了一笔资金。进行水管的并网改造，胶皮管全部换成了钢管，使得村民都喝上了放心水、安全水。

（3）投资27万元建造了养猪场。由于近两年猪价持续走低，并且村里人力、物力、财力都十分有限，为了猪场更好的发展，赵安旺决定引进外地商户，目前猪场建成后已经承包给个人经营，租金为一年6800元。

谈到对未来的规划和打算时，健谈的赵安旺更是兴致勃勃。首先是村里的工作，他列举了五个重点事项。

（1）继续把村民活动室打造好，准备一户集资100元左右，使得活动室里面的配套设施更加完备。

（2）全村有88户人家，却没有公厕，准备向上级反映，希望争取到新农村建设的支持资金，为村里盖一个像样的公厕。只要政府批准，他自己愿意把口粮田作为建厕用地，而不占用他人的土地。

（3）打算将村里的巷道（侧道）修整好，现在都是泥巴路，一下雨就泥泞不堪，很难行走，希望国家扶持一部分资金，组织村民将道路平整好。

（4）在农业生产方面，打算加强农田水利建设，计划修建两条灌田大渠，为农业生产提供保障。

（5）以前村民的文化素质普遍较低，现在要逐渐发动大家积极学习，提高自身文化素质。县里农职中学会定期举办科技培训，经过村里推荐，已经有四批村民参加了培训，效果非常好，如有一次县里派技术人员来培训养猪技术，村里100多人都要求参加学习。为了学习到先进实用的农业生产技术，村民们就轮着去听课。

说到个人，赵安旺谈到了两个方面：一是大棚需要用现代化的科学方式来管理，通电、通水，想要掌握地温控制技术，同时将大棚的架构由竹子换成钢架；二是要增加种植品种，如把山野菜、水蕨菜等引进大棚种植。

赵安旺以自己智慧的头脑和勤奋的精神，为那峦阿昌族村寨谋得了发展，相信他能再接再厉，带领乡亲们脱贫致富。

（三）回村当村官的曹明海

我们这次村庄调研得到九保乡党委乡政府和丙盖村村委会的大力支持，他们安排了专人协助我们完成调研工作，没有这些人的帮助，我们的调研工作不可能进行得如此顺利。在我们的陪同人员中有一个人很特殊，他2003年毕业于昆明大学英语导游专业，他放弃了芒市大型企业里的工作岗位回到村里当农民，现为丙盖村村委会的成员之一，我们对他的经历和选择充满了好奇，但访问他的请求一次次遭到婉拒，经过我们的极力劝说，最后他终于接受了我们的访问。

曹明海，男，现年28岁，阿昌族，家住丙盖村那峦傣族寨，家里有一妹一弟，父母均50岁，阿昌族。曹明海的教育经历很清晰，小学就读于永和完小，初中就读于九保中学，高中毕业于梁河县第一中学，高考考取了昆明大学英语导游专业大专班。大学期间曹明海每年的学费大约为10000元，身为长子的他大学毕业后很快承担起了家庭的重任，先后在瑞丽汽车修理场、德宏后谷咖啡生产商宏天实业集团、超市等处供职，曹明海在这些企业中主要承担文字、数据处理工作，每月收入2000元左右。

2010年初，曹明海的职业生涯出现了一个转折点。在外漂泊了几年的曹明海考虑到家中的父母和弟弟妹妹需要照顾，原本不宽裕的家庭为了供他上学已经捉襟见肘，他早就想回乡谋一份工作，兼顾着照顾家中的父母弟妹。

就在这时，赶上了2010年村委会换届选举，他主动向村委会表达了自己想回村的意愿，通过在各村民小组的宣传、村民推选、预选、正选等程序，他最终在8个村民小组的选民投票中位列第一，顺利进入了村委会班子，现在担任村委会副主任，是村委会里最年轻的成员。据曹明海介绍，他的大学同班同学中，只有他一个人扎根到了这样基层的岗位上。

村级是我国实施基层民主的主要平台之一，曹明海以自己的实际行动回报了村民的信任。曹明海5月1日正式接手村委会的工作，截至我们采访时，他才刚刚上任两个多月，他现在的主要工作内容是协助村长开展工作，分管文秘及共青团工作。曹明海很快适应了村委的各项工作，文笔功底好是他的长处，现在村里几乎所有的上报材料和宣传稿件都出自曹明海之手。他自己也认为找到了一个发挥自己能力的平台，并坚信自己选择回村工作这一步是非常正确的。当我们要求他将以前在企业的工作和现在的工作做一个横向对比时，他谈到了两点感触：一是工作性质发生了变化，由为私转变成了为公，人生的使命感加强了；二是现在的工作是一种挑战，尽管工资比较低，但承担的责任却增大了，用公司八小时的工作量来完成村里的事情是远远不够的；三是现在心情更好了，与村民们交心，听他们诉说困难，帮助他们解决实际问题能让自己感到实现了自我价值，心情舒畅。

曹明海很注意自己办事的方式方法，深得村民的喜爱。他为人十分谦虚，也十分清楚目前自身的不足与缺陷。他告诉我们，自己与老主任比起来差距还很大，主要是工作经验不足，处理问题的能力还有待提高，另外对村里的情况了解得还不够深入，幸亏有老主任手把手的教，自己成长才这么迅速。记得上任两个月以来，群众找上门向他哭诉困难的已经有好几次了，主要问题是特困情况或者家人生病住院未得到补助等。面对这种情况，曹明海一方面安慰好当事人的心理情绪，另一方面向村民小组的干部反映情况，让他们重点关注这些家庭的实际困难，如此这般，曹明海在自己无权做出决定的事情上发挥了润滑剂的作用，化解了村寨里的日常矛盾。每当村里决定重大事情或者举办重要庆典活动时，曹明海都会协助村长召开全村大会，与村民们商讨，听取村民的意见，做出符合民心的决策。在我们调研过程中，曹明海及其他陪同人员为我们充当翻译，细心、认真和谦虚是曹明海留给我们的第一印象，正是借助他们的帮助，我们的入户访谈工作才能按预期完成。

村里的工作条件是艰苦的，政策落实也是依托乡村两级基层来完成，但村级干部的收入却相当微薄。曹明海讲到现在每月工资几百元，自己也没有其他副业，所以收入相比以前在企业要单薄很多，家里的地主要靠父母耕种，每年还能补贴一些家用。曹明海说他是干农活的能手，除插秧（因插秧在当地都由妇女承担）外的其他农活他全都会干，他在工作之余会帮父母分担家务农活。尽管困难重重，但通过曹明海一家人的艰苦努力，在新农村建设重点示范项目的支持下，他家现在已经开始盖新房子了。曹明海很满意现在自己所从事的工作，他认为现在的工作带给他的收获并不是物质所能衡量的，而是精神上的快乐，主要是心里感觉特别踏实。曹明海现在已经成为一名中国共产党预备党员，他表示自己会努力在本职岗位上践行党员的职责。

抛开工作，曹明海的业余爱好也很广泛，特别是体育运动方面，篮球、足球、排球、乒乓球样样精通，也正因如此，曹明海的身体非常健康，是工作的有力保障。我们在一起还聊到了未来的设想，曹明海向我们勾勒出了一幅美好的画面。他本届任期为 3 年，他希望自己在任期内圆满完成村民们的重托，协助村长发展村寨经济，在任期满了之后他也愿意继续留任。当然，他也希望能有更好的发展机会，比如报考公务员，攻读本科学历。就个人生活而言，他希望早日成家，与心仪的姑娘组成一个幸福的家庭。

（四）农科辅导员赵家毕

赵家毕，男，53 岁，小学毕业。赵家毕给人的印象是谦虚、随和，而且健谈。入户访谈之前，我们只知道他家属于村里经济条件比较好的农户，其他的都不清楚。赵家毕的妻子曹明坤在家照料家务，勤劳质朴。与别的阿昌族家庭不太相同的是，他家人口较多，赵家毕有四个孩子，大儿子名叫赵兴昶，今年 31 岁，已经结婚 11 年，妻子是汉族，现在有两个小孩。赵兴昶一家吃住都跟老人一起，没有分家。较早前赵兴昶到瑞丽打工，挣了一些钱，现在夫妇俩都在家，帮助老人干活，也凭手艺做些其他的事情。赵家毕还有三个女儿，女儿们都已经出嫁到邻近的乡镇，经常回来看望老人。谈到家里的情况，赵家毕略显欣慰。随着采访的深入，我们发现赵家毕的过去很风光，是村里的风云人物之一，获得过很多荣誉。在我们的要求下，赵家毕才从屋里拿出厚厚的一摞荣誉证书，各种了不起的荣誉令人肃然起敬。在慢慢地交谈中，赵家毕聊起了过去工作，以及工作中做出的种种成就。

赵家毕家过去经济情况不好，生活艰苦，他很早就在村里有了自己的工作。1981年他被推选为“农科辅导员”，负责宣传农业生产技术。提起担任“农科辅导员”的工作，赵家毕也很感慨，这份工作是他干得时间最长的，直到去年才辞退。二十八年的“农科辅导员”生涯，他学习和宣传了不少农业科学知识，使农村受益，同时也给自己带来了美好的回忆和帮助。他最初当“农科辅导员”的时候，是由梁河县农业局技术推广中心先进行集体培训，培训完了被分配到各乡镇进行农业技术推广工作。培训是免费的，是政府为了提高农业生产、加强科技兴农采取的一项措施。赵家毕也提到当时是一个机遇，这个机遇被他抓住了。针对梁河县各乡镇的土壤和气候情况，“农科辅导员”主要推广的是水稻、山麦、马铃薯和玉米的科学种植技术，特别是水稻和玉米的冬季种植技术。每次新的技术推广都要先进行培训，然后再由“农科辅导员”向下推广传达，以达到科技兴农的目的。谈起当时的待遇情况，赵家毕表示待遇不高，开始为40元/月，2001年后涨到140元/月。工资虽然不高，但赵家毕表示，在生活条件艰苦的岁月里，这也是他仅有的经济来源。待遇是其次，主要是通过当“农科辅导员”，自己认真学习农业科学知识，扎实做好科技推广工作，为农民办了一些实事。28年的“农科辅导员”工作经历，他尽职尽责的工作态度，给村里和乡里做出了应有的贡献，也给自己和家庭带来了益处。作为村里仅有的几个农民“农科辅导员”之一，赵家毕曾经获得过骄人的业绩，在1995年因顺利完成村里的优化种植结构发展“两高一优”农业，荣获德宏州科技进步三等奖，这是赵家毕在“农科辅导员”工作期间获得的认可，是对他勤于学习、踏实工作、开拓创新的肯定。在此期间，1990年他被选举为梁河县人大代表，这也是赵家毕优异工作成绩的又一见证和肯定。他介绍说，在梁河县，县人大代表当时一个乡有15人，而他们村只有2人，赵家毕就是其中之一。村里另外一位人大代表是村干部，而他是村里仅有的非村干部人大代表，可见他“农科辅导员”的工作做得是相当出色的。

赵家毕也曾担任过村干部，2001—2006年，他担任村里的生产队队长，工作成绩显著。那时村里基本上不通公路，与外界的沟通困难，是摆在赵家毕等村干部面前的重大难题。“要致富，先修路”的理念在赵家毕任职期间得到了很好的贯彻，村里掀起了修路的热潮。在任职期间，没有政府的拨款，只是赵家毕带领村干部向政府要了部分资金，同时组织村民自筹经费，带领群众出钱出力，修筑了乡里到村里的公路便道，从九保大桥到丙盖村，全长2公里。这是村里第一条像样的公路，也是村里唯一一条与外界有联系的公路。赵家毕介绍说，为了修这条公路，他们做了很多动员工作，不管是占地，还是出钱出力，都遇到了很大的问题和挑战。赵家毕作为村里的干部，挨家挨户做动员工作，在道路的修筑上殚精竭虑，想方设法应对各种问题，最终还是带领群众艰难地完成了道路的修筑。修筑的公路便道宽7米，路面不平整，基本上能通车，但下雨天泥泞不堪，行车困难。去年在赵家毕和村干部的努力下，政府拨付资金，村民出力，对公路便道进行了硬化改造，铺上了弹石，变成了现在的弹石路，路面硬而且防滑。在任职期间，赵家毕深知教育的重要性，对村里教育事业的发展很重视。村里有一所丙盖村完全小学，但是教学楼和教学设施破旧不堪，教室明显不足。面对这些情况，赵家毕相当焦急，决定牵头解决校舍问题。于是与当时的村支书李茂兴、村干部赵家伍等商量解决办法。最后几位村干部决定一起到县里找民宗局，寻求解决校舍的途径。时任梁河县民宗局局长的杨叶茂，对赵家毕等村干部的行为表示赞赏，并向上级反映了情况。最后学校楼房的修建经费得以批复，在2005年6月，丙盖村完全小学大楼完成修建，为村里的教育事业拓展了发展空间。

赵家毕在村里做出的成绩显著，所做贡献得到了大家的肯定，也因此获得了很多荣誉。2003年、2005年和2006年被评为民族团结进步工作先进个人，2005年被评为优秀代表，在1993年和2005年被选为梁河县政协委员。说起这些荣誉，赵家毕很谦虚，家人都引以为荣。从他口中得知，当时政协委员每个乡大概6~7名，在丙盖村仅有他一人。他是乡级推荐的，属于在民族团结进步工作中做出重要贡献的政协委员。他在2005年被选为县政协委员期间，提出了两个重要的提案，均被采用。提出曩滚河水坝和河堤的修筑，得到肯定。赵家毕介绍说，离丙盖村不远的曩滚河，过去由于河道淤塞，河堤较矮，每年雨季都水患严重，旱季灌溉困难。河两边是重要的良田沃土，是主要的水稻种植地带，水患和灌溉困难令农民收成难以保证。介于这些情况，在县政协会议上，赵家毕提出给南滚河修筑水坝和河堤，提议通过并被采用，由梁河县农业综合开发办实施具体的工程开展。现在已经完工，水患和灌溉问题得以很好的解决，群众无不拍手叫好。另外，赵家毕还提出从丙盖村至小厂乡的公路建设，也被通过并采用。原来连接九保阿昌族乡与邻近的小厂乡的公路必须经过中间的大厂乡，总长为36公里。赵家毕提出一条新的可行性公路建设，即从九保阿昌族乡至丙盖村再到小厂乡，总长为18公里，比原来九保阿昌族乡到大厂乡再到小厂乡的公路缩短了一半的路程。赵家毕分析介绍说，这不仅节约了里程，而且还促进了丙盖村的发展，这条公路的修筑促进了县城（九保阿昌族乡与县城毗邻）与小厂乡的物资往来，也给丙盖村带来了诸多机遇和便利，有利于村子的发展。

赵家毕告诉我们，虽然他很早就学会了一些技术，会木工和泥水工，自己有齐全的木工和泥水工设备，都是最近几年的先进工具，但他基本上没有去外面打工，平时多是在村里做活。近几年的活多，收入也不错，木工活40元/天，每年有3000～4000元的收入，泥水活50元/天，每年有3000元左右的收入。大儿子赵兴昶也学会了技术，基本上跟着赵家毕一起做，每年也有几千元的收入。谈到自己的技术，赵家毕很自信，村里很多房子都是他亲手修建的，2005年参加过村里小学的建设，操场和很多水泥地面都是他铺的。村里的活动中心也是出自他的设计，他的技术在村里为人称道，是村民信得过的木匠和泥水匠师傅。一般情况下，如遇小工程就只是赵家毕和儿子一起做，遇到大点儿的工程，他就找人一起做，相当于一个小包工头。一般情况下他会带上6—8个多少会一点技术的人，从中抽取一小部分工具磨损费。近几年都是些零散的活，没有大工程可以做，多是做一些木工活。做木工也发生过意外，去年不小心他的右手无名指被切割机割断，住院花了2000多元。家里有一台微型耕作机，除了自己耕作外，赵家毕还给村里其他农户耕作，也有部分收入。从村干部和“农科辅导员”退下来之后，赵家毕父子也会在每年的12月到次年的5月去县城的糖厂打季节工，也有600元/月的收入。由于赵家毕与糖厂工作人员比较熟悉，经验丰富，一般他都担任过磅验质人员，对收购的甘蔗进行品种分类，相对比较清闲，工作任务不重。但是近几年由于年龄大了，身体状况不佳，已经不去糖厂干活了。

谈起对未来的展望，赵家毕表示，个人的荣誉和成就都已成为过去，现在家庭是自己的全部。他希望家庭更加和睦，父子之间、婆媳之间加强沟通，希望以后的生活更加美好。

十四、知名人士

（一）省人大代表曹明美

曹明美是村里妇女之家的骨干，她给我们的第一印象就是干练和亲切。曹明美今年58岁，现任丙盖行政村妇女之家的家长，村民们习惯称她为“大家长”，她有着丰富的基层工作经验和人生阅历，我们对她的采访从生活谈到工作，从现在谈到未来，沟通得非常愉快。

曹明美结婚38年，娘家在勐来村，曹明美的丈夫今年60岁，夫妻二人身体都很健康，儿孙满堂，曹明美夫妻育有两女一儿，都已经成家立业。两位老人一共有五个孙子孙女，生活非常幸福。曹明美在弟兄姐妹中排行老大，初中文化程度，采访中她的思路清晰，谈吐很有条理，为我们先后讲述了从20世纪80年代初至今发生在她身上的一些故事，尽管故事很吸引人，但她都把自己取得的成绩归功于家人、朋友和领导的帮助，通过采访，我们可以把曹明美工作方面的事务分为三个部分：省人大代表、村计生宣传员、妇女之家家长。

1. 第六届省人民代表大会唯一的阿昌族代表

云南省第六届人大代表的任期为1983—1988年，当时梁河县境内光荣当选本届省人大代表的一共两人，一人是梁河县人大主任，另一人则是我们采访的曹明美，而作为德宏州的重要组成民族之一的阿昌族，曹明美当时也是全州唯一一位阿昌族省人大代表。曹明美对我们回忆说，她在担任省人大代表期间，投票选举了云南省第十一任省长普朝柱以及副省长李桂英等，并参与了县人大组织的对勐科村的调研工作，形成了2至3份提案提交省人大代表大会，主要话题集中在提升民族地区群众科学文化水平、建设本地区公路系统等，这些提案都在两三个月内得到了省人大的答复，经过详细了解，目前这些提案的回执仍保存在梁河县人大档案室里。

曹明美还特意提起了她担任人大代表的五年期间对社会经济发展的深刻感触。曹明美第一次前往昆明参加人大全体会议是在1983年，她与另一位梁河县的代表在潞西会同其他12名代表后坐车到保山市，从保山搭乘飞机抵达昆明参会。曹明美记得每次会议都在昆明胜利堂召开，盛况空前，她眼中的昆明也是一年更比一年美，用当地人的习语称之为“样样好”，她认为是党和政府改革开放的好决策才给城市和乡村带来这么大的发展变化。80 年代里她的这段代表经历成为了她后来积极从事基层工作的信念之源。

2. 全乡任期最长的村计生宣传员

1984 年，曹明美承担起了村计生宣传员的工作。这份工作既需要有好的政策水平和流利的劝说语言，又需要有好的身体能天天走村串户，曹明美一干就是 26 年，她的宣传范围包括整个九保乡。这些年里她也目睹了人们生育意识改变的全过程。80 年代时，乡政府和乡计生办组织计生宣传员到辖区内 6 个村宣传计划生育政策，动员百姓少生优生，但超生现象仍难禁止。当时曹明美的主要工作除了宣传政策外，还要收缴“抢生费”，每胎 2000 元。反观今日，即使政策允许阿昌族等人口较少民族家庭生育 3 胎，但是大多数家庭却不再多生，保持在 1 胎或者 2 胎的水平。

计生宣传员的待遇也在逐年提高。1984 年时每人每月 28 元，后来涨到 60 元、120 元，直至现在每月 230 元，外加年底福利补助 460 元。曹明美表示自己作为乡里工作时间最久的计生宣传员，现在年纪大了，如果能有正式的政策文件保障自己退休后的补助就更好了。

3. 妇女之家“大家长”

九保乡除了一个汉族村寨以外其他村都已经成立了妇女之家，其覆盖范围要比老年协会广，它已经成了联系全村妇女、家庭村民互帮互助的重要沟通渠道。曹明美作为丙盖村妇女之家的大家长，妇女之家的工作也是她现阶段的主要工作，她从妇女之家的人事、管理、资金、未来发展四个方面给我们详细介绍了妇女之家的情况，分析了妇女之家发挥的作用和目前发展面临的瓶颈。

本村 18 岁以上的常住女性都可以成为妇女之家的会员，每位会员拥有平等的选举权和被选举权，由家长和副家长协调总体工作。据曹明美介绍，最先是行政村成立了一个妇女之家，然后才发展到每个自然村都成立了各自的妇女之家，虽有时间先后顺序，但两者之间并没有隶属关系或领导关系，作为行政村妇女之家大家长的她常常发挥着协调各村民小组妇女之家工作的作用，组织全村妇女共同完成某项公益事业。妇女之家的家长和副家长是通过会员选举产生的，通常采用民主选举、县妇联任命的方式确定最终人选，定期的全体大会由村干部与家长共同主持，会员民主讨论决定村里重大事件。

妇女之家的工作主要是动员全村妇女参与节庆活动、维护村容村貌、互帮互助等，具体而言，妇女之家协调村委会组织妇女参加年度妇检、宣传各种惠农政策、修路、协调邻里关系、调解家庭矛盾、看望照顾生病妇女并在需要时组织妇女为其捐款、农忙时组织会员为劳动力紧缺家庭分担农活，此外，妇女之家还在村寨节日庆祝活动中发挥了不可或缺的作用。例如阿露窝罗节前妇女之家会召开大会，分派节庆时表演节目、为大家做饭等后勤工作。妇女之家通常承包该村公路段内的养路工作，特别是下雨后清理公路两边的排水沟、清除路障等工作都是妇女之家的分内之事。值得一提的是，面对现代化对传统民族文化的冲击，妇女之家一直提倡会员学习织布、穿着阿昌族民族服饰，积极开展传承本民族文化的工作。曹明美也向我们介绍了目前会员中小姑娘很少，会员多以已婚妇女为主，所以影响范围仍然有限。

妇女之家的活动经费主要是靠自筹，按照规定新会员入会时须缴纳 10 元和 1 升大米作为入会费，妇女之家通过操办村民红白喜事来收取一些费用，共同构成协会的主要收入。此外，通过申请，县妇联、民宗局、交通局等相关部门每年也会为妇女之家划拨少量经费供她们筹办活动，所有开支加在一起，妇女之家平均每年能使用的经费大约在两千至三千元。据曹明美介绍，妇女之家从会员中挑选出一名会计和一名出纳，由两名具有初中文化水平的会员分管账目和钱款，通常一人为副家长，一人为普通会员，两人会在每年“三八”妇女节前夕公示所有账目，接受群众监督。

曹明美对妇女之家有着很深的感情，对它的发展难处也非常清楚。她谈到妇女之家目前主要面临三方面困难：一是固定资金有限，由此限制了协会的巩固和发展，例如文化活动室有待完善，现有活动室是靠村委会主任赊欠原材料建起，未完工的活动室无法提供理想场所给村民召开大会和办红白喜事；二是会员老龄化，青年会员出现断层。面对这些困难，曹明美既担忧又没有失去信心，她说只要当地经济得到发展，得到政府扶持，这些困难都会迎刃而解。

除了工作上的成就，曹明美的家庭生活也非常幸福。她和丈夫的父母仍然健在，家里经济条件也比较宽裕，一共有 5 亩地、4 亩林地，养了 3 头牛、1 头骡子、4 头猪，家里七年前就安装了沼气池，还购买了 2 个电视机和村村通电视信号接收器、1 个电磁炉、2 个 DVD、2 部手机、2 辆摩托车。曹明美和她女儿都会织布，她偶尔也会卖出几件自己织的本民族服装，但主要目的并不是为了赚钱，而是为人解难。为了支持孩子发展，曹明美最近还申请了10000元的无息贷款，这笔扶持资金在每村只有一家，她很幸运地申请到了这笔贷款，她将这笔钱用于帮助孩子开办养殖场。

（二）老党员赵安钦

走进赵安钦家的院子，可以看出这是一个经济困难的家庭，院子里除了住房，其余三面都没有建屋，仅用围墙围住。院子里除了几棵果树，几乎没有其他东西，显得空旷单调。房子有些破旧，明显看得出修建年代已经久远。进入堂屋，墙上的两幅油画十分引人注目，左边一幅是毛泽东主席、刘少奇主席、周恩来总理和新中国历史上十大元帅的合影，右边一幅是新中国历史上的十大将军的合影，进入屋子就让人感觉到浓浓的政治文化氛围。赵安钦是村里的老党员，今年73岁，1957年加入中国共产党，小学文化，虽然年事已高，但是老人仍然精神矍铄。老人很热情，看见我们进屋，马上叫孙子去自家的果树上采摘新鲜的李子招待我们。采访赵安钦老人的时候，他一直抱着小孙子，言谈中思维清晰，面露笑容，非常慈祥和蔼。赵安钦介绍说，自己有四个儿子，大儿子已经52岁了，几个儿子分别在务农或打工，家里经济条件一般。小儿子也36岁，初中毕业，在家时与老人一起生活，现在上海打工，收入不错。说起小儿子，赵安钦盼望他能回来，希望儿子在自己身边，毕竟自己年事已高，生活渐渐有些不便。赵安钦的妻子是邻近的囊宋乡人，在23年前就生病去世了。说到这里，赵安钦很伤感，表示老伴还没有享福就走了，现在自己一个人生活也略显孤单。

饱经沧桑的赵安钦老人，跟很多老党员一样，有着不寻常的过去。提起小时候的生活，赵安钦摇头感叹非常的艰苦，生于旧社会的他，家里很贫穷，很小就给富农放牛，每个月仅1元工钱，非常艰辛。新中国成立后，1956年，在半合作社时期，赵安钦是干农活的能手，由于诚实勤劳，能力出众，他当上了记分员。赵安钦说，那时候群众劳动的积极性很高，集体的力量大，自己也乐于为大家服务。记分员是自己争取的，是凭自己出色的劳动换来的，也是辛苦活。但那时候自己才二十几岁，年轻力壮，不怕累不怕脏，是最为活跃的积极分子之一，也因此得到了领导和干部的赞赏。记分员虽然是个小职务，但是对当时的赵安钦来说，无疑是一个很大的鼓励。年轻人喜欢挑战，当上记分员后，赵安钦很努力，自己要干活挣工分不说，还要加紧给合作社记公分，经常超额完成任务，也因此得到了领导的认可，后来他当上了生产队长，稍微轻松一些，期间带社员出工干活，工作上做得也相当出色。再后来当上了半合作社的副社长，负责社里的活动和工作。赵安钦介绍说，那时候除了集体出工干农活外，他还组织社员修路、修沟渠等，都是响应国家和政府的号召，哪儿需要他们就去哪，出色的工作令赵安钦曾经获得过“先进生产奖”的荣誉。赵安钦还经常组织社员搞文艺活动，到乡里和县里表演和比赛。老人说，那时虽然生活水平不高，但是群众劳动和娱乐结合得很好，大家热情很高。在半合作社任职期间，他家里生活维持良好，当时物价便宜，因为自己有足够的劳动力，生活压力不大，家里人口也不多，基本上能过得去。当时政府也给一些补助，当副社长时每个月有部分的补贴，这也增加了家里的经济来源，对家里帮助很大。

我们在村里了解到：在半合作社期间，年轻的赵安钦工作出色，1957 年就入了党，共产党员的光荣身份一直激励着老人，事事为先，以身作则，努力做好党员的先锋模范带头作用。1959 年，赵安钦被选为村大队长和民兵连长，得到了群众的肯定。任大队长期间，他主要负责整体的工作协调，带领群众发展生产。作为大队长和党员，赵安钦处处为群众考虑，以集体大局为重。当时大队长每个月有 20 元的补助，这点补贴给家里的生活帮助很大，家里生活条件逐渐变得好了起来。年轻的赵安钦当时很想去当兵，于是去报名应征，通过了一切检查，可是却遇到了一些阻碍。由于身兼大队长一职，工作上做得出色，村里的领导不想让他辞去大队长的职务，一再挽留。加上赵安钦家里有 70 多岁的老人，假如他应征入伍就没有人照顾老人了，考虑到这些情况，赵安钦只能忍痛留下来，继续带领群众发展生产。

赵安钦对于没能参军这件事表示遗憾，但后来他有幸当了 8 年的民兵连长，也算是过了一把当兵的瘾。谈起那段经历，老人很兴奋。当民兵连长期间，他带领民兵进行训练和执行任务是经常的事，老人记忆犹新。他介绍说，自己曾经带领民兵在保山进行民兵训练，那时各个乡镇的民兵集中在一起进行统一的训练。由各乡镇民兵连长带头，到保山集合，开展训练并参与比赛，竞争也很激烈。比赛项目分很多种，当然最常见的就是打靶比赛了。谈起打靶，赵安钦脸上露出得意的神情，他是全乡乃至整个保山地区的神枪手，每次比赛都能拿到荣誉。他带的整个民兵连也很厉害，经常载誉而归，在整个保山地区都很出名。平时民兵都是边搞生产边训练，有任务和活动就由他带队出去，纪律非常严明。因为工作做得好，他的民兵连任务也很多，最多的就是到县里执行任务。每次县里要批斗犯人，他带的民兵连都会去参与保卫工作，保证批斗大会的顺利进行。据他介绍，保卫的任务很艰巨，容不得出一点乱子，执行任务的时候，连里的民兵每人都配枪，连长级别的配的是冲锋枪和手枪，以保证安全问题。身为连长的赵安钦用过很多枪，对很多枪支非常熟悉，火枪、大十字、三八式、七九式、冲锋枪等，老人如数家珍，好像又回到了风光的民兵连长时代。“文革”期间，赵安钦接上级领导的指示，曾经带领民兵收缴反对派的枪支，自己的枪支也被上缴过，是因为当时局势混乱，领导怕民兵持枪闹事。8 年的民兵连长经历，成绩显著，1960 年在省级民兵代表大会上，他被评为州“五好民兵连长”，他所带的民兵连被评为“红旗连”。赵安钦虽然文化程度不高，但是思想觉悟很高，不仅很早就入了党，而且还做过行政工作。1964 年，由于之前工作出色，能力出众，赵安钦被选为公社的秘书，搞行政工作，负责上级文件和通知的传达。虽然是小学文化，但是赵安钦善于学习，勤于钻研，做行政工作也是得心应手。1987 年，由于家里劳动力缺乏，自己的四个孩子都还小，赵安钦决定把生产队队长的职务辞掉，回家照顾妻儿。想起过去的经历，赵安钦很是感慨，他特别提到，自己 16 岁入团，20 岁入党，在成长过程中不断更新思想，追求进步，非常感谢党的培养。

赵安钦告诉我们，自己有三兄弟，大哥二哥都已去世。几个儿子都很孝顺，经常一起来看望老人，孙子们经常给他带好吃好喝的。几个儿子想把他接过去住，但是赵安钦坚持自己生活，还留出一块地种蔬菜瓜果。自己有几亩山林，种的都是梨子、苹果、李子之类的水果，多数都是孙子们帮忙拿出去卖，有一定的收入。粮食都是儿子提供，老人自己做饭，他说自己能动得了，做饭下地都不成问题。由于退休的时候手续没有办理清楚，现在赵安钦没有退休金，但是有老党员补助 30 元/月和低保 50 元/月。老人表示有了政府的这些帮助，生活上也不成问题。每年逢年过节，领导都会来家里看望老党员，嘘寒问暖。赵安钦觉得现在的政策很好，国家对党员和老人的照顾多，生活上比以前好多了。虽然年事已高，但是赵安钦坚持参加村里的党员组织生活会，党员组织生活会每月举行一次，老人都准时参加，认真学习。一个人生活，有时候难免感觉孤单，但赵安钦表示已经习惯了。家里有一台影碟机和一台海信电视，是2003年中共中央宣传部、中央文明办、国家广电总局“电视进万家”活动赠品，花了260元安装了有线电视，由于是老党员，安装费优惠了50元。平时老人很喜欢看电视，尤其是有关革命题材的老故事片、枪战题材的电视剧。逢赶集的日子，赵安钦还到市集上买喜欢的VCD电影碟片，回来经常看电影。有了电视和影碟机，家里可热闹了不少，老人人缘很好，几乎每天晚上都有很多人来家里看电视或电影，多是小孩和老年人，边看边聊天，这样赵安钦也觉得开心快活，减少了一个人生活的孤单感。生活方面，吃的穿的也不错，除了领导看望带来的东西，老人还经常买些好吃的。言谈中，我们发现赵安钦手腕上金色的手表非常显眼，是他自己在市集上买的。可能是原来当民兵连长形成的习惯，赵安钦特别有时间观念，每天早上6:00就起床了，晚上11:00前睡觉，生活起居很有规律。赵安钦告诉我们，他一直没有忘记自己是一名共产党员，经常给孙子们讲起过去的事情，希望对他们有教育意义。他希望孙子们能读书成材，为国效力。

（三）老年协会会长张天云

他心灵手巧，是村里村外出名的木匠师傅；他能力出众，是群众尊敬的老年协会会长。张天云，男，60岁，小学毕业，一个爱好相当广泛的村干部，喜欢看书，善于吹奏葫芦丝，同时也是村里阿昌族唱歌能手之一。目前他主要的工作就是负责老年协会的大小事宜，保证村里老年人的业余文化生活，为老年协会工作做出了很大贡献。

2004年，村里的老年协会成立，从此老年人有了一个集体活动的地方，丰富了老年人的生活。张天云说，当初成立老年协会，就是考虑到村里老年人生活单调，生活内容相对枯燥等情况，在他与村干部的共同努力下成立的。村里的老年群体在思想观念上相对落后，文化程度普遍较低，娱乐放松的方式也很少，他们奔波劳累了大半辈子，是该享受一下晚年生活的时候了。如果能给老年人提供一个舒适的环境，在那里他们可以了解先进的科技和时事政策，能放松心情颐养天年，不仅有利于提高老年人的精神生活层面，而且也是上级和村里对文化建设的要求。据张天云介绍，老年协会建立之初，也是困难重重。主要困难还是资金的缺乏，建立协会的经费数额预算有点大，在村里进行筹集遇到了困难，于是张天云和村干部一起四处奔波，到过德宏州政府、梁河县政府和九保阿昌族乡政府去申请经费。村里建立老年协会的方案，在整个乡来说都属于提交得早的，上级各部门也要经过具体的考察才能考虑经费支持。最后，经过张天云和村干部的不懈努力，老年协会建设的资金终于落实到位，政府总共划拨了 8 万元给他们，这着实让张天云感到高兴。村里的小学因为合并到其他村子，校舍一直处于闲置状态，主要是村里的广播站在用。因此，老年协会的用房就以小学校舍为基础，有现成的地皮，但是校舍相对破旧，于是利用政府划拨的资金进行了维修，建成了现在的老年活动中心。张天云告诉我们，修建老年活动中心差不多花了 7 万多元，经费还是显得有些捉襟见肘。在省吃俭用和大家齐心协力共同付出下，最终完成了老年协会的场地建设，实属不易。

协会成立后，为老年人举行了丰富多样的活动，取得了不错的效果，赢得了村里人尤其是老年人的称赞。平时村里的老年人经常来协会，无论是看书写字，还是吹拉弹唱，抑或是絮叨聊天，都显得热热闹闹，气氛和谐。身为老年人的张天云，对老年协会的生活感触很深，在这里，他看到了老年人开心的笑容，体验到了老年的乐趣，同时通过经常组织学习，也提高了老年人的思想观念。看着这些，张天云觉得心里感到非常的欣慰，以前的努力和付出是值得的。老年协会建立之初，张天云担任副会长，身兼老年协会的保管员，今年由于老会长不幸去世，张天云担起了会长的重任。除了平时不固定的活动外，老年协会还在节日里组织一些重要的活动。每年的阿露窝罗节，村里除了派代表队去参加表演和比赛外，在村里也举行一些娱乐庆祝活动。老年协会也会派出自己的队伍，唱歌的、跳舞的、演奏的……与大家一起联欢庆祝。张天云作为老年协会的代表，也会吹起自己喜欢的葫芦丝，歌颂阿昌人民的美好生活。每年的 9 月 9 日，是属于老年人的节日，村里的老年人会举行各种娱乐活动，欢庆节日。有时，其他村子的老年协会也会邀请他们进行表演和联欢，他们与其他村的老年协会关系密切，经常交流。

张天云介绍，老年协会在村里也算是一个较大的团体，它的运转也需要经费。建立之初他们就有设想和计划，老年协会的运转要靠成员各种类型的支持，这样也能减轻社会的一些负担。目前协会拥有会员 80 人，还在不断地增加。进入老年协会也有门槛，首先是年龄上的限制，国家规定的是 60 岁以上，但是他们根据实际情况，在村里适度放宽限制，规定 50 岁以上的人可以加入老年协会。加入老年协会要交会费 5 元/人，大米 0.5 斤/人，统一在每年 9 月 9 日“老年节”入会。这是最基本的入会资格，进入老年协会的老年人，可以享受各种待遇。如果会员中有人生病了，老年协会组织登门看望，并送上礼物和 20 元；如果会员去世，协会组织献上悼词、鞭炮和 50 元钱。另外，会员还享受协会拥有的工具出租优惠。工具的出租是老年协会成立之初，张天云等人提出的设想。为了实现老年协会的独立运转，不给村里和政府造成负担，协会利用修建余下的经费和一些会费，以及协会领导和会员募捐的资金，买了 30 套操办红白喜事用的锅瓢桌椅，工具配套齐全。村里村外有需要办酒席的，老年协会进行工具出租，收取 2 元/套的出租费用。老年协会拥有原小学的操场，活动场地广，也用于出租，用于红白酒席的置办场地，也收取一定的费用。据张天云介绍，一般酒席就 50 桌左右，老年协会的场地能摆 70～80 桌，相当方便。当在协会操办酒席时，用电、用水的费用都是从租方扣取。现在，老年协会不仅是老年人的活动场所，也是村里置办酒席的好地方，不仅协会自身能有收益，也给村民带来了很大的便利，大家都很乐意和支持。张天云说，现在的 30 套工具有些丢失和磨损，有时还不够用，他计划在最近去购置一部分新的，但是资金还是很拮据，只能慢慢地找寻门路。除了工具和场地的出租，老年协会还拥有自己的土地，有 6 亩旱地，那是村里专门划拨给老年协会的。在张天云会长的带领下，协会利用这些土地开发种植基地，种植了草果。草果是梁河县的主要经济作物之一，是很好的香料和药材，经济价值很高。种植草果的收入全部归协会所有，张天云说这笔收入相当可观，是协会主要的经济来源之一。协会配有专门的会计，对协会的经费收入和开支进行核算，并向协会公开，财务上清晰透明。尽管有这些收入，但是协会的开支也很大，所以经费还是显得不足。张天云觉得这样下去不是办法，在他心里，已经有了一个不错的想法，那就是发展养殖业。他介绍说，根据村里的实际情况，想让老年协会拥有一批山羊，发展山羊的养殖，这也算是养老产业的一种，是目前张天云觉得非常可行的办法。村里很适合山羊的养殖，有专门的放牧山，除了前期的投入，不会花太多的钱，而且一年之内就会见成效。但是张天云表示，前期很缺乏资金，投入就要 2 万～3 万元，协会不可能拿出这么多钱进行投资，只能想方设法向上级寻求帮助。但是他也表示，已经向政府要了很多资金，不能再给国家增添一些负担，这是目前的困境。他进一步提出自己的想法，山羊的养殖可以包给别人管理，最好是懂养羊技术和兽医技术的人来承担，支付一定的工资。张天云说，如果养羊的想法得以实现，将对老年协会提供很大的帮助，协会必然会发展得更好。

在担任老年协会会长前，1990 年至 1999 年期间，张天云曾经是村里的生产队队长，为村里各项事业的发展和建设做出了很大贡献。村里的道路建设、电网建设都是他在任期间修建的。以前，村里吃水很不方便，要到水井打水，靠肩挑。1996 年，在张天云的带领下，村里引来了自来水，从此结束了吃水难的历史，给村民带来了极大的便利。9 年的生产队长经历，让张天云见证了村子的发展历史，在他的手里，村里很多基础设施都是从无到有，并且逐步完善的。张天云还是村里出名的木匠师傅，据他介绍，他从 17 岁就开始学习木工，是村里的第一个木匠，师傅是腾冲人。当时也是因为苦于没有出路，兴趣使然，他便走上了木匠的道路。年轻的时候他曾经去过缅甸、陇川等地做木工，每天挣 5 元，很辛苦。现在他还有齐全的木工设备，有活时也出去干，雨季工程少，旱季要多一些，每天 40 元工钱，收入还不错。张天云告诉我们，自己最得意的工程是在芒市盖了一个餐馆，餐馆是典型的阿昌族风格的，很有特色，得到了很多人的称赞。平时就在村里做做木工，为家里增加一点收入。他的儿子也学会了木工技术，有工程时父子俩一起做。

张天云有 4 个女儿和 1 个儿子，都已经成家。老伴在 2006 年去世，他跟儿子家一起生活。他要管理老年协会，有工程还要做木工，另外还种地。家里有 3 亩水田，8 亩旱地，每年水稻大概有 2500 斤的收成。家里条件不错，电视、DVD、摩托、手机都有，每个月还享受低保 50 元。最后，张天云表示，他现在的工作重心都在老年协会上，希望自己的设想能得到认可，早日实现山羊的养殖计划，以解决老年协会目前的困境。

（四）计生宣传员杨爱华

杨爱华在村里身兼数职，她是村里计生宣传员，负责村里计划生育工作，并协助乡卫生院在村里开展工作，普及生育政策、节育知识，发放避孕药品、进行节育手术等；她是勐科村妇女之家的家长，领导妇女之家协调村里妇女的各种困难并组织开展活动；她是村里的卫生员，当村民有身体不适的时候，都会去找杨爱华询问解决办法；她是村里的户籍管理员，管理着全村的人口信息，登记结婚日期、生育时间、绝育时间，通知刚生育的年轻母亲体检，宣传国家计划生育政策以及少数民族的生育优惠政策。

杨爱华是个很干练的阿昌族妇女。个子不高，短头发，性格爽朗，快人快语，走起路来也特别快。如果你不了解，一定看不出她是一个带领着全村妇女开展活动、会给村民治病、脑袋里装着整个村民户籍信息的村干部。

过去，每个村都有一个负责医疗卫生工作的村医，俗称“赤脚医生”。杨爱华就曾经担任过勐科村的村医，主要负责治疗村里人平时的头疼、发烧、肠胃不适等普通病症。为了开展好村里的卫生医疗工作，乡里会定期将各个村子的村医召集起来开会，统一了解近来各村的工作情况。除了开会之外，乡里还会定期对村医进行医疗知识和药品知识的培训。杨爱华说，那时候村医务所的药都是国家药品局直接发下来的，药品质量没有问题，而且在培训时会将这些药的药用功效和注意事项给村医进行讲解，以免错用。当时的卫生条件差，乡里只有一个小医院，并且离村子比较远，所以那时候村里有人发烧、拉肚子，白天犯病就会直接去村医务所找杨爱华，晚上犯病就到她家里去找她。白天看病还算方便，晚上就麻烦些，她往往是拿着诊病器具到病人家里看病医治。她说，那时经常会半夜被村民叫醒，因为看病对病人及家属都是大事，所以杨爱华不管多晚多累都不会耽搁，从来没有怠慢过。在我们问到经常晚上行医是否干扰到她的家庭生活时，她自信地告诉我们，丈夫和孩子都很支持她的工作，从来没有因为这个跟她抱怨过。可以看出，家里的支持其实也是让杨爱华做好村医的不竭动力之一。

后来，国家取消了村医制度，而且可以开设私立药房，杨爱华就转职做了村里的卫生员和计生主任，不再负责给村民开药看病了。毕竟杨爱华给村民看了多年的病，大家还真离不开她这个“老村医”。所以，父老乡亲们还是延续了以前的习惯，谁有个头疼脑热的，都喜欢去杨爱华家问问。虽然杨爱华已经不是村医了，可是乡亲们生病了总不能不管，热情的杨爱华还是会帮助焦急的病人及家属排忧解难。

作为本村的计划生育宣传员，杨爱华的主要职责是负责本村的计划生育工作，宣传贯彻计划生育政策和法规，提倡晚婚晚育、优生优育。她还负责建立健全全村人口的户籍管理卡；严格执行对已婚育龄妇女的管理工作，定期发送避孕药及掌握使用情况。杨爱华现在同时还负责建立计划生育卡，登记村中育龄妇女的生育、节育情况以及负责准生证和独生子女证的发放。还要负责摸底调查，对村里育龄妇女进行计划生育政策的宣传和妇女健康知识的讲解。

据了解，在杨爱华的积极工作下，国家关于计划生育方面的政策全村没有一个妇女不知道的。她说这几年的计划生育工作比以前容易一些，很多家庭都自觉自愿地遵守了。许多年轻人都知道目前农村的经济状况还不是很富裕，子女过多会造成生活负担过重，也不利于孩子的成长。她说现在很多家庭也不愿意多生孩子，大多数家庭都只要两个，有的家庭自觉申报了独生子女，不愿再生。自2000年起，村里开始为积极响应计划生育政策的农户办理独生子女光荣证。领取该证后，将一次性给予1000元的补助，每个月还将补助10元的营养保健费。保健费将一直发放到孩子14周岁。除此之外，孩子在上小学、初中过程中，村里每年分别给予160元、260元的补助，若上了高中，将一次性补助1000元。在杨爱华的努力工作下，全村至今已有17户办理了该证。为了顺应国家政策，杨爱华的宣传工作也在不断地完善。过去的计划生育工作只强调数量上要少生，而如今在少生的基础上，又提出了要优生。由于优生涉及村民生活的各个细节，所以大大增加了杨爱华的工作难度。集中教育仍是必不可少的宣传方式。杨爱华会定期将村里的育龄以及年轻些的女性集中起来，进行讲座式的优生优育政策宣传教育。会上还加入了交流环节，大家可以互相交流相关经验，增强认识。除了集中教育，杨爱华还会将乡里发下来的计划生育政策宣传小册子分发给村民。宣传册上有很多实用的小常识，方便村民们平时查阅参考。她说，集中教育、分发宣传册等方法的效果比较有限，其实最有效的方法是登门进行面对面的交流。因为在家里村民的心态更为放松，可以让她更深入地了解家里的实际情况，尤其便于了解生活中的小事。比如在饮食禁忌方面，聊家常时将这些知识融入其中，效果甚好。事情虽小，却往往对优生优育有很大的帮助。

杨爱华说，总体上看，现在村民的计划生育意识已经得到了明显的加强。虽然有了进步，但工作上还是有一定的困难。比如，大龄妇女的晚育工作就相对难做些。由于她们本来结婚就晚，年龄的问题使得她们不愿再等太久才生孩子，这样也不利于优生优育。在做妇女节育工作时，个别妇女不愿意产后两个月采取上环的节育措施，要做好思想工作才行。另外，乡计生办每个季度都会派医生到村子里给育龄妇女进行B超透环体检，有的育龄妇女不愿意配合，有时要挨家挨户的上门请才肯去。她说，现在的宣传教育手段丰富了，电视、广播、报纸、杂志，还有网络等媒体的宣传，在促进村民们增强计划生育意识方面起到了很强的促进作用，过去她上门做宣传教育时常被农户骂，现在这种情况几乎不会发生了。

在谈到工作体会时，杨爱华提到她正在为村里争取“双女户”的优惠政策。我们了解到，只有周边4个临国界的县才享有该项优惠政策，梁河县不在其中。作为村里的计生宣传员，她也很担心村民们的安全用药问题，她说现在有的村民为了省钱，不到村医疗点或乡医院，有了病就自己去药店买便宜的药吃，这样很危险，希望政府能对私营药店给予足够的监督和管理，让村民能买到放心的好药。她的另一大感触就是目前全村只有她一人从事这项工作，人手有些不足。不是她不热爱这份工作，只是这项工作太琐碎，太繁杂，如果能多些人手来做，相信她能做得更好。

2008年6月，党的“婚育新风进万家”政策在梁河县全面落实，他们村被列为九保乡的活动示范点。作为村妇女之家的家长，杨爱华组织村里能歌善舞的妇女组成了一支文艺宣传队，每年在县、乡、村开展七八次计划生育主题宣传演出，自编自演节目，对宣传时尚、健康、文明的生育观念起到了良好的推动作用。

经过了一个多小时的交流，我们从杨爱华口中知道了村民们对我国计划生育工作的态度。她说现在国家农业支持政策和计划生育的鼓励政策激励了大家少生孩子积极发展农业生产的意识，而且国家给予独生子女的补贴也让大家看到了少生孩子的好处，所以感谢国家的这些政策。同时，今年49岁的杨爱华已经快要退休了。当我们问到关于退休后她有哪些想法时，杨爱华笑了笑，说自己退休了不要紧，关键是以后接班的工作人员不能放松，一定要尽心尽力做好工作。这是她对自己干了多年的这份工作最后的也是最大的期望。看得出，她深深地爱着这个村子，爱着这份工作。

（五）妇女之家领头人赵春仙

赵春仙1971年出生于丙盖村，初中文化，现任丙盖横路村的妇女之家家长。其丈夫管颜军，贵州的汉族，小学文化，年轻的时候来到丙盖村打工，至今已学会讲阿昌语。赵春仙与丈夫结婚13年，13年前管颜军来到横路村打工，在村里的一家煤矿挖煤，他在打工之余经常到寨子里串门，就认识了赵春仙，两人一见钟情，于当年结婚，后育有两个儿子，大儿子今年12岁，刚刚上初一，在大厂乡的中学念书，虽然有些淘气，但是学习成绩还算不错。小儿子今年10岁，上小学五年级，很是听话懂事。赵春仙在谈到两个儿子时，满脸的幸福感，她说，不论花多少钱都会供儿子念书，希望儿子都能读到高中以上，做一个有文化的人。说到这里时，赵春仙的眼睛充满期待地看着窗外。

2001年，赵春仙开始村里妇女之家的工作，之前她一直在家里务农。2007年，她担任横路村妇女之家的副主任至今。当我们问及她为什么要担当这个"家长"时，赵春仙的神情变得严肃起来，她说，以前妇女没有地位，现在党和国家给她们这个机会成立自己的组织，村里的妇女都有自主权来参与村里的大小事务，她作为家长就能为村里所有的妇女争权益、谋福利。

赵春仙还介绍说：横路村妇女之家在成立之初资金严重不足，是靠妇女们背着20斤粮食来筹资，然后由村里的干部组织成立的。6年前，就在村妇女之家成立不久，赵春仙带着妇女之家的姐妹们去县政府、县妇联、民政局、县民宗局，甚至还曾去过州里申请经费。2006年，妇女之家的姐妹们到芒市申请到了一批桌椅板凳，同时还争取到了一万元资金作为村里道路硬化的经费，使得横路村成为九保乡村里道路硬化的第一村。

妇女之家的主要工作任务是在村里举办活动，特别是公益活动、科教宣传和红白喜事时，着手准备工作、后勤工作和后续的清洁工作。例如，某人在村里的活动中心进行大婚，请酒吃饭时就会租用妇女之家的桌椅，一套桌椅配套是一张四方桌、四条板凳和八套碗筷，租金是3元一套，一般来说，办一次红白喜事要用25~30套。2009年初，为了响应德宏州的禁毒防艾工作，朴实的妇女之家成员们组成戴着高包头和腰系抠花筒裙的"妇女之家文艺宣传队"，经过专业指导，用群众喜闻乐见的说唱和小戏形式精心编排了《预防艾滋病，健康全家人》的主题节目，在田间地头唱着"妇女本是顶梁柱，里里外外有义务；人民战争当先锋，禁毒防艾不放松；教子千万莫吸毒，沾上毒品鬼不如；劝夫外出要珍重，感染艾滋毁终身；经常过问多提醒，家庭幸福乐融融……"她们还经常应邀到附近各村寨进行巡演，受到群众的热烈欢迎。据了解，由于丙盖村的妇女之家较好地发挥了阵地作用，营造出团结和谐、规范有序、安居乐业的环境，全村至今无一人贩毒吸毒，无艾滋病感染者，成为远近闻名的阿昌族无毒村。[1]

妇女之家的成员虽然没有工资，但是每次组织活动大家都很积极，很勤劳，参加活动也都是自愿的，谁愿意来做就过来帮忙，完全没有强迫性的要求，所以成员们做事都很开心，没有怨言，愿意付出而不求回报，只要大家开开心心的就好。妇女之家的主要经费来源之一是出租用具（举办红白喜事的桌椅碗筷和村政府的宣传活动等）；二是政府的拨款，在出租收入极少的情况下，妇女之家的家长都会到县里去争取经费。赵春仙说，其实她们大部分经费都是自给自足的，不希望给县政府带来压力，从县里争取来的经费大部分都拿出来用于村里的基础设施建设，造福大家。主要支出大多是投资村里的公共设施，比如修路、修桥和井盖完善等。当有成员生病时，妇女之家在过年过节时都会买礼物去探望。另一项支出就是应付活动用具的破损折旧，用于定期补充和修缮活动用具。

妇女之家成立之初只有50多位成员，至2010年已经发展到67位，都是本村的已婚妇女，每位成员入会时只需交纳20元和3斤大米，并在每年的“三八”妇女节统一入会。在三八妇女节当日，不仅会给新成员举行仪式，还会在当日公布妇女之家一年的各项明细账目，成员共同商议妇女之家在未来一年的发展。同时还要在本村的活动中心举行联欢活动，邀请村委会干部、邻村的同人和村里的老人参加，大家一起吃饭、唱歌和猜谜语。今年的阿昌族阿露窝罗节，她们妇女之家组成了10人的代表队表演节目，为了能够演绎出阿昌族妇女独立勇敢的精神，成员每天晚上排练得很晚，对于她们这些平时要顾家还要干地里农活的普通农村妇女来说，尽管很辛苦，但是想到自己是代表整个村的妇女去演出，她们一个个都热情高涨，功夫不负有心人，在今年的阿露窝罗节联欢会上，她们精彩的表演赢得了大家的热烈掌声。

当问及家人是否支持她的工作时，赵春仙微笑着说，作为两个孩子的母亲，家里的长女，工作很忙的时候根本就顾不上家庭，有很多事情都是丈夫来管理。孩子们有时候会埋怨她，但是丈夫却很理解她，支持她。说到这里，赵春仙饱含泪水地说，她现在最感谢的就是她的丈夫，没有他的支持，她是不可能坚持到现在的。有了家里人的支持，赵春仙分别于2007年和2009年两次在乡民族表彰大会上，获得了“五好模范”的称号，这些荣誉也给了她

---

① 许晓蕾．人民战争当先锋［N］．云南日报，2009－02－24．

极大的鼓励，她觉得工作得到了村里村外的肯定，在今后的工作当中她会更加努力。2009年，赵春仙作为妇女代表被选举成为九保乡的人大代表，她先后提出了改善人畜饮水、修建九保到大厂公路、种植优良品种的经济作物和养殖母猪等提案。如今，村里的人畜饮水工程已经基本落实，九保乡到大厂的公路已动工，种植养殖也已推广到各家各户。在种植养殖这个提案上，赵春仙率先在自家养了4头母猪，今年母猪产了20只猪仔，为了得到更好的效益，一般的猪仔都是在养两个月以后才卖的，她觉得养足3个月能保证猪仔的质量，这20只猪仔总值近12000元，村里人看到有如此高的经济效益，便纷纷效仿起来。

因为家里劳动人口少，上有老人，两个儿子都未成年，今年丈夫又去了浙江，在一家皮包厂打工，赵春仙的两个妹妹已经嫁去邻村，自己又有妇女之家的工作，这样她家大部分的农田已经出租给别人，每年收取1200元的租金，剩下的旱地种了些玉米、茶叶和红薯，种茶卖的鲜茶收入每年200元，玉米和红薯都拿来喂猪。仅仅这些收入是不够供两个儿子上学的，因此赵春仙在村里开了一间小卖店，靠卖一些日用杂货来维持生计，小卖店卖得动的主要是烟酒、洗衣粉、肥皂，面条、鸡蛋、小食品等。在我们详细询问小卖店的进货价格明细后，发现进货价和卖价之差只有几角钱，最多的差价也就是5角钱。赵春仙说来买东西的都是村里的人，大家共同住在一个村寨里几十年了，一直都很和睦，赚点钱就是为了糊口，不会像外面大城市那样东西翻倍的卖。除了小卖店之外，她家里还有一项收入就是赵春仙在公路队里打些零工，最近她正参加修九保乡到大厂的公路，村里妇女之家的很多成员都一块去，在公路队里妇女只能做一些轻便的活，比如拣碎石块和后勤工作等，一个月能够挣400多元。

赵春仙说，现在政策好了，村里早就通水通电了，每个月家里还有低保，再加上自己的努力，温饱不再是问题，前几年家里添了一台彩色电视，平时闲时就看看电视，特别喜欢看中央台的农业频道和中央新闻。以前自己年轻的时候还会织织布，但是当上妇女之家的家长之后，工作忙得已经顾不及织衣服了，现在很多衣服都是去市场上买的。

在访谈接近尾声时，赵春仙提出了两大希望：一是希望妇女之家规模能够发展得越来越大，壮大队伍之后就要提高妇女素质，村里大多数妇女都是小学文化，只停留在认字看报的水平，妇女之家以后会开办更多的知识讲座，组织村里妇女学习更多的文化知识。二是希望自己能够赚更多的钱来修缮自家的老房子，家里的老房子现今还挤着一家三代，如今有些木头已经生虫了，她希望能够依靠自己的劳动为家人赚来一栋坚固的房子，给予他们最安全的保护。

现今39岁的赵春仙，是一位普通的阿昌族妇女，具有阿昌族女性的优良美德：勤劳、热情和勇于奉献。同时她又是一位不平凡的阿昌族妇女，在她身上有着现代女性的特点：独立、自主和上进。她用她那颗炽热的心和执着的信念挑起了自己家庭和妇女之家的重担，她总是带着微笑默默地承担，用坚强与困难作斗争，她是事业上真正的女强人，是生活中最美丽的阿昌族妇女。

（六）阿昌族的文化学者杨叶生

杨叶生，男，1943年11月生，阿昌族，家住梁河县九保阿昌族乡丙盖村。1968年毕业于中央民族学院（今中央民族大学）汉语言文学系，毕业后回梁河县担任中学教师。杨叶生老师对阿昌族文化颇有研究，参加阿昌族神话史诗《遮帕麻和遮米麻》的搜集和翻译工作。该史诗1982年出版，2006年被列为第一批国家级非物质文化遗产名录。杨叶生老师曾发表民间文学作品数十篇，还参加编写了梁河县政协编辑的《梁河阿昌族今昔》，任副主编。近年还撰写了“阿昌族妇女服饰”和“阿昌族语传承的建议书”，杨叶生老师为梁河县阿昌族的教育和传统文化做出了巨大的贡献，被公认为阿昌族文化学者。

据杨叶生老师的父亲（名讳乔顺，俗名本太）生前说，他们这支杨姓阿昌族，是从腾冲团田移住朱兴街，又从朱兴街移至属南甸土司管辖的上弄别村。此村三姓人立寨：杨姓、赵姓和尹姓（为汉族）。田地山林各姓占三分之一。据说从团田至朱兴街又至上弄别，有约三十代。杨姓这支族人生性耿直、脾气暴躁，传言这支杨姓是打仗人的后代，全姓人都知道，先祖率族打仗，被击溃，首领负重伤，躺在一棵大树下，叫族人给他水喝，恰树旁有一水池，首领喝完水，令族人赶快逃走，便咽下了最后一口气。族人将首领葬在树下，就逃向了西边山岭间躲藏。于是，凡族人中出现年轻人夭折、六畜病损，就要合族举行祭祀。至今仍然如此。

杨叶生老师回忆说，高祖中年亡故，祖父祖母来丙盖村帮人，帮九保汉族种田，帮大厂汉族挖烟地，还割马草卖给九保开驿站的大户。1945 年鼠疫流行，生母曹叫虐去世。继母曹有英为生母之小妹，因丈夫亡故，改嫁给父亲，虽生育过，但未存活下来。继母卖山货，父亲帮人，生活艰难拮据。

1951 年村中办学，开始由九保杨品洁教，要求严格，随时拿着一个精致的水烟壶。后又来了许多老师，大理人杨慧芬老师借给他《钢铁是怎样炼成的》、《舒拉的故事》等书，还不时查问书中说了些什么。五年级时他被选送昆明夏令营，已去到县城，又被继母叫回，她说梦兆不好。小学毕业因成绩好，杨叶生还当过少先队大队长，后被免试保送梁河中学。初中三年劳动多，经常吃不饱，初中毕业考上芒市民族中学高中六班，才读了一个学期便休学，回家结婚。

1961 年 8 月杨叶生被梁河工委文教科杨世楚老师动员去中央民族学院读书（文教科长为杨贵周）。在昆明吃老瓜饭，光着脚在昆明柏油路上行走，经过漫漫行程，9 月 30 日来到北京，民族学院附中老师来接他，因公交车不能进城，他第一次坐小汽车。当时餐馆里吃的是黑面馒头，不见油星子的炒菜。过了几天校部一个女教师来接他，大概阿昌族学生只有他一个。在附中三年，真是读书乐，吃穿有保证；读书苦，老是有考试，还在教室后墙上公布成绩分数。1961 年至 1962 年月粮票定量 32 斤，不够吃，一位女同学把省的饭票分给他。记得有一次中午吃肉酱面，他一餐就吃了壹斤叁两粮票。1963 年后，在学校再没有感到饥饿过。春节吃的白米和白面馒头，至今还在回味当中。高二完，杨叶生成绩上升为全班第二名，被评为“优秀团员”。1964 年国庆节，杨叶生的妻子作为民族参观团代表，在北京西苑宾馆与他相会，后来有了女儿京燕。1965 年杨叶生高中毕业报考理科，未录取，他说那时因想回家，不复习，只看闲书。学校让他读汉语言文学系，读了一个学期他便借故头疼写申请休学，因为他是学校唯一的阿昌族学生，学校便动员他留下来，没有批准他休学，于是他便继续留在中央民族学院完成学业。

大学时，杨叶生因缘得张养吾老人好感，张老给他讲起过吴晗等人的情况。期间到过李维汉、刘正琰和老师马纯武、刘一沾、何润、刘克毅、李耀宗等家中拜访，作为学生代表听过杨述一次演讲，还听了一次周总理演讲，周总理的声音非常有磁性。1966 年末毛主席接见红卫兵，当时杨叶生就站在天安门城楼下，毛主席身材魁梧，眼见为实。在谈到在中央民族学院八年的学习生活感受时，杨叶生感受颇多：

（1）老师待人平等和气，不因或愚或笨歧视。到老师家中以礼相待，老师也来学生宿舍和蔼交谈；提疑问老师耐心解答，每个老师都给他留下了良好印象。（2）老师知识面广，有问必答。刘正琰老师还约他到家里教写书法，何润老师还给过他钱，刘一沾老师还为他设过告别宴。（3）同学间不打不吵，女生主动帮男生洗缝被子，同学间相互尊重，相互包容。那八年时间大家能和睦相处，真可谓人间美事。（4）识了许多字，看了许多书，曾经因深夜在教室读《古文观止译注》，多次被老师撵回宿舍休息。参加各种社交活动开了眼界。

毕业后，杨叶生老师曾经到广西三江侗族自治县参加“社教”，走了许多村寨，农民集体种田，没有经济作物，没有副业，当时生活条件异常艰苦，没有肉吃，饭也吃不饱，中午吃油茶木薯，身子还会过敏发痒，晚上回来要开会学习。当时杨叶生在县里的办公室负责写汇报材料，队长是该县副书记季远祥，平实随和，不久也被定为“走资派”。

1970年4月杨叶生回到家乡，被分配在大厂中心小学教附设初中班，1974年底调去梁河中学任教，教过高中8、9、10、17、20、26、27班的语文课，还到盈江民族寄宿制中学代过高中2、3、6、7班的语文课，以及梁河职业高中班语文课、历史课。也应聘去缅甸密支那育成高级中学教过6、7、8、9班的国文课，当班主任的高6班，毕业75人，报考台湾大学52人，竟考上了42人。杨叶生老师说那里的阿昌族挺好，有人情味。

1980年初杨叶生拟了请求国家批准成立阿昌族自治县的提案稿，交给阿昌族五届人大代表曹自芹。国务院办公室给了答复，虽未批准，但给予了相应的政策照顾。1982年2月经过两年多调查，杨叶生向阿昌族干部提议恢复阿昌族节日为“窝罗节”被采纳，州人大认可，从1983年开始至今未变。征得县内傣族、景颇族干部认同，杨叶生提出了办一所民族寄宿制中学的请求，省州政府派人来梁河选好了地址。杨叶生建议安排人员记录阿昌语也被采纳，曾安排曹明强（第十届全国人大代表）等人去做。

1979年8月起，杨叶生参加收集翻译的阿昌族创世神话史诗《遮帕麻和遮米麻》于1983年1月出版，1980年至1981年杨叶生担任梁河县阿昌族民间文学调查组组长，编印两集《阿昌族民间故事集》，翻译了“活袍”念诵的9部叙事诗，有30多篇发表在刊物上。译写了长篇历史英雄故事《早概》。2003年任《梁河县阿昌族今昔》副主编。近年写了《恢复用花带子系筒的传统》、《在阿昌族村寨小学开设阿昌语教学的建议书》被出席州人大代表采纳。主持设计了永和村阿昌族文化墙，为《遮帕麻和遮米麻论文集》编委。十多年来负责本村老年协会，筹措资金建厨房、置餐具、建餐厅，方便了村民。

当我们与杨老师探讨阿昌族传统文化的传承与保护问题时，他说，阿昌族虽历史悠久，但它经历了太多的挫折，主要原因是其没有文字。从总体看，阿昌族经济文化发展仍处于滞后状况，杨叶生老师从学者的角度出发，对传承阿昌族文化给出了以下一些建议：

（1）在阿昌族人口聚居的丙盖、横路、关璋、湾中、别懂等小学的1至4年级开设阿昌语教学，每班每周上阿昌语课1节。

（2）进入九保、囊宋两个民族乡工作的阿昌族公职人员最好会用阿昌语交流，穿戴民族服饰。

（3）节日、嫁娶、建房场合要穿民族服饰，礼仪过程均用阿昌语表达。扶持2～3个日常生活穿民族服饰和说阿昌语的民族村。

（4）每年窝罗节要专门安排跳阿昌族古舞、唱古歌的节目，民委应拨给经费培训表演队。

（5）窝罗节头天晚上活袍（祭司）用阿昌语念诵《遮帕麻和遮米麻》一遍。

（6）拨给补助经费重版《遮帕麻和遮米麻》汉文本、《遮帕麻和遮米麻论文集》、编辑出版《遮帕麻和遮米麻儿童画册》、《阿昌族民俗故事集》、《阿昌族古歌集》、《阿昌族宗教礼仪集》，以及用国际音标注的《阿昌语词典》和《阿昌语会话集》。

杨叶生老人心里一直在思考着保护和传承阿昌族传统文化的思路，通过与他的接触与交流，我们也感受到了他对阿昌族文化那份浓浓的情感。

（七）阿昌族的“活袍”曹明宽

曹明宽是阿昌族的活袍。活袍相当于汉族的经师，据说通人通神又通鬼，负责主持各种宗教祭祀活动。因为阿昌族没有文字，故有的地方又称活袍为“无字经师”、“口头经师”或“念经老人”。在阿昌族民间，活袍非常受爱戴和尊崇，他们是阿昌族传统文化的主要传承人。掌握着各种宗教活动、仪式、礼仪、习俗以及口传文学。

曹明宽，男，阿昌族，1945 年生，小学文化。全家经济收入以农作物玉米、油菜、稻谷和养猪为主。曹明宽从小生长在阿昌山寨，不仅会唱阿昌语古歌，更是阿昌族祭祀活动的代表人物，在当地有较大的影响力，是他们寨子里号召力最强的人。他 36 岁开始主持丧葬祭祀活动，能完整念诵阿昌族创世神话史诗《遮帕麻和遮米麻》，2007 年、2008 年连续两年都获得由国家文化部颁发的国家级非物质文化遗产项目代表性传承人称号，是第一批国家级非物质文化遗产保护名录民族民间传统文化传承人。

据介绍，“活袍”的产生有两种形式：一种是“阳传”，也称师传；另一种是“阴传”，也称“真传”。所谓阳传是由前辈“活袍”培养、教导、传授而成的“活袍”，当老活袍在帮人送魂、念鬼时，他们经常是老活袍的助手，被师傅看上后收为徒弟，在他们获得必要的献鬼知识后，师傅帮助他们立起祖师坛，便可独立为群众看卦、念鬼。而“阴传”则无师自通，产生于具有血缘关系的人群中，大体是由神在梦中或患病时传授法术的“活袍”，如某人遇到某种危险后化险为夷，或长期生病发生休克后又复苏，认为是死里逃生的人立起祖师坛而成的“活袍”。在人们的观念中，这类“活袍”是得到祖师真传的，地位高于阳传的“活袍”，他们常说：“没有师傅真传授，识得天书也枉然。”因此，阴传的活袍受到更多的信赖和崇敬。

曹明宽是属于阴传的“活袍”。据说，在 30 多年前，曹明宽突然患了一场大病，骤冷骤热，一病就是三年，经常在昏糊中不停地嘀嘀咕咕，说唱出从未说过的话语和歌谣，还会做出一些非常人所为的怪异举动，如自己爬上房梁，摔下来了也没伤着，还会拿着碗就啃等，清醒之后，却对自己昏糊中的言行丝毫不知。家人也曾带着他到医院检查，身体状况却一切正常，没检查出什么问题。就这样，曹明宽受了三年的磨难之后，终于有一天突然病就好了，在没有人教授的情况下，突然间自己就会念诵完阿昌族创世神话史诗《遮帕麻和遮米麻》，后来家人瞧卦后，知道是去世活袍的灵来找他，于是病愈后便设师坛成为“活袍”。此后，每逢阿昌族举行庆典，都会邀请他到活动场地祭奠创世始祖天公遮帕麻、地母遮米麻，并念诵创世神话史诗《遮帕麻和遮米麻》。在节庆里，如讨亲嫁女、起屋盖房和阿昌族一年一度的“阿露窝罗节”，都会邀请曹明宽主持献祭活动，他为人们祈求平安、顺利、吉祥如意、五谷丰登、风调雨顺。除此之外，他还能全面主持当地日常民俗活动，如做丧事发送、祭大小家鬼、送灵、安龙奠土等祭祀仪式，他所做的各种祭祀活动比较尊重传统，讲究每一道程序都完备齐全，不马虎应付。他念诵的经文字正腔圆，阿昌族群众特别爱听，有曹明宽的地方，周边就不缺听众。他是当地民俗活动不可缺少的主持人。

采访曹明宽老人的那天上午，天空下着毛毛细雨，天气微凉。我们带着一种崇敬和敬畏的心情，来到了曹明宽老人的家里，在张乡长的邀请下，曹明宽活袍要给我们调研组的成员做一次“活袍”现场做法，念经算卦。由于大家都是第一次观看体验，当时的一切事物对我们来说都是那么新奇，陈旧古朴的屋子里，神坛上燃烧着的烛火，因为下雨天气有点凉，屋内火塘里燃烧着柴火，还有屋里烧香的一股股檀香味，无处不笼罩着一股神秘的气息，让我们感到有些紧张害怕。我们看到的“活袍”祖师神坛，设在房屋中堂的左上角，下面还摆设一张小桌，小桌上摆放着许多祭祀用的法器和祭祀用品，有金竹筒、长刀、剪刀，三牲，清水、酒、谷、米各一碗。祖师坛中央有一匹用香木雕刻而成的马，马背上备有马鞍，马前祭祀着五谷、三牲和一碗清泉水，据说祖师就骑在马背上，五谷和水石是提供给马享用的，碗上还架着剪刀和香火。那把金竹筒长约 1 公尺，选用直径七八厘米的一段金竹，剖成两半，除去中隔，放入雉鸡尾再合起来。对“活袍”们来说，它是一件不可缺少的法器，曹明宽老人说，它顶替着半部“无字真经”，阿昌族没有文字，念经全凭“活袍”记忆，难免有遗忘和疏漏，有了这个雉鸡尾竹筒，“活袍”念不到的地方，忘记的部分它会帮补上，有如佛教敲木鱼一样的道理。

随后，活袍和他的助手开始烧纸钱，阿昌族称纸钱为华码，曹明宽师傅开始手摇雉鸡尾金筒和一把大纸扇，念起了阿昌语经文来，声音时大时小，身子不停地颤抖，嘴唇还不时发出像动物一样的怪叫声，呼唤祖师从神界下来，突然间，老人“扑通”一声，跌倒在地，原来是祖师神灵已经附在他的身上，接着助手把他扶起来，又接着继续念经算卦，此时可以向“活袍”问卦算命，最后师傅帮我们算好卦祈福求平安之后，就送神回去了。整个过程虽然只持续了半个多小时，但是却让我们看得有点心惊胆战，被活袍师傅严肃的表情、动作和神态震撼了。

曹明宽老人还跟我们说，活袍的饮食和行为也有一定的讲究，不食残羹剩饭，不吃狗肉、水牛肉、马肉、泥鳅、鸽子肉等，有活袍共餐，做菜不能事先品尝等，若有违背，祖师会下凡惩治。

（八）乡村医生龚荣元

丙盖村卫生室与村委会在同一个大院里，龚荣元在村卫生室担任了35年村医，为乡村医疗事业奉献出了自己宝贵的青春。为了解龚医生的事迹，我们特意对他进行了专访。

在采访之前，龚荣元医生带我们参观了村卫生室。卫生室一共四间平房，与村党支部的新楼属同一期所修，中间一间是休息等候室，门口悬挂着“丙盖村卫生室”的白底黑字牌子，一侧为一间注射观察室，一侧为一间诊断室和一间药品储存室。休息室里张贴着《306种注射剂临床配伍应用检索表》、《疫苗接种流程》、《免疫规划疫苗免疫程序》以及与接种相关的各种通知和宣传画报，注射观察室里整齐摆放着五张病床，棉被配备齐全，诊断室中有两张桌子和一个药品架，架上摆放的主要是一些供服用的西药制片，龚医生平时在这里接待上门的病人，药品储存室里只有一个药品架，架上放的是一些注射用的西药制剂，总的来说，我们看到的药品总量十分有限，白色的药架在零星药品的衬托下显得空荡荡的。

龚荣元从医一生，阅历丰富，他表示同过去的条件相比，今天的村级医疗条件已经相当令人满意了。龚荣元是傣族，今年57岁，28岁时与妻子曹德芬结婚，夫妻二人都是中共党员，龚医生已经有28年党龄。他们夫妻育有两儿两女，现在有了两个孙子，大孙子上一年级，小孙子才8个月大，从龚医生幸福的笑容中我们似乎可以读到他家子孙三代在一起的幸福生活。

龚医生从业35年，目睹了村里医疗卫生条件改善的全过程，是当地经济社会发展的见证人。龚医生的父亲过去是生产队的干部，龚医生年轻时曾接替父亲做过12年的生产队队长，“文革”结束后，1976年他被聘到大队医务室担任医生，享受正规编制待遇。龚医生讲到当初从医主要是因为自己上过小学，而且本来就是一名草医，当时顺理成章地担任了大队医务室医生，起初的医务室只是一个简易的遮盖上油布的草棚子，大概四五年之后才搬到了村公所的厨房，环境相当简陋，受条件所限，不能输液，只能打肌注，所以当时只能诊治小病。经过每隔大约四年一次的搬家，今天，村级卫生室已经配备了新式病床、冰箱（用于存放药品）等医疗设备，医疗条件的改善为村民看病提供了更多的便利。

我们很关心乡村医生的工资待遇和业务能力的提升问题，为此，龚医生也仔细回忆起自己的经历，为我们一一讲述。龚医生回忆起“文革”期间接受的医务培训，讲到当时老师培训乡村医生时不讲输液方面的知识，至于外国的医疗技术，老师自己也不懂，就安排大家照抄黑板上的文字介绍。真正正规的培训还是要追溯到1980年和1982年县医院组织的两次集中培训，也是从那个时候起，村级卫生室才开始慢慢纳入正轨。此后，州级医院在2000年也曾组织他们进行过一次集中培训，每年乡级卫生院都会组织一些为期一天的短培训，集中规范药品采购点和定价规则。龚医生1976年刚到大队医务室时，每个月工资为9元，外加10个工分，现在每个月得到国家补贴150元，其余的必须挣一分算一分，把平时每月50元的电费算在内，医务室一年的收入大概就在5000元左右，龚医生说这些只够补贴家用，他家里还另外种了5亩地，自己和妻子在家打理，一年收入小有结余。

龚医生负责两个村民小组的医务工作，包括丙盖村131户和丙岗村74户人家，几乎所有家庭离医务室都在半小时路程范围内。龚医生家里安有电话座机，平时哪家有急病，通常都会打电话找龚医生上门诊治。通过广泛的宣传和动员，新型农村合作医疗在丙盖村落实得非常好，98%以上的人都参保了，龚医生在为参保农民看病时，只能开出低于25元的处方单，并直接将报销额扣除，自己再集中一个时间到乡农合办凭处方报销，为老百姓提供了便利。

由于梁河县靠近边境，全县的“禁毒防艾”工作任务自然很重，作为村级卫生员，龚医生除了看病救人之外还承担着大量宣传工作，我们在他的卫生室里看到的关于禁毒防艾的宣传单就堆满了一个桌子，也正是在多方面的努力下，如今丙盖村村民能清醒认识毒品的危害，该村已经成为一个无毒示范村（无毒村特指无增吸毒品）。谈到这方面工作，龚医生还专门介绍了丙盖村党支部无职务党员禁毒防艾岗的成员和工作职责，他自己就是其中的主要成员，他平时一边向村里18～50岁的人宣传禁毒防艾的知识，一边还承担着婚前检查和随机抽取村民血液送交九保乡卫生院化验的工作。龚医生还介绍了这项工作遇到的困难，主要集中在任务重，村民对抽取自己血液的不理解，村民观念上的落后一定程度增加了工作的难度。

当我们要求龚医生介绍一下自己取得的成绩和荣誉时，他推辞了，他认为自己从医救死扶伤本来就是出于人道主义精神，没有什么值得夸耀和表扬的，在我们再三请求下，他才提到1979年灭鼠行动中，他组织人员挖鼠洞，一直从梁河县挖到了腾冲县、保山市，当时曾受到全县表彰。此外，他还曾受到县卫生局表彰。几年前，因为村里没有合适的妇女做接生员，龚医生又挑起了这个担子，当时为接生员配备的器械只有剪子、纱布和酒精，尽管要求孕妇在县医院或者妇幼保健院分娩，但紧急情况难免时有发生，龚医生就凭这样简单的器材一共平安接生了34胎，并在危难之时抢救了数对母子的生命，令人感动的是，有8位经龚医生接生的孩子以认他做干爹的方式表达了对龚医生的谢恩之情。

龚医生在村里受人尊敬，他本人也觉得十分自豪。龚医生从医至今仍然保持着零事故的记录，他和我们分享了他为此坚守的几个原则：一是为病人量好体温，做好提醒；二是做好青霉素皮试；三是病人有不良反应，及时使用肾上腺素稳定情况；四是多向上级卫生院报告，及时转治疑难杂症的病人；五是预防为主，做好宣传工作，比如针对七八月份容易出现的食用蘑菇中毒，他都会提前对村民宣传。在村级卫生院从医35年保持平安是极难做到的，龚医生严谨的职业风格深深感染了我们。

龚医生现在年纪大了，他也并不是没有考虑过退休，可是接班人却成了一个最大的难题。2009年他曾办理了退休手续，工作由一个刚从德宏州卫校毕业的女青年接任，但由于村里的生活枯燥，加之待遇不太理想，女青年没做几个月就不愿意干了，无奈中，经过卫生局反复做工作，龚医生又重挑重担，究竟什么时候能找到合适的接班人，龚医生自己也十分犯愁。

在我们的要求下，龚医生结合现在工作中的困难谈了几点对未来的期望。他首先谈到的是希望能提高每月对村级医生的补贴费，现在每月150月的补贴与周边地区相比确实处于较低水平。其次，他谈到了村级卫生室运营问题，如今卫生室的成本由医生本人垫付，到指定的医疗公司购药，由于资金有限，每次进药都进不齐全，也不能多进，120多种规定药物中只能进80多种，龚医生希望相关部门考虑给每个乡村医生配备一笔周转资金，将这笔资金打入每个人的固定账户，用于医生支付药物成本，周转后医生及时将资金还入该账户，如此运行就能克服成本有限的短板，这项提议类似某种定期无息贷款。最后他还提到了新型农村合作医疗报销程序比较复杂，而且是当月报销，下月取款，更增加了乡村卫生室资金周转的困难。但他同时也表示理解政府各级部门的难处，不管存在什么样的困难，他都会一如既往地工作，在岗一天，就要尽一天的责任。

十五、特色农业经营者

（一）白花油茶种植者何生进

今年56岁的何生进，是勐科村白花油茶的种植大户。虽然年近花甲，但是何大叔的脑子依然灵活，他穿着深蓝色的衬衣，黝黑的皮肤在阳光的照射下显得很有活力。刚刚进入访谈时，何大叔显得有些腼腆，经过十多分钟的交流，他逐渐打开话匣子，显得十分健谈。小学毕业的他文化程度不高，但是说到白花油茶，可以说他就是一位专家。

何生进年轻的时候并没有种植白花油茶。20世纪70年代初，何生进进入勐科村的卫生室工作，在那里他学会了一些简单的医疗技术。1977年，由于何生进在卫生室里踏实工作，积累了一些行医经验，医术也有所长进，他便在村里开了一家小诊所。小诊所的开张使得何生进意识到自己在卫生室所学到的医学知识并不够用，自己作为小诊所的大夫应该懂得更多专业的医术，为此他到县城里买了许多医学书籍，特别是介绍中草药知识的书籍，潜心研究。在勐科村的大山里生长着许多我国名贵的中草药，这些便利条件加上他本人的努力，使得何生进的小诊所很快赢得了村民的支持，大家看病拿药都去他家的诊所。直到今天，对于村里每个人的血型和身体基本状况，何生进都还记得一清二楚。

1998年，乡政府开始拍卖荒山，何生进拍下了1600亩山地，开始了种植业。当时这1600亩地并不是完全拿来种白花油茶的，大多拿来种植茶叶、核桃、梅子、草果和零散的白花油茶。茶叶的收成较好，何生进家主要卖春茶，因为春茶的产量高，质量也高，收购价格比夏茶贵很多。梅子是专门有县里的厂商上门收购，当初的价格还卖得不错，但是当梅子供大于求时，很多梅子只能积压在山上卖不动了。效益最好的当属核桃和草果了，因为这两种农作物都挑土地生长，他家的地正好都适合核桃和草果的生长，所以在大面积种植白花油茶之前，何生进家收入的主要来源就是核桃和草果。

在谈到自己开始大面积种植白花油，如今成为种植大户时，何生进说首先要感谢政府给了他这个机会，因为政府的政策好，才有了今天他的这些成就。从2010年开始，白花油茶成为勐科村“整村推进”的重点产业，勐科村又是九保乡白花油茶的示范点，何生进正是抓住了这一机遇，从2010年起，把自家1600亩中的1400亩地全部换种上白花油茶。以前他这上千亩地主要是种草果，套种白花油茶，现在主要种植白花油茶，套种草果、核桃和八角等。他甚至把自家的水田转包给了其他农民，全家上上下下都全心全意投入到种植白花油茶中来。

何生进有四个儿子和一个女儿，除了小儿子其他孩子都已结婚，还有七个孙子。如今除了女儿已经嫁出村之外，四个儿子都在家一心一意帮助何生进种植白花油茶。几年前小儿子还去过上海打工，在电子厂做组装电子产品的活，能够挣一些钱。但是面对大城市的生活压力，在父亲的号召下，小儿子还是决定回家帮父亲种植白花油茶。当我们问何生进是不是逼迫儿子回来帮忙的，何生进笑哈哈地说：“绝对没有，我绝对尊重儿子的选择，他们都是自愿回家的，年轻时想看看外面的世界才出去打工，现在了解了，学到东西了就回到家里帮忙。他们都一致看好政府的政策，觉得种白花油茶能够赚大钱。”

白花油茶的果实是一年收一季，一般在每年10月份的时候采摘。何生进的第一批规模种植在2010年的5月已经下地，预计3年之后才能挂果。白花油茶树可种植50~60年，最高能长到4~5米高，10年左右的成树就可以长到4~5米。种植前3年的挂果量会相对少些，中期也就是10~30年是白花油茶树挂果产量的高峰期。白花油茶的果实主要用于提炼食用油，相对于其他食用油来说，它的口感更好，味道更香浓，目前市场上白花油茶是70元/市斤，效益比种其他茶籽更高。何生进满怀信心地给我们介绍说，如今县里已规划投资建一座榨油厂，再加上其他私人的榨油厂，白花油茶的市场前景无可估量。目前每亩白花油茶的收购价就是2000元/亩，相信随着白花油茶的畅销，这个价格将会一路上升。而且种植白花油茶是国家扶持的重点产业，每亩可获得补助240元，同时政府还补助种、苗和化肥等，农民只要付出劳动成本便可获得收益。乡政府还开展定期的种植培训活动，有专门的整乡推进的林业技术员来上课，有了这些措施，农民对种植白花油茶都吃了一颗定心丸。

由于勐科村地处深山，地势陡峭，大山林立，而何生进的白花油茶大多种植在山上，因此交通不便成为目前种植白花油茶的最大困难。在过去小面积种植丰收的时候，白花油茶的果实都靠人工一筐一筐地背下山，再用家里仅有的一部摩托一车车地拉出山外。在收获时节又恰逢下雨天时，路况不好，山路很多地方经常塌方，摩托车不能搬运的时候，何生进的白花油茶果实只能用牛和骡子来驮出大山。有一次，正值雨季时节，由于雨势较大打落了即将成熟的白花油茶的果实，何生进不得不提前搬运果实下山，发动全家人一筐又一筐地搬到山下，而此时雨越下越大，山路泥泞，如果把果实分批运送的话，果实就会放在山下淋雨，这样对于果实的保存是极其不利的，然而仅靠家里的一辆摩托车和一头骡子也不能一次性将几百斤的果实运出山去，何生进只能返回村里借了几头骡子分批次搬运果实，最后，经过一天艰苦的路程，何生进一家终于安全地转移了果实。

过去村里的白花油茶树都是靠天养的，通过村里关于白花油茶种植的培训，何生进知道了只有通过人养才能提高白花油茶的产量。为此，他特别注意白花油茶化肥的使用，该打农药时不会吝惜花钱买最好的农药来打，打农药的当天都不离开林地，守着地生怕白花油树发生任何不良反应。为此，何生进一家干脆出资在山上建了一间小房子居住，为了方便管理白花油茶地，同时也可以防贼。说到防贼，何生进说，一般本村的人都不会窥视别人家的地，偷摘果实的大多是邻村的一些游手好闲的人。以前他家种草果的时候，被偷的情况经常发生，被偷了也查不出是谁干的，因为大多发生在夜里，小偷看到地里没有人看守就会起邪念，被偷也只是小部分的地，虽然每次被偷的果实不多，但是一次次积累下来小半年的收成都没了。目前何生进买了一台小型发电机给林地里的小房子发电，用于平时的照明，但是要是用到大型的农用机械，还是需要把电缆拉到山上才能使用。

目前困扰何生进的三大难题就是劳动力问题、通电问题和交通问题。尽管何生进家里有四个儿子和三位儿媳妇，加上何生进两大妻一共是九个劳动力，但上千亩林地九个人是管不过来的。在农忙的时候，他们会招小工干活，每天 25 至 30 元工钱还包食宿。招小工虽然能够减轻何生进一家的劳动负担，但是同时也增加了种植白花油茶的成本，他希望能够通过现代化的设备来解决劳动力问题。二是通电问题，由于何生进的林地在深山老林里，村里的电缆没有通到那里，目前还不能使用大型机械设备。三是目前最待解决的交通问题，同样也是因为地理原因，山路由于不是主干道，都是土坡路，下起雨来容易塌方，不便于运输，果实积压太久的话就会降低出油率。

何生进一家目前已经没有沉重的家庭负担，五个孩子都已长大成人，吃穿住行都比十多年前好多了，正好又遇到西部大开发国家对云南农业的大力支持，一家人在村里已经算是处于中上的生活水平。总结何生进一家致富之路有三个特点：第一，肯干、勤劳和不屈的精神。尽管遇到了许多困难，他们都没有放弃自己心中认定的劳动致富的信念。第二，敢想敢干，善于创新。在只能种水田旱地的年代，何生进想到了可以种核桃草果，在种核桃草果的年代，何生进又开始种起白花油茶，不仅是种，还是大面积的种植。面对着变化无常的市场，只有不断地创新才能处于不败之地。第三，顺应市场，抓住机遇。何生进抓住了白花油茶是国家重点扶持产业这一机遇，通过自己的努力，加上政府对其初始资本的投入，相信他会赚得满满的第一桶金。虽然只拥有小学文化水平，却深知经济学理论中的供给与需求的关系，了解价格和市场对白花油茶的重要影响，还认识到现代化的农耕方式的重要性。

访谈接近尾声时，聊开了的何生进向我们道出了他心中的一个梦想：建立自己的白花油厂，有全套的榨油设备，进行一条龙的生产，最好还能创建自己的品牌。梦想是理想，也是计划，这一梦想就是何生进对未来的计划。“一分耕耘，一分收获”，我们相信勤劳聪慧的何生进在不久的将来能够拥有自己的白花油厂。

（二）制茶致富带头人王宽茂

不多言语，善于思考，憨厚外表下掩藏着一颗勇于创业的心，这就是王宽茂，一个敢想敢干，有着自己的想法和精明的商人头脑的创业者，一个靠制茶起家的致富带头人。王宽茂，男，中共党员，出生于1967年，小学毕业。王宽茂告诉我们，他小学是在邻近的大厂乡念的，当时由于家里经济条件限制，小学毕业他就没有再上学了，现在明显感觉到知识的缺乏，出门闯荡的几年中尤其感受到了知识的重要性。

王宽茂1989年结婚，他和妻子都是阿昌族，跟其他阿昌族男女一样，他们也是自由恋爱。妻子是邻村嫁过来的，今年40岁，谈起自己的妻子，王宽茂显得得意和自豪，他妻子曾被评为乡里的“女能手”，贤惠能干，自己能够靠制茶致富，很大程度上要归功于妻子的支持和协助。王宽茂有两个孩子，大女儿初中毕业，他们夫妻都支持孩子继续读书，但女儿自己不想再读了，现在已经结婚，嫁到其他村子了。小儿子目前在乡里的九保中学读初二，住在学校，很少回家，成绩不错，每个星期大概要从家里拿60元的生活费用。

提起过去，王宽茂颇为感慨。结婚之初生活条件艰苦，基本就靠种地种田过日子。虽然王宽茂文化程度不高，但眼界比较宽，敢想敢干，25岁时就被推选为村民小组长，年轻能干的他一干就是11年，期间为村里的各项建设做出了很大贡献。王宽茂还特别提到，他在1997年入了党，曾经是村里的优秀党员和各项活动的积极分子。平时他善于思考，勤于找门路，从村民小组长退了以后，他联系了一次矿山开采的活，自己做小包工头，从村里带领4个人到邻近的河西乡采矿，自己从中拿到一些回扣。打了一年的工，大概挣了20000多元，但是也因为采矿时右脚受伤而被迫回家。问起脚伤，王宽茂庆幸只是小伤，现在已经完全康复，没有大碍。在家养伤期间，他一直在思考，不停地找寻商机和出路。

王宽茂告诉我们，基于气候、土壤的原因，村里的土地很适宜种茶。另外，村里有世世代代种茶喝茶的传统，茶叶的质量也很好，市集上的茶价也高，加上村里的茶叶还没有形成规模生产经营，村民都是往市集上卖鲜叶，市集较远也不方便，种茶卖茶成本也高。考虑到这些原因，王宽茂觉得，为什么不就地把鲜茶叶加工成干茶，然后再形成规模集体销售出去呢？这样就可以减少茶农卖鲜叶的成本和运输的折腾。王宽茂说干就干，2007年就利用打工挣的钱购置了揉茶机，修建了厂房，准备进行茶叶收购和加工，再运出去销售。但是，仅凭打工所挣的钱远远不够建厂，资金的短缺令他发愁，于是王宽茂果断地贷款10000元，用于厂房的建设和其他机械设备的配置。王宽茂介绍说，他家有20亩茶地，产量也不错，茶厂建起来之后，他首先实验自家的茶叶，效果不错，于是立马就决定放手干起了茶叶加工制作。首先按市场价在村里收购鲜叶，在自家厂里加工成成品茶，卖出成品茶价格高了许多。整个2007年茶叶产量很高，一年下来，加工后的产量达到5吨，按照当时的价格应该能挣20000多元。说到这里，王宽茂有点气愤和无奈，原因是在他事业起步之初就遇到了一些坎坷。当时由于经验不足，第一次做生意警觉性不高，加工好的茶叶卖给别人的时候中了骗子圈套，茶叶被运走了，但钱没有拿到手。据他介绍，当时苦于没有销路，有人愿意合伙，负责联系茶叶的销售，哪知后来竟然被骗，他只拿到了一小部分钱。这对于雄心勃勃准备大干一场的王宽茂来说，无疑是一个很大的打击，5吨茶叶基本上打了水漂，一年下来辛辛苦苦的劳动成果赚得很少，连贷款投厂的债务也还不了。但是王宽茂并没有因此而放弃自己的致富梦想，他告诉我们，尽管心里很难受，但是自己从小就有一股拧劲，不达目的不罢休，不成功绝不放手。他决定继续坚持做茶叶加工，他坚信制茶事业定能获得成功，这一决定得到了妻子的大力支持，于是夫妻二人齐心协力，继续实现制茶致富的梦想。说到茶叶，王宽茂介绍说，当地种的茶都是绿茶，分春茶和夏茶，春茶的收购时间一般在每年 4～5 月份，夏茶在 6～8 月份。春茶的出茶量多，茶叶质量好，而夏茶的出茶量少，茶质也相对较差。还有少量的秋茶，但秋茶是剩下的尾茶，量极少且质量很差。王宽茂的茶厂收购加工的主要是春茶和夏茶，春茶占相当大的比重，是茶厂主要收购和加工的茶叶品种。今年春茶的收购和加工工作已经结束，受到干旱影响，产量一般，只有 1 吨半左右，按照现在的市场价 40 元/公斤，今年春茶有 60000 多元的收入。今年的夏茶由于气候的原因，目前还没有进行收购和加工，估计产量也不会太高。谈到茶厂的效益，王宽茂说，效益与制茶工序有关。茶叶的加工要按照一定的工序来完成，自己制茶的经验是村里流传下来的，也外出学习了一些先进的制茶知识，能够保证出茶的质量。茶厂的效益还与茶叶的种植情况密切相关，一是气候的影响，二是病虫害的防范。现在政府也在大力扶持茶叶的种植，目前村里有“梁河县高优生态回龙茶园示范基地”，茶地很规范，已经形成了规模种植，产量很高，质量也很好。对于病虫害的防范，王宽茂显得很自信，他说自己有丰富的经验，在什么季节用什么药，这都是有讲究的。自家的二十亩茶地产量高、质量好，主要都是归功于自己丰富的种茶经验，自己也乐于在村里推广和普及种茶的知识和经验，使越来越多的茶农受益。

王宽茂通过制茶致富，同时也带动了村里各方面的发展，为村里做出了贡献。茶厂效益好了，在村里收购鲜叶的价格也上升了，村里的茶农都愿意把鲜叶卖给王宽茂的茶厂。现在好的鲜叶能卖到 5 元/斤，茶叶好卖好赚，带动了茶农种植茶叶的积极性，使村里的茶农看到了种茶致富的希望。据王宽茂介绍，自从自己开始经营茶厂后，自己的几个弟兄和亲戚朋友都致力于种茶，有的甚至完全脱产，专门种茶，积极性都很高，经济状况也越来越好了。另外，茶厂的运作也带动了相关的就业，给村里人带来了新的经济收入模式。每年的春茶收购和加工季节，自家人根本忙不过来，必须在村里请小工帮忙，每年春季光支付工钱就大概有 5000～6000 元。茶厂与村民互惠互利，村民都很乐意到茶厂做工。至于加工好的茶叶的运输和销售问题，王宽茂说没有什么困难，他自家有一辆微型卡车，茶叶完全靠自己运送，减轻了运费和其他耗损，相当方便。他们加工好的茶叶并没有拿到市集上销售，而是运往腾冲县，与那边的茶叶经销商已经形成对口买卖。选择运往较远的腾冲县卖茶叶，也是因为王宽茂通过考察觉得那边茶叶价格高，自己有车，能节约成本，比卖给县城的茶叶经销商划算。他告诉我们，目前村子里有两家茶厂，另外那家与自己的规模差不多，但是效益要比自己好一些，茶叶的加工和出茶快，出茶率比自己高。现在茶厂面临的竞争也激烈，自家的茶厂在区位上就不及竞争对手，自家茶厂离公路主干道较远，不太利于茶厂的进一步发展。而另外那家茶厂本身就建立在公路主干道边上，在竞争中处于优势地位。他还提到，自己的茶厂不仅面临村里同行的竞争压力，同时还要与外乡的鲜叶收购商进行激烈的竞争。现在茶叶是走俏的商品，经营茶叶的商人也多了起来，他们来村里以更高的价格收购鲜叶，鲜叶收购价格的抬高对王宽茂茶厂带来了挑战，但是坚韧要强的王宽茂并没有因此而气馁，他告诉我们，自己决定要做一件事，就会坚持把它做成做好。因此，他对自己的茶厂有更进一步的规划，而且相当有信心。一直想把茶厂做大做强的王宽茂，曾经遇到有外商来谋求合伙投资的机会，可以做属于自己的品牌，但是他觉得对方的一些要求不合理，经再三的考虑，联想起 3 年前被骗的经历，他断然拒绝了合资者的要求。虽然没有合作成，但是合资者的想法触动了王宽茂，几年的茶厂经营下来，直觉告诉他如果能做出自己的品牌，那才是真正的成功。他计划与几个人一起在收购鲜叶和加工的基础上，进行茶叶包装，做出自己的品牌。今年他计划把茶厂的厂房搬到公路主干道边上，方便经营和进一步扩大生产。他说，自己有地皮，只需出资金就可以了。但是谈到未来的这些打算，他表示最大的问题还是资金欠缺。想形成自己的品牌，注册商标至少得 10 万元，搬迁和扩建厂房至少要花 10 万元，这些都是目前自己无法承受的。他告诉我们，其实很想自己一个人搞茶叶包装，这样就不是赚卖散茶的钱，而是卖自己的品牌，这样利润就会翻几番。

经营茶厂后，王宽茂家里经济条件变好了，2007 年他就买了一辆摩托车，2008 年买了太阳能热水器，同时又花 4 万元买了一辆面包车。家里电气设备很齐全，以前修的沼气池基本上都没有用，煮饭都是用电磁炉。由于经营茶厂，没有时间和精力做其他农活，王宽茂家除了茶地外的大部分旱地和田地都改种树木，主要种植西南桦、杉木等经济类树木。仅剩的2亩水田也承包给别人种植，粮食平分。茶厂的活也是分季节性的，王宽茂很有经济头脑，忙时经营茶厂，闲时就利用面包车在周围几个乡镇跑客运，为家里增加收入。谈起对孩子的期望，王宽茂表示，自己年轻时因为经济拮据读不起书，现在经济条件好了，希望孩子好好读书，考上大学，这也是他们夫妻俩的心愿。

十六、经商人士

（一）运输能手王战云

王站云，男，30岁，阿昌族，党员，初中学历，已婚，家里共有3口人。妻子名叫杨久兰，32岁，也是阿昌族，原是芒东镇杞木寨人，于2003年嫁到本村，夫妻俩生有一个女儿，名叫王彤，今年7岁，在村里的完全小学读一年级。

1954年，王站云的父亲满17岁就进到县里的造纸厂工作直到退休。王家一共生有四个男孩，王站云是家中的老大，父亲退休后，王站云便子承父业，开始在梁河造纸厂当起了一名工人，不巧的是，2004年恰逢工厂改制，王站云又被迫下了岗，当时厂里给每个下岗职工都做了一些补助，补助是按工龄给的，王站云工作了6年补助便是7000元，再加上几千元的失业救济金，一共是一万多元。但仅有的这一万多元补助根本不能解决王站云今后的生计问题。原先由于王父和王站云都在造纸厂工作，3个弟弟年纪又小，所以王家只能凭母亲一人而分到少量的土地。由于家里地少，只够已经退休的父亲和母亲一起耕种着为生。

在万般无奈的情况之下，王站云突然想到了自己也许可以靠跑运输来维持生活。之前自己就发现，平日里村里跑运输的人很少，兴许干这一行也是一条不错的出路。于是说干就干，王站云先是找到了在县扶贫办上班的妻子的大哥做自己的担保人，从信用社贷了2万元，随后又从亲戚朋友那借来了一些钱，再加上自己的下岗补助和平日里的一些储蓄，最后终于将这东拼西凑来的4万元钱买了辆五铃之光牌的中型面包车，现在看来，当初谁也没有想到，这跑运输的生意竟一做便是6年。王站云坦言道，其实当初完全是凭着一股冲动就把车买了下来，可是买来后，还存在着一个很大的问题，就是自己并不会开，更没有驾驶执照，所以在最初的日子里，都是一边找人学，一边自己摸索着练习，现在想来，当初的日子也着实辛苦，好在功夫不负有心人，王站云在执着的磨炼之后，终于取得了驾照，于是，正式经营的日子终于来到了。王站云跑运输主要是拉客，很少拉货，有点像城市里的出租车生意，他的车载客量是 8 人，偶尔也会坐上 9 或 10 人。王战云通常是早上6:30就从家里出发，在外跑上一天，晚上 6:30 才收工，有时生意好，碰上去赶集的人多，也要晚些才能收工。跑的线路通常也不会太远，主要就是村子的周边地区，一般来说花上半小时就能到遮岛，最常跑的就是接送孩子上下学，这些孩子通常是住校，所以家长们会拜托王站云周五把孩子从学校接回来，周日再把孩子送到学校去，偶尔也会跑一些较远的地方，比如有人会包他的车到腾冲去。平时要坐车的群众在路边站着等就可以了，边走边拉人，这样一个月下来的毛收入一般也能达到3000 元左右。目前村子里像他一样跑运输的还有一个人，不过那个人通常是在赶集日才出来跑跑，平日不怎么跑，所以对王站云而言，竞争相对也没有那么激烈，再加上近几年人们的日子越过越好，生活水平越来越高，坐得起车的村民也日渐增多了，所以生意还是相对好做的。由于跑运输的缘故，王战云去过最远的地方还有保山、苍岭、畹町及瑞丽等地。

目前王站云的父母已回老家居住，3 个弟弟都在广东打工，从事的主要工作是塑料加工，每人每月能赚 2000 元左右，他们已经出去 4 年了，3 人都是由县里统一安排输出打工，出去前村干部对他们进行过动员，还专门做了培训，可以算作是村里的劳务输出。

王战云还曾被群众推选为村长，当选时间是 2006 年到 2010 年，在他的带领下，村里实现了“三通”，即通水、通电和通路，还完成了国有林地改革，平日里还组织过不少有益的活动，这是他在任期间的五大功绩。一次，德宏州政府在全州范围内评比示范村，王战云的村子就荣获了二等奖，奖金有 5000 元，全部都被王战云用在了村子的建设上。就在我们到访前不久，王战云刚刚从村长的职位上卸任下来，目前又被群众选为村中理事会的会长，这个理事会的作用主要是支持、配合村民委员会的工作。当问及他跑运输与当干部之间是否有冲突时，王战云明确表示，自己一般都是先交代好工作，再出去跑车，二者从不冲突，绝不会让自家跑车的事损害到群众的利益。据介绍，为了村子的建设，王战云曾经自己垫钱，并用自家的车去拉砖头，为此还受到了乡、县领导的表扬以及老百姓的好评。王战云还表示，只要群众信得过，他就还要出自己的一分力，为群众办实事、办好事，带领更多的阿昌人发家致富，过上好日子。

王站云家种了 2 亩多茶叶，林地有 1 亩多，主要种的是西南桦和杉树，菜园里还种了些平日吃的小菜。另外，考虑到村子的地理位置不错，交通比较便利，王站云便又盘算起了养猪的事情。于是从 2004 年起，王家又陆续购进了 3 头母猪，1 头公猪和 20 多头小猪，在猪价好的年份里，一年就能赚上好几万。猪的饲料，通常是自家种的猪草，由于养猪的规模较大，为了节省工序，割回来的猪草就直接生着喂猪，如果是规模小，可以煮熟了喂，这样猪吃得更香。另外，由于自己是搞运输的，因而经常也能顺便拉回一些猪饲料来喂猪，很方便。自己常年在外跑车，没有多少时间顾上家里的农活，所以这些种植、养殖的活基本上都是妻子一人包揽。妻子的辛苦，王战云也全看在眼里，所以他跑车回来一有时间就会主动帮妻子干农活。

家里的房子是 2006 年修的，有一正一厢两间房，当时花了五六万元，房子的质量可以算是村中较好的。家里有太阳能热水器、电视、冰箱、摩托车、切草机各一台，都是在“家电下乡”前买的，家里还有一部座机，3 部手机，手机的话费平均每月为 200 元。家里的电费每月平均是 30 元，水费很便宜，通常为一立方 0.4 元。一方面，由于自家的亲戚多（仅妻子家就是姊妹九人），另一方面，由于自己跑运输的关系，王战云在外也结识了不少朋友，所以家中的红白喜事钱一年也要支付上万元。在医疗卫生方面，由于王战云和女儿都是非农业户口，只有妻子一人是农业户口，所以只有妻子一人能参加新型农村合作医疗保险，往年是一人一年 10 元，今年涨到一人一年 20 元。

在谈到未来的打算时，王战云表示，还是要以巩固家业为基础，首先是自己把车跑好，尤其是要趁着这两年跑车的人还不多，竞争还不激烈，在注意安全的同时尽可能地多赚些钱；其次是妻子把猪养好，这样，即便是以后自己不跑车了，也便于扩大养猪规模；同时二人一块把娃娃供好。夫妻俩也不打算再生孩子了，一方面是响应国家政策的号召，另一方面也是觉着女娃娃一样好，并没有重男轻女的思想，同时，对现在的家庭来说，即便是供养一个孩子，压力也很大。王战云还说，自己的这些思想，受父亲的影响比较多，以前父亲总说：“穷人多养猪，富人多读书”，所以现在就希望通过自己的努力，多养猪，从而实现穷人到富人的转变，这样自己的女儿也就能够好好的安心读书，将来有更大的出息。

（二）情系村民的农民企业家赵兴宝

还没见到赵兴宝之前，我们就听说阿昌族的寨子里有位种茶企业家，他的各种光荣事迹和传闻都让我们期待着早些采访到这位传奇人物。

我们怀着期盼的心情终于与赵兴宝见了面，坐在我们面前的这位汉子，正悠闲地抽着当地自制的水烟，还微笑着问我们要不要也来试一试，他那爽朗健谈的个性，让我们感到十分的亲切。

赵兴宝，男，55 岁，阿昌族，高中文化程度，现任村委会主任。全家共十口人，四世同堂，家有一位八十多岁的老母亲依然健在，爱人曹焕云，51 岁，小学毕业，另外还有两儿两女。目前赵兴宝把“兴宝”茶场交给大儿子和爱人曹焕云主要负责管理，自己只担任茶场董事长，负责决策处理一些大事，茶场生意做得红红火火，是远近闻名的茶场之一。

成功往往属于勇于创新、敢于尝试的人。赵兴宝发家致富的第一桶金还得从 1985 年说起，当时他与村里的 8 个人合伙在村子附近开煤矿挖煤，一干就是三年，赚了 8000 元。当时开的小煤矿设备都比较简陋，技术也不成熟，因此他觉得挖煤风险大，比较危险，赚了一些钱之后就有了转业的想法。赵兴宝是个有长远目光、有想法的人。当时九保乡还没有茶场，他看到隔壁大厂乡、小厂乡的茶场前景很不错，于是就先后到那里考察了半个多月，然后回来结合阿昌族的历史文化又考虑了三个月，终于决定靠山吃山，自己创办九保乡第一家茶厂。

白手起家创业是一个异常艰苦的过程。先要开荒种茶，这是赵兴宝创业实现梦想的第一步。1987 年，在离村子 8 公里远的山上，赵兴宝和他的爱人一起靠着勤劳的双手和坚强的意志开发了 60 亩茶园，随后夫妻俩又按计划每年开荒 60 亩，坚持实行了三年，如今茶园面积已发展到了 300 多亩。每当种茶采茶的时候，亲朋好友们也会来帮忙。然后把采的茶叶拿到附近的大厂乡去卖，可是卖鲜叶的价钱总是很少。就这样三年下来，赵兴宝又有了自己兴办茶厂的打算，当时办一个茶厂需要投资 50 万元左右，他自己没那么多钱，缺乏资金成了一个大问题。对于头脑灵活、敢想敢做的赵兴宝来说，办法永远比困难多。经过与家人商量，他大胆地决定在自家的茶园旁边建立砖窑，然后自己烧砖在茶园中间建茶厂。赵兴宝花了3000元办了一个砖窑，烧砖每年的纯收入为4000元至5000元，有五分之二的砖用来建设自家的茶场，剩余的砖就拿去卖。就这样流动性地发展，烧砖建厂，卖砖赚钱，一共干了8年之久。直到1996年，赵兴宝终于正式建成了自己的茶厂，厂房面积80平方米，他又在厂边建立了住房，至此，茶厂经营逐渐步入正轨。

茶厂建立起来了，打开市场销售茶叶又是一个新问题。由于销售经验不足，加工出来的茶叶价格低，所以赵兴宝又自己摸索着寻找销售出路。赵兴宝一边抽着水烟，一边跟我们回忆起了他最艰苦的一次经历。当时是1996年，为了寻求茶叶销路，他请了车队把茶叶从云南梁河县运往昆明，谁知到了昆明，之前已谈好价钱的茶老板又反悔压低茶价，这无疑给风尘仆仆赶到昆明的赵兴宝当头一棒。这位老实巴交的农民汉子无奈之下又鼓起勇气把茶叶先后运往重庆、四川试试运气，由于经验不足，结果处处碰壁没有找到市场。当时辗转了很多地方，弄得筋疲力尽，吃住行花掉了赵兴宝身上带来的所有的钱，连吃饭的钱都没有了，剩下的只有一大车可怜的茶叶。在万般无奈之下，赵兴宝只好恳求当地的老板拿他的茶叶换饭钱和住宿费。几经波折之后，赵兴宝又把一大车茶叶运了回来。有了这次失败的经历，赵兴宝吸取教训，慢慢积累总结销售经验。他开始带着自己的茶叶样品，熟悉联络各地的茶叶商贩和老板，与他们建立起业务关系。然后每次带400斤到500斤左右的茶叶，坐着客车运送给各地的批发部。这样一来生意有了转机，规模逐渐增大，生意日益红火。到了1998年，为了运输方便，赵兴宝花了5万元买了一辆崭新的柳州五菱微型车跑茶叶运输，当时他是整个九保阿昌族乡第一个买微型车的人。有了车子跑运输，他的茶叶销售渠道开始扩展到了红河、昆明、大理、丽江、怒江、云龙等地。

好的茶叶，离不开好的品牌。之前赵兴宝销售运输的茶叶都只是散装茶，价钱比较低。由于他走南闯北，到的大城市多了，见多识广，从1998年起他开始意识到自己也应该树立品牌，注重包装。1998年底，他在芒市通过别人介绍认识了一位专门做生产包装袋的安徽老板，于是他请人设计好品牌包装袋，请安徽老板帮他生产茶叶包装袋。经过包装，品牌的树立，茶叶生意蒸蒸日上，给他带来了极大的经济效益。他的茶叶经常供不应求，主要销往云南大理、丽江、迪庆州等，销往省外的有重庆、四川。由于梁河县地处中缅边界，他在瑞丽市设了一个代销点，然后茶叶开始销往缅甸的仰光、瓦城等大城市，一年运往缅甸的茶叶就有 10 吨左右。在销售最好的时候，茶厂年收入达到 100 多万元，就这样一直畅销到 2006 年。

致富不忘乡亲。从 1998 年开始，赵兴宝的茶厂规模不断扩大，茶园面积已达 2000 多亩，工厂面积也从最初的 80 平方米发展为 2600 多平方米，厂里的工人也从刚开始的赵兴宝夫妻两人发展到 50 多人，他的茶厂成为梁河县规模最大的一个，开始垄断了附近几个乡的茶园茶厂。赵兴宝的茶厂给方圆百里的乡亲创造了更多的就业机会，在他的茶场，长工雇有 6 人，帮忙种耕管理，包吃住每月 600 元至 1000 元，雇有季节工 50 人，帮忙采茶，每天支付 50 元/每人。到采茶季节最繁忙的时候，茶厂会雇用 100 多人采茶，带动了当地农民的就业，增进了他们的创收。

发挥余热为乡亲。2006 年，赵兴宝把茶厂的茶叶加工环节承包给了当地的一个老板，自己只是种耕、管理、采茶、销售，这两年茶厂年收入也有 10 万元左右。茶厂交给大儿子和爱人打理后，赵兴宝就有了更多的闲余时间，于是在 2006 年 4 月他通过村民选举大会当上了村主任，为村里的百姓奔向致富道路出谋划策。当我们问他为什么要竞选村主任时，他回答说：“因为当时看到村里很多人生活都没有起色，想让村里人也尽快过上富裕的日子。”这就是赵兴宝简短而有力的回答。心动不如行动，赵兴宝当上村主任之后，就立即开始行动起来。2006 年他开始发动村民群众种了 600 亩茶地，到 2010 年为止，茶地已经增加至 1300 多亩。他还记得在上任后的第一次村民会议上他就提出了大力开荒种茶，实现村民人均至少一亩茶地的规划，现在茶地的规模已经远远超过了当时的规划。这个规划当时反映到乡里和县政府，都得到有关领导的大力支持，政府给农户每亩 200 元的开荒补贴。在赵兴宝等村干部的努力带领下，村民的人均年收入已从 2006 年的 600 元提高到 2010 年的 1200 元，整整翻了一番。

在我们采访过程中，赵兴宝给我们谈了他将来三年的工作规划：一是带领村民将低产林向高产林改进，每年改进 500 亩，计划在低产林上种植西南桦。二是 2009 年就开始进行的三年规划种植竹子，每年推进 500 亩竹林，种植竹子既可以防止泥石流，又可以增加农民的收益。三是 2010 年开始规划每年种植 500 亩白花油茶，今年已经带领村民完成了 515 亩，超额完成了任务。四是 2010 年开始规划养殖猪、牛，规模在 10 户以上推进，今年已实施了 22

户，也超额完成了任务。

谈完了他任职期间的三年规划，他又跟我们谈起了他对本村三年之后的一些展望：一是必须实现每家每户都使用上沼气，此前村里只有10多户人家使用沼气，今年已完成了30户。二是每个自然村都实现茶叶、畜牧业产业化市场化经营。三是打造自己本村的品牌，吸引人才过来为村里的茶厂服务。四是实现每家每户有一个卫生厕所，有一台微耕机，有一台摩托车。

听着赵兴宝的这些工作规划和展望，我们完全相信以他的才干魄力与发展眼光一定能带领村民共同走向致富的道路，走向更美好辉煌的明天。我们也因此更加敬佩这位了不起的农民企业家，他不愧是我们年轻一代学习的好榜样！

（三）阿昌村寨的农民企业家张应安

张应安，今年68岁，一个朴实的阿昌族汉子，妻子王兴兰与他同岁，是从邻近的勐科村嫁过来的，现在家务农，但身体不太好。家里共有九口人，三个孩子（一个女儿两个儿子），两个孙女，一个孙子。孙子是家中学历最高的，现在云南外经贸学院读计算机专业中专班，今年毕业，还打算继续读大专。其中一个孙女已经结婚，孙女婿是从大厂乡回龙寨招赘来的一个汉族小伙子。这个大家庭都生活在一个院子里，房子是自己修的，虽然分灶吃饭，倒也其乐融融。

张应安早年在公社大队工作，因为工作踏实，表现突出，于1960年被推荐到云南民族学院中专进修。张应安谈起这段经历时我们可以很明显地从他的目光中看到一丝神采。虽然因为文化基础差，只能先从预科开始读起，但求知若渴的他非常珍惜那段得来不易的学习机会，不仅努力学习了基础科学知识，也在学习的过程中加深了对国家政策的理解与认识，为以后的工作打下了坚实的基础。中专学习完之后，张应安回到了梁河县委工作，期间担任过通讯员、警卫员，之后又调到德宏州委工作，但随后爆发的“文化大革命”使工作环境发生了极大的变化。1975年因妻子生病，张应安申请调回梁河县委党校办公室工作。1980年调到丙盖村村公所任村支书，任期四年。1984年到1987年又到九保乡担任乡党委组织委员，1988年又回到村公所当支书。一直到1997年退休。

退休后闲下来，原本是该享清福的时候了，但是张应安却不这么想，也许是从小受到党的教育培养，这名1965年入党的老党员为阿昌族落后的经济状况十分着急。“怎样才能带领大家脱贫致富”成为张应安每天思考的问题。掂量了大半年，终于下定决心栽茶树办茶厂。当我们追问张应安当初为什么会想到种茶时，他这样回答我们：“首先因为梁河县地理位置决定了一年四季气温适宜，雨量充沛，而且土质好，产出来的茶叶历来品质都较好，这些都是种茶的前提条件。其次，茶叶在梁河县乃至云南各地都有很大的消费市场，虽然在改革开放之初就有很多农民选择种茶，但是始终没有出现大规模生产经营的茶园。最后，种茶入门的技术及加工工序并不太复杂，也并不需要太多前期资金投入。”

决定开始种茶之后，张应安立即着手准备，选择合适的茶园是首先要考虑的问题，因为想要规模生产，自家的几十亩地远远不能满足需要。那个时候，村里原本有一个70亩左右的茶园，但由于资金缺乏、管理不善，导致茶树大多老化或枯死，茶园几乎无人管理，处于瘫痪状态，成了附近村民的养牛放牛场。张应安想到了寻求政府与群众的支持，那段时间他天天往乡政府跑，闲暇时间就召集村民商讨，经过不断的协调沟通，政府终于同意把原本的茶园和周边荒废的林地约有百亩，整合起来用于开发种茶。落实完土地之后，启动资金又成了大问题。张应安想发展茶园又无启动资金，急得心里发慌。信用社得知这个情况后，深入调查了解，认为茶叶是梁河的支柱产业，有着良好的发展前景，是信用社支持的种植产业发展对象。于是九保信用社从1998年开始，逐年给其注入信贷资金，用于改造老茶园和新茶园面积扩种。张应安的心情非常激动，心中也暗下决定：一定要好好干，干出点样子来。

茶园的用地定下来之后，最紧迫的就是要把满山的荒地重新开垦，看着半米高的野草，张应安知道，真正的考验才刚刚开始。那段时间，他总是天微亮便起身上山，日落才归，因为想节省工费，便没有雇用小工，而是全家总动员，从开垦荒地、找茶秧、找茶果培育种子，每一步都亲力亲为。原有的困难一点点在解决，而新的困难也在不断出现。除了生产条件落后，同村的人不看好之外，邻村人还会经常因为林地划分问题来搞破坏，比如把围栏掀了、趁人不在将牛赶进茶园破坏茶苗，最为极端的是将茶园的茶树铲毁了二十多亩。在困难面前张应安从来没有想过放弃。人们常说“坚持才会胜利”，这句话也在这个阿昌汉子身上得到应验。后来经过县国土局协调，种茶的林地依然划归他自己。

种茶的头几年因为生产设备限制，只能选择一些低档茶来种，生叶子只卖到3元到4元一斤，茶厂勉强维持。但茶园在信用社不断注入信贷资金后，茶园面积扩种到130余亩，2002年茶园喜获丰收，茶厂也盈利了。这时，张应安又在考虑，卖出的茶叶价格太低，如何能让茶叶变得高档一些，获得更好的效益，同时带动更多的村民种植茶叶。张应安深深感觉到只有采用科学管理、规范化、标准化生产才能提高茶叶生产品质。为此，他多次前往国营茶厂去参观学习，并经过自己的反复试验、总结，客户提意见后多次完善生产工序，终于发现茶叶的大叶变小叶后的一芽两叶是做高档茶叶的好原料。经过市场的多次检验，张应安终于自己琢磨出一套生产高档茶叶的办法，制作出来的茶叶外观和口感都不错，能卖到80元至90元一斤，价格不菲。

在这之后，张应安又一次筹借资金和贷款建起厂房，购进了茶叶加工机械设备，这对茶厂来说是一次非常大的进步。2005年至2006年，沙坡茶厂共采摘鲜茶30余吨，收入达50万元，支付茶厂工人劳务费20万元，不但归还了信用社的贷款，而且还有了更好的发展空间，仅2007年茶厂春茶就收益13万元。到今年，茶叶的销售量越来越大，已经供不应求，茶厂厂房已扩建到300多平方米，设备又投入了20多万元，还配有负责销售的运茶车。在张应安的示范效应下，周边村民也纷纷种起了茶叶，整个村子茶园面积达到了2400多亩，村民平均每亩茶叶能净赚2000多元，全村一下增收400多万元。

回想这十几年的发展历程，张应安感慨良多。能够带领大家发展茶叶产业，让大家致富，这是张应安最初的单纯愿望。而这个茶厂带给我们大家的远远不止这些，路子创出来了，很多村民也愿意学习，那些村里的剩余劳动力也都到茶厂上班，村里社会治安稳定，村民安家立业，这些变化不由得让人由衷高兴。

对于未来的打算，张应安这样告诉我们：目前虽然茶厂的流动资金不足，极大地限制了茶厂的发展。还有厂房的进一步修缮也非常迫切，急需引进更先进的机械设备，提高生产效率。但是，他对未来是充满希望的，也有信心克服这些困难，他希望沙坡茶厂能成为阿昌山乡农户通向致富、迈向小康的连心桥。我们衷心祝愿张应安的茶厂能够越办越兴旺！

十七、民间艺人

（一）能说会唱的民歌手赵大鹏

赵大鹏的名字与阿昌族民歌联系很紧密。赵大鹏，男，57 岁，阿昌族，群众。他的妻子比他大两岁，今年 59 岁，两人是在赵大鹏 25 岁时结婚的。夫妻俩育有 3 个男孩，现在老大已经 30 多岁了，有中专学历，目前在囊宋乡的弄别村教书，也已结婚，生有一个儿子。老二叫赵兴云，今年 28 岁，在乡政府从事行政工作，已经结婚，生有一个儿子。最小的儿子今年 23 岁，初中毕业后就到广东打工去了。

赵大鹏家有甘蔗地 6 亩，双季稻 2 亩，还种了 15 亩茶叶，但茶叶长得慢，要种植两三年后才会有收入。家里还有林权改革后分得的几亩林地。由于家中劳动力不足，农忙时节，他们便雇人来帮忙，每雇一个人每天要付 30 元的酬劳，还要管一顿饱饭。虽然赵大鹏和妻子分别享受着每月五六十元的低保，但孝顺的几个儿子每月还是会给老人一定的生活费，而且家里的化肥和种子都由儿子来买。家里还养了 3 头猪，10 多只鸡，有三间房子，购置了电饭煲、电磁炉、电视机各一台，手机一部。赵大鹏介绍说，在“家电下乡”的时候他们还买了一台耕种机，政府补助了 6000 元，自家只掏了 1000 元，挺合算的。村里去年红白喜事多，他家花费了 2000 多元。家里经济有周转不开的时候，曾经因为娃娃读书缺钱想办点贷款，但由于家里经济状况不太好，信用度不高，没有在信用社贷到款，最终在小厂乡贷过 6000 元的高息款，好在目前已经全部还完了。最近是因为家里盖房子又贷了 4 万元，目前只还了一部分。

在医疗卫生方面，全家人都参加了新型农村合作医疗保险。往年是每人每年交 10 元，今年涨到每人每年 20 元。全家都认为看病还是很方便的，村里就有卫生室，大约几分钟就可以到达，平时的一些小病就在卫生室治疗一下，或开点药回家吃吃就好了。如遇到大一些的病可以去县医院，附近有专门跑运输的出租车，几十分钟就能赶到医院。赵大鹏说：最近一年，家里人都很健康，没有什么大病，这一点他们都很知足。乡里每年都会到村中开办两次有关医疗卫生的知识讲座，向村民普及一些医疗卫生知识，对大家有些帮助。

赵大鹏是村里出了名的民歌手，这次的访谈是张立科乡长专门为我们协调安排的，说这样的人物一定不能错过，至少也不能错过他的歌声。赵大鹏天生就有一副好嗓子，用他自己的话说，就是从小就有音乐细胞。我们问他是几岁开始学的山歌，他自信地告诉我们，自己从没专门学过，自然而然就会唱，就能唱了，而且还会吹笛子。他告诉我们，年轻的时候，村里的小伙子要给姑娘唱山歌，要一直等到天黑了，姑娘们都睡下了，才开始唱，这样周围静悄悄的，才好让姑娘们听得清楚。我们问他唱歌的时候有什么诀窍，他立即告诉我们，一般唱歌的时候，一段唱词要包含三节内容才算完整，这三节内容的名字分别称作“侯成”、“相约”和“结交”，三节内容前后搭配，长短不一，唱的时候尤其要注意必须带有优美性、对称性，还要有一定的幽默感。具体来说，“侯成”所要表达的内容是唱歌的人告诉听歌的人“你来到这个地方辛苦了，我们几个人约你出来散散心，叫你不要累，叫你开心些”；“相约”所表达的内容是大家互相拉拉歌，开开玩笑，初步了解一下；“结交”所表达的内容是“姑娘小伙还没有谈恋爱，还处在互相挑选的过程中，待选中了对方后，双方再对谈了解一阵子”。赵大鹏还告诉我们，通常姑娘小伙对唱山歌的过程又分为两大部分，先是人家的姑娘来到我们这边，对着我们的小伙子唱，在这个过程中，大家对歌，这是一部分；之后，我们的小伙子再去人家的姑娘那里回唱。然而，每一次唱完之后，都会有一个“告伺”，即宣布姑娘、小伙今天聊得不错，明天再约个时间再唱。唱歌时的人数一般也不定，少则两三人，多则二三十人也是常事。后来我们还了解到，就是因为有这样的好嗓子，才让赵大鹏结识了现在的妻子，成就了一段美满的婚姻，有了一个幸福的小家。

赵大鹏还说，以前唱歌，除了对姑娘唱外，平日里有事没事也都经常唱，比如砍柴的时候，上下田干活的路上都会唱。在“文革”的时候，他是学校里文艺队的骨干，那时唱歌的内容也比较有特色，基本都是唱“敬爱的毛主席”之类的。而现在唱歌，就不像以前那样了，主要就是应节日的需要而唱，或是有像我们这样的访客来了的时候才被专门请出来唱。同时，他还叹气道，“现在会唱歌、爱唱歌、能唱歌的人也越来越少了，就跟会织布的人在村子中也越来越少了一样”，他担心，总有一天这些民族传统的精华就要丢失了。当我们问到现在唱歌的内容和以前有什么不同时，他告诉我们，现在过节时唱的歌主要就是歌颂今天的幸福生活，感谢共产党带领百姓过上了好日子，大家共同来相聚这样的内容。虽说阿昌族是能说会唱的民族，歌曲张口就来，什么都能拿来唱，但毕竟每个人的实力还是各有不同的，所以在对歌的时候，难免也有对不上来的时候，碰到这样的情况，当然就要认罚，有时是罚喝酒，有时是罚学动物叫，说到这里，腼腆的民歌手赵大鹏随即也开心地笑了起来。赵大鹏还告诉我们，阿昌族的歌其实就是“羌调”，后来慢慢演化为了“山坡对唱”，再后来又有了“拉拉调”，就是主人给客人敬酒时的敬酒歌，通常会有好几个人一起来边唱歌边敬酒，其中有一个是主唱，用当地的话就叫作“哨干”，敬酒歌的内容一般就是说“客人您来的路上辛苦了，欢迎来到我们这儿”之类的，一般是两个主人对一个客人，其中一个主人倒酒，一个主人敬酒，就这样，唱一段敬一个。歌要唱得好，当然也要适当地把嗓子保护好，当地有种土办法，就是把姜汤和生鸡蛋一起吃，据说对嗓子特别滋养。

目前，赵大鹏还担任着村里老年协会副会长的职务，别看这“官”虽不大，但也是老百姓正规选举出来的，所以赵大鹏也特别想为大家办些实事，不辜负众人对他这个副会长的期望。老年协会的入会标准是：女性只要年满45岁，男性只要年满50岁就自动成为会员，当然初入会者还要象征性的缴纳10元会费，这些通常就作为协会每次举办活动的经费来源。协会一年尤其会在两次大的节日里举办活动，春节一次，重阳节即老年节一次，活动的形式通常就是茶话会。在会上村干部和协会领导要总结一年来的工作情况，提倡老年人互相关爱，以及分享一些带孩子的经验等。老年协会也会承担一些任务，例如村寨的设计建设等，碰上这样的活动，民政局有时也会拨一些款项，但一年不会超过2000元，剩下的经费就由大家集资。最近赵大鹏又有了新的打算，他正跟会长商量着，想给村里开一间图书室，尤其想多进一些医疗卫生方面的书籍，丰富大家的医疗卫生知识。赵大鹏没怎么去过外地，到过最远的地方就是保山，那大概是1972年或是1974年的事了，他说记不太清了，当时他曾在那里的医疗站工作过一阵子。

采访结束之后，在我们的极力要求之下，赵大鹏终于为我们高歌了一曲，一曲过后，他还为我们示范演唱了一些他刚才所提及的小调，果然不愧是乡长极力推荐的民歌手，不但给我们讲解得好，歌唱得更好，展现了阿昌人的典型特征——能说会唱。即便是到了现在，我们已经离开了丙盖村多日，只要一想到赵大鹏，耳边还是能回响起当日他那动人的歌声。

（二）多才多艺的张恩富

张恩富，男，48岁，初中毕业。入户访谈之前，村干部就告诉我们，张恩富是村里出名的“山歌王子”和“文人才子”。见面时，张恩富看起来有些腼腆，话不多，一身阿昌族男子服饰打扮，采访过程中还抽着旱烟。通过交谈，慢慢的张恩富的话匣子就拉开了，跟我们说起了他唱歌和做“文人”的经历。

说到唱歌，这是阿昌族的一大特长，阿昌族群众几乎每个人都会唱歌，而且善于现编现唱。张恩富告诉我们，阿昌族民歌种类很多，形式多样，其中祭祀歌最为古老也最具有宗教色彩。通常最能表达阿昌族热情好客、豪爽大方的性格的歌叫窝罗调，而情歌是最能抒发阿昌族感情的山歌。阿昌族的山歌是一种文化，是阿昌族文化特色的一个载体，是阿昌族历史的传承和积淀的表现。说到这里，张恩富很得意地笑了，这些类型的歌他都会唱，而且是公认的唱歌能手。张恩福最擅长唱情歌，阿昌族情歌有很多讲究，并不是每种场合都可以唱，有一些例外的情况是不能唱的，譬如祭祀的时候是禁止唱情歌的。张恩富介绍说，祭祀在阿昌族的文化里是一件最为严肃、认真且神秘的事情，这种情况下不能唱情歌。另外，长辈和幼辈之间、近亲之间不能对歌，由此看出阿昌族的情歌虽然比较随意，但是也有限制。张恩富告诉我们，情歌主要是青年男女为了传情达意，用于表达爱慕之情的山歌，这也从一个侧面反映出了阿昌族提倡自由恋爱的文化习俗。当年张恩富与自己的妻子认识和恋爱，也是通过对歌。虽然之前他们就认识，但是最终还是通过对歌表达了爱慕之情，最终走入了婚姻的殿堂。提起年轻时候对歌的经历，张恩富显露出些许的腼腆，他说，年轻时喜欢出去串亲戚，喜欢出去对歌，曾经与村里的三个小伙子一起，远赴腾冲县普川乡勐来村串亲，串亲的目的也就是去对歌。阿昌族人对歌的形式都是约定俗成的，当未婚的年轻客人来串亲戚，如果是男客人，那么村子里未婚的年轻女性就会互相传送消息，约定时间一起来到主人家；如果是女客人，那么村里未婚的年轻男性也会约定时间一起来到主人家。待家里老年人休息了之后，年轻的男男女女才开始对歌，对歌从晚上开始，可以通宵达旦，甚至有时对上几天几夜。当时与张恩富一起来的还有两个年轻男性，在亲戚家吃过晚饭后，老人们自动回避，勐来村里来了十几个未婚女性，在堂屋架起柴火，开始了对歌。张恩富介绍说，歌词大多是自己现编现唱，对对歌人的思维反应、临场应变能力、耐力和嗓子都是个考验。也正是在这样长时间的对歌过程中，才能考验出一个人唱歌的真实水平与真心诚意。对歌过程中主人还会摆上小吃，火塘会烧有好吃的食物，可以边吃边唱，也是件惬意的事情。对歌是要分出胜负的，张恩富笑着说，当时他们三个小伙子最终取得了胜利，也同时结下了一段纯真的感情。在对歌时，无论是对几个小时还是对几天，分出胜负后，输方要主动"传烟"，以表示对方获得胜利。如果女方输了，要主动给男方"传烟"，男方则必须把烟抽完；如果男方输了，要主动给女方"传烟"，女方可以选择把烟收起来。张恩富接着说，对歌是年轻男女传情达意的方式之一，对完歌后，如果其间有中意的对象，可以进行进一步的追求。可见，对歌也是阿昌族青年男女考察对方的一种方式。

张恩富介绍说，除了对情歌，阿昌族在迎接招待客人或者干农活的时候也唱歌，这样的歌多为窝罗调，表达阿昌族人的热情好客和勤劳质朴的性情。张恩富平时上山干农活的时候，自个儿也唱歌，这时唱歌就比较随意，想表达什么就唱什么。不管是开心还是痛苦，都可以通过唱歌表达出来。在旧社会，有很多表达生活艰辛苦闷的阿昌民歌，所以唱歌一直是阿昌人表达和宣泄情感的一种方式。张恩富介绍说，阿昌人可以想什么唱什么，看什么唱什么，听什么唱什么，现在的阿昌歌已经演变成不拘一格的形式。张恩富在17岁的时候就开始在唱歌方面崭露头角，平时唱得很好，受到村里干部的重视，经常被推荐去唱歌。只要村里或乡里有活动或者有接待，张恩富都会去参加。我们的来访，张恩富也是应村干部的邀请，专门来给我们唱歌的。采访过程中，应我们的邀请，张恩富现场就开口唱了起来，现编的歌词里表达了对我们一行的欢迎和感谢。无论是敬酒时唱的歌，还是送别客人时唱的歌，都表达了阿昌族人民热情好客的传统。节日里，阿昌族人民都要举行各种活动，跳舞欢歌，热热闹闹地庆祝，这种场合是少不了张恩富的。2010年3月20日，村里举行了盛大的阿露窝罗节，在阿露窝罗活动中心，来自州、县和乡里的领导与阿昌族人民齐聚一堂，欢庆节日。张恩富应村干部的要求，带领村代表队参加了唱歌和舞蹈表演活动，他本人还参加了山歌比赛。但是由于事先不熟悉比赛规则，没有按规则来唱，最终没有获奖，张恩富感到很遗憾，他表示明年一定会参加，而且很有信心获奖。张恩富也是村里祭祀活动的主要人物之一，祭祀也需要唱祭祀的歌，大多是用古老的阿昌语唱，异常的严肃和神秘。祭祀是在村南面的山庙里举行的，由村里有威望的人组织。祭祀时是不允许女人在场的，村里每家去一个男性，资金靠大家筹集，唱歌环节必须由专门的人来唱，而张恩富就是唱歌人之一。唱歌表达的内容主要是祈福保平安，祈祷风调雨顺，祈祷阿昌人民丰衣足食。

唱歌只是张恩富的才能之一，除了唱歌，他还会舞狮，会“说四句”。张恩富是村里舞狮队的主要成员，舞狮的技术受到大家的称赞。他们不只是在村里的活动中舞狮，还参加了很多其他的大型活动。2003年德宏建州50周年大庆，在芒市举行了盛大的庆祝活动，张恩富参加了庆祝活动的舞狮队。舞完狮子，放完鞭炮，“说四句”的活动就开始了。张恩富介绍说，“说四句”犹如“对山歌”，要即时编排，编的内容要对应，语句要押韵。与福建等其他地方民间的“说四句”不同的是，张恩富的“说四句”并不拘泥于“四句一组”，而是只要求押韵和内容上的对应，相当灵活多变，表达的意思也有很多。张恩富在现场就给我们说了一段与舞狮相关的“四句”：

双狮要（舞）得喜气生，庆贺宝寨过新春。

一贺财源广进，二贺喜气东升；
三贺牛马成群，四贺五谷丰登。
生意之家黄金进，耕读人家早成名；
自从二狮贺过后，和气庆吉平安万载春。

张恩富2006年参加了在昆明举办的阿露窝罗节，当时的舞狮队是经过县民宗局选拔的，基本上都是本村人，由县里的领导陪同前去。当时活动开展得非常隆重，持续了两天，张恩富他们就负责在活动中舞狮，他们精湛的舞狮技术赢得了热烈的掌声，也受到了云南省社科联领导的接见，带回了书籍等纪念品，被他精心珍藏着。2007年，他参加了在瑞丽举行的“中缅胞波节”，也是参加舞狮队，在“和平、发展、吉祥、共欢”的节日主题下，张恩富他们通过激情的舞狮活动，表达了对缅甸深厚的胞波情谊。他介绍说，“胞波”是缅甸语，意思是兄弟，节日的举办，是为了加强中缅人民的交流与合作，增进两国人民的友谊。后来还参加过梁河县旅游节的庆祝活动，为村里和自己赢得了荣誉。另外，作为村里响当当的“才子”，张恩富文字功底也不错，很擅长写祭文。村里及周围的村寨办丧事，都会请他写祭文，确实是村里村外一个不可多得的“文人”。他写的祭文情真意切，很能感动听众和观众，也最能代表家属和亲戚的悲痛惋惜之情。一篇饱含深情的祭文，再配上张恩富略带哭腔的“唱读”声，总会打动现场的每一个人。

说起阿昌歌的传承，张恩富表示，现在的年轻人都喜欢外出闯荡，无论是打工的还是上学的，对阿昌族的民族文化了解都不够深入，不喜欢唱阿昌歌，甚至很多已经不会唱了。对于这样的情况，张恩富表示担忧，也感到非常遗憾。张恩富很重视孩子的教育，他的大儿子去年考上了中央民族大学，令他感到非常骄傲和自豪。他的家庭经济条件不好，供孩子上大学还是相当困难。张恩富农忙时节就在家种地，每年水稻大概有 3000 斤的收成，主要的经济类作物是甘蔗和茶叶。甘蔗每年大概有 15 ~ 20 吨，茶地有 6 亩，卖甘蔗和茶叶也是家里的经济收入之一。闲时张恩富会出去打工，曾经到陇川打了四年工，从事烧砖烧瓦的累活。后来在村里开小煤窑，卖煤赚了一些钱，但是后来政府不允许开采了。张恩富心灵手巧，还会木工，有一整套齐全的木工设备，经常替别人盖房子，给家里增添了不少的经济收入。张恩富最后表示，希望阿昌族的文化能得到传承，他也在留意培养一些年轻人，希望他们能把阿昌歌继续唱下去。他也希望自己的儿子能学有所成，希望阿昌族新一代生活更加幸福。

（三）山歌王子曹连赞

刚采访完开朗健谈的村计生委员杨爱华，我们接着继续访问村里的种茶大户曹连赞。刚开始接受我们采访的时候，曹连赞一副腼腆斯文的样子，说起话来细声细语，很难让我们相信他竟然是“出口成歌”的山歌王子。但是当天采访调研工作结束，我们在村里的活动中心和乡亲们一起吃晚饭的时候，曹连赞是那样的活泼开朗热情，与访谈时的他简直判若两人，他那副好嗓子和唱不完的敬酒歌，给我们留下了深刻的印象，同时也让我们真正见识到了山歌王子果然是名不虚传。

曹连赞有一个幸福和睦的家庭。曹连赞，男，45 岁，阿昌族，初中文化水平，在家务农，1991 年入党，现任村委小组长，是村里有名的种茶大户。妻子们存弟，42 岁，小学毕业，在家务农。曹连赞夫妇育有一儿一女，大儿子曹阳，今年 21 岁，小女儿曹婷，今年 13 岁。

曹连赞家的住房面积大约有 160 平方米左右，是十年前建的房子，土木结构，看起来还挺新的，我们问他为什么不建土砖结构的平顶房，他说："云南是个地震多发的地区，土木结构的房子抗震，而且冬暖夏凉，住在里面很舒适。"他家里的水田有 2.5 亩，已经租给别人种水稻，他收取部分稻谷，每年会得到 1000 斤左右的稻子。林地面积有 8 亩，主要种植杉木，用来盖房子或者卖掉。家里不养牛，猪也是季节性的养，由于家里的茶地比较多，茶叶也基本上是春夏两季采摘，养猪一般都是选择在秋天或者冬天。目前家里养有 15 只鸡，5 只旱鸭和 2 只鹅，主要是养着供自己吃，很少拿去卖。村里 2009 年才用上了自来水，之前村民都是到村边的泉水池挑水喝，很是辛苦，现在有了自来水，生活方便多了。他家里有彩电、电饭锅、电磁炉和太阳能热水器，平时煮饭做菜还是电和柴火一起用。家里目前还没有用上沼气，他自己很想建一座沼气池，可惜由于家里面积不够大，所以不适合建。家人都参加了新农村合作医疗保险，这两年家里人身体都很健康，没生过大病也没有住过医院，家里离医疗点比较远，在 6 公里之外。他家里没有买车，出门赶集都是乘坐微型车。

曹连赞对于两个孩子的教育尤为重视，给我们留下了十分深刻的印象。曹连赞说："教育是件大事，就算家里砸锅卖铁也要供孩子读书。"他相信知识能够改变命运，希望两个孩子将来能有出息，能够走出大山。大儿子曹阳 2009 年 6 月高中刚毕业，考上了云南经贸外事学院的计算机专业。这是一所大专院校，学费较贵，每年需交纳学费 1.2 万元，再加上曹阳每个月的生活费 700 元，这笔费用对于一个农民家庭来说，实在是太昂贵了！读了一个学期之后，曹阳就不想继续读下去了，一是觉得学贵太费，二是觉得现在读大专没什么用。于是 2010 年过完春节之后，曹阳就从大学里退学回家了，他决定复读以后考正规的大学本科院校。当我们问孩子回来复读是谁的主意时，曹连赞回答说："这些都是孩子自己的意愿，我们尊重他的选择，也支持他的决定，至少他今后不会后悔。"可见曹连赞是个非常民主慈爱的父亲。目前儿子曹阳正在家自主复习，打算等到 9 月高中开学时到腾冲高中复读，因为他们认为腾冲高中比梁河高中的教学质量好。我们还了解到复读的费用是一次性交给学校 5000 元，然后每个月的生活费还需 400 元。我们问到这些费用家里是否能负担得起时，曹连赞说勉强能承担，要是不够，到时会跟亲朋好友们借一些。女儿曹婷今年9月开学读初二，在九保乡中学读，平时都住校，到了周末和节假日才回家，由于是九年义务教育，上初中不用交学费，女儿每个月的生活费是200元。曹连赞说女儿曹婷的学习成绩目前很一般，他希望女儿以后能考上高中，如果考不上就让她复读到考上为止。望子成龙，望女成凤，真是可怜天下父母心啊！

曹连赞头脑灵活，是村里有名的种茶大户。由于村里地处1000多米的高原地带，气候湿润，村里的土地还与梁河县著名的回龙寨茶地接壤，所以种茶有先天的地理环境优势。曹连赞家里的茶地有10亩多，是家中主要的经济支柱，往年都是以种植绿茶为主，2010年6月，九保阿昌族乡政府为了增加农民收入，改善农民生活水平，大力推行种植白花油茶项目，曹连赞积极响应政府号召，在自家的绿茶地里套种了5亩白花油茶，政府免费帮种，免费帮忙管理。由于茶地多，到了春季采茶旺季，夫妻俩忙不过来，一般都请人帮忙，多的时候请五六个人，每天每人给30元。夏季和秋季的时候，茶叶发得少，夫妻俩自己就能采完，不用请人帮忙。他家种出的茶叶年收入有16000元左右，除了自己种茶之外，每到春天茶叶采摘旺季，曹连赞还当小老板做茶叶收购生意，在村里收购刚采摘不久的新鲜茶叶，然后再统一卖给附近的茶厂，赚取其中的差价。曹连赞打算明年花3万多元买一套加工茶叶的机器设备，以后自己加工茶叶，还要再建一座厂房，把规模做大，说到未来的规划，曹连赞显得异常兴奋和激动。曹连赞曾当选为九保乡茶叶辅导员、第七届乡人民代表、村民委员会副主任兼文书，被推荐为“中国人民政治协商会议第十三届代表大会委员”。2010年6月，通过村民选举，曹连赞当选村委会小组长。为了让村里的相亲们过上更好的日子，曹连赞打算在这两年内，在村里成立种茶协会，然后通过协会创办村里自己的茶叶品牌。他说目前整个村的茶叶种植面积总共有460亩，其中有200亩绿茶茶地作为全县的样板基地，有500亩白花油茶基地，作为九保乡特色产业示范基地。当我们问到创办茶叶品牌都有哪些优势时，曹连赞给我们罗列了以下几点：首先，以阿昌族文化为轴心，阿昌族历来有喝茶的传统，这是他们的文化历史优势；其次，村里有10亩以上茶地的村民共有20多户，具有了规模优势；最后，村里的茶地与梁河县大厂乡的土地接壤，而大厂乡回龙寨的茶叶远近闻名，这是他们的区位优势。听完曹连赞的分析，我们不禁点头称是，心中暗暗佩服他有思想有眼光，真希望他的这个规划能够早日实现。

曹连赞是阿昌族民间歌手的代表人物，是当地远近闻名的“山歌王子”。曹连赞非常爱唱歌，思维敏捷，无论在何时何地，何情何景，他都能够出口成歌，用歌声来表达自己的心声。他的歌声高亢洪亮，能唱阿昌族的山歌、叙事歌、舞蹈歌，早在他20岁时，在村里就已经有一定的影响力了，所以每逢寨子里有红白喜事，都会邀请他领唱（当地人称“哨干”），小姑娘们也特别爱找他对唱山歌。一年一度的阿昌族重大民族传统节日“阿露窝罗节”，必定少不了曹连赞的身影，每逢对山歌比赛，曹连赞也必定获奖。因此，梁河县文化馆的工作人员认识了这位“山歌王子”，凡是组织阿昌族文艺活动或是举办民族文化广场活动，都会邀请曹连赞来高歌一曲，凡是有专家或学者来调查阿昌族民间音乐，也都要采访曹连赞。曹连赞都是有求必应，而且随着接触采访调查阿昌传统文化的相关人员的增多，曹连赞也逐渐意识到保护本民族传统文化的重要性，特别是用阿昌语唱的叙事歌、舞蹈歌濒临消亡，他便开始带徒弟，收集歌词、曲谱，现已有徒弟16人。曹连赞在传承和弘扬阿昌族音乐文化方面发挥着独特的作用。

附录

附录1　丙盖村民房恢复重建资金兑付情况统计表

类别：一般加固

小组名称	姓名	金额（元）	小组名称	姓名	金额（元）
丙岗	赵家凯	900	丙岗	杨代元	900
丙岗	龚荣元	900	丙岗	赵家广	900
丙岗	赵兴发	900	丙岗	龚荣生	900
丙岗	赵家灿	900	丙岗	赵家元	900
丙岗	龚汉兴	900	丙岗	冯其德	900
丙岗	龚加强	900	丙岗	龚荣灿	900
丙岗	龚荣民	900	丙岗	赵永刚	900
丙岗	赵安吉	900	丙岗	冯昌继	900
丙岗	冯其生	900	丙岗	赵家茂	900
丙岗	龚荣旺	900	丙岗	赵安金	900
丙岗	杨发清	900	丙盖	们从芬	900
丙岗	赵安龙	900	丙盖	赵家国	900
丙岗	赵家祥	900	丙盖	赵兴恒	900
丙岗	赵家堂	900	丙盖	赵开相	900
丙盖	赵家凡	900	丙盖	郭云珍	900
丙盖	曹明华	900	那峦昌组	张恩有	900
丙盖	曹德忠	900	那峦昌组	尹自保	900
丙盖	孙加丽	900	那峦昌组	曹先良	900
丙盖	段兴令	900	那峦昌组	孙加华	900
丙盖	赵家武	900	那峦昌组	杨恩亮	900
丙盖	曹明焕	900	马脖子	倪开定	900
丙盖	王兴平	900	马脖子	赵国兴	900
丙盖	赵兴宽	900	马脖子	线朝兴	900

续表

小组名称	姓名	金额（元）	小组名称	姓名	金额（元）
丙盖	杨发昌	900	马脖子	线朝显	900
丙盖	王祖旺	900	马脖子	赵国幸	900
丙盖	赵兴树	900	马脖子	倪开明	900
丙盖	张恩明	900	永和	赵家芳	900
丙盖	曹明聪	900	永和	曹兴永	900
永和	曹明才	900	永和	胡定洋	900
永和	赵兴刚	900	永和	曹明湘	900
永和	白凤林	900	永和	赵永明	900
永和	赵学海	900	永和	马顺武	900
永和	赵家海	900	永和	赵斌	900
永和	杨兰招	900	永和	林会仙	900
永和	赵兴灿	900	永和	赵家党	900
永和	曹明芳	900	永和	梁其平	900
永和	曹明苍	900	联合	茶生云	900
永和	许红润	900	联合	曹根柱	900
永和	王云龙	900	联合	张立培	900
永和	张立美	900	联合	梁昌云	900
永和	赵家显	900			
			合计	81	72900

资料来源：梁河县九保阿昌族乡民政办。

附录2 丙盖村民房恢复重建资金兑付情况统计表

类别：重点修复

小组名称	姓名	金额（元）
永和组	曹明元	4000
永和组	马长德	4000
永和组	赵家东	4000
丙盖组	赵荣康	4000
丙盖组	曹明伟	4000
马脖子	倪存显	4000
马脖子	线应留	4000
丙岗组	龚建刚	4000
丙岗组	赵家光	4000
联合组	李茂武	4000
那峦昌组	张立良	4000
合计	11	44000

资料来源：梁河县九保阿昌族乡民政办。

附录3 丙盖村民房恢复重建资金兑付情况统计表

类别：统规自建

小组名称	姓名	金额（元）	小组名称	姓名	金额（元）
那峦傣社	唐恩孝	4000	那峦傣社	赵安兴	4000
那峦傣社	李成保	4000	那峦傣社	唐恩宽	4000
那峦傣社	唐恩永	4000	那峦傣社	马兴翠	4000
那峦傣社	方应忠	4000	那峦傣社	赵兴梅	4000
那峦傣社	孟必亮	4000	那峦傣社	曹先茂	4000
那峦傣社	杨清良	4000	那峦傣社	余家祥	4000
那峦傣社	唐恩和	4000	那峦傣社	唐仁亮	4000
那峦傣社	唐仁刚	4000	那峦傣社	蔺其和	4000
那峦傣社	唐仁洪	4000	那峦傣社	杨世全	4000
那峦傣社	邵忠云	4000	那峦傣社	曹鸾珍	4000
那峦傣社	段家学	4000	那峦傣社	线正原	10000
那峦傣社	杨清万	4000	那峦傣社	李有生	4000
那峦傣社	李庆仙	4000			
			合计	25	106000

资料来源：梁河县九保阿昌族乡民政办。

附录4 2009年丙盖村民居地震安全工程指标

单位：元

姓名	家庭住址	拆除重建	加固改造	补助金额
赵家杰	丙盖小组	√		10000
郭云珍	丙盖小组	√		10000
赵兴恒	丙盖小组		√	2000
杨发青	丙岗	√		10000
杨兴忠	那峦昌组	√		10000
张恩院	那峦昌组		√	2000
线朝芳	马脖子	√		10000
线留生	马脖子	√		10000
曹兴勇	永和	√		10000
赵家增	那峦昌组	√		10000
唐仁宽	那峦傣组	√		10000
唐恩和	那峦傣组	√		10000
赵安兴	那峦傣组		√	2000
余加强	那峦傣组		√	2000
李庆仙	那峦傣组		√	2000
唐恩永	那峦傣组		√	2000
马兴翠	那峦傣组		√	2000
曹先茂	那峦傣组		√	2000
孟必宽	那峦傣组		√	2000
唐恩孝	那峦傣组		√	2000
杨清万	那峦傣组		√	2000
杨清良	那峦傣组		√	2000
唐恩宽	那峦傣组		√	2000
段家学	那峦傣组		√	2000
邵忠云	那峦傣组		√	2000
唐仁亮	那峦傣组		√	2000

续表

姓名	家庭住址	拆除重建	加固改造	补助金额
唐仁洪	那峦傣组		√	2000
放应忠	那峦傣组		√	2000
李有生	那峦傣组		√	2000
李成保	那峦傣组		√	2000
唐仁刚	那峦傣组		√	2000
杨恩发	那峦昌组		√	2000
孟必亮	那峦傣组		√	2000
唐仁文	那峦傣组		√	2000
赵家厚	联合组		√	2000
曹根柱	联合组		√	2000
龚汉清	丙岗组		√	2000
吴体强	丙岗组		√	2000
杨叶芬	丙岗组	√		10000
赵兴达	丙盖组	√		10000
合计		12	28	176000

资料来源：梁河县九保阿昌族乡民政办。

附录5　2009年6月丙盖村农村低保花名册

单位：元

部　门	姓名	本分类发放户数为30户，享受人口为62人。						家庭住址
		性别	年龄	民族	享受人口	享受金额	类别	
九保乡丙盖村	周德浩	男	64	汉	2	100.00	农村低保	丙盖
九保乡丙盖村	屈菊彩	女	51	汉	2	100.00	农村低保	丙盖
九保乡丙盖村	何兰兴	女	75	汉	2	100.00	农村低保	丙盖
九保乡丙盖村	吴开顺	男	63	汉	2	100.00	农村低保	联合
九保乡丙盖村	杨爱芬	女	39	汉	4	200.00	农村低保	联合
九保乡丙盖村	杨恩亮	男	55	汉	3	150.00	农村低保	那峦昌社
九保乡丙盖村	杨恩发	男	31	汉	2	100.00	农村低保	那峦昌社
九保乡丙盖村	杨其荣	男	43	汉	2	100.00	农村低保	那峦昌社
九保乡丙盖村	闫良春	男	33	汉	1	50.00	农村低保	那峦昌社
九保乡丙盖村	许连宽	男	38	汉	2	100.00	农村低保	那峦昌社
九保乡丙盖村	杨世永	男	36	汉	1	50.00	农村低保	那峦傣社
九保乡丙盖村	杨树英	女	52	汉	2	100.00	农村低保	那峦傣社
九保乡丙盖村	段加学	男	47	汉	2	100.00	农村低保	那峦傣社
九保乡丙盖村	杨清万	男	58	汉	2	100.00	农村低保	那峦傣社
九保乡丙盖村	余加祥	男	27	汉	1	50.00	农村低保	那峦傣社
九保乡丙盖村	邹自荣	男	41	汉	1	50.00	农村低保	永和
九保乡丙盖村	黄国玉	男	60	汉	4	200.00	农村低保	永和
九保乡丙盖村	胡定阳	男	54	汉	5	250.00	农村低保	永和
九保乡丙盖村	唐发兴	男	61	汉	3	150.00	农村低保	永和
九保乡丙盖村	倪常显	男	70	汉	1	50.00	农村低保	永联
九保乡丙盖村	谢君强	男	65	汉	1	50.00	农村低保	丙盖
九保乡丙盖村	邵忠云	男	62	汉	2	100.00	农村低保	那峦傣社

续表

部门	姓名	本分类发放户数为30户，享受人口为62人。						家庭住址
		性别	年龄	民族	享受人口	享受金额	类别	
九保乡丙盖村	杨清良	男	54	汉	2	100.00	农村低保	那峦傣社
九保乡丙盖村	杨恩才	男	51	汉	1	50.00	农村低保	那峦傣社
九保乡丙盖村	张天明	男	38	汉	2	100.00	农村低保	那峦昌社
九保乡丙盖村	李秋瑾	女	26	汉	1	50.00	农村低保	联合
九保乡丙盖村	刘玉英	女	51	汉	2	100.00	农村低保	永和
九保乡丙盖村	赵学海	男	56	汉	3	150.00	农村低保	永和
九保乡丙盖村	林会仙	女	68	汉	2	100.00	农村低保	永和
九保乡丙盖村	杨世团	男	50	汉	2	100.00	农村低保	马脖子
合计						3100.00		

资料来源：梁河县九保阿昌族乡民政办。

附录6　2010年1月丙盖村农村低保花名册

单位：元

姓名	性别	年龄	民族	享受人口	享受金额	类别	家庭住址
赵兴跃	男	52	阿昌	2	120	农村低保	丙盖
曹明宽	男	54	阿昌	1	60	农村低保	丙盖
周德浩	男	64	汉	2	120	农村低保	丙盖
赵兴树	男	46	阿昌	1	60	农村低保	丙盖
屈菊彩	女	51	汉	2	120	农村低保	丙盖
曹艳书	女	26	阿昌	2	120	农村低保	丙盖
曹胜留	男	26	阿昌	1	60	农村低保	丙盖
赵家飞	男	38	阿昌	2	120	农村低保	丙盖
何兰兴	女	75	汉	2	120	农村低保	丙盖
李仲彬	男	25	阿昌	1	60	农村低保	丙盖
赵兴青	男	40	阿昌	1	60	农村低保	丙盖
赵兴恒	男	37	阿昌	2	120	农村低保	丙盖
曹明元	男	46	阿昌	2	120	农村低保	丙盖
赵兴荣	男	37	阿昌	3	180	农村低保	丙盖
曹先伍	男	64	阿昌	3	180	农村低保	丙盖
曹明亮	男	35	阿昌	2	120	农村低保	丙盖
曹先祥	男	47	阿昌	2	120	农村低保	丙盖
曹明安	男	47	阿昌	2	120	农村低保	丙盖
赵兴春	男	42	阿昌	1	60	农村低保	丙盖
曹明焕	女	63	阿昌	2	120	农村低保	丙盖
曹明惠	女	47	阿昌	1	60	农村低保	丙盖
赵家应	男	42	阿昌	2	120	农村低保	丙盖
赵兴万	男	39	阿昌	2	120	农村低保	丙盖
赵家国	男	38	阿昌	2	120	农村低保	丙盖
马街德	男	66	阿昌	2	120	农村低保	丙岗
冯其兴	男	49	阿昌	2	120	农村低保	丙岗

续表

姓名	性别	年龄	民族	享受人口	享受金额	类别	家庭住址
赵家灿	男	39	阿昌	1	60	农村低保	丙岗
赵安宝	男	52	阿昌	2	120	农村低保	丙岗
曹先明	男	36	阿昌	2	120	农村低保	丙岗
黄有仙	女	43	阿昌	2	120	农村低保	丙岗
赵安金	男	42	阿昌	2	120	农村低保	丙岗
龚加强	男	42	傣	2	120	农村低保	丙岗
冯其刚	男	67	阿昌	2	120	农村低保	丙岗
杨叶芬	女	54	阿昌	2	120	农村低保	丙岗
梁兆律	男	32	阿昌	1	60	农村低保	丙岗
吴开顺	男	63	汉	2	120	农村低保	联合
闷自朝	男	60	阿昌	2	120	农村低保	联合
赵家厚	男	62	阿昌	2	120	农村低保	联合
张顺宽	男	61	阿昌	3	180	农村低保	联合
闷运传	男	36	阿昌	2	120	农村低保	联合
赵家良	男	40	阿昌	3	180	农村低保	联合
李茂平	男	34	阿昌	2	120	农村低保	联合
杨爱芬	女	39	汉	4	240	农村低保	联合
张拥军	男	39	阿昌	1	60	农村低保	联合
梁昌助	男	39	阿昌	3	180	农村低保	联合
线应留	男	42	阿昌	2	120	农村低保	马脖子
倪开定	男	41	阿昌	3	180	农村低保	马脖子
线留生	男	44	阿昌	2	120	农村低保	马脖子
赵国兴	男	45	阿昌	2	120	农村低保	马脖子
们生兰	女	51	阿昌	1	60	农村低保	那峦昌社
们发海	男	50	阿昌	1	60	农村低保	那峦昌社
杨恩亮	男	55	汉	3	180	农村低保	那峦昌社
杨恩发	男	31	汉	2	120	农村低保	那峦昌社
杨其荣	男	43	汉	2	120	农村低保	那峦昌社
张恩荣	男	44	阿昌	1	60	农村低保	那峦昌社

续表

姓名	性别	年龄	民族	享受人口	享受金额	类别	家庭住址
们从良	男	30	阿昌	1	60	农村低保	那峦昌社
尹改云	女	27	阿昌	2	120	农村低保	那峦昌社
赵安元	男	50	阿昌	2	120	农村低保	那峦昌社
张恩兴	男	44	阿昌	1	60	农村低保	那峦昌社
张恩愿	男	36	阿昌	2	120	农村低保	那峦昌社
闫良春	男	33	汉	1	60	农村低保	那峦昌社
赵家争	男	36	阿昌	1	60	农村低保	那峦昌社
许连宽	男	38	汉	2	120	农村低保	那峦昌社
赵家有	男	46	阿昌	2	120	农村低保	那峦昌社
赵春权	男	36	阿昌	2	120	农村低保	那峦昌社
曹先良	男	47	阿昌	2	120	农村低保	那峦昌社
们发普	男	32	阿昌	2	120	农村低保	那峦昌社
赵家龙	男	35	阿昌	2	120	农村低保	那峦昌社
赵家湘	男	40	阿昌	1	60	农村低保	那峦昌社
们从福	男	44	阿昌	1	60	农村低保	那峦昌社
张恩刚	男	43	阿昌	2	120	农村低保	那峦昌社
曹德所	女	35	阿昌	3	180	农村低保	那峦昌社
管有贵	男	33	傣	1	60	农村低保	那峦傣社
杨世永	男	36	汉	1	60	农村低保	那峦傣社
蔺斯贵	男	28	阿昌	3	180	农村低保	那峦傣社
孟必芳	男	46	傣	1	60	农村低保	那峦傣社
唐恩宽	男	49	傣	3	180	农村低保	那峦傣社
线德有	男	61	傣	2	120	农村低保	那峦傣社
杨树英	女	52	汉	2	120	农村低保	那峦傣社
唐仁亮	男	48	傣	2	120	农村低保	那峦傣社
段加学	男	47	汉	2	120	农村低保	那峦傣社
唐仁宽	男	51	傣	3	180	农村低保	那峦傣社
杨清万	男	58	汉	2	120	农村低保	那峦傣社
白安德	男	51	傣	5	300	农村低保	那峦傣社

续表

姓名	性别	年龄	民族	享受人口	享受金额	类别	家庭住址
余加祥	男	27	汉	1	60	农村低保	那峦傣社
梁其湘	男	52	阿昌	2	120	农村低保	永和
邹自荣	男	41	汉	1	60	农村低保	永和
马顺文	男	34	阿昌	2	120	农村低保	永和
曹家卫	男	36	阿昌	2	120	农村低保	永和
黄国玉	男	60	汉	4	240	农村低保	永和
曹明才	男	45	阿昌	1	60	农村低保	永和
胡定阳	男	54	汉	5	300	农村低保	永和
王云龙	男	35	阿昌	4	240	农村低保	永和
曹明芳	男	38	阿昌	4	240	农村低保	永和
赵家国	男	66	阿昌	3	180	农村低保	永和
曹兴永	男	27	阿昌	2	120	农村低保	永和
唐发兴	男	61	汉	3	180	农村低保	永和
瞿有兰	男	57	阿昌	3	180	农村低保	永和
赵家东	男	37	阿昌	3	180	农村低保	永和
曹兴旺	男	40	阿昌	1	60	农村低保	永和
倪常显	男	70	汉	1	60	农村低保	永联
曹德伟	男	30	阿昌	2	120	农村低保	永联
囊其湘	男	32	阿昌	5	300	农村低保	永联
赵家明	男	27	阿昌	1	60	农村低保	永联
倪开万	男	23	阿昌	3	180	农村低保	永联
赵家清	男	57	阿昌	2	120	农村低保	丙盖
赵安才	男	54	阿昌	2	120	农村低保	丙盖
张留翠	女	35	阿昌	2	120	农村低保	丙盖
谢君强	男	65	汉	1	60	农村低保	丙盖
曹先纪	男	61	阿昌	3	180	农村低保	丙盖
曹先刚	男	63	阿昌	2	120	农村低保	丙盖
杨恩良	男	59	阿昌	2	120	农村低保	丙盖
曹明英	女	67	阿昌	2	120	农村低保	丙盖

续表

姓名	性别	年龄	民族	享受人口	享受金额	类别	家庭住址
曹明培	男	36	阿昌	1	60	农村低保	丙盖
赵家妹	女	39	阿昌	4	240	农村低保	丙盖
赵开相	男	31	阿昌	4	240	农村低保	丙盖
杨叶全	男	31	阿昌	1	60	农村低保	丙盖
王兴平	男	34	阿昌	4	240	农村低保	丙盖
赵安芬	女	65	阿昌	2	120	农村低保	丙盖
冯期仙	女	36	阿昌	2	120	农村低保	丙岗
赵安贤	男	68	阿昌	2	120	农村低保	丙岗
龚荣有	男	43	傣	3	180	农村低保	丙岗
赵安泽	男	65	阿昌	2	120	农村低保	丙岗
龚荣辉	男	46	傣	2	120	农村低保	丙岗
曹湘妹	女	34	阿昌	3	180	农村低保	丙岗
赵芹娣	女	69	阿昌	2	120	农村低保	丙岗
曹连山	男	50	阿昌	2	120	农村低保	丙岗
曹连德	男	60	阿昌	3	180	农村低保	丙岗
赵家明	男	38	阿昌	2	120	农村低保	丙岗
邵忠云	男	62	汉	2	120	农村低保	那峦傣社
唐恩孝	男	52	傣	1	60	农村低保	那峦傣社
杨清良	男	54	汉	2	120	农村低保	那峦傣社
李清仙	女	58	白	1	60	农村低保	那峦傣社
曹鸾珍	女	40	阿昌	1	60	农村低保	那峦傣社
唐仁满	男	55	傣	2	120	农村低保	那峦傣社
赵安兴	男	56	阿昌	2	120	农村低保	那峦傣社
杨恩才	男	51	汉	1	60	农村低保	那峦傣社
唐恩兰	女	54	傣	1	60	农村低保	那峦傣社
曹坤娣	女	46	阿昌	2	120	农村低保	那峦昌社
们根然	男	52	阿昌	2	120	农村低保	那峦昌社
们从达	男	41	阿昌	2	120	农村低保	那峦昌社
唐永胜	男	28	傣	2	120	农村低保	那峦昌社

续表

姓名	性别	年龄	民族	享受人口	享受金额	类别	家庭住址
张恩富	男	31	阿昌	2	120	农村低保	那峦昌社
们从文	男	32	阿昌	2	120	农村低保	那峦昌社
们从湘	男	39	阿昌	2	120	农村低保	那峦昌社
们从元	男	39	阿昌	2	120	农村低保	那峦昌社
杨兴忠	男	25	阿昌	2	120	农村低保	那峦昌社
赵家兰	男	62	阿昌	2	120	农村低保	那峦昌社
张天明	男	38	汉	2	120	农村低保	那峦昌社
赵家厚	男	49	阿昌	3	180	农村低保	永联
倪开元	男	37	阿昌	2	120	农村低保	永联
倪开寿	男	29	阿昌	3	180	农村低保	永联
赵国祥	男	43	阿昌	3	180	农村低保	永联
李兴旺	男	58	阿昌	2	120	农村低保	联合
李秋瑾	女	26	汉	1	60	农村低保	联合
马兴长	男	43	阿昌	3	180	农村低保	联合
马荣顺	男	50	阿昌	2	120	农村低保	联合
曹根柱	男	30	阿昌	2	120	农村低保	联合
梁昌牙	男	45	阿昌	3	180	农村低保	联合
们运才	男	30	阿昌	1	60	农村低保	联合
梁昌明	男	42	阿昌	3	180	农村低保	联合
王芹书	女	64	阿昌	2	120	农村低保	永和
杨恩兰	女	52	阿昌	3	180	农村低保	永和
们发兰	女	61	阿昌	2	120	农村低保	永和
白正光	男	60	傣	3	180	农村低保	永和
刘玉英	女	51	汉	2	120	农村低保	永和
赵家显	男	53	阿昌	3	180	农村低保	永和
赵安英	女	75	阿昌	2	120	农村低保	永和
赵学海	男	56	汉	3	180	农村低保	永和
林会仙	女	68	汉	2	120	农村低保	永和
王树兰	女	56	阿昌	2	120	农村低保	永和

续表

姓名	性别	年龄	民族	享受人口	享受金额	类别	家庭住址
赵国幸	男	42	阿昌	2	120	农村低保	马脖子
赵安德	男	46	阿昌	2	120	农村低保	马脖子
线朝芳	男	49	阿昌	2	120	农村低保	马脖子
杨世团	男	50	汉	2	120	农村低保	马脖子
曹家顺	男	42	阿昌	3	180	农村低保	马脖子
线朝兴	男	53	阿昌	2	120	农村低保	马脖子
倪广显	男	44	阿昌	3	180	农村低保	马脖子
曹家元	男	40	阿昌	2	120	农村低保	马脖子
线朝虎	男	36	阿昌	3	180	农村低保	马脖子
线朝柱	男	42	阿昌	3	180	农村低保	马脖子
线朝国	男	41	阿昌	3	180	农村低保	马脖子
合计				384	23040		

资料来源：梁河县九保阿昌族乡民政办。

附录7　2010年2月丙盖村城市低保花名册

单位：元

姓名	年龄	职业	全家人口	享受人口	享受金额	家庭住址
赵兴济	19	居民	2	1	243	九保乡丙盖村
赵娟娟	28	代课教师	3	2	400	九保乡丙盖村
杨叶生	61	九保乡中学	2	2	320	九保乡丙盖村
杨绍兰	47	居民	4	2	320	九保丙盖小组
闫自会	68	居民	1	1	185	丙盖村丙岗小组
赵家从	32	居民	4	3	325	九保乡丙盖村
张芝芹	68	居民	5	2	320	九保乡丙盖村
赵富鸾	25	居民	7	1	100	九保乡丙盖村
赵春红	25	居民	6	2	100	九保乡丙盖村那峦昌族寨
赵兴妮	26	居民	1	1	100	九保乡丙盖村
李会英	60	居民	4	2	200	九保乡丙盖村
曹明聪	44	居民	3	1	100	九保乡丙盖村
李秋敏	26	居民	7	2	150	九保乡丙盖村联合社
赵兴灿	23	居民	3	1	100	九保乡丙盖村永和组
龚加俊	28	居民	3	1	100	九保乡丙盖村丙岗小组
合计				24	3063	

资料来源：梁河县九保阿昌族乡民政办。

附录8 2010年1月丙盖村五保户花名册

单位：元

姓名	年龄	性别	家庭人口	月救济金	家庭住址
赵家月	14	女	1	80	丙盖村永和小组
杨兰招	67	女	1	80	丙盖村永和小组
张应德	61	男	1	80	丙盖村永和小组
曹雪超	15	男	1	80	丙盖村那峦傣组
曹德济	15	男	1	80	丙盖村那峦昌组
梁润娣	81	女	1	80	丙盖村丙岗小组
杨恩道	40	男	1	80	丙盖村丙盖小组
曹先东	38	男	1	80	丙盖村丙盖
赵仁聪	22	男	2	160	丙盖村丙盖
冯其永	39	男	1	80	丙盖村丙岗
赵安龙	67	男	1	80	丙盖村丙岗
赵家周	43	男	1	80	丙盖村丙岗
马荣聪	43	男	2	160	丙盖村联合
线所祥	50	男	1	80	丙盖村联合
线朝方	47	男	1	80	丙盖村马脖子
倪得显	41	男	2	160	丙盖村马脖子
赵家传	44	男	2	160	丙盖村那峦昌社
们发刚	43	男	2	160	丙盖村那峦昌社
唐仁兴	55	男	3	240	丙盖村那峦傣社
马顺维	34	男	2	160	丙盖村永和
梁茂昌	44	男	2	160	丙盖村永和
邹自贤	43	男	2	160	丙盖村永和
倪忠显	52	男	1	80	丙盖村永联
赵国进	39	男	1	80	丙盖村永联
曹德兴	32	男	1	80	丙盖村永联
合计			35	2800	

资料来源：梁河县九保阿昌族乡民政办。

附录9　丙盖村80岁以上老年人普查情况统计表

姓名	性别	民族	出生年月	籍贯	文化程度	婚姻状况	家庭地址	年龄阶段	补助金额（元）
郭福玉	女	阿昌	1921－7	梁河			九保乡丙盖村永和组	88	120
曹先玉	女	阿昌	1923－7	梁河			九保乡丙盖村永和组	86	120
曹连玉	女	阿昌	1926－6	梁河			九保乡丙盖村永和组	83	120
梁润秀	女	阿昌	1922－9	梁河			九保乡丙盖村丙盖组	87	120
孙老妹	女	阿昌	1927－5	梁河	文盲	丧偶	九保乡丙盖村丙盖组	82	120
张顺招	女	阿昌	1928－12	梁河	文盲	丧偶	九保乡丙盖村丙盖组	81	120
赵家芹	女	阿昌	1929－6	梁河	文盲	已婚	九保乡丙盖村丙盖组	80	120
曹连法	男	阿昌	1928－7	梁河	小学	丧偶	九保乡丙盖村丙盖组	81	120
梁其珍	女	阿昌	1921－6	梁河	文盲	已婚	九保乡丙盖村丙盖组	88	120
曹连珍	女	阿昌	1920－8	梁河		已婚	九保乡丙盖村那峦昌组	89	120
曹连富	男	阿昌	1925－5	梁河		已婚	九保乡丙盖村那峦昌组	84	120
曹明果	女	阿昌	1928－9	梁河	文盲	已婚	九保乡丙盖村那峦昌组	81	120
梁其清	女	阿昌	1925－7	梁河	文盲	丧偶	九保乡丙盖村丙岗组	84	120
梁本芹	女	阿昌	1923－1	梁河	文盲	丧偶	九保乡丙盖村丙岗组	86	120
杨珍彩	女	汉	1923－10	梁河	文盲	丧偶	九保乡丙盖村马脖子组	86	120
李小焕	女	傣	1928－11	梁河	文盲	丧偶	九保乡丙盖村那峦傣组	81	120
赵家玉	女	阿昌	1926－12	梁河	文盲	已婚	九保乡丙盖村永和组	83	120

资料来源：梁河县九保阿昌族乡民政办。